国家高新区上市公司创新能力评价报告

2021

刘会武　张冲亚 ◎ 主编

·北京·

图书在版编目（CIP）数据

国家高新区上市公司创新能力评价报告. 2021 / 刘会武，张冲亚主编. —北京：科学技术文献出版社，2022.6
ISBN 978-7-5189-7633-1

Ⅰ. ①国⋯　Ⅱ. ①刘⋯　②张⋯　Ⅲ. ①上市公司—企业创新—研究报告—中国—2020　Ⅳ. ① F279.246

中国版本图书馆 CIP 数据核字（2020）第 263486 号

国家高新区上市公司创新能力评价报告2021

策划编辑：李　蕊　　责任编辑：王　培　　责任校对：王瑞瑞　　责任出版：张志平

出 版 者	科学技术文献出版社
地　　址	北京市复兴路15号　邮编　100038
编 务 部	（010）58882938，58882087（传真）
发 行 部	（010）58882868，58882870（传真）
邮 购 部	（010）58882873
官方网址	www.stdp.com.cn
发 行 者	科学技术文献出版社发行　全国各地新华书店经销
印 刷 者	北京时尚印佳彩色印刷有限公司
版　　次	2022年6月第1版　2022年6月第1次印刷
开　　本	889×1194　1/16
字　　数	495千
印　　张	20
书　　号	ISBN 978-7-5189-7633-1
定　　价	158.00元

版权所有　违法必究

购买本社图书，凡字迹不清、缺页、倒页、脱页者，本社发行部负责调换

编辑委员会

主　任：王胜光

副主任：李有平　安道昌

委　员：李志远　余志海　周　力　李　享　谷潇磊　魏　颖

编写组人员：

组　长：刘会武　张冲亚

副组长：曹　方　王春阳

成　员：王晶晶　李海泽　陈义祥　赵祚翔　杨　斌　胡贝贝
　　　　王　琪　何　燕　孙红军　周少杰　曲　翔　李　辉
　　　　何　丁　杜　洋　陈宝新　郑晓龙　罗　璨　黄菊秀
　　　　胡建坤　魏凤忆　魏海晴　王　熙　郑敏娜　赵　静

前 言

新一轮科技革命的孕育兴起，以信息技术、人工智能等为代表的新技术与传统领域的交叉融合将进一步推动新科技产业革命走向高潮，制造业和服务业的深度融合、传统生产方式的转变、劳动和资本密集型向技术密集型转变等将成为未来产业发展的主旋律。同时，"新冠肺炎疫情"的暴发将重塑全球产业链、供应链，倒逼对新技术和新模式的需求，产业链安全越发重要，区域化布局供应链将成为常态，关键领域的"国产替代"和"5G 应用"迎来重大机遇。在中国科技事业密集发力、加速跨越的今天，国家高新区扮演着极为重要的角色，而国家高新区内的上市公司则是高新区科技创新的排头兵。截至 2020 年底，1622 家 A 股上市公司为国家高新区贡献了 30.75% 的营业收入、47.40% 的研发投入及 38.44% 的研发人员，申请的 PCT 专利数量高于国家高新区 23.42% 的整体水平。[①]

本报告共分 6 章。

第一章主要对国家高新区上市公司创新能力评估的研究背景、指标设计等进行介绍。在新一轮科技革命和产业变革加速演进和新冠肺炎疫情的冲击下，面对百年未有之大变局，党的十九届五中全会提出，坚持创新在我国现代化建设全局中的核心地位，把科技自立自强作为国家发展的战略支撑。国家高新区作为我国发展新经济、培育新动能和发展高新技术产业的重要平台，积极贯彻落实新发展理念和创新驱动发展战略，紧扣"创新驱动发展示范区和高质量发展先行区"的目标定位，成为我国实现高质量发展的重要力量，当前已进入创新驱动高质量发展新阶段。上市公司聚焦主业创新发展，借力资本市场突破创新，科技与资本深度融合，对全国企业的创新引领作用日益凸显。在国家创新发展大背景的基础上，结合创新发展理论，科学设计了一套评价体系，对国家高新区上市公司创新能力进行评估。

第二章主要是对国家高新区上市公司创新能力的整体分析。总体来看，在 1956 家国家高新区上市公司中，A 股占绝对主导地位，创新产出效率较高，整体研发强度略低于美股，资本运作能力和管理专业度表现较差；港股上市公司规模较大，平均融资规模表现最优，员工薪酬激励和资本运作能力表现较强，但研发强度较低；美股表现出更强的风险偏好，但整体市值表现较差，研

---

① 数据来源：中国高新区研究中心整理，2021 年 11 月。

发强度较高，创新产出效率有待进一步提升。从上市板块来看，科创板作为新生板块，纵然在绝对指标上和传统的三大板块有些差距，但在研发强度、人员结构等方面依然表现出强大的生命力，2020年深交所主板、上交所主板、深交所创业板、上交所科创板的国家高新区上市公司创新能力指数得分依次为83.75分、75.70分、59.15分、30.37分。依据本报告设计的创新贡献测度方法，测得国家高新区内1622家A股上市公司对国家高新区的创新发展贡献度高达31.90%，对全国经济增长的创新发展贡献度亦达到10.28%[①]。

第三章是对国家高新区上市公司企业创新能力的分析。一是通过国家高新区上市公司创新能力企业排名，发现创新百强企业高度重视研发投入、人才结构更优、拥有更强的经济实力、创新成果产出更多。二是通过对不同类型的国家高新区上市公司进行分析，发现国家高新区上市公司研发人员数量呈现"中间大两头小"的特征，研发人员数量集中在100~999人。三是运用K-Means聚类方法对国家高新区上市公司进行分类。

第四章是对国家高新区上市公司产业创新能力的分析。本章首先从行业角度对国家高新区上市公司创新能力进行分析；2020年国家高新区上市公司包括十六大类行业，如"制造业""建筑业""信息传输、软件和信息技术服务业"等，其中国家高新区上市公司制造业占69.46%，信息传输、软件和信息技术服务业拥有国家级高新技术企业数占比最高，为84.61%。国家高新区制造业上市公司创新能力得分最高，为86.72分，教育行业上市公司创新能力得分最低，为18.25分。根据上市公司所属概念板块，选择了十大不同产业领域进行重点分析，主要涉及5G、国产芯片、大数据、国产软件、节能环保、区块链、人工智能、物联网、新能源车和医疗器械。从发展现状、产业排名20强、企业分析3个角度分别对十大产业进行了产业创新能力分析。

第五章是对国家高新区上市公司区域创新能力的分析。从区域分布上看，长三角、珠三角、京津冀、长江中游、成渝和黄河流域六大城市群内的国家高新区拥有A股上市公司1477家，占国家高新区整体的91.1%。从经济基础上看，北京市、上海市和广东省的国家高新区上市公司营业收入位居全国前三，都在万亿元以上，综合优势显著；北京市、广东省和上海市的国家高新区上市公司市值处于第一梯队，占比都在10%以上，六大城市群的国家高新区上市公司市值达到22.67万亿元，占全国国家高新区上市公司总市值的82.59%。从技术成果上看，当年新增专利个数广东省和北京市国家高新区上市公司分别为40 429件、21 921件，位居全国前二。

第六章是对国家高新区上市公司创新发展的点评与阶段性总结。在未来经济发展中，国家高新区上市公司势必会成为国家高新区乃至中国创新驱动和经济高质量发展的先导者，引领经济爆发式成长。可以预见的是，国家高新区上市公司自主创新能力将进一步增强，在关键核心技术领域具有一定的行业地位；以新技术、新产业、新模式为核心的新经济进入爆发期，新业态蓬勃发展；产业组织变革速度加快，社会生产效益明显提高；成果转化进程加快，大量科技成果实现产业化；国际交流合作密切，在国际标准和规则制定方面拥有一定的话语权。

---

① 数据来源：中国高新区研究中心整理，2021年11月。

目 录

第一章 国家高新区上市公司创新能力评估体系设计 … 1
第一节 研究背景 … 1
一、新一轮科技革命和产业变革正加速演进 … 1
二、新冠肺炎疫情对世界发展格局造成严重冲击 … 2
三、科技自立自强成为国家发展的战略支撑 … 2
四、国家高新区迈进创新驱动高质量发展新阶段 … 3
五、上市公司对全国企业创新引领作用日益凸显 … 4

第二节 指标设计 … 4
一、设计目的 … 4
二、理论依据 … 5
三、设计原则 … 9
四、指标构建 … 10

第三节 指标确权 … 14
一、基础数据搜集 … 14
二、赋权方法选择 … 14
三、数据处理及确权 … 15

第二章 国家高新区上市公司创新能力整体分析 … 21
第一节 创新发展现状 … 21
一、三大股票市场 … 21
二、四大上市板块 … 26
三、企业组织形式 … 31

第二节　创新发展评估 ··· 34
一、分上市板块评估 ··· 34
二、分组织形式评估 ··· 35
三、分国家高新区评估 ·· 36

第三节　创新发展贡献度 ··· 45
一、创新发展贡献度测算方法 ·· 45
二、对全国的创新发展贡献度 ·· 46
三、对国家高新区的创新发展贡献度 ·· 48

第三章　国家高新区上市公司企业创新能力分析 ································· 50

第一节　企业创新 100 强 ·· 50
一、创新百强企业特点 ·· 50
二、创新百强企业分布 ·· 51

第二节　企业创新分析 ··· 59
一、创新能力影响方式 ·· 59
二、指标间的相互作用 ·· 71

第三节　创新企业分类 ··· 75

第四章　国家高新区上市公司产业创新能力分析 ································· 82

第一节　行业整体概况及创新评估 ··· 82
一、各大行业整体分布情况 ··· 82
二、各大行业创新发展现状 ··· 88
三、产业创新能力评估 ·· 96

第二节　十大新兴产业专题研究 ··· 97
一、新能源车产业 ··· 97
二、物联网产业 ·· 102
三、5G 概念产业 ·· 107
四、国产芯片产业 ··· 111
五、大数据 ··· 115
六、区块链 ··· 121
七、人工智能 ··· 126
八、国产软件 ··· 132

九、医疗器械		137
十、节能环保		142

第五章　国家高新区上市公司区域创新能力分析　148

第一节　区域创新发展情况　148
一、省（区、市）分布　148
二、城市群分布　157

第二节　区域创新能力评估　167
一、创新总指数　167
二、创新分指数　168

第三节　区域创新能力分析　170
一、京津冀城市群　170
二、长三角城市群　177
三、珠三角城市群　183
四、成渝城市群　189
五、黄河流域城市群　194
六、长江中游城市群　201

第六章　点评与总结　209

第一节　国家高新区上市公司创新点评　209
一、北京市　209
二、上海市　210
三、天津市　211
四、重庆市　211
五、河北省　212
六、山西省　215
七、内蒙古自治区　215
八、辽宁省　217
九、吉林省　220
十、黑龙江省　222
十一、江苏省　223
十二、浙江省　230

十三、安徽省 234
十四、福建省 237
十五、江西省 240
十六、山东省 242
十七、河南省 247
十八、湖北省 249
十九、湖南省 254
二十、广东省 257
二十一、广西壮族自治区 262
二十二、海南省 264
二十三、四川省 264
二十四、贵州省 267
二十五、云南省 268
二十六、陕西省 269
二十七、甘肃省 270
二十八、青海省 271
二十九、宁夏回族自治区 272
三十、新疆维吾尔自治区 273

第二节 国家高新区上市公司总结 274

附录1 中国城市群分布 276
附录2 2020年国家高新区新增的235家上市公司名单 277
附录3 国家高新区主板100强企业 286
附录4 国家高新区创业板100强企业 292
附录5 国家高新区科创板100强企业 298
附录6 2020年142家国家高新区上市公司创新能力及分项指标表现 ... 304

后 记 310

第一章

国家高新区上市公司创新能力评估体系设计

第一节 研究背景

一、新一轮科技革命和产业变革正加速演进

当前，新一轮科技革命和产业变革突飞猛进，科学研究范式正在发生深刻变革，学科交叉融合不断发展，科学技术和经济社会发展加速渗透融合，新一代信息技术成为新一轮科技革命的关键引爆点。随着信息技术、智能化技术的发展，数据流动性和可获得性大幅提高，信息不对称性不断降低，促进生产组织和社会分工方式更倾向于社会化、网络化、平台化、扁平化、小微化，推动产业边界模糊化、产业组织网络化、产业集群虚拟化、组织结构扁平化，大规模定制生产和个性化定制生产日益成为主流制造范式，依靠规模经济来提高效率的传统生产方式受到挑战。

同时，随着人工智能、信息技术等的突破及应用，以数字化、网络化、智能化为标志的信息技术革命加快发展，制造业企业将利用先进信息技术不断从产品制造向服务端延伸、整合，推动服务业与制造业深度融合。随着制造业与服务业的深度融合，价值链"微笑曲线"底部环节将不断拉平、附加值逐步提升，全球产业链、价值链将获重构。新一轮科技革命将对产业自身发展模式、产业格局、经济格局、社会发展模式产生巨大的影响，产业发展驱动力量将更多转向微个性创新驱动，产业组织方式向分布式、定制化和就地化发展，产业全球空间布局由比较优势主导转向市场需求主导。新一轮产业变革将会导致全球制造业的重新布局，新兴国家必然要紧紧抓住自身的市场需求，以面向未来的需求为导向，以技术创新为驱动，进行新一轮产业布局。

二、新冠肺炎疫情对世界发展格局造成严重冲击

2020年，新冠肺炎疫情的大流行给全球经济带来了巨大冲击，是第二次世界大战以来影响面最大的全球性事件之一，对全球的投资、消费、产业链、供应链都产生了比较大的影响。跨国企业纷纷实施供应链风险分散举措，全球供应链将面临新一轮震荡和重组，疫情对产业链、供应链的影响或从暂时性、局部性，逐渐演变为长期性、系统性。人工智能、物联网和区块链等技术嵌入全球生产网络的各个环节，电子邮件、实时导航、视频会议和社交媒体等数据流动的跨境服务呈爆发式增长；成本寻求型贸易在很多价值链中的比例逐年降低，全球价值链的知识密集度和无形资产的重要性日渐突出；互联网技术的飞速发展使全球生产分工突破了时空限制，加速了全球经济由商品经济向服务经济、由生产制造向服务制造的过渡。

在疫情冲击及国际贸易摩擦的大背景下，关键原材料的供应链问题亟须解决，企业自身创新求变加之政府推动鼓励，"国产替代"效应开始全面发挥作用，在保障我国产业链、供应链安全稳定的基础上，加速向全球创新链、价值链的高端迈进。同时，疫情常态化催生的产业技术变革将加快，将大大提升企业乃至整个社会的运营效率，"线上"项目将获得空前的发展机遇，VR/AR场景体验类项目将持续受到关注，无人零售、无人餐饮、无人机配送等高科技行业将迎来曙光，提供同城物流、定制化餐饮配送、清洁、保姆、搬家等的各种配送平台和上门服务平台的发展方向将更加清晰。

三、科技自立自强成为国家发展的战略支撑

当今世界正面临百年未有之大变局，科技创新正在成为大国博弈竞争的主战场，世界主要发达国家纷纷把抢占量子计算、人工智能、生物技术及信息通信技术等前沿科技制高点上升为国家战略，围绕科技制高点的竞争空前激烈。党的十八大以来，以习近平同志为核心的党中央着眼全局、面向未来，做出"必须把创新作为引领发展的第一动力"的重大战略抉择，实施创新驱动发展战略，加快建设创新型国家，吹响建设世界科技强国的号角。党的十九届五中全会强调了创新在现代化建设全局中的核心地位，提出"把科技自立自强作为国家发展的战略支撑""关键核心技术实现重大突破，进入创新型国家前列"。

截至2020年底，我国全社会研发投入高达2.44万亿元、研发人员全时当量509.19万人年、高企数量突破22.4万家、登记技术合同549 353项、中国发明专利申请量达149.7万件、PCT申请量达6.87万件，创新实力明显增强[①]。据《2020年全球创新指数》显示，中国的创新指数排名依然保持在第14位，在多个领域表现出领先优势，是跻身综合排名前30位的唯一中等收入经济体。基础研究实现多点突破，涌现出铁基高温超导、量子反常霍尔效应、中微子振荡等一批世界级重大成果；科技人才队伍不断壮大，形成全球最完整的学科体系和最大规模的人才体系；载人航天、探月工程、北斗导航、超级计算等战略领域实现跨越式发展，超级杂交稻、高速铁路、新能源车等重点产业技术水平世界领先，人工智能、5G、物联网、量子通信等新兴技术领域占据发展先机。

现阶段，我国已初步形成了各类创新主体共同参与、各类创新基地协同布局、各类创新活动全链条拓展的跨国别、跨区域、跨学科的联合"大科技"攻关体系，已成为具有重要影响力的科

---

① 数据来源：科技部、国家统计局。

技大国，创新型国家建设取得重大进展。在看到成绩的同时，更应该清楚地认识到，我国科技实力距离世界顶尖科技还有很大差距，在新形势下我国比以往更需要改善科技创新生态，激发创新创造活力。

四、国家高新区迈进创新驱动高质量发展新阶段

当前，新一轮科技革命和产业变革深入发展，基础前沿领域相继有所突破，颠覆性技术加快涌现，全球创新版图发生深刻改变，世界主要创新型国家纷纷出台系列政策并采取积极行动，将高新技术产业培育作为引领和驱动新一轮经济发展的"制胜之道"。党中央、国务院高度重视科技创新和高新技术产业的发展，党的十九届六中全会强调，要把科技自立自强作为国家发展的战略支撑，加快建设创新型国家和世界科技强国。"十四五"规划和2035年远景目标纲要明确提出要强化高新技术产业开发区创新功能。这些重要论断和意见既为国家高新区发展指明了方向，同时也要求我们必须进一步强化战略研究工作，提前谋篇布局，在全面总结过去30年的发展经验的基础上，深入研判面临的新形势、新要求、新使命，提出新时代国家高新区的总体目标、重点任务、实施路径和政策措施，支撑引领国家高新区高质量发展。

国家高新区始终坚守"发展高科技、实现产业化"的初心使命，积极贯彻落实新发展理念和创新驱动发展战略，紧扣"创新驱动发展示范区和高质量发展先行区"的目标定位，成为我国发展新经济、培育新动能，发展高新技术产业的重要平台，也成为转方式、调结构，实现高质量发展的重要力量。以国家高新区为代表的创新资源集聚区成为高新技术产业化的主阵地。经过30年发展，国家高新区历经创业发展、二次创业、创新驱动战略提升3个阶段，正迈入创新驱动高质量发展新阶段，涌现出华为、中车、阿里、腾讯、寒武纪等一批具有国际竞争力的创新领军企业，已成为我国新兴产业发展的策源地和主战场。2020年，国家高新区着力提升自主创新能力，持续整合和集聚高端创新资源，面向全球吸引和培育一流创新人才，关键核心技术创新和成果转移转化进一步加强，创新驱动实现纵深发展；国家高新区进一步激发各类市场主体创新发展活力，积极营造有利于科技型企业创新发展的良好环境，加强对科技创新创业的服务支持，率先形成适应科技企业成长规律的双创体系，大中小微企业呈现竞相发展的良好态势；国家高新区面向国家战略和产业发展需求，加强战略前沿领域部署，大力培育发展新兴产业，做大做强特色主导产业，努力培育世界级创新型产业集群，持续推进产业迈向中高端，率先形成具有全球竞争力的创新型产业格局；国家高新区进一步加大开放创新力度，积极服务国家区域发展战略，推动区域协同发展，打造区域创新增长极，面向未来发展和国际市场竞争，积极融入全球创新体系，形成了开放、包容、协调的创新环境；国家高新区持续营造高质量发展环境，通过深化管理体制机制改革、优化营商环境、加强金融服务及推动绿色生态园区建设等方式，构建了更加宜居、宜业、宜创的体系环境，成为我国新时代改革探索的先行区。

历经30多年的建设与发展，国家高新区已经成为我国的创新高地、产业高地、人才高地和开放高地，为我国经济的高速发展做出了巨大贡献。世界面临百年未有之大变局，最大特征是"不确定性"，国家高新区进入创新驱动高质量发展新阶段，面向未来，核心是要实施"领先战略"，走引领型发展之路。

五、上市公司对全国企业创新引领作用日益凸显

我国上市公司数量迅速增加，质量稳步提高，已成为全球市值规模第二的股票市场。截至 2020 年底，我国境内外上市公司已达 5599 家，其中境内上市公司有 4210 家，基本涵盖国民经济 90 个行业大类的优质龙头企业[1]。30 年来，上市公司从资本市场累计募集基金 13.6 万亿元，累计现金分红 8.36 万亿元，分红率达 60%[2]，仅 2020 年我国上市公司分红就达 1.33 万亿元。同时，占全国企业总量万分之一的非金融上市公司，其利润总额接近全国规模以上企业的一半，研发投入也占一半以上。尽管受到疫情影响，2020 年上市公司科技创新步伐并未放缓，沪深两市共有 3828 家上市公司披露 2020 年研发费用投入情况，研发费用总计高达 10 119.98 亿元，近 3 年来首次突破万亿元，较 2019 年的 8992.88 亿元增长 12.53%。其中，报告期内实现研发费用同比增长逾 10% 的公司有 1805 家[3]。

上市公司聚焦主业创新发展，借力资本市场突破创新，科技与资本深度融合，正在助力"创新中国"跑出加速度。2020 年，科创板上市公司全年合计新增知识产权 16 300 件，其中发明专利达到 4500 件[4]，创业板公司拥有与主营业务相关的核心专利技术 11 万余件，近六成公司的产品和技术实现了进口替代，解决了一批"卡脖子"技术难题[5]；科研成果方面，一批信息技术、高端装备制造、生物医药等领域的上市公司正积极为数字经济建设、产业高精尖发展及健康中国战略服务。作为资本市场的基石，上市公司从无到有、从弱到强，数量稳步增长，业绩持续改善，创新能力不断增强，已成为我国经济高质量发展的"主力军"和"排头兵"，成为我国推动创业创新、优化资源配置、引领转型升级的中坚力量，成为适应经济新常态、争创竞争新优势、强化发展新动力的重要抓手，成为培育大企业、建设大项目、集聚大产业的有效载体。

在中国资本市场进入"而立之年"之时，上市公司的科技含量越来越高，"科技创新驱动"正在成为国内上市公司发展日新月异的主题词。"十四五"时期，我国将进入新发展阶段，推动上市公司在新的起点上实现更高质量的发展，这是在"双循环"下强化资本市场枢纽功能、加快构建新发展格局的内在要求，推动上市公司做优做强、解决上市公司突出问题、防范化解重点领域风险等，已经成为我国经济转型升级和高质量发展的重要抓手。

第二节 指标设计

一、设计目的

一是客观衡量国家高新区上市公司的创新发展现状。在新一轮科技革命不断推进之际，新业态、新模式、新组织不断涌现，国家高新区是创新创业高度活跃的区域，在未来国家创新驱动发展的过

---

[1] 数据来源：东方财富旗下 Choice 数据库。
[2] 数据来源：《成为国有经济研究智库委员后 宋志平这样把脉上市公司改革》。
[3] 数据来源：东方财富旗下 Choice 数据库。
[4] 数据来源：《2020 年科创板"硬核"成绩单出炉这些亮点抢先看》。
[5] 数据来源：《主板稳健创业板高增 高质量发展特征凸显》。

程中担负重任，上市公司作为高新区的中坚力量，尤为需要加强关注。但目前还没有一套合理的有针对性的评价体系对国家高新区上市公司创新能力进行评估，以充分反映其创新发展的水平。目前来看，国家高新区上市公司对于园区企业的引领带动作用日益增强，准确把握高新区上市公司创新发展态势，才能对未来发展形成合理预判，才有利于政府引导其发展。因此，通过构建本套创新能力评估体系，可以从数据层面了解国家高新区上市公司的创新发展情况，进而明确其创新发展所处的阶段和在创新发展过程中所存在的共性问题及各个高新区上市公司发展的优势、短板等。

二是深入了解上市公司对国家创新发展的引领力和贡献力。在新一轮产业竞争中，创新成为全球竞争的主要着力点，国家高新区上市公司作为国家创新发展的先锋军，在国家创新竞争中起着举足轻重的作用。国家高新区上市公司对于全国创新发展具有引航的作用，其创新能力的强弱也在一定程度上反映了整个国家的创新能力。通过指标设计可以测度国家高新区上市公司对于全国、国家高新区及深沪所有上市公司的创新贡献度，可以系统展示国家高新区上市公司对于全国创新发展的引领带动情况，相关政府部门可以根据国家高新区上市公司对国家的引领力制定相应的支持政策和发展策略以助力国家创新发展，这对于国家创新发展有着重要的指导意义。

三是不断加强国家高新区对上市公司培育的重视程度。国家高新区上市公司作为国家高新区企业的"领头羊"，在国家高新区高质量发展中起到了关键作用。通过国家高新区上市公司创新能力评估指标的设计，可以对各个国家高新区上市公司创新能力进行排名，据此侧面反映各个园区整体创新能力的强弱，进而通过排名引起各个国家高新区对于上市公司培育的重视，激励国家高新区积极出台企业培育办法，引导园区上市公司加大研发投入、主动开展原始创新，推动园区实现创新驱动高质量发展。

四是遴选挖掘国家高新区企业创新发展的优秀案例。2021年4月22日，科技部印发了《国家高新技术产业开发区综合评价指标体系》，一石激起千层浪，新版评价指标体系引起了全国各地国家高新区的高度重视。新版指标对于国家高新区发展的关注点和侧重点有所变化，尤其重视企业的培育和新动能的打造。2020年，国务院印发《关于促进国家高新技术产业开发区高质量发展的若干意见》（国发〔2020〕7号），明确提出将国家高新区建设成为创新驱动发展示范区和高质量发展先行区的目标要求，这个时期的国家高新区进入"三次创业"阶段，强调高效有机运行的创新经济生态的营造，部分高新区不知道如何响应国家战略，缺乏一些创造性的想法和实用性的举措。通过构建本套创新能力评估体系，可以选出一些表现优秀的国家高新区和上市公司案例供高新区学习参考。

二、理论依据

1. 企业创新的概念界定

美国哈佛大学教授熊彼特第一个从经济学角度提出了"创新理论"。熊彼特（1934）认为，创新就是建立一种新的生产函数，把一种从来没有过的关于生产要素和生产条件的"新组合"引入生产体系，同时列出5种新组合：引入新产品、采用新方法、开辟新市场、控制原料新来源、建立新组织。但他认为"技术发明不是创新，创新是技术发明的商业应用"[①]。Burgelman 和

---

① 约瑟夫·熊彼特. 熊彼特经济发展理论精选之经济周斯循环论：对利润，资本，信贷，利息以及经济周期的探究[M]. 北京：中国长安出版社，2009.

M.A.Maidigue（1988）[①]认为，企业创新能力是便于组织支持企业创新战略的一系列企业的综合特征，它包括可利用资源及分配、对行业发展的理解能力、对技术发展的理解能力、结构和文化条件、战略管理能力。

与熊彼特的观点相反，1992年OECD的《技术创新统计手册》提出技术发明是创新的重要内容，指出"技术创新包括新产品和新工艺，以及产品和工艺的显著的技术变化。如果在市场上实现了创新（产品创新），或者在生产工艺中应用了创新（工艺创新），那么就说创新完成了。"《奥斯陆手册》第三版中进一步扩展了创新的定义，"所谓创新，是指出现新的或重大改进的产品或工艺，或者新的营销方式，或者在商业实践、工作场所组织或外部关系中出现的新的组织方式，企业创新包含技术创新（产品创新、工艺创新）和非技术创新（营销创新、组织创新）[②]"。

随着经济全球化的深入，越来越多的学者开始关注创新网络、创新生态，企业利用和整合外部创新资源的能力成为企业创新能力的重要组成部分。基于以上梳理，我们初步将企业创新界定为"在一定外部环境约束的条件下，为了增加市场需求、降低生产成本或提高生产效率、改善生存空间，企业综合利用市场内各类创新要素，统筹推进技术研发、技术引进、技术改造、工艺流程优化、组织变革、营销推广等一系列有利于提升自身市场竞争力的活动。"

2. 企业创新的影响因素

（1）财务表现

大企业的创新优势在于：一是可以提供研发所需的资源，特别是对于一些资源投入较大或需要持续资源投入的研发活动更具优势；二是能够更有效地分散风险，其风险承担能力也更强；三是创新成果带来的边际收益更大。熊彼特认为，企业规模对研发活动有重要的促进作用，即大企业比小企业更有创新积极性，这一观点受到了很多学者的认可[③]。

随着技术的快速发展，并购成为企业获取技术创新能力的重要方式，技术并购能促进并购企业创新绩效（张峥 等，2016）[④]。企业拥有的现金流直接决定可用于研发投入的资源，如现金流量上升可能是20世纪90年代美国企业研发投入激增的重要原因（Brown et al.，2009）。债券融资能够显著促进制造业企业的创新绩效，而资产负债率和现金债务比是影响制造业企业债券发行的主要因素（王伟楠 等，2018）[⑤]。吴尧等[⑥]研究表明，企业增加负债有助于促进企业创新规模的增长，当企业负债水平超过某一个临界值时，企业继续增加负债则对企业创新规模产生抑制作用。

[①] BURGELMAN R A，MAIDIQUE M A，WHEELWRIGHT S C．Strategic management of technology and innovation［M］．New York：McGraw-Hill Irwin, 1996.

[②] 经济合作与发展组织．奥斯陆手册：创新数据的采集和解释指南［M］．北京：科学技术文献出版社，2011.

[③] SCHUMPETER J A．Capitalism, socialism, and democracy［J］．American economic review, 1942, 3（4）：594-602.

[④] 张峥，聂思．中国制造业上市公司并购创新绩效研究［J］．科研管理，2016，37（4）：8.

[⑤] 王伟楠，王旭，褚旭．基于准实验分析的债券融资对企业创新绩效影响研究［J］．系统工程理论与实践，2018，38（2）：8.

[⑥] 吴尧，沈坤荣．资本结构如何影响企业创新：基于我国上市公司的实证分析［J］．产业经济研究，2020（3）：15.

马文聪等[①]研究发现研发经费投入强度、研发人员投入强度、薪酬激励和人员培训对企业创新绩效有显著正向影响。此外，营销能力可能会影响到企业注意力从而影响企业创新投入决策，最终影响到企业创新产品的商业化效率。郭立新等（2021）[②]认为在创新决策阶段，营销能力对创新投入具有显著的抑制作用和"挤出"效应；在成果转化阶段，营销能力促进了创新投入对企业绩效的正向影响。

（2）公司治理

股权结构处于公司内部治理的最高层级，对公司内部治理机制与管理层行为产生决定性作用。总体来看，股权集中有利于发挥股东对管理层的监督和约束行为，进而提高管理层的创新积极性（Francis et al., 1995）[③]。但有研究指出，适度的股权集中度与企业创新正相关，当出现"一股独大"时，第一大股东持股比例与企业创新负相关（刘渐和 等，2010）[④]。股权制衡使所有者倾向于进行有助于自主创新的资源配置，管理者的创新决策会被大股东重视，并得到强有力的理解和支持，避免管理者因害怕创新投资失败而减少创新活动，激发管理者的创新动力（杨建君 等，2015）[⑤]。

董事会结构影响公司的风险态度和决策导向，进而影响其创新行为。由于独立董事往往是专业出身，其对风险的敏感程度更高，所以有更多独立董事的企业会专注于公司熟悉的技术领域，进而降低企业创新风险（Balsmeier et al., 2016）[⑥]。同时有研究表明，管理者个人（特别是董事长和CEO）特质，包括性别、受教育水平和性格等都会对其创新决策和行为产生显著影响。高管受教育程度越高、个人经历越丰富、知识存量越多，企业创新能力越强（Ayyagari et al., 2011）[⑦]。

此外，机构投资者拥有雄厚的资金，可以长期大量地持有公司股票，专业的信息收集和处理能力使其能够掌握行业发展趋势，更有效地识别企业的非效率行为，从而能抑制管理层短视行为，进而促进企业创新（Aghion, 2012；鲁桐 等，2014）[⑧]。风险容忍程度高（如公司机构投资者和风险投资机构）、专业能力强（如对冲基金）、沟通渠道更顺畅的机构投资者往往能促进企业创新投入和创新效率的提升（Tian et al., 2014；陈思 等，2017）[⑨]。

---

① 马文聪，侯羽，朱桂龙. 研发投入和人员激励对创新绩效的影响机制：基于新兴产业和传统产业的比较研究[J]. 科学学与科学技术管理，2013, 34（3）：11.

② 郭立新，陈传明. 高科技企业的营销能力对创新的影响：创新过程的视角[J]. 技术经济与管理研究，2020（2）：8.

③ FRANCIS J, SMITH A. Agency costs and innovation some empirical evidence[J]. Journal of accounting and economics, 1995, 19（2-3）：383-409.

④ 刘渐和，王德应. 股权结构与企业技术创新动力：基于双重代理理论的上市公司实证研究[J]. 西安财经学院学报，2010, 23（3）：6.

⑤ 杨建君，王婷，刘林波. 股权集中度与企业自主创新行为：基于行为动机视角[J]. 管理科学，2015, 28（2）：11.

⑥ BALSMEIER B, FLEMING L, MANSO G. Independent boards and innovation[J]. Journal of financial economics, 2016, 123（3）：536-557.

⑦ AYYAGARI P, GROSSMAN D, SLOAN F. Erratum to: education and health: evidence on adults with diabetes[J]. International journal of health care finance & economics, 2011, 11（1）：221-222.

⑧ 鲁桐，党印. 公司治理与技术创新：两个基本模型[J]. 财经科学，2014（7）：10.

⑨ 陈思，何文龙，张然. 风险投资与企业创新：影响和潜在机制[J]. 管理世界，2017（1）：12.

（3）创新环境

企业内部环境。内部知识共享有助于建立一个基于知识的系统，新知识的内部产生促进了各种创新活动（McKelvie et al.，2018）。员工教育作为一种人力资本投资的方式，有助于员工更敏锐地捕捉到创新机会、更有能力开展创新活动（张慧 等，2017）[1]，企业应增加员工教育投入，将员工自身的知识及员工从外部吸收的知识成功应用于企业创新过程中，有效降低企业创新成本、提升企业创新成功的可能性。企业创新文化是创新行为的先导者，是企业技术创新的原动力，强调"创新"的企业文化真实地驱动了企业的研发投资（张玉明 等，2016）[2]。

企业外部环境。政府补贴和税收优惠是政府扶持企业创新的两种重要财政手段。政府补贴不仅可以为研发提供所需资金，降低企业创新的融资成本（李兰 等，2015）[3]，而且具有明显的外溢效应，即作为利好信息传递给私人投资者，能帮助企业获取银行贷款或风险投资等其他创新资源（Meuleman et al.，2012；陈红 等，2018），且良好的公司治理水平有利于提高创新补贴效率（陆国庆 等，2014）。税收优惠作为政府扶持创新的另一种重要手段，同样能够分担企业风险，提高企业创新投入（Mukherjee et al.，2017）。同时，货币政策和产业政策也是政府扶持创新的重要工具（秦雪征 等，2012）。

（4）创新产出

越来越多的企业更加注重增加自主研发能力，并且将专利申请量作为自己的核心竞争优势进行披露，专利已经成为各企业核心竞争力的源泉。专利申请量能够更好地体现企业的技术研发成果，能够更准确地反映技术创新产出水平（赵树宽 等，2013）。新产品销售收入反映了企业通过创新实现经济效益的情况，能够体现将知识创新价值转化为产品创新价值的过程。新产品销售收入越高，表明企业技术创新的市场价值越大（叶丹 等，2017）[4]。

3. 企业创新评价的相关综述

在企业创新评价方面，国内外学者研究得比较全面，关注度较高。英国学者弗里曼（1982）率先从研发能力、营销能力、对用户需求的理解和管理能力4个方面总结了创新成功企业的10个特点。Garayannis 和 Provance（2008）针对企业的创新能力，从投入指标、过程指标、技术指标3个方面进行衡量。Lesáková[5]将研究的重点放在企业进行创新活动的决定性因素上，从经济增长与发展、竞争力及支持创新的政策等方面对企业的创新能力进行评估。徐立平等[6]从创新投入能力、创新研发能力、创新生产能力、创新产出能力、创新营销能力、创新管理能力等方面构建了覆盖

---

[1] 张慧，彭璧玉.创新行为与企业生存：创新环境、员工教育重要吗［J］.产业经济研究，2017（4）：11.

[2] 张玉明，李荣，闵亦杰.企业创新文化真实地驱动了研发投资吗？［J］.科学学研究，2016，34（9）：9.

[3] 李兰，张泰，李燕斌，等.企业经营者对宏观形势及企业经营状况的判断、问题和建议——2015·中国企业经营者问卷跟踪调查报告［J］.管理世界，2015（12）：41-57.

[4] 叶丹，黄庆华.区域创新环境对高技术产业创新效率的影响研究：基于DEA-Malmquist方法简［J］.宏观经济研究，2017（8）：9.

[5] U LESÁKOVÁ. Empirical research on innovation activities in small and medium-sized enterprises in the Slovak Republic［C］// Proceedings- 11th international conference on mangement, enterprise and benchmarking（MEB 2014）. Budapest：Óbuda University, Keleti Faculty of Business and Management，2014.

[6] 徐立平，姜向荣，尹翀.企业创新能力评价指标体系研究［J］.科研管理，2015（S1）：5.

企业创新多个环节的指标体系。陈劲等[1]从问题驱动、思考未来、多样化知识、创新文化、利益相关者协同、经济价值与社会价值等方面入手，对知识管理和价值创造的应用扩展提出了新的方向。陈劲等[2]还从战略管理、创新基础、创新投入、创新产出等方面构建了"创新型企业""创新型领军企业""世界一流创新企业"评价指标体系。

此外，国内亦出现了一些具有较大影响力的企业创新评价体系。2013年，科技部制定了用于评价我国企业创新能力的指标体系，从创新投入能力、协同创新能力、知识产权能力和创新驱动能力4个方面构建了国家创新指数指标体系。2015年以来，浙江大学管理学院逐年编制并发布《中国上市公司创新指数报告》，从创新势力和创新效率两个维度构建了上市公司创新指数，包含7个二级指标。2018年，《大众证券报》和南京师范大学商学院研究基地联合发布《中国A股上市公司创新指数百强榜》，从创新投入、创新转化过程、创新产出、企业家特质和创新条件保障等5个方面构建了评估上市公司创新能力的指标体系。2018年，汇丰发布《2018中国企业创新发展报告》，由北大汇丰商学院独立设计中国企业创新指标体系，内容涵盖创新环境、创新资源、创新绩效3个方面，包含9个二级指标。

总体来看，关于上市企业创新评价方面的研究存在以下问题。①学术层面的企业创新评价，部分指标数据的可获得性较差，部分依赖于主观评价，结果不够客观。②在目前发布的比较有影响力的企业创新报告中，对于企业可持续创新的关注度不足，企业规模、财务表现、组织管理、文化属性等都影响着企业在市场竞争中的生存时间。国家高新区是上市企业培育壮大的重要载体，是国家创新驱动发展的主要阵地，开展国家高新区上市企业创新能力评估的专项研究意义重大。

三、设计原则

进入后疫情时代，经济逆全球化趋势愈加显现，我国创新驱动发展呈现出新的变化，而国家高新区上市公司在其中发挥着关键的示范带头作用。本套创新能力评估体系的设计，以实现高质量发展为根本目标，充分考虑国内外形势变化，遵循国家创新驱动的战略部署，呈现出国家高新区上市公司个性化特征；指标既要反映上市公司的创新，又要兼顾多主体协同创新网络的创新活动；既要关注上市公司本身的创新，又要考虑局部对整体的创新贡献度；既要包含创新投入和创新产出等指标，又要包含创新支撑、保障等衡量创新活动可持续性的指标。

指标的设计遵循以下原则。

一是系统性和重点性相结合。必须用若干指标对国家高新区上市公司创新能力进行衡量，这些指标是互相联系和互相制约的。有的指标之间有横向联系，反映不同侧面的相互制约关系；有的指标之间有纵向关系，反映不同层次之间的包含关系。同时，同层次指标之间尽可能界限分明，避免相互包含有内在联系的若干组、若干层次的指标体系，体现出很强的系统性。在统筹考虑指标系统性的同时，还重点关注国家高新区上市公司创新投入、创新产出及创新保障等3个指标，并针对关键指标给予较高权重，体现出重点性。

---

[1] 陈劲，赵闯，贾筱，等．重构企业技术创新能力评价体系：从知识管理到价值创造［J］．技术经济，2017，36（9）：9．

[2] 陈劲，李佳雪．打造世界级创新企业：基于BCG全球最具创新力企业报告的分析［J］．科学与管理，2020，40（1）：1-8．

二是监测与引领带动并重。开展国家高新区上市公司创新能力的评估不是单纯评出名次和显示优劣的程度，而是要引导和鼓励国家高新区上市公司积极开展创新工作，培育高质量发展动能，其具有一定的目标导向作用。因此，在指标设计时，一方面要关注常规性指标，用于国家高新区上市公司创新发展的整体监测引导；另一方面要关注体现国家发展战略新导向、反映创新发展新趋势的创新型指标，用于创新发展的引领和带动。

三是科学性与实践性兼顾。指标既要有理论作指导，还要和实际相匹配，实现理论和实践相结合，能够科学合理地反映国家高新区上市公司创新发展的客观情况。指标既要反映规模和总量，又要反映质量和效益，科学、全面地测度国家高新区上市公司的创新能力，同时要立足实际，充分考虑指标的可采集性、可对比性，还要保证指标之间的互补性、独立性。

四是静态与动态合理分配。国家高新区上市公司的创新发展是动态变化的过程，在保持关键指标稳定性的同时，随着发展变化适时调整相关指标，以便指标体系能始终准确反映其创新趋势，实现稳定性与动态性的统一。评价指标体系不仅要反映国家高新区上市公司创新能力最新发展的实际情况，还要跟踪其发展变化情况，以便及时发现问题。同时，指标体系应随着国家战略的调整、国家高新区发展态势的变化、上市公司年报的披露情况不断进行调整和优化。

四、指标构建

按照上述设计思路和原则，我们全面梳理了相关文献，充分借鉴国家高新区创新能力评价指标体系和国内外先进创新监测指标体系，结合上市公司年报披露的最新情况，开展了国家高新区上市公司创新能力评估指标体系构建。经过长期调研和相关专家的深入讨论，根据指标体系的设计原则和逻辑框架，最终设计出一套国家高新区上市公司创新能力评估体系。

本套体系选取了创新投入能力、创新产出能力和创新保障能力等3个维度作为一级指标，搭建指标体系框架如下：①"创新投入能力"的维度。旨在衡量企业未来创新水平提升的潜力，主要分为人、财、物3个方面，分别为研发、生产、营销等阶段所必需的创新投入要素，以及上市公司在创新发展过程中的创新激励举措。②"创新产出能力"的维度。旨在衡量企业当期的创新能力，主要包含专利、知识产权等研发成果，增加值、收益率等经济效益的产出，以及股息率等社会贡献表现。③"创新保障能力"的维度。这方面主要通过企业的经济规模、组织管理、文化教育等实际情况，来衡量上市公司现在的创新行为能否长期进行，是否具有持续创新的能力。

总之，国家高新区上市公司创新能力评估体系包括：3个一级指标、9个二级指标、21个三级指标，如表1-1所示。

表 1-1 国家高新区上市公司创新能力评估体系

一级指标	二级指标	三级指标	指标解释	指标属性
A 创新投入能力	A1 人才投入	A11 硕士及以上人员占企业员工比重		正向指标
		A12 研发人员数量		正向指标
	A2 资金投入	A21 研发强度	（研发人员人均经费、研发经费/营业收入）	正向指标
		A22 研发活动区域集中度	（企业研发经费/高新区研发经费）	正向指标
		A23 设备采购及营销推广经费	（当年购置的机器设备价值、广告宣传推广费）	正向指标
	A3 创新激励	A31 企业获得的政府创新补助		正向指标
		A32 员工薪酬激励	（企业员工平均薪酬/所在地区平均房价）	正向指标
B 创新产出能力	B1 研发成果	B11 当年新增专利数量	（当年申请发明专利数+当年申请PCT专利数×10）	正向指标
		B12 当年新增知识产权价值	（专利技术、非专利技术、商标权、特殊经营权、软件著作权数量之和）	正向指标
		B13 商业变革力度	（企业组织变革）	正向指标
	B2 经济效益	B21 人均增加值		正向指标
		B22 总资产收益率	（企业净利润/企业总资产平均余额）	正向指标
	B3 社会贡献	B31 股息率		正向指标
		B32 企业所得税区域贡献度	（企业所得税占高新区税收收入的比例）	正向指标
C 创新保障能力	C1 基础保障	C11 营业收入		正向指标
		C12 总市值均值	（年初和年底的均值）	正向指标
		C13 核心技术储备	（企业拥有的有效专利数）	正向指标
	C2 运营保障	C21 资本结构合理度	（资产负债率、现金流动负债比率）	适度指标
		C22 管理决策专业度	（独立董事占比、董事会人均受教育年限、股权制衡度CR5/CR1、机构持股比例）	正向指标
	C3 文化保障	C31 从业人员人均教育经费		正向指标
		C32 开放创新及数字转型重视度	（年报关键字检索）	正向指标

指标解释如下。

A 创新投入能力

A1 人才投入

A11 硕士及以上人员占企业员工比重

计算公式：企业硕士＋博士人员数／企业员工总数。

指标解释：衡量企业高学历人才占比，引导企业进一步提升从业人员综合素质，也是衡量研发创新的重要指标。

A12 研发人员数量

即企业拥有从事研发的人员数。

指标解释：衡量企业研发人员的实际投入力度，引导企业强化自主创新人力的投入。

A2 资金投入

A21 研发强度

计算公式：研发经费／研发人员数、研发经费／营业收入。

指标解释：度量企业研发投入强度的通用指标，反映园区企业对研发和技术创新的重视程度及投入能力。

A22 研发活动区域集中度

计算公式：企业研发经费／高新区研发经费。

指标解释：衡量企业研发经费在所在国家高新区的集中度，反映企业对国家高新区的创新引领力。

A23 设备采购及营销推广经费

计算公式：设备购买费用＋营销推广费用。

指标解释：衡量企业在研发设备上的投入力度和产品推广力度。

A3 创新激励

A31 企业获得的政府创新补助

指标解释：衡量国家高新区对企业创新的支持力度，也反映了企业开展创新活动的积极性。

A32 员工薪酬激励

计算公式：企业员工平均薪酬／所在地区平均房价。

指标解释：衡量企业从业人员在所在城市的住房压力情况，是吸引人才、留住人才的重要指标，也反映了企业对于人才的重视度。

B 创新产出能力

B1 研发成果

B11 当年新增专利数量

计算公式：当年申请发明专利数＋当年申请PCT专利数×10。

指标解释：衡量园区企业的高质量创新成果的产出效率，引导企业开展具有较高原创性的创新活动。

B12 当年新增知识产权价值

计算公式：当年新增专利技术、非专利技术、商标权、特殊经营权、软件著作权数量之和。

指标解释：衡量园区企业知识产权产出的价值大小，同样是反映企业的创新产出能力的重要指标。

B13 商业变革力度

指标解释：衡量园区企业为推进创新成果转化而新设子公司的资金投入力度。

B2 经济效益

B21 人均增加值

计算公式：企业增加值 / 企业员工总数。

指标解释：度量企业价值创造效能，反映园区企业员工的单位生产效率。

B22 总资产收益率

计算公式：企业净收益 / 企业总资产平均余额。

指标解释：衡量企业收益能力，反映公司的竞争实力和发展能力，也是决定公司是否应举债经营的重要依据。

B3 社会贡献

B31 股息率

计算公式：股息 / 股票价格。

指标解释：是衡量企业是否具有投资价值的重要标尺之一。

B32 企业所得税区域贡献度

计算公式：企业所得税 / 所在高新区税收收入。

指标解释：度量企业对于所在高新区的税收贡献度。

C 创新保障能力

C1 基础保障

C11 营业收入

即企业从事主营业务所获得的收入。

指标解释：营业收入的实现关系到企业再生产活动的正常进行，加强营业收入管理，可以使企业的各种耗费得到合理补偿，有利于再生产活动的顺利进行。

C12 总市值均值

计算公式：（年初总市值 + 年末总市值）/2。

指标解释：总市值，指在某个特定时间内总股本数乘以当时股价得出的股票总价值。

C13 核心技术储备

即企业拥有的有效专利数。

指标解释：用以衡量企业的创新底蕴，较高的专利储备让企业在原有基础上的再创新更加容易。

C2 运营保障

C21 资本结构合理度

计算公式：资产负债率 = 总负债 / 总资产；

现金流动负债比率 = 年经营活动现金净流量 / 年末流动负债。

指标解释：反映出企业偿还长期负债、流动负债的实际能力。现金流动负债比率过大则表明企业资金利用不充分，盈利能力不强，过小则说明企业存在流动债务风险。资产负债率同样存在相似问题，都是适度指标。

C22 管理决策专业度

组合指标：独立董事占比、董事会人均受教育年限、股权制衡度 CR5/CR1、机构持股比例。

指标解释：衡量企业管理层的决策管理能力。

C3 文化保障

C31 从业人员人均教育经费

计算公式：企业教育经费支出/企业员工总数。

指标解释：衡量企业对员工的培养能力。

C32 开放创新及数字转型重视度（年报关键字检索）

计算公式：创新、开放、数字化等关键词在企业年报中出现的频次之和。

指标解释：衡量企业的开放创新能力和数字化转型程度。

第三节　指标确权

一、基础数据搜集

国家高新区上市公司主要有 3 个判定标准：注册地在高新区，如神州高铁、中国长城等；注册地不在高新区，但实际办公地或企业总部在高新区，如金蝶国际、康师傅控股等；注册地、办公地均不在高新区，但其开展业务的主体在高新区，如联想集团、石药集团等。基于以上标准，针对 A 股、港股、美股所有上市企业，同科技部火炬中心合作，经过一系列的筛选和电话查证、地址比对等方法核实，最终确定 2020 年底国家高新区共有 1956 家上市企业，其中 A 股 1622 家、港股 226 家、美股 108 家。

本报告搜集数据的年限范围为 2016—2020 年，根据国家高新区上市公司创新发展评估体系中的指标拆解及报告中多维度分析需要，最终确定国家高新区内上市公司需要搜集的基础数据有 70 多条，其中有 3 条数据来源于大为 innojoy 专利数据库，3 条数据来源于火炬统计，1 条数据来源于墨泰企业平台，1 条数据来源于上市公司年报文本爬虫，其余数据均于东方财富数据库、WIND 数据库直接提取（所有上市公司的经济数据均来自企业每年公布年报中的合并报表）。这里强调一点，本报告所用数据以东方财富数据库为主，以 WIND 数据库作为补充。

二、赋权方法选择

通过对现有文献中各类赋权方法的梳理，发现比较主流的方法有以下几种。

① 主观赋权法。主观赋权法是研究者根据其主观价值判断来指定各指标权数的一类方法。这类方法又分为专家评判法、层次分析法等。各指标权重的大小取决于各专家自身的知识结构、个人喜好。虽然很好地反映了主观意愿，但其欠缺科学性、稳定性。考虑到其明显的缺陷，一般只适用于数据收集困难和信息不能准确量化的评价中。

② 客观赋权法。客观赋权法是利用数理统计将各指标值经过分析处理后得出权数的一类方法。根据数理依据，这类方法又分为变异系数法、主成分分析法、熵值法等。这类方法根据样本指标

数值本身的特点来进行赋权，具有较好的规范性。但其容易受到样本数据的影响，不同的样本会根据同一方法得出不同的权数。应用中，当样本各指标独立性很强时，可以选择采用变异系数法；当样本指标相互之间具有复杂联系时，采用熵值法得出的权数较为理想；当样本指标过多，计算量过大时，主成分分析法无疑是一个很好的选择，使用该方法可以在较好地保持结果准确性的前提下，大幅减少工作量，因此该种方法被广泛采用。

③ 组合赋权法。前述各类方法各有利弊，在实际应用中体现出权数不同的现象，有学者就提出将前述主客观赋权方法的结果进行组合，即组合赋权法，以此来中和偏差。权数的组合赋权法归纳起来有乘法合成和线性加权两种。乘法合成实质上是将各种赋权方法得出的结果进行折中，原理类似于算数平均，所不同的是前者是乘积之比，而后者是求和之比。线性加权的目的同样是将各种方法得出的权数分配进行综合，只是算法有所区别。

综合考虑本报告的预期目标，以创新评估的科学性、连续性、稳定性为前提，尽力削弱由传统方法通过截面数据处理确权带来的指标权重非常规波动影响，兼顾评价结果多维度对比分析的诉求，本报告在采用熵值法赋权的基础上，通过专家问卷打分法获得的主观赋权加以修正，最终得到更为合理、准确的指标权重，为本报告后续分析的展开提供了可靠支撑。

三、数据处理及确权

1. 指标数据的标准化处理

不同评价指标往往具有不同的量纲，这样的情况会影响数据分析的结果，为了消除指标之间的量纲影响，需要进行数据标准化处理，以解决数据指标之间的可比性。最常用的方法为离差标准化，但考虑到部分指标间差距过大，因此，本报告最终选取 log 函数转换的方法对指标进行标准化处理。

对于正向指标，具体处理步骤如下。

① 指标正数化处理：

$$X_{ij}^{+}=X_{ij}-\min(X_{i1}:X_{in})。 \quad (1-1)$$

其中，X_{ij} 表示第 i 个指标的第 j 条数据，$X_{i1}:X_{in}$ 表示第 i 个指标第 1 到第 n 个数据集，X_{ij}^{+} 表示第 i 个指标第 j 条数据正数化处理结果。

② 进行 ln 函数转换，同时要确保处理结果落到 [0，100] 区间上，即

$$X_{ij}'=\frac{\ln(X_{ij}^{+}+1)}{\max[\ln(X_{i1}^{+}+1):\ln(X_{in}^{+}+1)]}\times 100。 \quad (1-2)$$

其中，X_{ij}' 表示第 i 个指标的第 j 条数据的最终得分，+1 是为了避免对 X_{ij}^{+} 处理结果为负，从而影响整体评估。

③ 如为复合指标，进一步对每个小指标求平均值。

对于适度指标，本报告仅有一个，即 C21 资本结构合理度，这是一个复合指标，又分为资产负债率和现金流动负债比率。具体处理步骤如下：

$$\dot{Y}_{ij}=\begin{cases}\overline{Y}_i-Y_{ij},&Y_{ij}\geqslant\overline{Y}_i\\Y_{ij}-\overline{Y}_i,&Y_{ij}<\overline{Y}_i\end{cases}。 \quad (1-3)$$

其中，$\dot{Y}_{ij}$ 为第 i 个指标的第 j 条数据的正向化处理值，$\overline{Y}_i$ 表示第 i 个指标的理想水平（本报告中资产负债率理想水平为 50%，现金流动负债比率为 100%），Y_{ij} 表示第 i 个适度指标的第 j 条数据。适度指标正向化处理后，后续指标处理遵照①至③。

2. 权重的确定

由于 A 股、港股、美股上市企业年报的会计标准不一，各项数据披露不完全一致，同时还有部分企业同时上市 A 股、港股、美股 3 个证券市场，如果将其放在一起统一处理评价的话，会导致数据信息不严谨、部分数据缺失、数据重复计算等问题，因此，本报告所做的国家高新区上市公司创新能力评估主体仍以 A 股 1622 家企业为主，港股、美股企业不参与整体的创新评价，仅在报告中整体和区域层面发展现状中用于简单对比。本报告创新评估的总体样本为 2016—2020 年 169 家国家高新区 1622 家 A 股上市公司 21 条指标数据，数据量庞大，且以企业为统计主体的指标历年波动性极大，数据处理工作极为困难，由此得出的权重不具备普适性。因此，本报告最终从拥有上市企业的 142 家国家高新区层面测度指标权重。

（1）通过熵值法确定指标客观权重

熵值法可以根据各项指标观测值所提供的信息大小来确定指标权重，其指标值的变异程度越大，得到的信息熵就越小，指标权重越大，反之则指标权重越小。具体步骤如下。

① 计算在第 i 个省（市）下第 j 个指标的比重：

$$p_{ij} = \frac{P_{ij}}{\sum_{i=1}^{m} P_{ij}}; \quad i = 1, 2, \cdots, m; \quad j = 1, 2, \cdots, n。 \tag{1-4}$$

② 计算第 j 个指标的熵值：

$$e_j = -k \sum_{j=1}^{n} p_{ij} \ln(p_{ij})。 \tag{1-5}$$

其中，$k > 0$，$k = \dfrac{1}{\ln(m)}$，$0 \leqslant e_j \leqslant 1$。

③ 计算第 j 个指标的差异系数：

$$h_j = 1 - e_j。 \tag{1-6}$$

在公式中，当熵值 e_j 越小时，指标的差异越大，对该项指标的评估重要性越强，则指标的权重系数相应也会越大。

④ 确定第 j 个指标的权重：

$$v_j = \frac{h_j}{\sum_{j=1}^{n} h_j}。 \tag{1-7}$$

通过上述步骤，对 2020 年 142 家国家高新区上市公司数据中 21 条指标进行分析测权，得到如下权重（表 1-2）。

表1-2　2020年创新发展评价各项指标客观权重

三级指标	熵值法确权 W_1
A11 硕士及以上人员占企业员工比重	0.0835
A12 研发人员数量	0.0228
A21 研发强度	0.0237
A22 研发活动区域集中度	0.0354
A23 设备采购及营销推广经费	0.0315
A31 企业获得的政府创新补助	0.0267
A32 员工薪酬激励	0.0752
B11 当年新增专利数量	0.0783
B12 当年新增知识产权价值	0.0937
B13 商业变革力度	0.0838
B21 人均增加值	0.0144
B22 总资产收益率	0.0221
B31 股息率	0.0550
B32 企业所得税区域贡献度	0.0405
C11 营业收入	0.0486
C12 总市值均值	0.0772
C13 核心技术储备	0.0425
C21 资本结构合理度	0.0542
C22 管理决策专业度	0.0266
C31 从业人员人均教育经费	0.0093
C32 开放创新及数字转型重视度	0.0550

（2）通过专家评判法确定指标主观权重

本次专家打分问卷通过网络发放问卷的形式，邀请了高新区领域的20位专家进行线上打分，问卷完成回收率达100%，同时，通过对问卷信度和效度的检验，最终选取有效问卷16份。

在此，通过层次分析法处理16位专家的问卷打分，具体步骤如下。

① 构建专家判断矩阵，确定各位专家的权重（$P_1, P_2, P_3, \cdots, P_{16}$）；

② 求出专家对每个问题的平均打分等级及得分：

$$\overline{D_i} = P_1 \times D_{i1} + P_2 \times D_{i2} + P_3 \times D_{i3} + \cdots + P_{16} \times D_{i16} \quad (1-8)$$

其中，$\overline{D_i}$代表第一位专家对第i个问题的打分等级，对$\overline{D_i}$取整，可得专家们对第i个问题的平均打

分等级 $[\overline{D}_i]$，同时，本次问卷打分有 17 个等级，分别为 1（1/9）、2（1/8）、3（1/7）、4（1/6）、5（1/5）、6（1/4）、7（1/3）、8（1/2）、9（1）、10（2）、11（3）、12（4）、13（5）、14（6）、15（7）、16（8）、17（9），括号中为对应的得分。通过平均打分等级求其平均得分：

$$T_i = \begin{cases} [\overline{D}_i] - 8, & [\overline{D}_i] > 8 \\ \dfrac{1}{10 - [\overline{D}_i]}, & [\overline{D}_i] \leq 8 \end{cases} \quad (1-9)$$

③ 通过平均得分分别对一级指标和三级指标构建两两比较矩阵，各判断矩阵均顺利通过一次性检验，最终得到各项三级指标的主观权重（表 1-3）。

表 1-3　2020 年创新发展评价各项指标主观权重

三级指标	专家打分确权 W_2
A11 硕士及以上人员占企业员工比重	0.0381
A12 研发人员数量	0.0600
A21 研发强度	0.0615
A22 研发活动区域集中度	0.0456
A23 设备采购及营销推广经费	0.0152
A31 企业获得的政府创新补助	0.0287
A32 员工薪酬激励	0.0481
B11 当年新增专利数量	0.0883
B12 当年新增知识产权价值	0.1024
B13 商业变革力度	0.1288
B21 人均增加值	0.0773
B22 总资产收益率	0.0368
B31 股息率	0.0334
B32 企业所得税区域贡献度	0.0718
C11 营业收入	0.0135
C12 总市值均值	0.0124
C13 核心技术储备	0.0546
C21 资本结构合理度	0.0137
C22 管理决策专业度	0.0364
C31 从业人员人均教育经费	0.0119
C32 开放创新及数字转型重视度	0.0213

（3）组合权重测算

此处采用博弈论求均衡解的方法，具体步骤如下。

① 由 W_1 和 W_2 的线性组合表达的指标组合权重向量 W 为：

$$W = \begin{bmatrix} \lambda_1 w_{11} + \lambda_2 w_{21} \\ \lambda_1 w_{12} + \lambda_2 w_{22} \\ \vdots \\ \lambda_1 w_{1n} + \lambda_2 w_{2n} \end{bmatrix} = \begin{bmatrix} w_{11} & w_{21} \\ w_{12} & w_{22} \\ \vdots & \vdots \\ w_{1n} & w_{2n} \end{bmatrix} \begin{bmatrix} \lambda_1 \\ \lambda_2 \end{bmatrix} \text{。} \tag{1-10}$$

其中，λ_1、λ_2 为线性组合系数。

② 根据博弈论思想，建立目标函数，以指标组合权重 W 与 W_1 和 W_2 离差之和最小为目标，寻求最优的线性组合系数 λ_1^*、λ_2^*，此时指标组合权重即为最优的组合权重 W^*。目标函数和约束条件如下：

$$\min(\|W-W_1\|_2 + \|W-W_2\|_2)$$
$$= \min(\|\lambda_1 W_1 + \lambda_2 W_2 - W_1\|_2 + \|\lambda_1 W_1 + \lambda_2 W_2 - W_1\|_2), \tag{1-11}$$
$$s.t.\ \lambda_1 + \lambda_2 = 1,\ \lambda_1、\lambda_2 \geq 0\text{。} \tag{1-12}$$

③ 根据微分原理，上述模型取得最小值的一阶导数条件为：

$$\begin{cases} \lambda_1 W_1 W_1^T + \lambda_2 W_1 W_2^T = W_1 W_1^T \\ \lambda_1 W_2 W_1^T + \lambda_2 W_2 W_2^T = W_2 W_2^T \end{cases} \text{。} \tag{1-13}$$

④ 通过上式求得线性组合系数 $\lambda_1 = 0.3912$、$\lambda_2 = 0.6939$，进行归一化处理得到 $\lambda_1^* = 0.3605$、$\lambda_2^* = 0.6395$，最终求得组合权重如表 1-4 所示。

表 1-4　2020 年创新发展评价各项指标组合权重

三级指标	组合权重 W^*
A11 硕士及以上人员占企业员工比重	0.054 44
A12 研发人员数量	0.046 58
A21 研发强度	0.047 91
A22 研发活动区域集中度	0.041 96
A23 设备采购及营销推广经费	0.021 04
A31 企业获得的政府创新补助	0.028 03
A32 员工薪酬激励	0.057 84
B11 当年新增专利数量	0.084 71
B12 当年新增知识产权价值	0.099 28
B13 商业变革力度	0.112 59
B21 人均增加值	0.054 63
B22 总资产收益率	0.031 49
B31 股息率	0.0412

续表

三级指标	组合权重 W^*
B32 企业所得税区域贡献度	0.060 55
C11 营业收入	0.026 13
C12 总市值均值	0.035 77
C13 核心技术储备	0.050 2
C21 资本结构合理度	0.028 32
C22 管理决策专业度	0.032 89
C31 从业人员人均教育经费	0.010 98
C32 开放创新及数字转型重视度	0.033 46

第二章

国家高新区上市公司创新能力整体分析

经过 30 多年的发展，国家高新区创新主体明显扩大，创新能力显著提升，上市公司队伍持续壮大，已经成为我国创新发展重要的支撑和新的增长点。本章主要对国家高新区上市公司创新现状及其对国家的创新发展贡献进行分析。

第一节　创新发展现状

一、三大股票市场

截至 2020 年底，全国 169 家国家高新区内拥有上市公司 1956 家，其中国内上交所、深交所 A 股上市公司有 1622 家，占整体的 82.9%；港股上市企业 226 家，占整体的 11.6%，此外，在美交所、纽交所、纳斯达克交易所上市的企业 108 家，占整体的 5.5%[①]（图 2-1）。从总市值的表现情况来看，受美国市场环境的不确定性影响，部分中概股企业回归港股，导致美股上市公司总市值仅有 0.92 万亿元，占整体的 2.4%，美股单个企业直接融资规模较小；港股上市公司总市值达 9.76 万亿元，占整体的 25.6%，单个企业融资规模表现最优，企业规模较大。

---

① 数据来源：中国高新区研究中心搜集整理，2021 年 11 月。

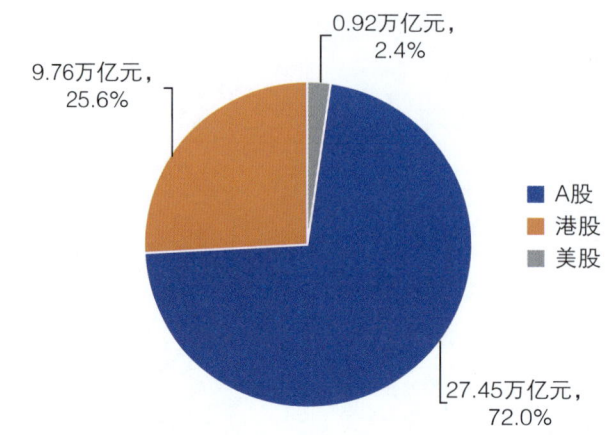

图 2-1　2020 年国家高新区上市企业总市值及其占比情况

（数据来源：中国高新区研究中心整理，2021 年 8 月，下同）

从企业的研发、销售支出来看，港股上市公司研发投入经费最多，单个企业研发经费高达 9.29 亿元（图 2-2），远高于 A 股和美股的上市公司，但从研发强度上看，美股表现最优，研发经费占营业收入比重高达 5.13%，A 股表现亦超过港股。美股的广告宣传推广经费占营业收入的比重高达 12.60%，这一项指标要远超 A 股，港股的该项投入仅占营业收入的 0.20%。数据显示，美股中营业收入在 50 亿元以上的企业仅有 21 家，占美股所有上市公司的 19.44%；而港股中这一数值为 93 家，占港股所有上市公司的 41.15%。这大概是由于美股整体企业规模偏小，因此企业起步初期在发展过程中除了注重研发外，还需要大力度推广新产品。

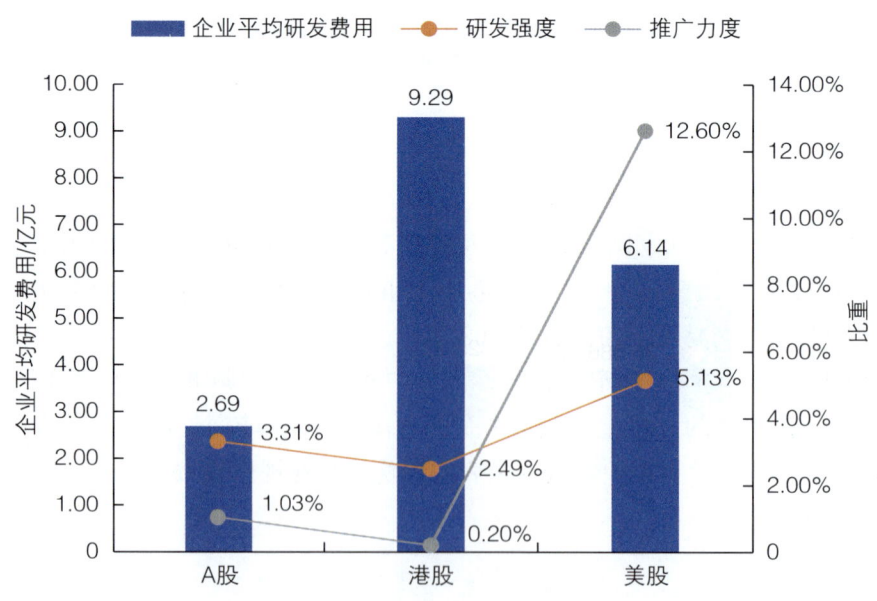

图 2-2　2020 年三大股票市场上市公司的研发、销售支出表现

从研发投入强度的整体趋势看，2016—2020 年美股上市公司整体呈下降趋势，由 2018 年的 5.89% 大幅下降至 2020 年的 5.13%（图 2-3），港股和 A 股上市公司整体表现趋好，未来有望进一步加强。

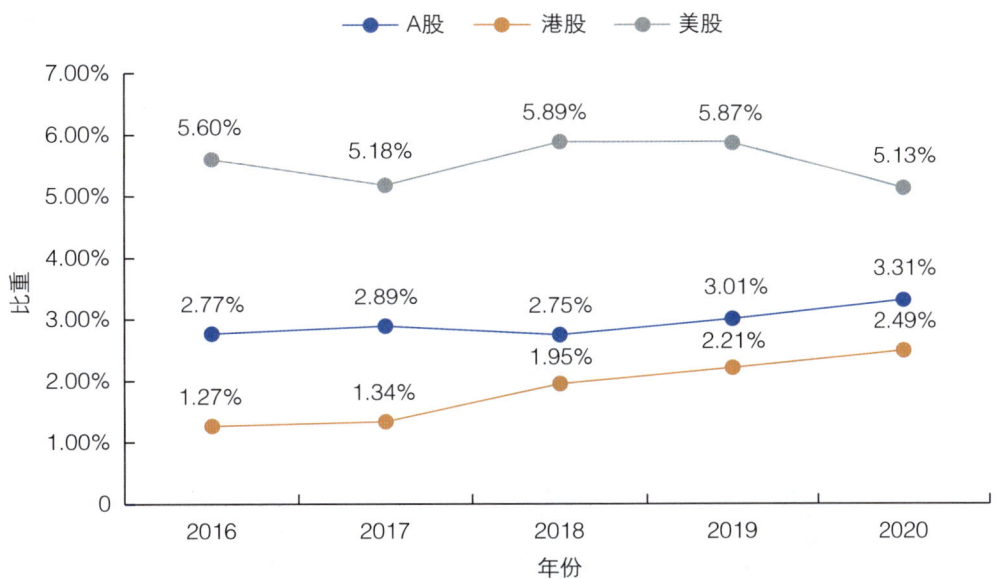

图 2-3　2016—2020 年三大股票市场上市公司研发经费占营业收入比重

从上市公司的人力资源情况来看，A 股、港股、美股上市公司分别有 746.21 万、325.32 万、92.58 万的从业人员，其中，A 股中单个企业平均拥有从业人员 4600 人，港股、美股分别有 14 394 人、8572 人，A 股上市公司在带动本地就业方面表现较弱。同时，在薪酬待遇方面，港股表现极为亮眼，企业员工的平均工资达约 6.86 万元，是美股的 4 倍多，是 A 股的近 2 倍，港股上市企业在人力市场表现出更强的竞争力（图 2-4）。

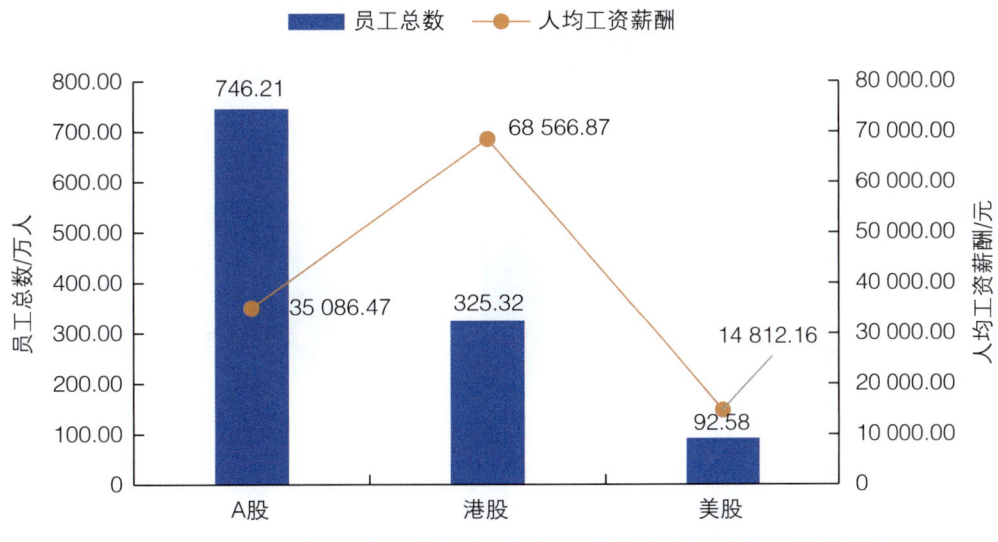

图 2-4　2020 年三大股票市场上市公司的人力资源及薪酬待遇

从上市公司的专利产出来看，A 股上市公司专利产出效率遥遥领先。2020 年，A 股上市公司共申请专利 74 061 件，其中有 3449 件 PCT 专利，总量远超港股和美股，同时，每亿元研发经费产出专利近 17 件，远高于港股的 4.4 件、美股的 5.1 件。在高质量专利产出方面，美股上市公司表现整体较弱，108 家上市公司 2020 年仅申请 PCT 专利 32 件，企业平均不足 1 件，港股上市公司平均高达 5 件，而 A 股仅为 2.1 件，但考虑到港股企业整体规模偏大，单从效率角度看，仍以 A 股的效率最高，表现最好（图 2-5）。

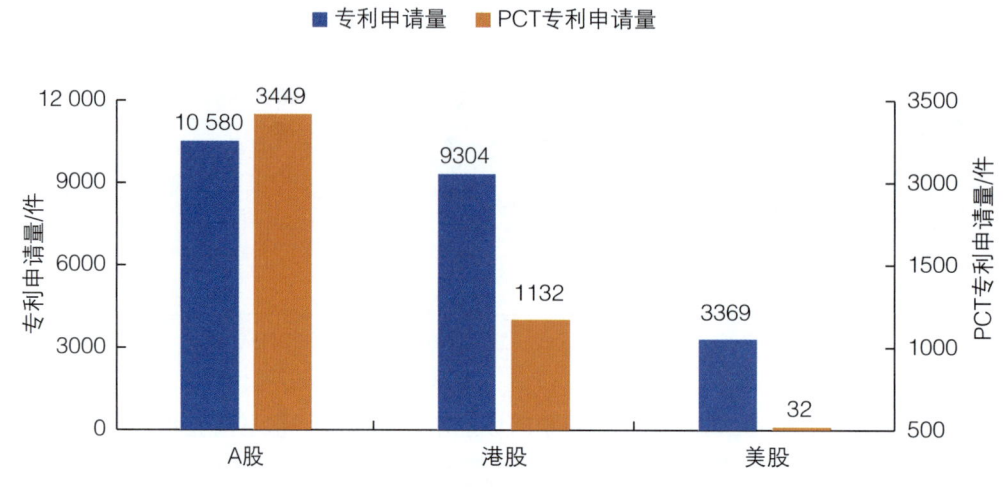

图 2-5　2020 年三大股票市场上市公司的专利产出情况

注：A 股的专利申请量为图标高度数值的 7 倍（74 061 件）。

从盈利能力来看，A 股上市公司盈利能力较强，但举债经营能力不足。从企业利润率来看，A 股上市公司以 6.76% 的表现赶超港股、美股上市公司，其中美股表现最差，可能受前期研发、推广费用较大的影响，利润率仅为 2.30%。从企业的资产结构来看，美股上市公司的资产负债率达 64.46%，而 A 股不足 40%，这一方面说明企业资金充足，不需要借债经营；另一方面同样揭示了企业举债经营能力不足，未来可以通过加大融资规模获取更好的收益（图 2-6）。

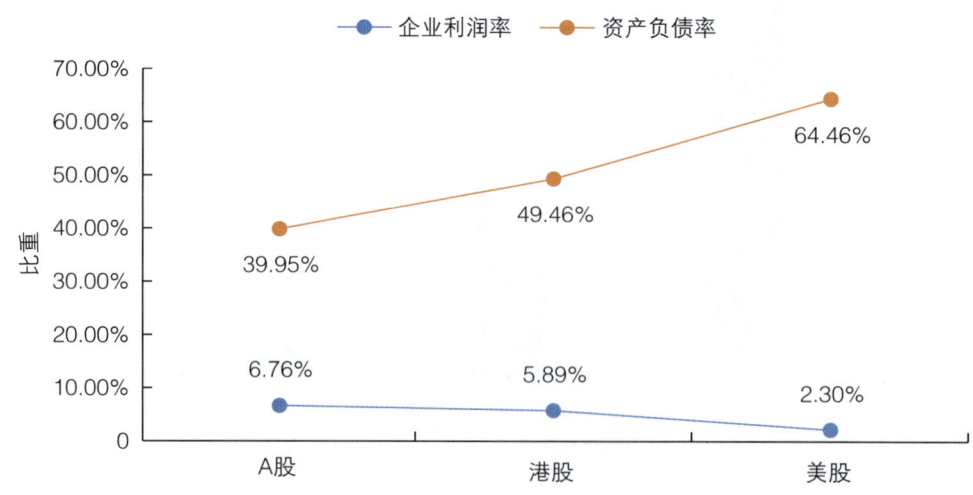

图 2-6　2020 年三大股票市场上市公司的盈利状况和资本结构表现

在企业治理方面，美股上市公司表现出更强的专业性。美股上市公司的独立董事占比达 50% 以上，而国内 A 股上市企业仅有 37.98%（图 2-7），独立董事人数较少，在企业投资决策时无法提供更多的专业指导。同时，相比于A股上市公司，港股拥有更好的资质，吸引了更多的机构投资者入局，机构持股比例高达63.58%，远高于A股的31.77%。

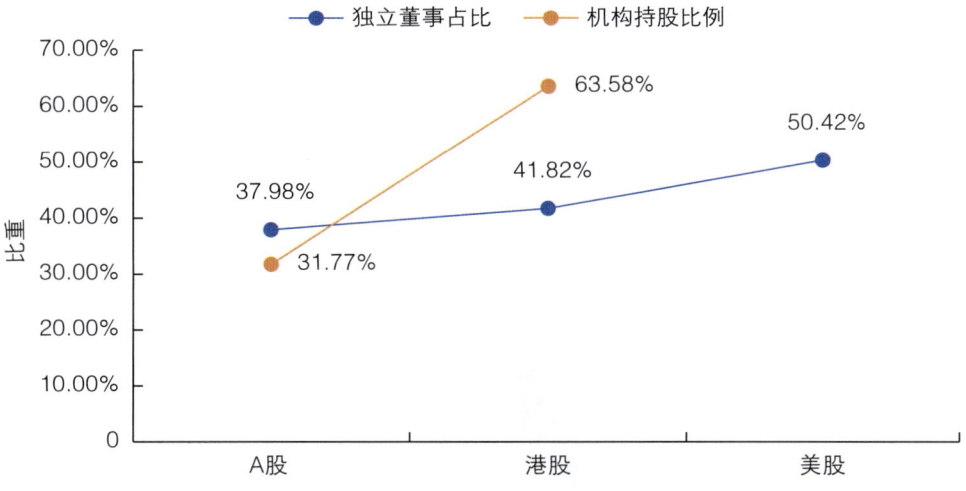

图 2-7　2020 年三大股票市场上市公司治理结构和机构持股表现

从企业的可投资性来看，A股上市公司的投资价值正在逐步升高，2016—2020年股息率，整体呈现上升趋势。而与A股表现截然相反的是，港股上市公司的股息率呈逐年下降趋势，股息率由2016年的327.07%下降至2020年的163.78%，虽然较A股仍有较大优势，但差距已然在逐步缩小，港股的"黄金投资时代"正在渐行渐远（图2-8）。

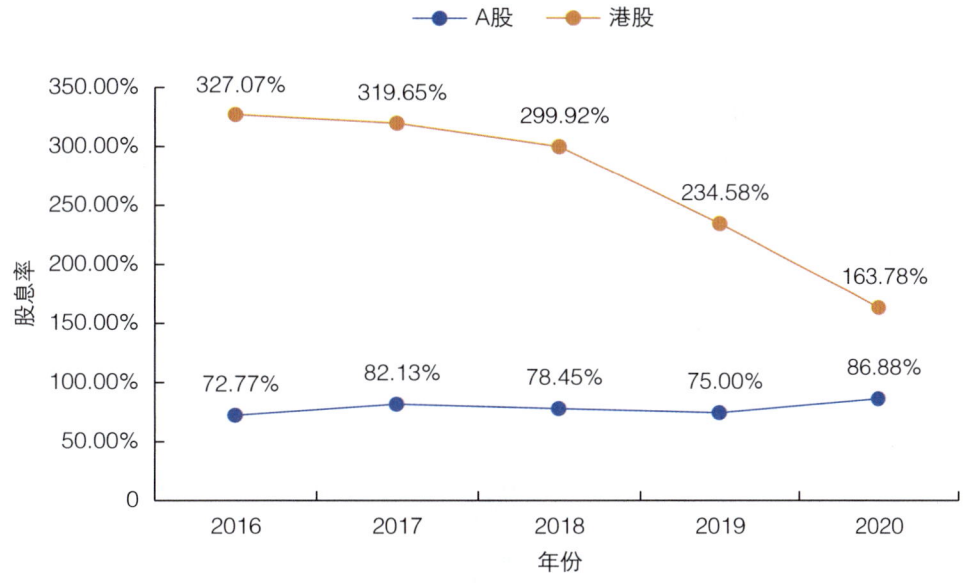

图 2-8　2020 年 A 股和港股上市公司股息率表现

二、四大上市板块

国内 A 股又分为上交所主板、上交所科创板、深交所主板、深交所创业板及北交所五大板块。截至 2020 年底，北交所还未成立，国家高新区内拥有上交所主板上市公司 505 家、深交所主板上市公司 476 家、深交所创业板上市公司 484 家及上交所科创板上市公司 157 家，共 1622 家 A 股上市公司（图 2-9）。同时，上交所科创板、深交所创业板上市企业表现出更强的科技性，高新技术企业占比分别达 73.25%、84.09%，高于上交所主板 64.75%、深交所主板 69.54% 的表现。从市值表现来看，上交所主板市值规模最大，达 10.19 万亿元，占整体的 37.12%，深交所主板占 28.03%、深交所创业板占 24.12%、上交所科创板占 10.73%。

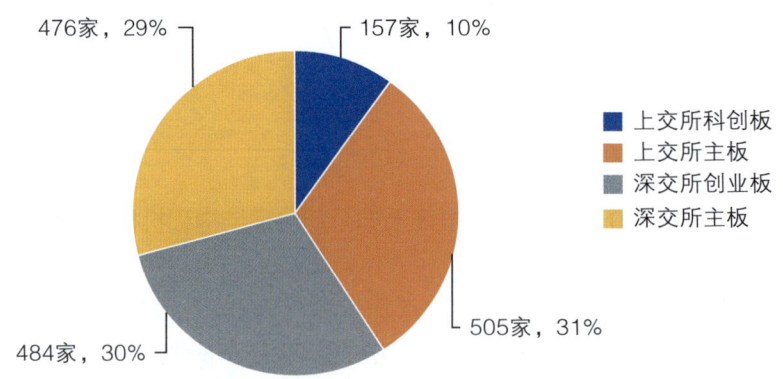

图 2-9　2020 年国内 A 股上市企业四大板块分布

2020 年，国家高新区 A 股上市公司共有 113.84 万研发人员、43.28 万硕士以上从业人员，分别占从业人员的 15.26%、5.80%。进一步来看，上交所科创板、深交所创业板上市公司表现极为突出，研发人员占比均已突破 20%，上交所科创板高达 26.15%。上交所科创板硕士以上占比高达 12.13%，遥遥领先于其他板块；董事长受教育年限亦是最高，平均受教育年限为 6.97 年，相当于硕士研究生学历；研发经费占营业收入比重高达 8.60%，远高于上交所主板、深交所主板、深交所创业板；人均薪酬同样具备极强竞争力，员工平均薪酬达 4.50 万元，远超其他板块。综上所述，上交所科创板创新动力极为强劲，创业板紧跟其后（图 2-10）。

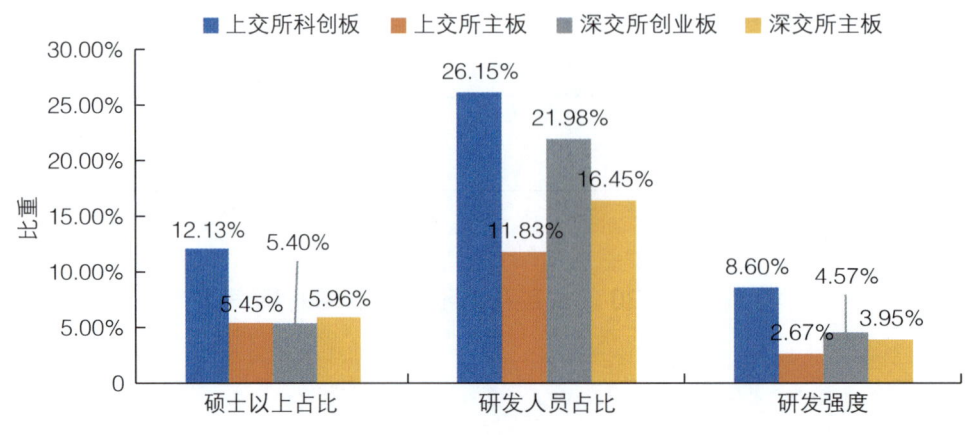

图 2-10　2020 年国内 A 股四大板块创新要素投入

近5年，四大板块上市公司的创新投入整体呈上升趋势，整体呈现"上交所科创板＞深交所创业板＞深交所主板＞上交所主板"的特征，上交所科创板人才结构与研发强度明显高于其他板块，且上升趋势迅猛，表现出更旺盛的创新活力（图2-11）。但值得注意的是，2020年新上市的上交所科创板企业较2019年第一批上交所科创板企业规模相对较小，人员薪酬较低，拉低了2020年整体上交所科创板上市公司的员工平均薪酬。

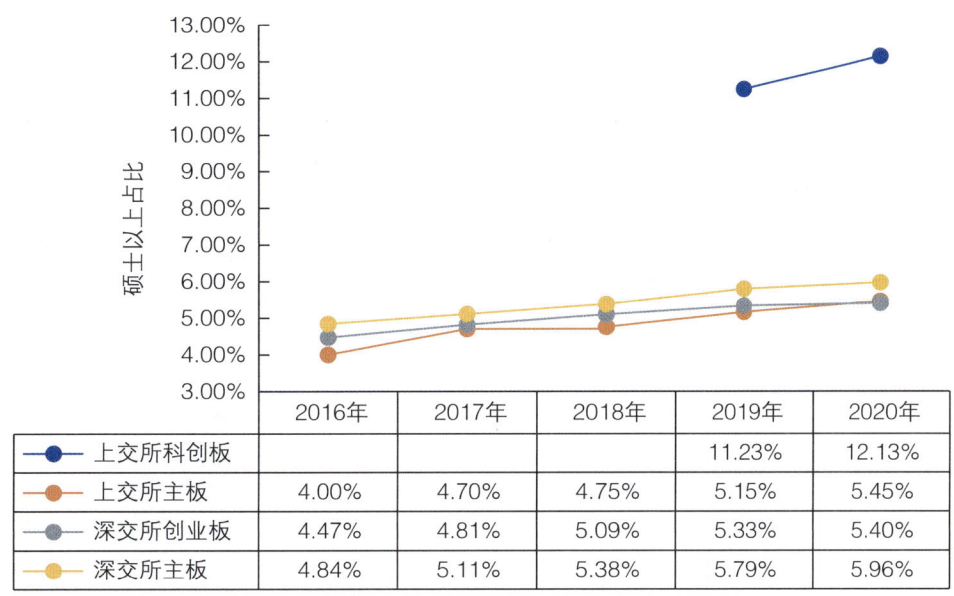

	2016年	2017年	2018年	2019年	2020年
上交所科创板				11.23%	12.13%
上交所主板	4.00%	4.70%	4.75%	5.15%	5.45%
深交所创业板	4.47%	4.81%	5.09%	5.33%	5.40%
深交所主板	4.84%	5.11%	5.38%	5.79%	5.96%

a

	2016年	2017年	2018年	2019年	2020年
上交所科创板				24.65%	26.15%
上交所主板	10.64%	11.67%	11.42%	11.76%	11.83%
深交所创业板	20.82%	21.95%	22.77%	23.56%	21.98%
深交所主板	14.83%	14.93%	15.44%	16.42%	16.45%

b

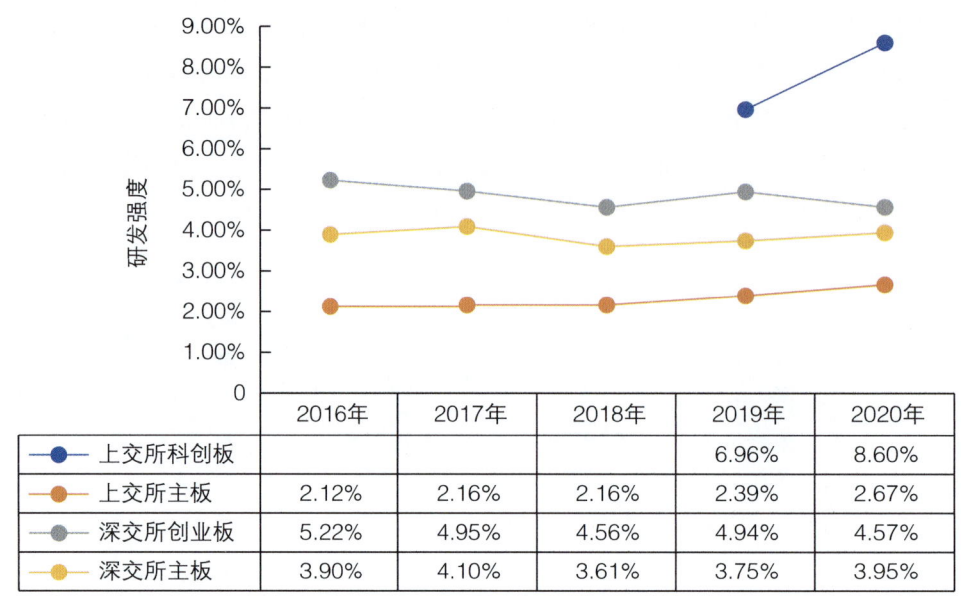

c

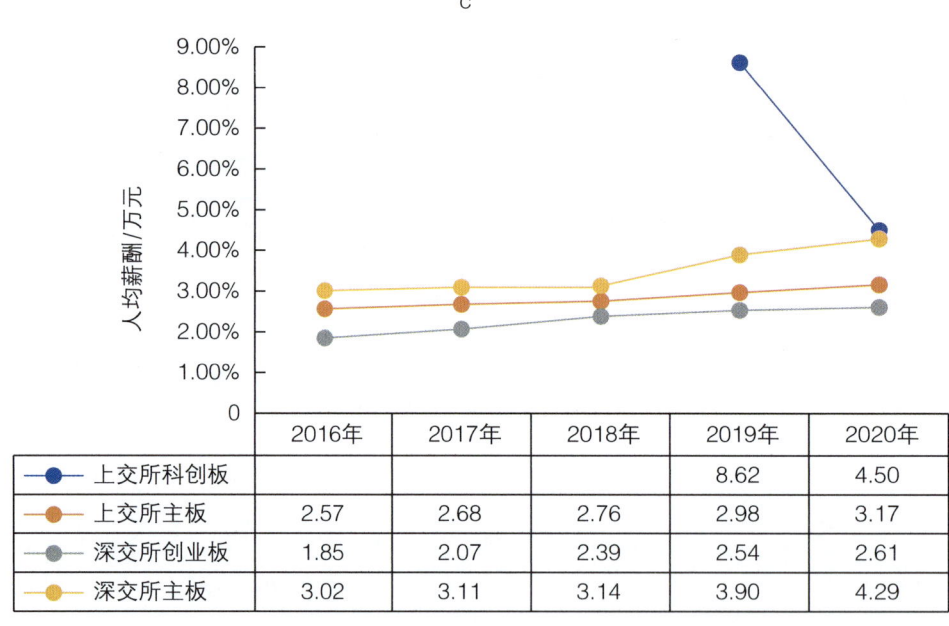

d

图 2-11　2016—2020 年国内 A 股四大板块创新要素投入表现

从上市企业专利产出情况来看，上交所科创板表现出极强的创新力量。2020 年，上交所科创板万人专利申请量及万人 PCT 专利申请量均大幅领先于其他 3 个板块，分别高达 265.81 件、14.06 件（图 2-12）。上交所主板万人专利申请量仅为 58.75 件，表现最差，未来仍需重点强化。深交所创业板在高质量专利产出效率方面需保持重点关注，其 2020 年万人 PCT 专利申请量仅有 1.18 件。值得注意的是，除上交所主板外，其他 3 个板块上市公司的每百件专利产出中高质量专利数量较 2019 年均出现不同程度下滑，上交所科创板由 9.07 件下降为 5.29 件，深交所创业板由 3.53 件下降为 1.11 件，表现最为明显。

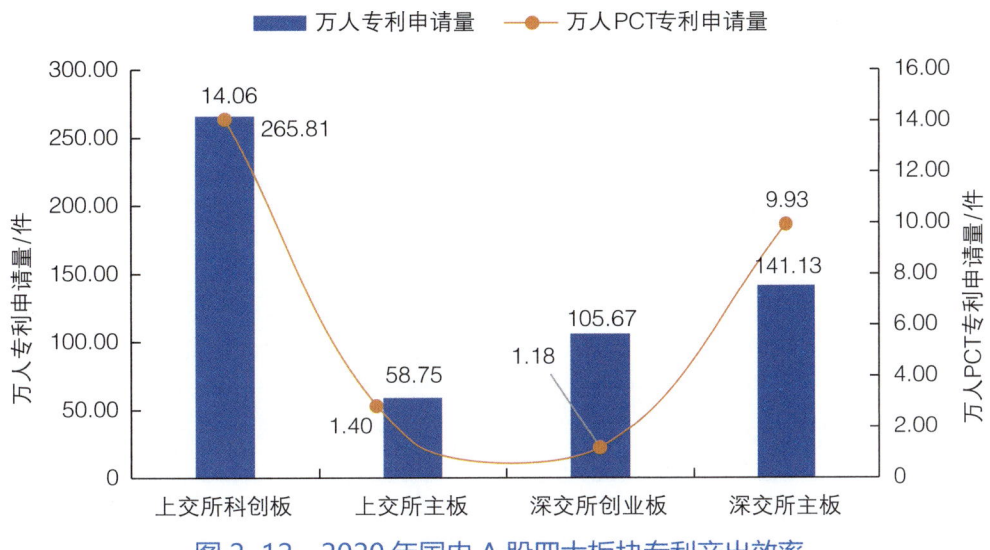

图 2-12　2020 年国内 A 股四大板块专利产出效率

2020 年，国家高新区内 1622 家 A 股上市公司创造了 1.48 万亿元的增加值，主板、创业板、科创板分别贡献了 85.84%、10.18%、3.99%（表 2-1），主板是经济发展中的核心力量。但上交所科创板作为新生力量，表现出了非常强大的发展潜力，上交所科创板上市公司人均增加值达 28.92 万元，是深交所创业板的 1 倍多，明显高于主板表现，在利润率和总资产收益率方面表现同样优秀。在可投资性方面，主板上市公司表现出更高的投资价值，上交所主板股息率高达 133.44%，而上交所科创板、深交所创业板的股息率维持在 50% 左右，未来需要进一步分享发展红利。从近 5 年的变化来看，各板块上市公司的利润率均呈现不同程度的下滑趋势，上交所科创板表现尤为明显，较 2019 年下降了超 8 个百分点，同时，上交所科创板人均增加值亦呈现大幅下降趋势，降幅接近 50%。

表 2-1　2020 年国内 A 股四大板块经济产出及盈利表现

上市板块	人均增加值/元	利润率	总资产收益率	股息率
上交所科创板	289 229.3	13.74%	7.26%	55.69%
上交所主板	213 982.0	5.76%	4.11%	133.44%
深交所创业板	140 550.8	7.81%	3.02%	47.32%
深交所主板	193 211.1	8.12%	2.72%	87.99%

从上市企业的资产结构来看，上交所科创板和深交所创业板资产负债率远低于主板表现，上交所科创板资产负债率在 2020 年还有所下降，其举债经营能力有待进一步强化（图 2-13）。此外，各大板块上市公司的现金流动负债比率表现较差，表现最好的是上交所科创板上市公司，但也仅有 24.64%，远低于合理水平，企业偿付短期负债的能力较弱（图 2-14）。

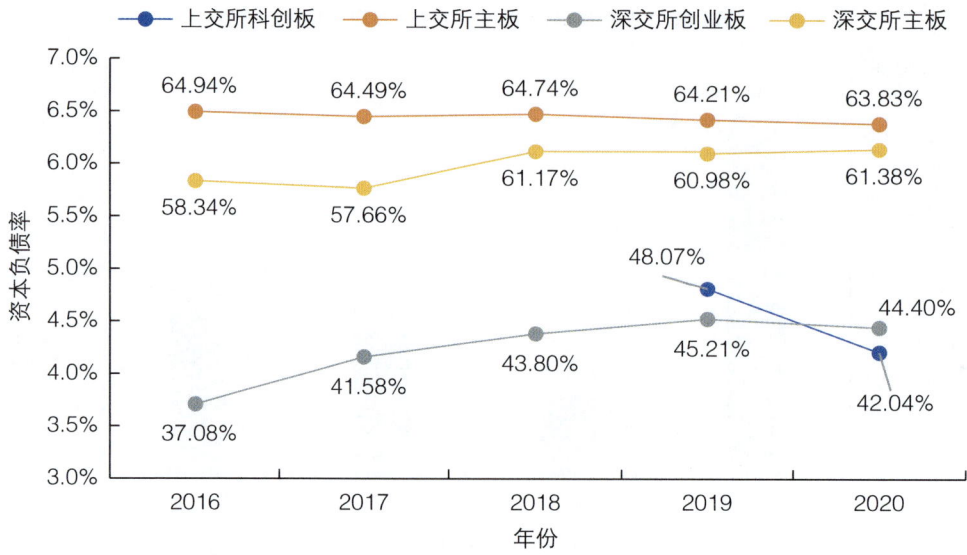

图 2-13 2016—2020 年国内 A 股四大板块资产负债率

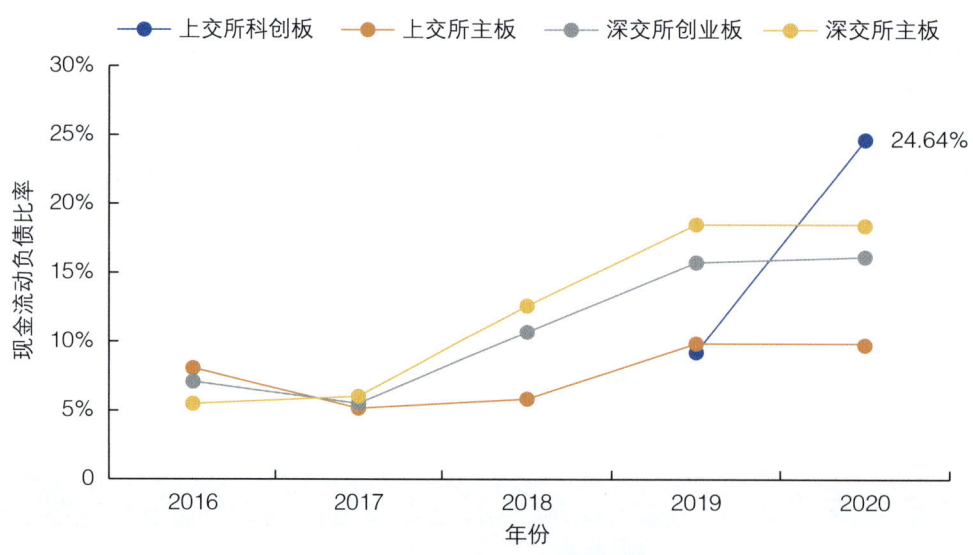

图 2-14 2016—2020 年国内 A 股四大板块现金流动负债比率

此外，A 股上市公司中高新技术企业的创新表现明显优于非高新技术企业，高新技术企业拥有更强的创新发展动力。在创新人才方面，四大板块中高新技术企业的研发人员占比均高于非高新技术企业，上交所主板和深交所主板差异最大，分别相差 7.0 个、8.5 个百分点。在研发经费方面，各板块高新技术企业的研发强度也高于非高新技术企业，其中深交所创业板差异最为显著，相差 4.4 个百分点（图 2-15）。在创新产出方面，高新技术企业的万人申请专利数和利润率等指标均优于非高新技术企业，高新技术企业在创新驱动发展中表现"出彩"。

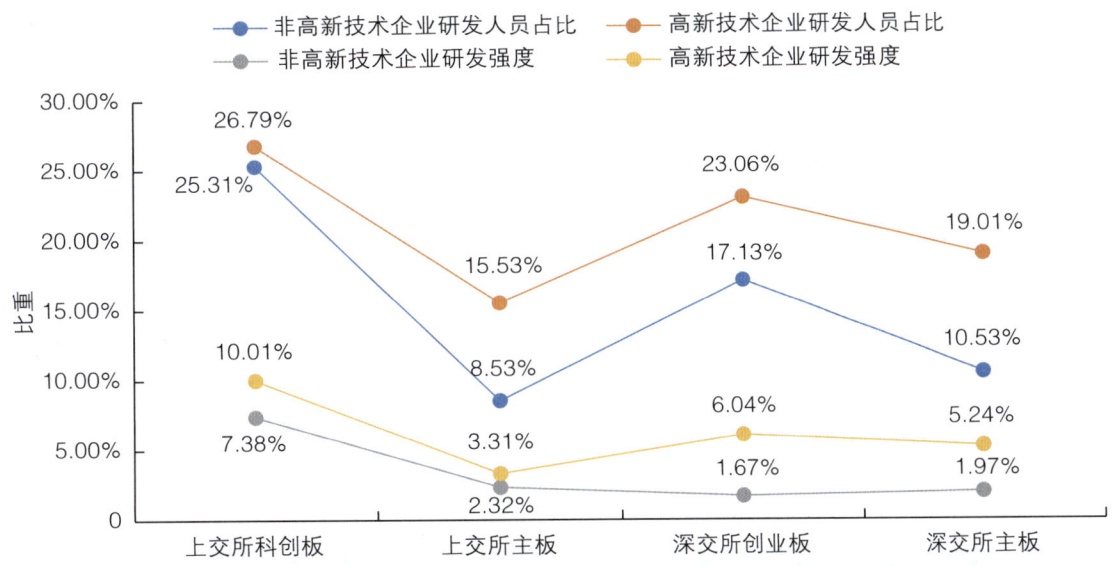

图 2-15　2020 年国内 A 股四大板块高新技术企业和非高新技术企业对比

三、企业组织形式

在国家高新区 1622 家 A 股上市公司中，民营企业 1061 家，占比 65.41%，是上市公司的主体力量；地方国有企业 213 家，占比 13.13%；中央国有企业 173 家，占比 10.67%；公众企业[①]98 家，外资企业 67 家（图 2-16）。从市值表现来看，2020 年底，民营企业总市值 14.70 万亿元，占整体的比重为 53.70%，企业平均直接融资规模为 138.55 亿元，要小于公众企业（365.92 亿元）、中央国有企业（252.05 亿元）、外资企业（206.76 亿元）、地方国有企业（156.96 亿元）。

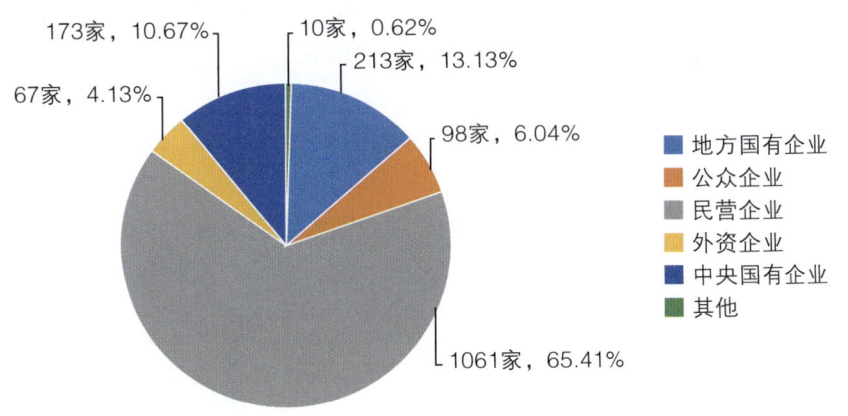

图 2-16　2020 年国内 A 股各类企业组织形式

---

① 企业属性信息来源于 Wind 数据库，其中公众企业指没有实际控制人的企业。证监会《上市公司收购管理办法》关于"上市公司控制权"的解释如下：第八十四条有下列情形之一的，为拥有上市公司控制权：（一）投资者为上市公司持股 50% 以上的控股股东；（二）投资者可以实际支配上市公司股份表决权超过 30%；（三）投资者通过实际支配上市公司股份表决权能够决定公司董事会半数以上成员选任；（四）投资者依其可实际支配的上市公司股份表决权足以对公司股东大会的决议产生重大影响；（五）证监会认定的其他情形。

从企业用工情况来看（表2-2），1622家上市公司中民营企业解决社会就业人数为315.90万人，在解决就业、拉动内需等方面发挥着不可替代的作用，其次为中央国有企业和地方国有企业。

从人才学历结构来看，公众企业和中央国有企业拥有更多的硕士以上从业人数，硕士以上占比均超过8%，地方国有企业和民营企业表现相当，外资企业从业人员整体质量偏低（表2-2）。

从薪资吸引力来看，公众企业薪资待遇丰厚，人均薪酬达16.99万元，外资企业待遇要优于地方国有企业和中央国有企业，但民营企业表现较差，人均薪酬仅为3.69万元，有待进一步提升（表2-2）。

从人才培养方面来看，中央国有企业表现出更强大的投入力度，每年人均教育经费达3754.55元，其次是公众企业、地方国有企业，为2500元左右，民营企业表现较差，不足中央国有企业的1/3（表2-2）。

表2-2 2020年国内A股各类企业从业人员表现

组织形式	员工总数/人	硕士以上占比	人均薪酬/元	人均教育经费/元
地方国有企业	1 488 945	4.43%	69 898.25	2415.65
公众企业	770 073	8.34%	169 862.00	2547.54
民营企业	3 158 981	4.49%	36 850.67	1014.20
外资企业	169 127	3.17%	99 258.19	744.57
中央国有企业	1 841 723	8.35%	63 179.79	3754.55

2016—2020年，国家高新区1622家A股上市公司人均薪酬呈现出差异化变动趋势（图2-17）。受国际贸易环境影响，2020年外资企业人均薪酬出现较大降幅，民营企业亦出现细微波动，但公众企业表现出强大竞争优势，5年间人均薪酬实现翻倍增长。

图2-17 2020年国内A股各类企业人均薪酬

从企业的创新投入来看（图 2-18），公众企业和民营企业拥有更强的创新活力，研发人员占比分别达 18.06%、17.20%；而中央国有企业和地方国有企业拥有更充足的资金投入，研发人员人均研发经费分别高达 55.15 万元、44.09 万元，相对而言，整体研发强度偏弱，研发经费占营业收入的比重不足 3%。从近 5 年表现来看（图 2-19），A 股各类企业研发人员人均研发经费整体呈现上升趋势，其中中央国有企业增速最快、单个研发人员经费配置力度最大，民营企业整体表现较差。在营销推广方面，民营企业表现出更强大的投入力度，2020 年广告宣传推广经费占营业收入的比重达 2.07%，如果将这部分投入算作营销创新的话，那么民营企业在创新方面的投入将达到 6.37%，高于其他各类企业的表现，是市场中最活跃的创新单元。

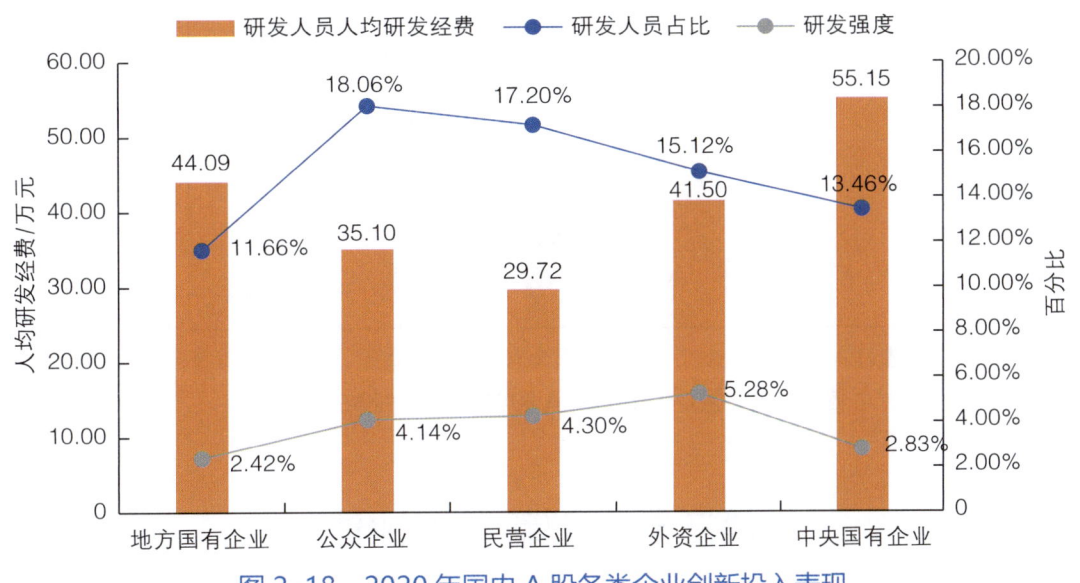

图 2-18　2020 年国内 A 股各类企业创新投入表现

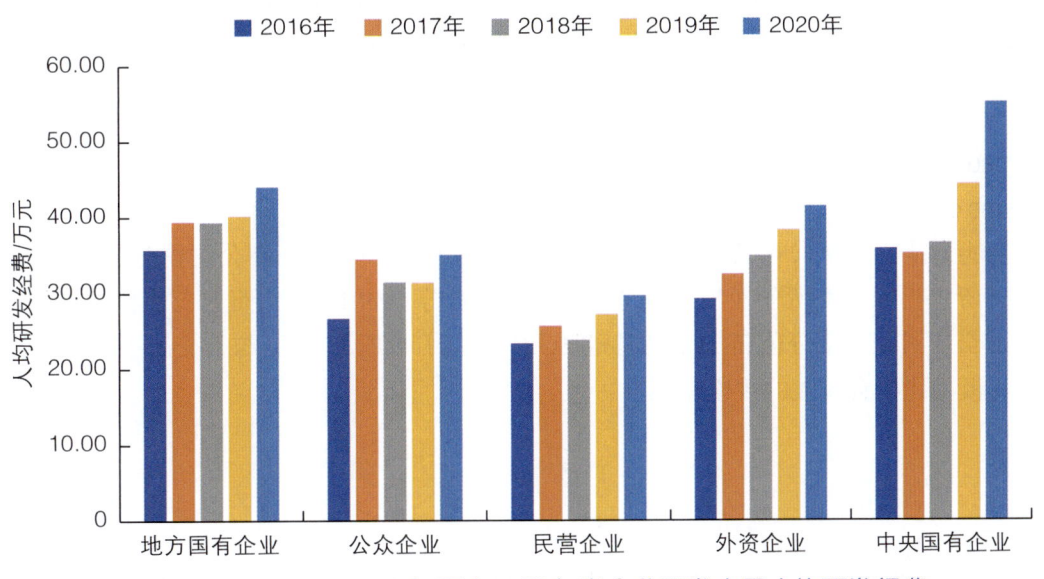

图 2-19　2016—2020 年国内 A 股各类企业研发人员人均研发经费

从企业的创新产出来看（图 2-20），中央国有企业、地方国有企业表现有些差强人意，2020年万人专利申请量分别为 52.49 件、85.09 件，这与其投入表现不符，专利产出效率偏低，相比较而言，公众中央国有企业的专利产出效率最高，万人专利申请量超 200 件，民营企业亦超过 100 件，表现同样较好。此外，中央国有企业每百件申请专利中仅有 1.71 件 PCT 专利，高质量专利产出效率与其他各类企业差距较大，地方国有企业、公众企业表现最优，每百件申请专利中 PCT 专利达 8.75 件、7.95 件，是我国科技攻关的核心力量。

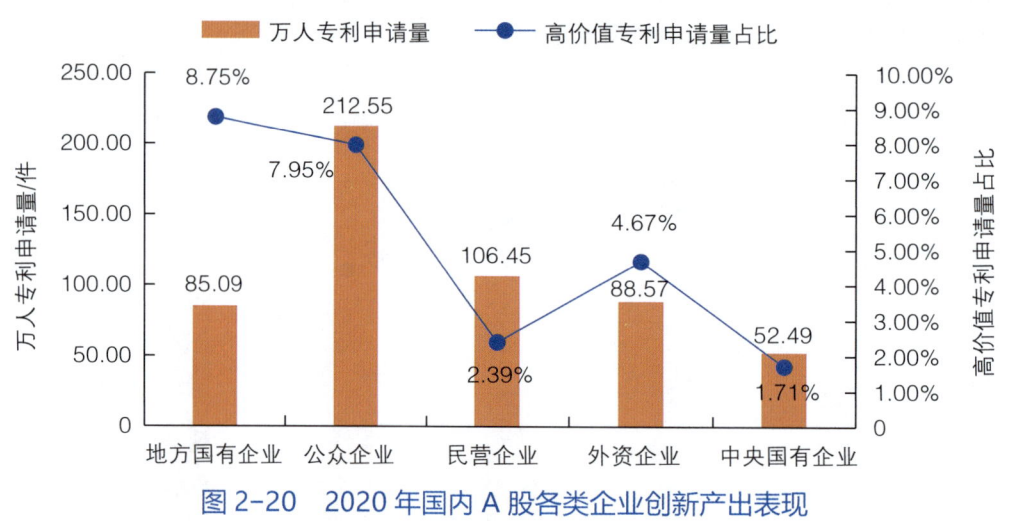

图 2-20　2020 年国内 A 股各类企业创新产出表现

第二节　创新发展评估

本节将借助第一章中设计的创新能力评估体系，进一步对国内四大 A 股上市板块[①]、5 类企业、142 家国家高新区进行深入分析，借此评估国家高新区内上市公司各维度创新发展的水平，找出亮点及短板。

一、分上市板块评估

从创新能力指数得分来看（图 2-21），深交所主板的国家高新区上市公司得分最高，达 83.75 分，其次是上交所主板和深交所创业板，得分分别为 75.70 分、59.15 分，而上交所科创板最低，仅为 30.37 分。上交所科创板部分创新指标表现亮眼，但成立时间仍然较短，与上交所主板、深交所主板、深交所创业板相比仍有较大的规模差距。

---

① 指上交所主板、深交所主板、深交所创业板、上交所科创板。

第二章 国家高新区上市公司创新能力整体分析

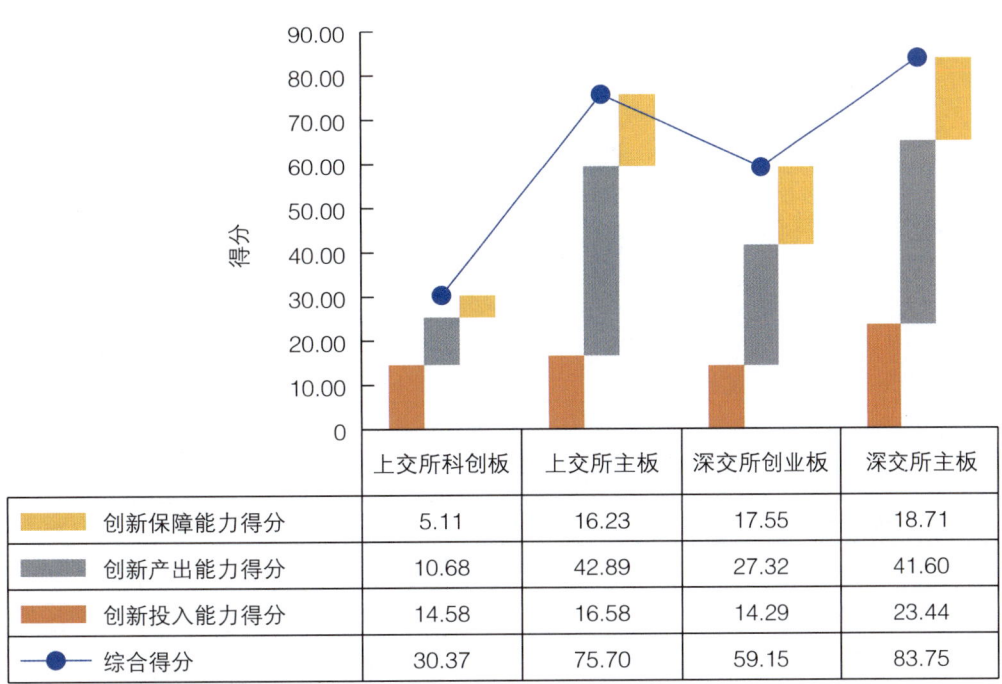

图 2-21　2020 年国内 A 股四大板块企业创新能力指数得分

具体来看（图 2-21），在创新投入方面，上交所科创板与上交所主板、深交所创业板实力基本相当，深交所主板表现极为出色，创新投入能力得分达 23.44 分，明显领先于其他 3 个板块。在创新产出方面，差距已然拉开，上交所主板和深交所主板处于同一层次，得分分别为 42.89 分、41.60 分，深交所创业板表现较弱，得分为 27.32 分，而上交所科创板表现明显不足，仅有 10.68 分，当年新增专利数量、当年新增知识产权价值、商业变革力度、企业所得税区域等多项指标处于四大板块的末位。在创新保障方面，上交所科创板表现仍然垫底，得分为 5.11 分，主要源于营业收入、总市值均值、核心技术储备等绝对指标不占优势，深交所主板、深交所创业板、上交所主板表现基本相当。

二、分组织形式评估

从创新能力指数得分来看（图 2-22），国家高新区上市公司中地方国有企业表现最好，得分达 80.47 分，中央国有企业表现次之，民营企业和公众企业紧随其后，得分分别为 78.57 分、76.77 分、74.79 分，整体差距较小，但外资企业表现差强人意，综合得分仅有 31.81 分，主要原因在于企业数量较少，导致 21 项指标中有 12 项指标均处于垫底位置。

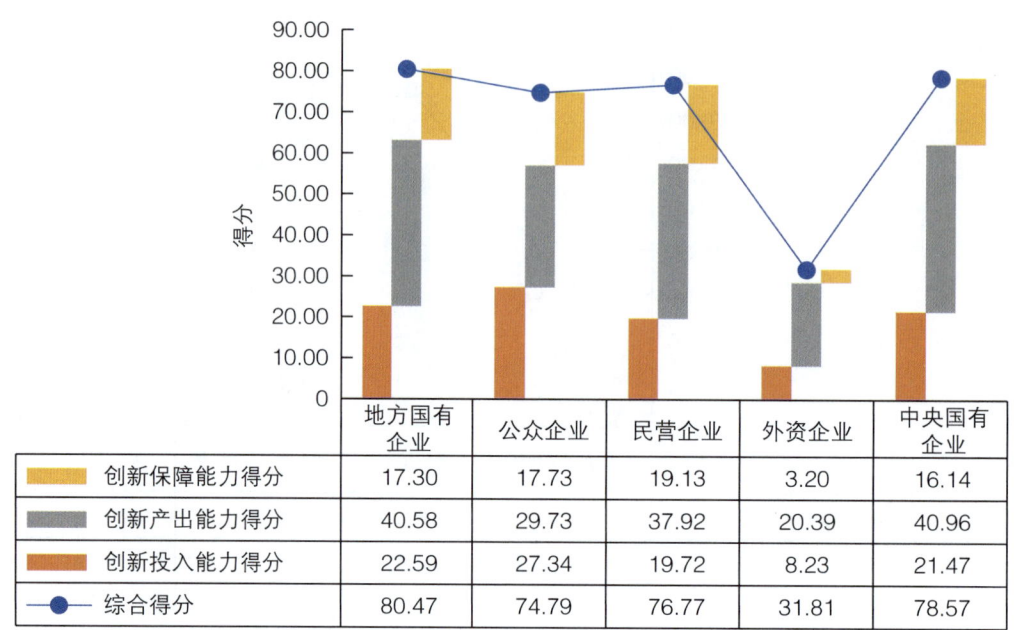

图 2-22　2020 年国内 A 股五大类型企业创新能力指数得分

具体来看，在创新投入方面，公众企业以 27.34 分的成绩领先于其他类型企业，地方国有企业略高于中央国有企业，得分分别为 22.59 分、21.47 分，民营企业得分较为适中，为 19.72 分，外资企业表现较差。在创新产出方面，中央国有企业、地方国有企业分别以 40.96 分、40.58 分的得分保持前 2 位，民营企业紧跟其后，但公众企业表现有些反常，投入与产出不够匹配，在当年新增知识产权价值、股息率等方面表现较差。在创新保障方面，民营企业表现最好，得分达 19.13 分，除资本结构合理度、管理决策专业度等方面表现较差外，其他各项指标均呈现出明显的优势。

三、分国家高新区评估

全国 169 家国家高新区内拥有上市公司的国家高新区已经从 2019 年的 135 家上升至 2020 年的 142 家，但仍有 27 家国家高新区暂未培育出上市公司。通过将 2020 年 1622 家 A 股上市公司数据按国家高新区分类提取并整理分析，最终得出 142 家国家高新区上市公司创新能力指数得分及一级指标得分（表 2-3）。

从创新能力指数得分来看，2020 年表现最好的高新区有中关村科技园区、上海张江高新区、深圳高新区，得分均在 80 分以上，其中上海张江高新区以 0.57 分的优势略胜深圳高新区。此外，得分在 70 分以上 80 分以下的国家高新区有 21 家，连云港高新区、温州高新区表现极为出色。得分低于 50 分的仍有 20 家国家高新区，这些高新区仍需重视对区内上市公司创新发展的引导和支持。

在创新投入方面，连云港高新区以 22.92 分的成绩居于榜首，在研发投入强度、研发活动区域集中度、设备采购及营销推广经费等资金投入方面极具竞争优势，通化医药高新区、杭州高新区、乌鲁木齐高新区、昌吉高新区表现同样出色，得分表现优于中关村科技园区；沈阳高新区、长春高新区、福州高新区、泰州高新区、长春净月高新区得分都在 20 分以上，创新投入表现可圈可点。

第二章 国家高新区上市公司创新能力整体分析

在创新产出方面，珠海高新区表现出色，优于上海张江高新区和深圳高新区；温州高新区同样排名靠前，人均增加值、企业所得税区域贡献度等指标表现良好。在创新保障方面，乌鲁木齐高新区、通化医药高新区、泰州高新区、鄂尔多斯高新区创新能力排名与综合得分排名差距较大，是高新区上市公司创新发展的短板，亟待加强，白银高新区、包头稀土高新区、湘潭高新区、重庆高新区、东莞松山湖高新区排名表现优于综合得分排名。

表2-3 2020年国家高新区上市公司创新能力指数得分一级指标得分

国家高新区	综合得分	创新投入能力得分	创新产出能力得分	创新保障能力得分
中关村科技园区	85.19	20.80	43.71	20.68
上海张江高新区	80.88	20.29	40.84	19.75
深圳高新区	80.31	19.88	40.40	20.04
珠海高新区	78.32	18.31	41.21	18.81
杭州高新区	78.12	21.62	37.83	18.67
长沙高新区	77.31	18.89	40.13	18.29
广州高新区	75.91	19.29	37.98	18.63
潍坊高新区	75.31	19.19	38.79	17.33
武汉东湖高新区	74.91	19.42	37.26	18.23
南京高新区	74.69	17.29	38.86	18.54
青岛高新区	73.63	18.88	37.62	17.13
合肥高新区	73.51	19.25	36.23	18.03
惠州仲恺高新区	73.50	19.23	37.85	16.42
天津滨海高新区	73.16	19.37	36.23	17.55
苏州工业园	72.68	18.56	36.88	17.24
宁波高新区	72.61	16.59	38.17	17.86
温州高新区	72.51	16.77	38.86	16.88
成都高新区	72.42	19.18	35.61	17.64
佛山高新区	70.89	16.70	37.01	17.18
连云港高新区	70.59	22.92	31.60	16.07
济南高新区	70.54	17.91	35.02	17.61
福州高新区	70.25	20.35	33.09	16.81
无锡高新区	70.08	17.20	35.62	17.26
厦门火炬高新区	70.03	17.03	35.61	17.40

续表

国家高新区	综合得分	创新投入能力得分	创新产出能力得分	创新保障能力得分
淄博高新区	69.91	17.56	35.60	16.75
武进高新区	69.16	16.29	37.14	15.73
保定高新区	68.69	17.61	34.21	16.86
马鞍山慈湖高新区	68.54	17.27	35.45	15.82
昆明高新区	68.43	17.14	34.40	16.89
西安高新区	68.19	17.30	34.08	16.81
中山高新区	68.19	17.25	33.80	17.14
贵阳高新区	68.14	16.49	35.25	16.40
苏州高新区	68.09	17.01	34.23	16.85
洛阳高新区	67.76	17.44	33.13	17.18
呼和浩特金山高新区	67.45	17.61	33.40	16.44
常州高新区	67.01	15.76	34.47	16.78
芜湖高新区	66.66	15.77	34.57	16.32
石家庄高新区	66.61	17.01	33.32	16.28
威海火炬高新区	66.57	16.69	33.53	16.35
昌吉高新区	66.45	20.92	30.32	15.22
株洲高新区	66.33	17.22	33.05	16.06
汕头高新区	66.32	16.32	34.27	15.73
乌鲁木齐高新区	66.21	21.09	31.01	14.12
绍兴高新区	65.81	15.73	34.26	15.81
萧山临江高新区	65.68	14.64	34.43	16.61
绵阳高新区	65.60	16.91	33.01	15.69
长春高新区	65.51	20.38	28.97	16.16
郑州高新区	65.41	18.96	30.02	16.42
南昌高新区	65.37	14.87	34.07	16.43
龙岩高新区	65.00	14.17	35.85	14.99
漳州高新区	64.88	14.36	35.34	15.17
通化医药高新区	64.31	21.92	28.71	13.69
江门高新区	64.12	15.90	32.44	15.78

续表

国家高新区	综合得分	创新投入能力得分	创新产出能力得分	创新保障能力得分
沈阳高新区	63.62	20.78	26.43	16.41
昆山高新区	63.37	15.41	32.34	15.62
江阴高新区	63.22	14.10	33.06	16.06
湖州莫干山高新区	62.88	16.48	31.23	15.18
宜昌高新区	62.77	13.66	33.92	15.18
兰州高新区	62.62	14.70	32.97	14.96
鄂尔多斯高新区	62.61	15.45	33.34	13.82
嘉兴秀洲高新区	62.46	15.73	30.90	15.82
济宁高新区	62.43	18.62	28.23	15.59
桂林高新区	62.33	16.26	31.35	14.73
重庆高新区	62.30	15.40	30.44	16.45
哈尔滨高新区	62.18	16.41	30.48	15.29
南宁高新区	62.06	15.30	31.41	15.34
长春净月高新区	61.96	20.02	27.31	14.62
东莞松山湖高新区	61.95	13.38	32.20	16.37
宝鸡高新区	61.79	15.07	31.60	15.12
柳州高新区	61.72	16.39	29.95	15.38
扬州高新区	61.65	15.25	31.12	15.27
泰州高新区	61.60	20.06	28.92	12.61
襄阳高新区	61.49	16.26	29.49	15.74
荆门高新区	61.40	15.06	31.38	14.96
平顶山高新区	61.24	17.01	29.58	14.64
益阳高新区	60.64	14.74	30.81	15.09
蚌埠高新区	60.52	15.09	30.27	15.16
新余高新区	60.44	13.01	32.51	14.91
咸阳高新区	60.07	15.95	29.59	14.53
太原高新区	60.05	16.23	28.23	15.59
清远高新区	59.54	14.36	30.43	14.75
长治高新区	59.32	14.57	31.55	13.20

续表

国家高新区	综合得分	创新投入能力得分	创新产出能力得分	创新保障能力得分
烟台高新区	59.20	13.65	32.04	13.50
包头稀土高新区	58.94	13.77	28.56	16.61
阜新高新区	58.36	17.52	27.63	13.21
上海紫竹高新区	57.62	15.40	27.68	14.54
常熟高新区	57.53	14.44	28.29	14.80
自贡高新区	57.28	13.80	29.34	14.14
衢州高新区	57.22	14.37	28.43	14.42
德州高新区	57.22	15.01	28.02	14.19
玉溪高新区	57.17	14.90	28.57	13.69
安阳高新区	57.14	14.71	28.14	14.29
宿迁高新区	56.98	13.97	28.83	14.17
南通高新区	56.81	14.42	27.87	14.52
鞍山高新区	56.68	14.73	27.25	14.70
大连高新区	56.61	11.18	31.05	14.37
新乡高新区	56.44	14.32	28.94	13.18
镇江高新区	56.39	15.46	27.26	13.67
景德镇高新区	56.34	13.57	28.64	14.14
海口高新区	55.99	13.54	28.24	14.21
荣昌高新区	55.59	16.36	26.25	12.98
徐州高新区	55.48	13.75	27.66	14.07
肇庆高新区	55.42	14.24	26.70	14.49
铜陵狮子山高新区	55.21	14.31	27.17	13.73
抚州高新区	54.95	15.08	26.31	13.56
唐山高新区	54.87	15.38	27.53	11.96
乐山高新区	54.82	13.41	27.04	14.37
泉州高新区	54.78	13.79	28.03	12.97
辽阳高新区	54.39	14.55	26.12	13.72
安顺高新区	54.11	13.00	26.79	14.32
莱芜高新区	54.00	13.63	27.60	12.77

续表

国家高新区	综合得分	创新投入能力得分	创新产出能力得分	创新保障能力得分
吉林高新区	53.98	12.97	27.73	13.28
杨凌高新区	53.70	14.61	27.58	11.51
湛江高新区	53.63	13.44	26.46	13.74
营口高新区	52.95	14.55	25.33	13.06
承德高新区	52.90	13.09	27.47	12.34
孝感高新区	52.89	13.20	26.64	13.05
鹰潭高新区	52.39	12.48	27.61	12.30
宜春丰城高新区	52.35	13.97	25.30	13.08
湘潭高新区	52.23	12.59	25.25	14.39
南阳高新区	50.24	14.51	23.80	11.92
白银高新区	50.03	11.57	23.22	15.24
锦州高新区	49.68	13.62	25.11	10.96
燕郊高新区	49.32	10.73	26.99	11.59
黄冈高新区	49.06	13.04	23.96	12.07
淮南高新区	48.98	4.76	31.12	13.10
潜江高新区	48.77	11.48	25.59	11.70
随州高新区	48.59	10.87	25.40	12.32
泰安高新区	48.58	14.07	23.53	10.98
北海高新区	48.41	12.08	23.88	12.45
咸宁高新区	46.92	11.45	23.38	12.09
大庆高新区	46.57	10.60	24.28	11.69
泸州高新区	46.07	10.44	22.51	13.11
璧山高新区	45.55	11.21	21.40	12.95
宁夏石嘴山高新区	45.09	9.26	23.68	12.16
茂名高新区	44.39	11.78	20.93	11.69
黄石大冶湖高新区	44.12	13.43	20.08	10.61
郴州高新区	43.77	13.74	17.40	12.63
三明高新区	43.64	10.54	22.94	10.16
衡阳高新区	42.72	10.02	21.14	11.56

续表

续表

国家高新区	综合得分	创新投入能力得分	创新产出能力得分	创新保障能力得分
青海高新区	40.75	11.65	17.97	11.12
银川高新区	39.94	9.22	21.69	9.04

从近两年的国家高新区上市公司创新能力排名来看（表2-4），中关村科技园区、上海张江高新区、深圳高新区位列前三，整体保持稳定，但2020年上海张江高新区以微弱优势赶超深圳高新区。此外，排名上升幅度较大的国家高新区有温州高新区、鄂尔多斯高新区、通化医药高新区、衢州高新区、自贡高新区、呼和浩特金山高新区、荣昌高新区、铜陵狮子山高新区、宝鸡高新区、烟台高新区、安阳高新区，较2019年排名均上升了超20个名次。排名下降幅度较大的国家高新区有黄石大冶湖高新区、璧山高新区、南通高新区、襄阳高新区、大连高新区、蚌埠高新区、咸宁高新区、乐山高新区、荆门高新区、南阳高新区、沈阳高新区、徐州高新区、景德镇高新区、包头稀土高新区、泰安高新区、泉州高新区、平顶山高新区、郴州高新区、肇庆高新区、东莞松山湖高新区、鹰潭高新区等，较2019年排名均下降了超20个名次。

表2-4 2019—2020年国家高新区上市公司创新能力评价综合排名

国家高新区	2019年排名	2020年排名	国家高新区	2019年排名	2020年排名
中关村科技园区	1	1	温州高新区	85	17
上海张江高新区	3	2	成都高新区	15	18
深圳高新区	2	3	佛山高新区	18	19
珠海高新区	5	4	连云港高新区	16	20
杭州高新区	4	5	济南高新区	24	21
长沙高新区	11	6	福州高新区	29	22
广州高新区	7	7	无锡高新区	20	23
潍坊高新区	9	8	厦门火炬高新区	17	24
武汉东湖高新区	8	9	淄博高新区	27	25
南京高新区	6	10	武进高新区	33	26
青岛高新区	21	11	保定高新区	13	27
合肥高新区	10	12	马鞍山慈湖高新区	40	28
惠州仲恺高新区	25	13	昆明高新区	31	29
天津滨海高新区	19	14	西安高新区	36	30
苏州工业园	14	15	中山高新区	41	31
宁波高新区	12	16	贵阳高新区	37	32

续表

国家高新区	2019 年排名	2020 年排名	国家高新区	2019 年排名	2020 年排名
苏州高新区	26	33	济宁高新区	56	62
洛阳高新区	22	34	桂林高新区	80	63
呼和浩特金山高新区	57	35	重庆高新区	60	64
常州高新区	30	36	哈尔滨高新区	49	65
芜湖高新区	34	37	南宁高新区	69	66
石家庄高新区	44	38	长春净月高新区	76	67
威海火炬高新区	23	39	东莞松山湖高新区	47	68
昌吉高新区	45	40	宝鸡高新区	89	69
株洲高新区	43	41	柳州高新区	64	70
汕头高新区	55	42	扬州高新区	65	71
乌鲁木齐高新区	61	43	泰州高新区	—	72
绍兴高新区	38	44	襄阳高新区	42	73
萧山临江高新区	50	45	荆门高新区	46	74
绵阳高新区	—	46	平顶山高新区	51	75
长春高新区	32	47	益阳高新区	83	76
郑州高新区	39	48	蚌埠高新区	48	77
南昌高新区	53	49	新余高新区	75	78
龙岩高新区	66	50	咸阳高新区	70	79
漳州高新区	52	51	太原高新区	81	80
通化医药高新区	86	52	清远高新区	—	81
江门高新区	35	53	长治高新区	96	82
沈阳高新区	28	54	烟台高新区	103	83
昆山高新区	73	55	包头稀土高新区	59	84
江阴高新区	62	56	阜新高新区	71	85
湖州莫干山高新区	54	57	上海紫竹高新区	87	86
宜昌高新区	72	58	常熟高新区	78	87
兰州高新区	58	59	自贡高新区	111	88
鄂尔多斯高新区	99	60	衢州高新区	113	89
嘉兴秀洲高新区	68	61	德州高新区	109	90

续表

国家高新区	2019 年排名	2020 年排名	国家高新区	2019 年排名	2020 年排名
玉溪高新区	101	91	鹰潭高新区	98	118
安阳高新区	112	92	宜春丰城高新区	100	119
宿迁高新区	105	93	湘潭高新区	108	120
南通高新区	63	94	南阳高新区	94	121
鞍山高新区	95	95	白银高新区	117	122
大连高新区	67	96	锦州高新区	—	123
新乡高新区	102	97	燕郊高新区	133	124
镇江高新区	97	98	黄冈高新区	129	125
景德镇高新区	74	99	淮南高新区	134	126
海口高新区	88	100	潜江高新区	116	127
荣昌高新区	122	101	随州高新区	120	128
徐州高新区	77	102	泰安高新区	106	129
肇庆高新区	82	103	北海高新区	135	130
铜陵狮子山高新区	125	104	咸宁高新区	104	131
抚州高新区	92	105	大庆高新区	132	132
唐山高新区	121	106	泸州高新区	124	133
乐山高新区	79	107	璧山高新区	90	134
泉州高新区	84	108	宁夏石嘴山高新区	127	135
辽阳高新区	93	109	茂名高新区	126	136
安顺高新区	115	110	黄石大冶湖高新区	91	137
莱芜高新区	123	111	郴州高新区	118	138
吉林高新区	110	112	三明高新区	130	139
杨凌高新区	—	113	衡阳高新区	128	140
湛江高新区	119	114	青海高新区	—	141
营口高新区	107	115	银川高新区	—	142
承德高新区	131	116			
孝感高新区	114	117			

注："—"表示在这一年该高新区暂未统计到上市公司，不纳入当年的统计分析。

第三节　创新发展贡献度

单纯讨论国家高新区上市公司的创新能力，并不能直观感受到国家高新区上市公司的创新发展对国家高新区整体乃至整个国家的影响，因此报告将会通过一套科学的测量方法对国家高新区上市公司的创新发展贡献度进行估算。本节将重点以国家高新区1622家A股上市公司数据、169家国家高新区数据，以及国家整体发展数据为依据，以各层级的科技进步贡献率为媒介，深入分析并测算国家高新区上市公司对国家高新区的创新发展贡献度，乃至对整个国家创新发展的贡献度。

一、创新发展贡献度测算方法

现阶段关于创新发展贡献的研究，主要以搭建定量评价指标体系为主，指标选取各有侧重，评价结果亦是多种多样，对于创新发展贡献水平暂未达成共识，同时，考虑到本报告已有一套评估创新水平的指标体系，若再搭建一套新的衡量创新贡献的指标体系未免有些重复，而且说服力不强，因此，本报告将尝试借助科技进步贡献率，探索一种新的关于创新发展贡献度的测算方法，思虑不周之处，望与作者联系指正。

科技进步贡献率是国内政策文件中经常出现的概念，它是指科技进步对经济增长的贡献，是衡量地区科技竞争实力和科技成果转化的综合性指标。据科技部数据显示，2019年我国科技进步贡献率达到59.5%，2020年超过60%。在国外研究中，科技进步贡献率往往被视为全要素生产率，主要的研究方法有"C—D函数法""索罗余值法"等。从国内来看，受政府部门影响，国内学术界对科技进步贡献率的研究一直热度不减，主要集中在Solow增长核算法、随机前沿生产函数、DEA-Malmquist方法等领域。在综合考虑上市公司数据年份少、处理分析简易等因素后，本节最终选取"索罗余值法"，其假设技术进步是希克斯中性的，即为产出增长型技术进步，且规模报酬不变，则具体生产函数如下：

$$\begin{cases} Y = A(t) K^{\alpha} L^{\beta} \\ \alpha + \beta = 1 \end{cases} \quad (2-1)$$

其中，Y为经济总产出，K为资本投入，L为劳动投入，α和β分别为资本、劳动的产出弹性，而A为一段时间内技术变化的累计效应，相当于t时期的技术水平。对公式两边取自然对数：

$$\ln(Y) = \ln(A) + \alpha \ln(K) + \beta \ln(L) \quad (2-2)$$

上式两边对t求导数，得到：

$$\frac{dY}{Y} = \lambda + \alpha \frac{dK}{K} + \beta \frac{dL}{L} \quad (2-3)$$

考虑到数据的不连续性，此处对数据变动采用差分处理，令$\frac{dY}{Y} \approx \frac{\Delta Y}{Y} = y$、$\frac{dK}{K} \approx \frac{\Delta K}{K} = k$、$\frac{dL}{L} \approx \frac{\Delta L}{L} = l$，则得到全要素生产率公式：

$$\lambda = y - \alpha k - \beta l \quad (2-4)$$

进一步可得到科技进步贡献率为：

$$E_A = \frac{\lambda}{y} \text{。} \quad (2-5)$$

通过上述方法分别处理国家整体数据、国家高新区数据、高新区上市公司数据，在求得国家整体的科技进步贡献率、国家高新区的科技进步贡献率和国家高新区上市公司的科技进步贡献率的基础上，可进一步推出国家高新区上市公司对国家高新区的创新发展贡献度（IC_{HT}）和对国家整体的创新发展贡献度（IC_G）：

$$IC_{HT} = \frac{LCE_A \times \Delta Y_{LC}}{HTE_A \times \Delta Y_{HT}}; \quad (2-6)$$

$$IC_G = \frac{LCE_A \times \Delta Y_{LC}}{GE_A \times \Delta Y_G} \text{。} \quad (2-7)$$

其中，ΔY_{LC} 表示高新区上市公司总产出变动量、ΔY_{HT} 表示国家高新区总产出的变动量、ΔY_G 表示国家 GDP 的变动量。

二、对全国的创新发展贡献度

1. 全国科技进步贡献率

上述公式中主要涉及 3 个指标，即 Y、K 和 L，国家层面数据主要来源于国家统计局，具体数据处理方式如下。

（1）经济总产出量 Y

以全国 2001—2020 年的国内生产总值（GDP）为基础数据，通过国内生产总值指数将其调整为以 1990 年可比价格为基础的实际 GDP，具体表示为：实际 GDP= 基期 GDP × GDP 定基指数，其中 GDP 定基指数为基期后一年到末期的各个环比指数连乘积。

（2）资本投入量 K

由于资本投入和社会经济效益的产出在时间上存在时滞效应，因此采用资本存量而非当年的固定资产投资额作为测度变量。根据相关学者研究，本报告资本存量的测算采用永续存盘法，基本公式为：

$$K_t = \frac{I_t}{P_t} + (1-\delta) K_t - 1 \text{。} \quad (2-8)$$

其中，K_t 为第 t 年的资本存量；I_t 为第 t 年的固定资产投入，不同学者分别采用全社会固定资产投资额、资本形成额和固定资本形成额计算，本书采用固定资本形成额表示固定资产投入；P_t 为固定资产投资价格指数；δ 为固定资产折旧率。本书采用张军（2004）[①] 的研究方法，选取 9.6% 作为全国固定资产折旧率。选取 1990 年的固定资本形成额除以 10% 作为全国的初始资本存量 K_{1990}。

（3）劳动投入量 L

本书选取 2001—2020 年的全国就业人员作为劳动投入量（表 2-5）。

---

① 张军，吴桂英，张吉鹏. 中国省际物质资本存量估算：1952—2000［J］. 经济研究，2004（10）：35-44.

表2-5　2001—2020年我国宏观经济数据

年份	实际GDP/亿元	资本存量/亿元	就业人员/万人
2001	55 286.4	113 071.9	72 797
2002	60 334.4	124 945.9	73 280
2003	66 389.3	140 202.9	73 736
2004	73 102.1	157 974.1	74 264
2005	81 432.6	178 594.7	74 647
2006	91 790.4	202 014.8	74 978
2007	104 853.5	229 644.5	75 321
2008	114 976.3	260 211.9	75 564
2009	125 783.9	301 239.3	75 828
2010	139 162.4	347 860.5	76 105
2011	152 453.7	398 235.2	76 196
2012	164 436.0	452 265.8	76 254
2013	177 210.4	510 783.4	76 301
2014	190 367.5	570 337.7	76 349
2015	203 772.9	630 705.1	76 320
2016	217 728.7	692 278.7	76 245
2017	232 852.6	751 372.3	76 058
2018	248 573.9	814 660.9	75 782
2019	263 362.1	877 937.9	75 447
2020	269 544.6	934 699.1	75 064

对表2-5中的数据分别做对数化处理后，采用最小二乘法对$\ln(Y)$、$\ln(X)$、$\ln(L)$进行回归，得到如下索罗增长速度方程拟合结果：

$$\ln(Y) = -27.53 + 0.70\ln(K) + 2.71\ln(L)。 \quad (2-9)$$
$$(-4.232) \quad (57.116) \quad (4.597)$$

回归结果的R^2为0.998，拟合度较好，模型整体显著，有一定的可靠性。根据模型拟合结果，假定规模报酬不变，归一化得到全国初始的资本产出弹性系数α为0.204，劳动产出弹性系数β为0.796。

由此测得2020年全国的全要素生产率为：

$$\lambda_G = 2.35\% - 0.204 \times 6.47\% - 0.796 \times (-0.51\%) = 1.43\%。$$

最终可得，2020年全国的科技进步贡献率为：$GE_A = \dfrac{\lambda_G}{y_G} = 61.03\%$。

2. 国家高新区上市公司科技进步贡献率

截至2020年底，国家高新区共有A股上市公司1622家，在此以企业增加值作为其经济总产出量 Y，具体的企业增加值以收入法进行核算，即企业增加值 = 营业利润 + 营业税金及附加 + 应交增值税 + 本年应付职工薪酬 + 固定资产本年折旧 – 投资收益。对于资本投入量 K，此处以上市公司年报公布的固定资产净值为准，考虑到价格影响较难剔除的问题，在此对 Y 和 K 均不作基期校准处理。对于劳动投入量 L，此处借用上市公司年报公布的从业人数。

为了避免新上市或数据缺失的企业对测算造成较大误差，将其剔除后对2018—2020年数据进行整体处理，如表2-6所示。

表2-6　2018—2020年国家高新区上市公司经济数据

年份	企业增加值/亿元	从业人员/万人	固定资产净值/亿元
2018	10 324.13	643.53	24 021.73
2019	11 072.31	653.69	25 910.48
2020	13 035.40	684.25	28 996.70

由于国家高新区上市公司数据年份较少，无法通过最小二乘法得到生产要素的弹性系数，在此采用公式法 $\alpha = \dfrac{\Delta Y}{Y} / \dfrac{\Delta K}{K}$、$\beta = \dfrac{\Delta Y}{Y} / \dfrac{\Delta L}{L}$，其中 Y、K、L 的增速均以近3年的平均增速计算，可以得到资本产出弹性系数 α 为1.25，劳动产出弹性系数 β 为3.97，进一步归一化处理得到劳动产出弹性系数0.240、资本产出弹性系数0.760。在此基础上可以测得国家高新区上市公司的全要素生产率 λ_{LC} 为11.32%，进一步得到科技进步贡献率 LCE_A 为63.84%。

3. 创新发展贡献度测算

对于创新发展贡献度测算公式，所用数据整理如下：

$\Delta Y_G = 29\,471$ 亿元；$\Delta Y_{LC} = 2897$ 亿元；$GE_A = 61.03\%$；$LCE_A = 63.84\%$。

可求得：

$$IC_G = \dfrac{LCE_A \times \Delta Y_{LC}}{GE_A \times \Delta Y_G} = 10.28\%$$

综上可知，国家高新区上市公司对于国家整体的创新发展贡献度已达10.28%。

三、对国家高新区的创新发展贡献度

近年来，国家高新区的数量一直在增加，从而导致国家高新区整体的经济数据呈现出大幅上涨状态，如仅站在全局的角度测算国家高新区整体的科技进步贡献率，而不考虑各高新区的个性特征，不仅不够科学合理，还可能会影响到生产函数中参数估计的精确性。在此，本书采用李兰兰（2011）[①]的方法，对每个高新区单独测算全要素生产率，然后以各高新区对国家高新区整体的影响力为权重进行加权平均，最终得出国家高新区的全要素生产率。具体步骤如下：

$$\lambda_{HT} = \sum_{i=1}^{n} \lambda_{HT}^{i} \times w_i; \tag{2-10}$$

$$w_i = \frac{Y_{HT}^{i}}{Y_{HT}}。\tag{2-11}$$

其中，λ_{HT}^{i} 表示第 i 个国家高新区的全要素生产率，Y_{HT}^{i} 表示第 i 个国家高新区的经济总产出，w_i 表示第 i 个高新区对国家高新区整体的影响力。

国家高新区的数据来源主要是火炬中心，在此选取 2014—2020 年各国家高新区经济数据作为分析对象（2014 年后升级的国家高新区以升级年份为数据起始年份），以高新区全口径的园区生产总值（GDP）作为经济总产出量 Y，以高新区年末资产总计作为资本投入量 K，以高新区从业人员期末人数作为劳动投入量 L。同样，考虑到数据年份较少，依然采用公式法计算投入要素的弹性，其中 Y、K、L 的增速均以可获取数据最大年限的平均增速计算，进一步归一化处理后得到每个高新区的资本产出弹性系数 α_{HT}^{i} 和劳动产出弹性系数 β_{HT}^{i}，最终测得每个高新区的全要素生产率 λ_{HT}^{i}。

以中关村科技园区为例，以其 2014—2020 年数据为依据，最终测得资本产出弹性系数为 0.280，劳动产出弹性系数为 0.720，全要素生产率为 4.77%；以 2017 年升级的常德高新区为例，以其 2017—2020 年数据为依据，最终测得资本产出弹性系数为 0.201，劳动产出弹性系数为 0.799，全要素生产率为 12.76%。在此不一一列举，整体来看，结果显示出一定的合理性。

最终，$\lambda_{HT} = \sum_{i=1}^{n} \lambda_{HT}^{i} \times w_i = 4.77\%$，以 2020 年 169 家国家高新区 GDP 增速为基准，可以推出，国家高新区科技进步贡献率 HTE_A 为 40.92%。

高新区上市公司对于国家高新区创新发展贡献度的计算，所用数据整理如下：

$\Delta Y_{HT} = 14\,166$ 亿元；$\Delta Y_{LC} = 2897$ 亿元；$HTE_A = 40.92\%$；$LCE_A = 63.84\%$。

可求得：

$$IC_{HT} = \frac{LCE_A \times \Delta Y_{LC}}{HTE_A \times \Delta Y_{HT}} = 31.90\%。\tag{2-12}$$

2020 年国家高新区上市公司的企业增加值近 1.5 万亿元，而同期国家高新区 GDP 为 13.5 万亿元，国家高新区上市公司以近 1/9 的体量为国家高新区创新驱动发展贡献了近 1/3 的科技进步增值，显示出了极为强大的创新力量。

[①] 李兰兰，诸克军，郭海湘. 中国各省市科技进步贡献率测算的实证研究［J］. 中国人口·资源与环境，2011, 21（4）：55-61.

第三章

国家高新区上市公司企业创新能力分析

本章主要从企业层面对国家高新区上市公司创新能力进行分析。通过国家高新区上市公司创新能力评估指标对企业进行排名，从中选取创新100强上市公司进行分析，为其他企业提供发展范例。然后对国家高新区上市公司创新能力得分、市值、研发投入、专利产出等指标进行相关分析，得出一些特色结论。进而根据结论选取重点指标对高新区上市公司进行分类，全面了解国家高新区上市公司的创新发展。

第一节 企业创新100强

一、创新百强企业特点

国家高新区上市公司创新100强是国家高新区上市公司创新的主力军，其中，格力电器、京东方A、潍柴动力、海康威视、中兴通讯、正泰电器、TCL科技、中联重科、恒瑞医药、伊利股份等位列国家高新区上市公司创新前10强。2021年上榜的企业具有如下特点。

一是高度重视研发投入。国家高新区上市公司创新100强（以下简称创新百强上市公司）的总研发费用为2179.21亿元，占国家高新区1622家上市公司总研发费用的50.01%，创新百强上市公司平均研发投入强度为3.44%，比国家高新区1622家上市公司的研发投入强度（3.31%）多0.13个百分点。创新百强上市公司中研发强度超过10%的公司有成都先导、恒生电子、金山办公、奇安信-U、广联达、东方通、瑞芯微、恒瑞医药、用友网络、科大讯飞等24家上市公司。

二是人才结构更优。创新百强上市公司硕士学历及以上人员占企业员工比重为7.29%，比国家高新区1622家上市公司硕士学历及以上人员占企业员工比重（5.80%）高1.49个百分点。其中，成都先导、澜起科技、国电南瑞、通化东宝、新华医疗、韦尔股份、中兴通讯、华设集团、三星医疗、瑞芯微、紫光股份等11家创新百强上市公司硕士学历及以上人员占企业员工比重达到了30%。

三是拥有更强的经济实力。创新百强上市公司的总营业收入是6.34万亿元，占国家高新区1622家上市公司总营业收入的48.18%，其中，中国中铁、中国铁建、上汽集团、中国交建、潍柴动力、上海医药、格力电器、上海电气、京东方A、葛洲坝、长城汽车、中兴通讯等12家创新百强上市公司营业收入超过1000亿元。

四是创新成果产出更多。创新百强上市公司共计拥有有效专利数为22.75万件，占国家高新区1622家上市公司有效专利（45.87万件）的49.60%。创新百强上市公司中拥有有效专利数居前10位的公司分别是格力电器46 247件、京东方A 37 134件、中兴通讯33 671件、长城汽车7337件、中联重科6323件、视源股份5169件、歌尔股份4983件、潍柴动力4577件、上汽集团4076件、大族激光3650件。创新百强上市公司2020年新增专利数量66 398件，占国家高新区1622家上市公司新增专利数（10 8551件）的61.17%，尤其是PCT专利申请量，占比达到了84.23%，创新百强上市公司中PCT专利申请量居前10位的公司分别为京东方A、中兴通讯、格力电器、海信视像、海康威视、光峰科技、恒瑞医药、歌尔股份、长城汽车、金发科技。创新百强上市公司新增知识产权价值612.47亿元，占国家高新区1622家上市公司新增知识产权价值（673亿元）的91.01%。

此外，创新百强上市公司在研发活动区域集中度、企业获得的政府创新补贴、员工薪酬激励、企业所得税区域贡献度等方面也有明显的优势。

二、创新百强企业分布

从1622家上市公司创新能力得分分布来看（图3-1），偏度为0.63（＞0）时，属于正偏斜或向右偏斜分布，反映仅有少数上市公司的得分比较高。峰度为1.62（＞0）时，数据比较集中于中间部分，反映上市公司的得分主要集中于46.5~56.5。

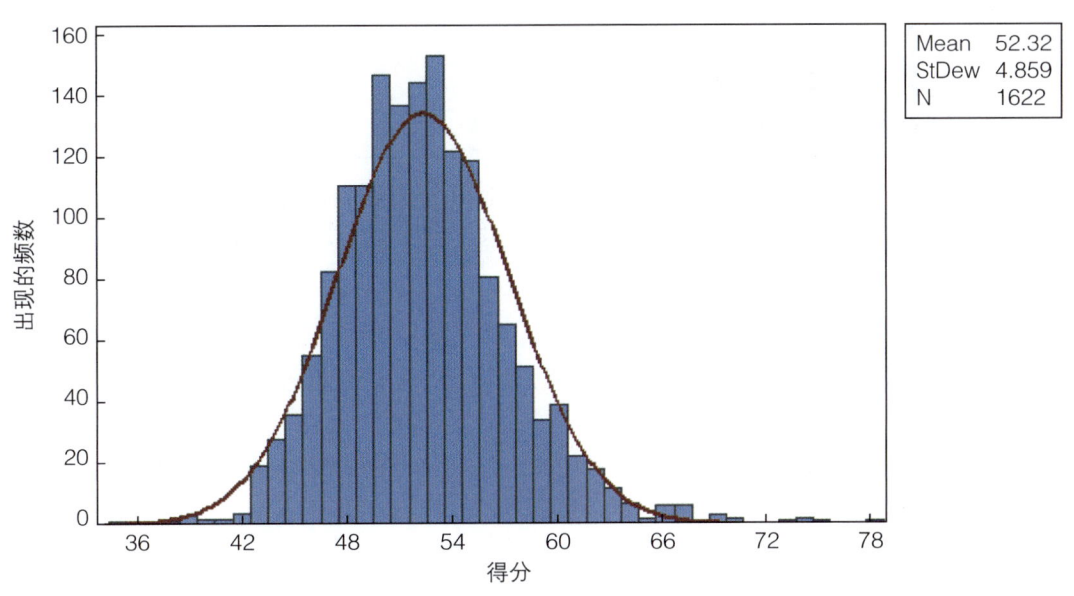

图3-1　2021年国家高新区上市公司创新能力得分直方图

下面针对创新百强上市公司进行分析。

从国家高新区分布来看（图 3-2），创新百强上市公司主要分布于 49 家高新区。其中，中关村科技园区一枝独秀，拥有创新百强上市公司 14 家，远超其他高新区；上海张江高新区、深圳高新区处于第二阶梯，分别拥有创新百强上市公司 7 家、6 家；长沙高新区、南京高新区处于第三阶梯，均拥有创新百强上市公司 5 家；武汉东湖高新区、温州高新区、天津滨海高新区、合肥高新区、杭州高新区、广州高新区均拥有创新百强上市公司 3 家；珠海高新区、潍坊高新区、苏州工业园、青岛高新区、马鞍山慈湖高新区、洛阳高新区、济南高新区均拥有创新百强上市公司 2 家；淄博高新区、株洲高新区、重庆高新区、中山高新区、长治高新区、烟台高新区、萧山临江高新区、无锡高新区、威海火炬高新区、通化医药高新区、泰州高新区、石家庄高新区、沈阳高新区、汕头高新区、厦门火炬高新区、清远高新区、平顶山高新区、宁波高新区、龙岩高新区、柳州高新区、连云港高新区、昆明高新区、惠州仲恺高新区、呼和浩特金山高新区、贵阳高新区、福州高新区、鄂尔多斯高新区、东莞松山湖高新区、成都高新区、昌吉高新区、保定高新区 31 家高新区均拥有创新百强上市公司 1 家；其他 120 家国家高新区没有创新百强上市公司。此外，创新能力排名第一的上市公司为格力电器，位于珠海高新区，属于深交所主板，为公众企业[①]。

经过以上分析发现：拥有创新百强上市公司数量排名前三的国家高新区综合实力最强，在 2020 年国家高新区综合评价中也名列前茅。拥有 3 家创新百强上市公司的国家高新区中，温州高新区 2020 年综合评价排名第 80 位，但是上市公司创新能力较强。成都高新区 2020 年综合评价排名第八，仅拥有一家创新百强上市公司，需要加强上市公司创新能力。西安高新区是在 2020 年综合评价排名前十的国家高新区中唯一一家没有创新百强上市公司的高新区[②]。（根据 2021 年排名及时更新）

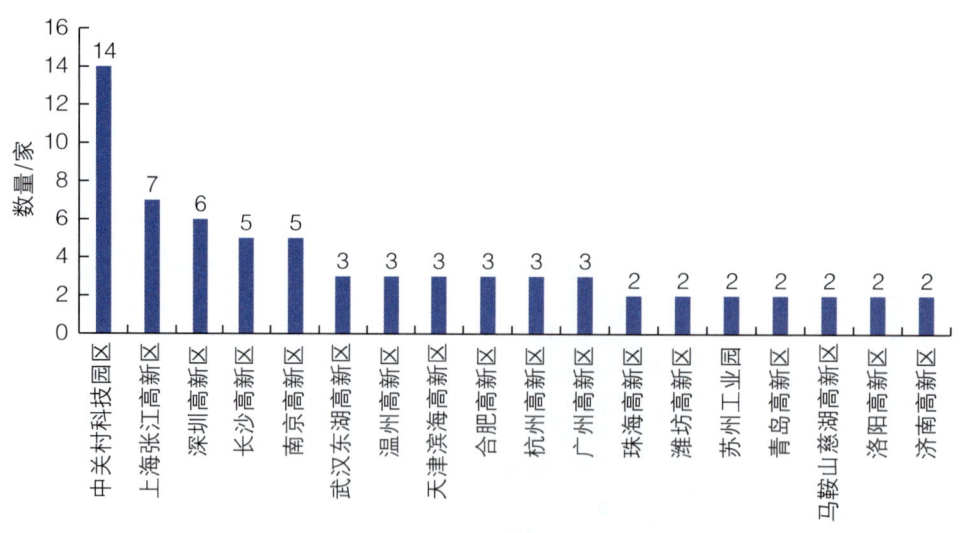

图 3-2 国家高新区 2021 年创新百强上市公司数量分布（部分）

从省份分布来看（图 3-3），创新百强上市公司主要分布于 23 个省。其中，广东位列第一，拥有创新百强上市公司 16 家；北京紧跟其后，位居第二，拥有创新百强上市公司 14 家；江苏、山东、

---

① 数据来源：中国高新区研究中心整理，2021 年 11 月。
② 数据来源：中国高新区研究中心整理，2021 年 11 月。

浙江、上海、湖南、安徽6个省市依次递减；天津、湖北、河南、福建四省市均拥有3家创新百强上市公司；内蒙古、河北均拥有2家创新百强上市公司；重庆、云南、新疆、四川、山西、辽宁、吉林、贵州、广西均拥有1家创新百强上市公司；其他省份没有创新百强上市公司。

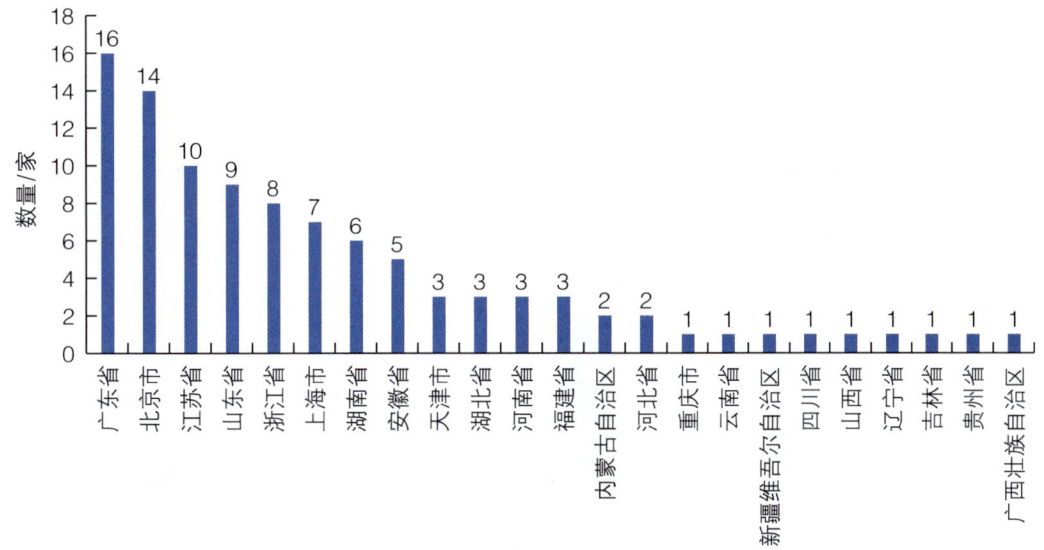

图3-3　2021年创新百强上市公司省份分布

从城市分布来看（图3-4），创新百强上市公司主要分布于50个城市。其中，北京遥遥领先，拥有14家创新百强上市公司；上海拥有7家创新百强上市公司，深圳和南京随之下降；长沙和杭州均拥有4家创新百强上市公司；武汉、天津、合肥、广州位于同一列次，均拥有3家创新百强上市公司；珠海、潍坊、苏州、青岛、马鞍山、洛阳、乐清、济南均拥有2家创新百强上市公司；成都、淄博、泰州、石家庄、清远、平顶山、惠州、呼和浩特等32个城市均拥有1家创新百强上市公司。

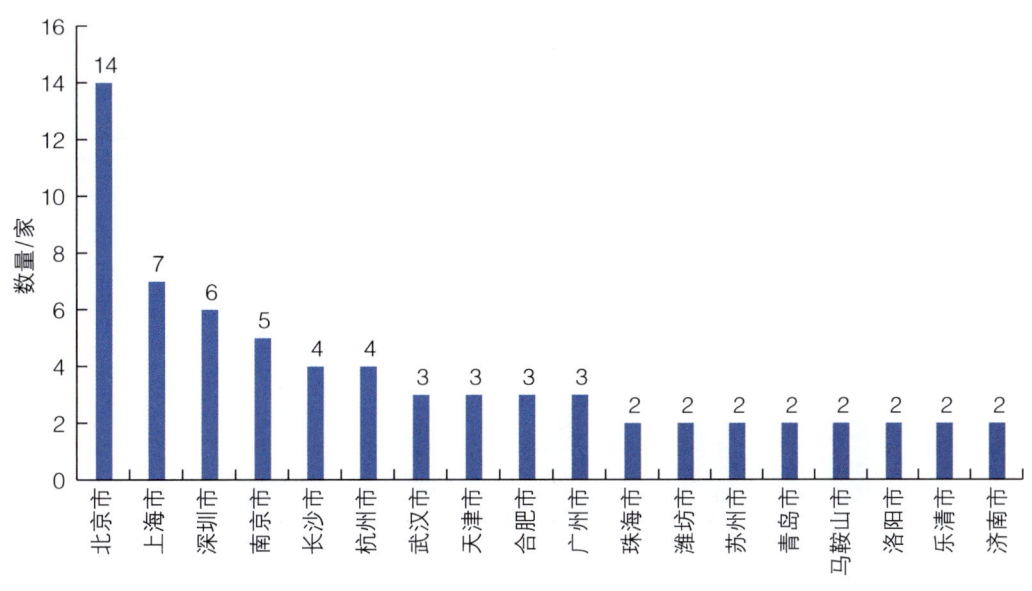

图3-4　2021年创新百强上市公司城市分布

从证券板块来看（图3-5），创新百强上市公司主要集中在上交所主板。其中，上交所主板有50家，深交所主板有31家，上交所科创板有10家，深交所创业板有9家。总体来看，上交所上市公司创新能力更强。

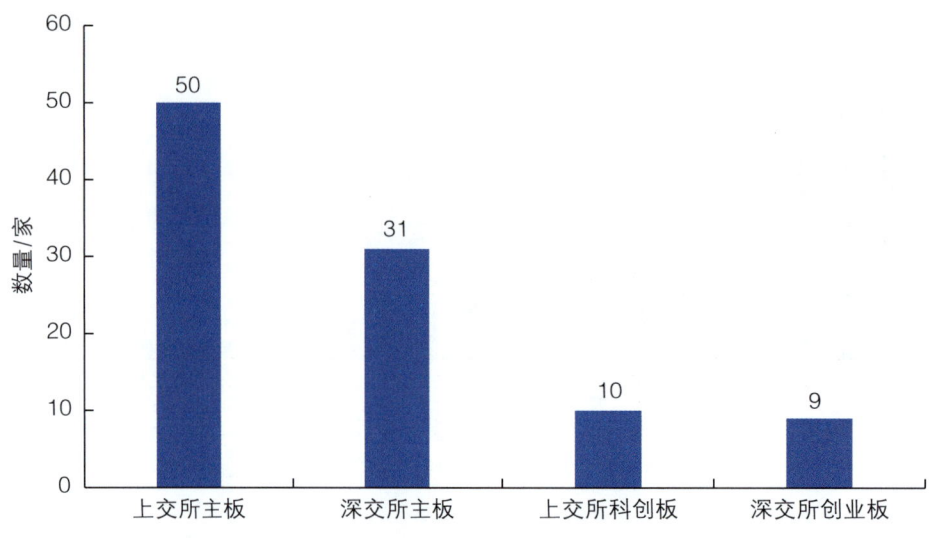

图3-5 2021年创新百强上市公司板块分布

从组织形式来看（图3-6），创新百强上市公司主要集中在民营企业。其中，民营企业有46家，中央国有企业21家，地方国有企业16家，公众企业12家，外资企业4家，集体企业1家。对比各组织形式在国家高新区1622家上市公司和创新百强上市公司占比情况，发现中央国有企业、地方国有企业、公众企业拥有创新百强上市公司的比例更高，更容易培育出创新能力强的公司。国家高新区上市公司创新百强中中央国有企业占比为12.14%，地方国有企业占比为7.51%，表明中央国有企业具有更强的创新活力（图3-7、表3-1）。

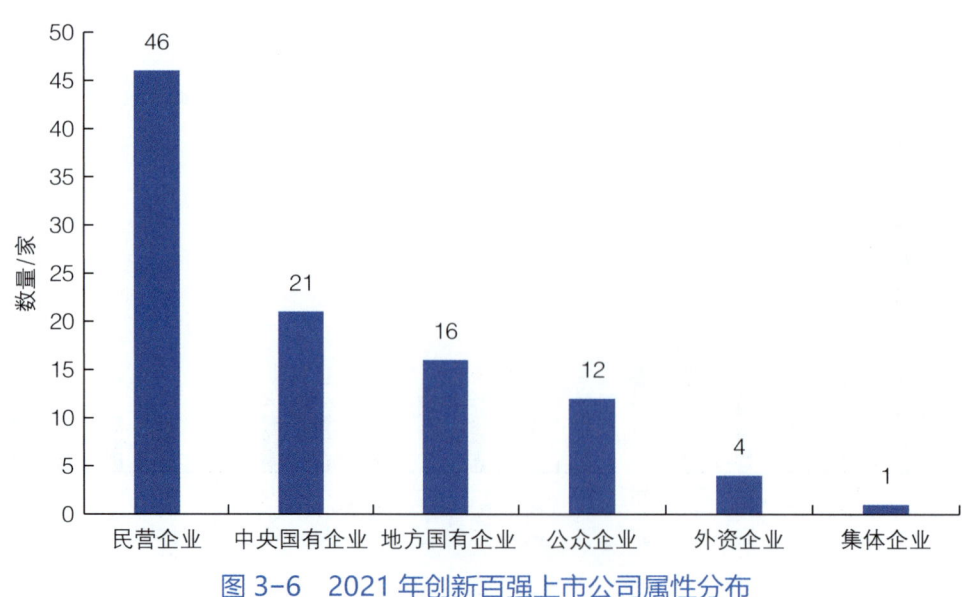

图3-6 2021年创新百强上市公司属性分布

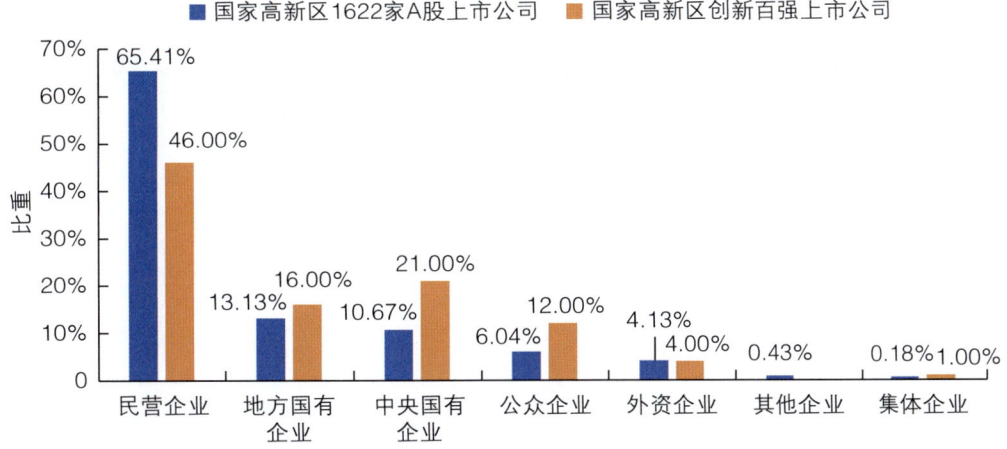

图 3-7 国家高新区 1622 家 A 股上市公司和创新百强上市公司中不同组织形式分布

表 3-1 创新百强上市公司名单

排名	证券代码	证券名称	证券板块	所属高新区	得分
1	000651.SZ	格力电器	深交所主板	珠海高新区	77.61
2	000725.SZ	京东方 A	深交所主板	中关村科技园区	75.40
3	000338.SZ	潍柴动力	深交所主板	潍坊高新区	74.22
4	002415.SZ	海康威视	深交所主板	杭州高新区	73.87
5	000063.SZ	中兴通讯	深交所主板	深圳高新区	73.07
6	601877.SH	正泰电器	上交所主板	温州高新区	70.07
7	000100.SZ	TCL 科技	深交所主板	惠州仲恺高新区	69.95
8	000157.SZ	中联重科	深交所主板	长沙高新区	68.72
9	600276.SH	恒瑞医药	上交所主板	连云港高新区	68.70
10	600887.SH	伊利股份	上交所主板	呼和浩特金山高新区	68.55
11	601633.SH	长城汽车	上交所主板	保定高新区	67.79
12	002236.SZ	大华股份	深交所主板	杭州高新区	67.47
13	002230.SZ	科大讯飞	深交所主板	合肥高新区	67.47
14	600089.SH	特变电工	上交所主板	昌吉高新区	66.95
15	600388.SH	龙净环保	上交所主板	龙岩高新区	66.93
16	601390.SH	中国中铁	上交所主板	中关村科技园区	66.68
17	300274.SZ	阳光电源	深交所创业板	合肥高新区	66.59
18	601727.SH	上海电气	上交所主板	上海张江高新区	66.45

续表

排名	证券代码	证券名称	证券板块	所属高新区	得分
19	600406.SH	国电南瑞	上交所主板	南京高新区	65.93
20	600104.SH	上汽集团	上交所主板	上海张江高新区	65.71
21	000977.SZ	浪潮信息	深交所主板	济南高新区	65.70
22	600060.SH	海信视像	上交所主板	青岛高新区	65.68
23	601607.SH	上海医药	上交所主板	上海张江高新区	65.66
24	600808.SH	马钢股份	上交所主板	马鞍山慈湖高新区	65.43
25	300433.SZ	蓝思科技	深交所创业板	长沙高新区	65.41
26	002241.SZ	歌尔股份	深交所主板	潍坊高新区	64.32
27	000581.SZ	威孚高科	深交所主板	无锡高新区	64.24
28	002410.SZ	广联达	深交所主板	中关村科技园区	64.17
29	002841.SZ	视源股份	深交所主板	广州高新区	63.81
30	600295.SH	鄂尔多斯	上交所主板	鄂尔多斯高新区	63.75
31	603501.SH	韦尔股份	上交所主板	上海张江高新区	63.69
32	600498.SH	烽火通信	上交所主板	武汉东湖高新区	63.67
33	000538.SZ	云南白药	深交所主板	昆明高新区	63.21
34	600271.SH	航天信息	上交所主板	中关村科技园区	63.18
35	300866.SZ	安克创新	深交所创业板	长沙高新区	63.12
36	600867.SH	通化东宝	上交所主板	通化医药高新区	63.07
37	003816.SZ	中国广核	深交所主板	深圳高新区	63.02
38	600068.SH	葛洲坝	上交所主板	武汉东湖高新区	63.00
39	600587.SH	新华医疗	上交所主板	淄博高新区	62.84
40	600458.SH	时代新材	上交所主板	株洲高新区	62.70
41	600143.SH	金发科技	上交所主板	广州高新区	62.63
42	601231.SH	环旭电子	上交所主板	上海张江高新区	62.62
43	300349.SZ	金卡智能	深交所创业板	温州高新区	62.61
44	000528.SZ	柳工	深交所主板	柳州高新区	62.54
45	300567.SZ	精测电子	深交所创业板	武汉东湖高新区	62.48
46	600761.SH	安徽合力	上交所主板	合肥高新区	62.47

续表

排名	证券代码	证券名称	证券板块	所属高新区	得分
47	601186.SH	中国铁建	上交所主板	中关村科技园区	62.44
48	002179.SZ	中航光电	深交所主板	洛阳高新区	62.43
49	688111.SH	金山办公	上交所科创板	中关村科技园区	62.39
50	688008.SH	澜起科技	上交所科创板	上海张江高新区	62.32
51	000999.SZ	华润三九	深交所主板	深圳高新区	62.20
52	002008.SZ	大族激光	深交所主板	深圳高新区	62.15
53	600282.SH	南钢股份	上交所主板	南京高新区	62.15
54	688561.SH	奇安信-U	上交所科创板	中关村科技园区	62.06
55	603019.SH	中科曙光	上交所主板	天津滨海高新区	62.01
56	600031.SH	三一重工	上交所主板	中关村科技园区	62.00
57	600312.SH	平高电气	上交所主板	平顶山高新区	61.77
58	688007.SH	光峰科技	上交所科创板	深圳高新区	61.77
59	600588.SH	用友网络	上交所主板	中关村科技园区	61.70
60	688001.SH	华兴源创	上交所科创板	苏州工业园	61.60
61	601699.SH	潞安环能	上交所主板	长治高新区	61.57
62	002064.SZ	华峰化学	深交所主板	温州高新区	61.51
63	600570.SH	恒生电子	上交所主板	杭州高新区	61.49
64	601567.SH	三星医疗	上交所主板	宁波高新区	61.47
65	603018.SH	华设集团	上交所主板	南京高新区	61.40
66	603893.SH	瑞芯微	上交所主板	福州高新区	61.35
67	600567.SH	山鹰国际	上交所主板	马鞍山慈湖高新区	61.27
68	300284.SZ	苏交科	深交所创业板	南京高新区	61.12
69	002603.SZ	以岭药业	深交所主板	石家庄高新区	61.08
70	601608.SH	中信重工	上交所主板	洛阳高新区	61.05
71	603816.SH	顾家家居	上交所主板	萧山临江高新区	61.04
72	688139.SH	海尔生物	上交所科创板	青岛高新区	61.04
73	600022.SH	山东钢铁	上交所主板	济南高新区	61.03
74	601800.SH	中国交建	上交所主板	中关村科技园区	60.99

续表

排名	证券代码	证券名称	证券板块	所属高新区	得分
75	600196.SH	复星医药	上交所主板	上海张江高新区	60.98
76	600582.SH	天地科技	上交所主板	中关村科技园区	60.94
77	601615.SH	明阳智能	上交所主板	中山高新区	60.81
78	300379.SZ	东方通	深交所创业板	中关村科技园区	60.80
79	603100.SH	川仪股份	上交所主板	重庆高新区	60.79
80	002180.SZ	纳思达	深交所主板	珠海高新区	60.76
81	002465.SZ	海格通信	深交所主板	广州高新区	60.62
82	002376.SZ	新北洋	深交所主板	威海火炬高新区	60.61
83	688399.SH	硕世生物	上交所科创板	泰州高新区	60.54
84	600535.SH	天士力	上交所主板	天津滨海高新区	60.50
85	601515.SH	东风股份	上交所主板	汕头高新区	60.50
86	000938.SZ	紫光股份	深交所主板	中关村科技园区	60.50
87	300298.SZ	三诺生物	深交所创业板	长沙高新区	60.48
88	688289.SH	圣湘生物	上交所科创板	长沙高新区	60.40
89	300223.SZ	北京君正	深交所创业板	中关村科技园区	60.40
90	002080.SZ	中材科技	深交所主板	南京高新区	60.40
91	688036.SH	传音控股	上交所科创板	深圳高新区	60.38
92	002925.SZ	盈趣科技	深交所主板	厦门火炬高新区	60.38
93	003012.SZ	东鹏控股	深交所主板	清远高新区	60.37
94	600718.SH	东软集团	上交所主板	沈阳高新区	60.32
95	688222.SH	成都先导	上交所科创板	成都高新区	60.31
96	600183.SH	生益科技	上交所主板	东莞松山湖高新区	60.31
97	601808.SH	中海油服	上交所主板	天津滨海高新区	60.30
98	000811.SZ	冰轮环境	深交所主板	烟台高新区	60.29
99	603458.SH	勘设股份	上交所主板	贵阳高新区	60.27
100	002081.SZ	金螳螂	深交所主板	苏州工业园	60.19

第二节 企业创新分析

一、创新能力影响方式

从发展阶段[①]来看（图3-8），国家高新区老牌上市公司的创新能力得分均值最高，标准差最大，表明老牌上市公司的创新能力得分分布较为分散，反映了有的老牌上市公司经过多年洗礼，在众多公司中脱颖而出，如格力电器、京东方A等，有的却发展缓慢，创新发展活力不足，如深天地A、太化股份、祥龙电业等；国家高新区新兴上市公司的创新能力得分均值居中，标准差最小，表明新兴上市公司的创新能力得分分布较为集中，反映了新兴上市公司具有较强的创新动力；国家高新区成长期上市公司的创新能力得分均值最低，标准差居中。

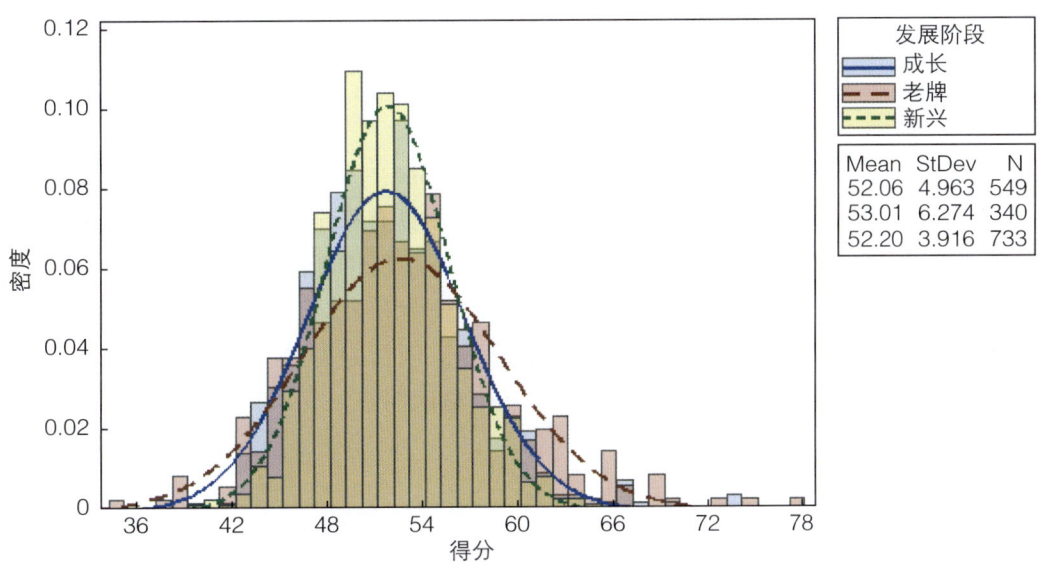

图 3-8　国家高新区上市公司的创新能力得分（从发展阶段看）

从高企分布来看（图3-9），国家高新区上市公司中高企的创新能力得分均值为52.89，高于非高企均值50.80，表明高企的创新能力更强；国家高新区上市公司中高企的创新能力得分标准差为4.639，低于非高企标准差5.104，表明高企的创新能力得分分布更为集中。同时，创新能力得分最高的格力电器、京东方A、潍柴动力、海康威视、中兴通讯、正泰电器6家上市公司均为高企，充分反映了国家高新区上市公司中高企的创新能力表现更好。

---

① 主要分为3个阶段：1990—2004年上市属于老牌企业，2005—2014年上市属于成长企业，2015—2020年上市属于新兴企业。

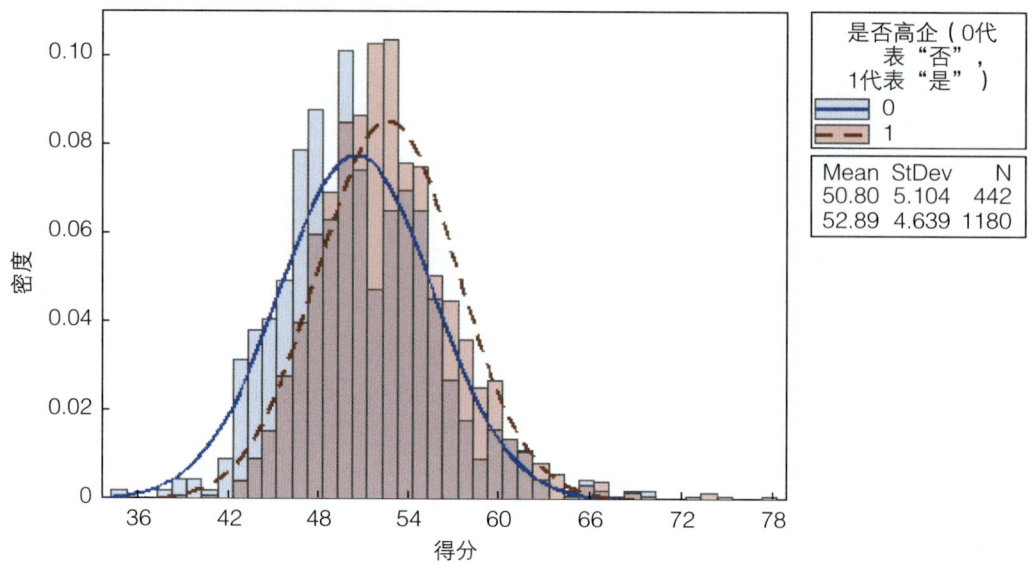

图 3-9　国家高新区上市公司的创新能力得分（从高企分布看）

从组织形式来看（图 3-10），国家高新区上市公司中中央国有企业的创新能力得分均值为 54.40，在所有组织形式中得分最高，表明中央国有企业具有稳定的创新能力；公众企业创新能力得分均值略低于中央国有企业，但标准差较大，其中不乏一些创新能力强的上市公司，如格力电器、中兴通讯、TCL 科技、中联重科等；相较于中央国有企业和公众企业，地方国有企业创新能力得分均值较低，创新活力相对不足；民营企业数量众多，创新能力参差不齐，其中也涌现了一批具备科创实力的优秀企业，如歌尔股份、长城汽车、恒瑞医药等。

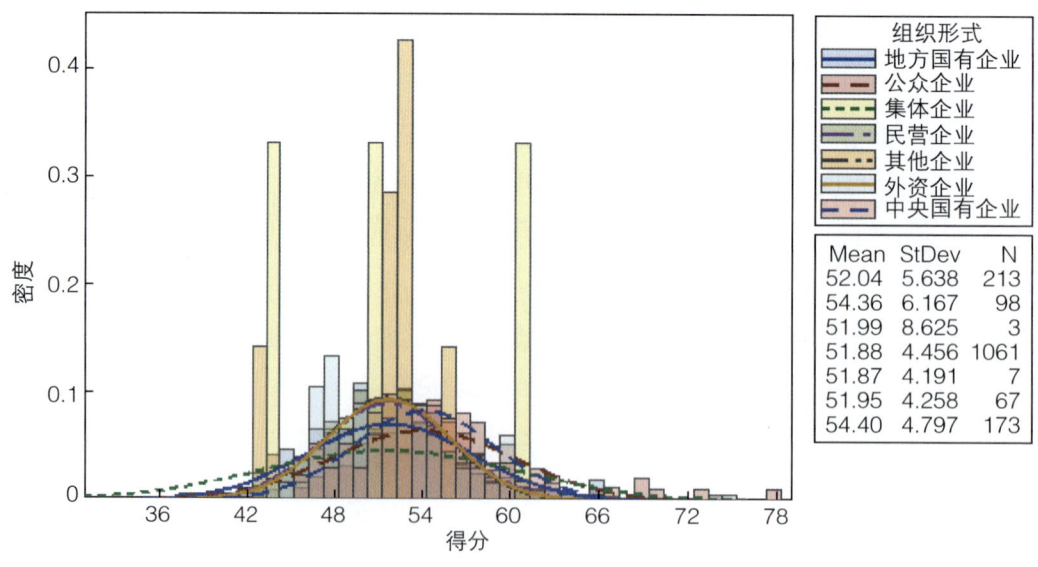

图 3-10　国家高新区上市公司的创新能力得分（从组织形式看）

从证券板块来看（图 3-11），国家高新区上交所科创板上市公司创新能力得分均值最高，创新能力最强，代表企业有金山办公、澜起科技等；上交所主板上市公司创新能力得分均值比上交所科创板稍低，但标准差较高，创新发展水平存在较大差异；深交所主板上市公司创新能力得分均值略低于上交所主板，创新能力整体微弱于上交所主板；深交所创业板主要支持创新型、成长型企业发展，经济实力相对较弱，创新能力弱于上交所主板、上交所科创板和深交所主板上市公司，但是也有阳光电源、蓝思科技、安克创新、金卡智能、精测电子、苏交科、东方通、三诺生物、北京君正等 9 家上市公司入围创新百强企业；上交所和深交所进入风险警示板的上市公司创新能力很弱，面临退市的风险。

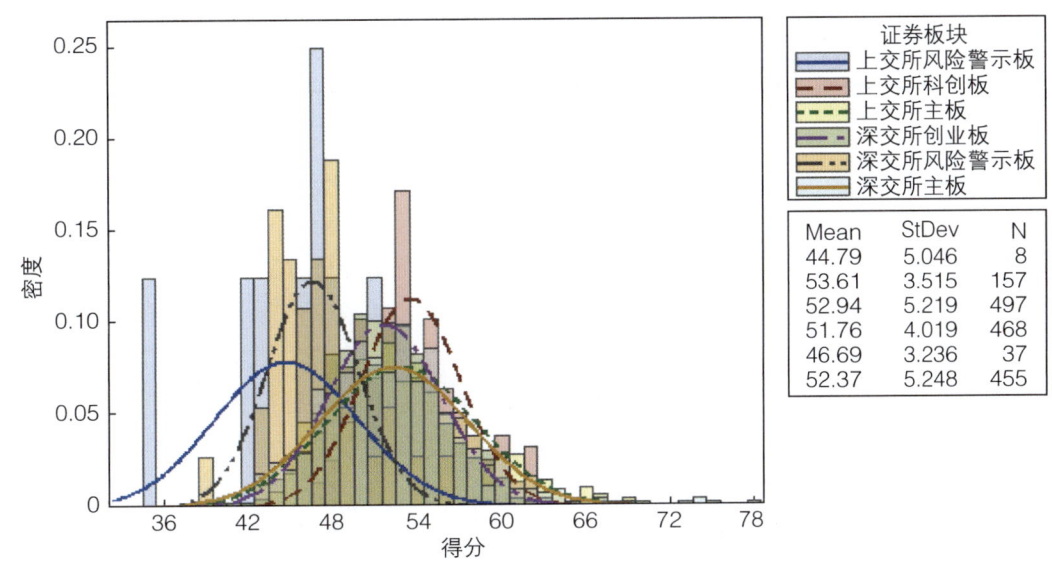

图 3-11　国家高新区上市公司的创新能力得分（从证券板块看）

国家高新区上市公司研发人员数量呈现"中间大两头小"特征。

根据国家高新区上市公司对研发人员的重视度（研发人员数量）进行分类（图 3-12），主要分为强、中、弱 3 个程度[①]。对研发人员的重视度为强的国家高新区上市公司创新能力得分的分布图整体偏右，均值最高，与其他程度相比具有很大的创新优势。目前来看，169 家国家高新区有 228 家上市公司非常重视研发人员的投入，占比为 14.06%。其中，有 41 家高新区的上市公司非常重视研发人员的引进（对研发人员的重视度为强的比重超过 14.06%）。尤其是深圳高新区的中兴通讯，研发人员数达到了 31 747 人。

---

① 强：研发人员数量 ≥ 1000 人；中：研发人员数量在 100~999 人；弱：研发人员数量 ≤ 99 人。

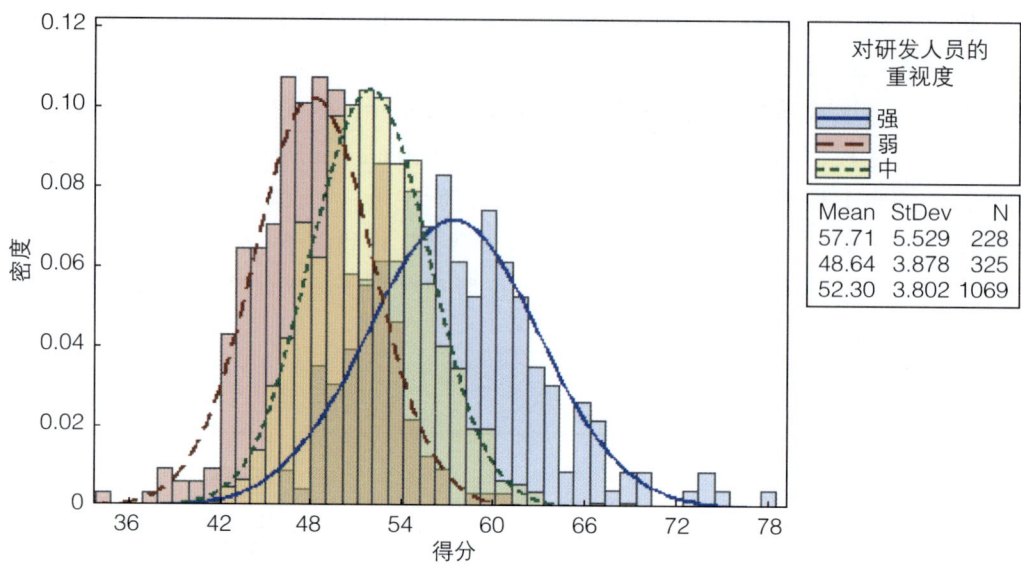

图 3-12 国家高新区上市公司的创新能力得分（从对研发人员的重视度看）

根据国家高新区上市公司核心技术竞争力（核心专利储备）进行分类（图3-13），主要分为强、中、弱3个程度[①]。国家高新区中核心技术竞争力强的上市公司有233家，中的有689家，弱的有700家，整体来看，还需要加强专利申请和储备工作。核心技术竞争力强的国家高新区上市公司创新能力得分的分布图整体偏右，均值达到了57.86，与其他程度相比具有很大的创新优势。目前来看，169家国家高新区有233家上市公司具有很强的核心技术竞争力，占比为14.36%。其中，有44家高新区的上市公司核心技术竞争力很强（核心技术竞争力强的比重超过14.36%）。尤其是珠海高新区的格力电器，核心专利储备达到了46 247件。

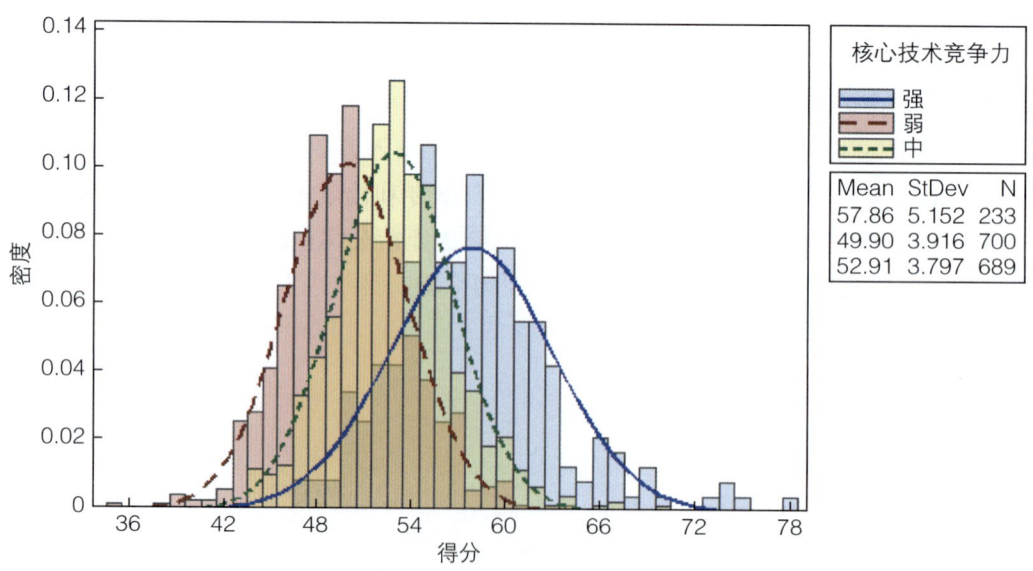

图 3-13 国家高新区上市公司的创新能力得分（从核心技术竞争力看）

① 强：核心专利储备数量≥300件；中：核心专利储备数量在60~299件；弱：核心专利储备数量≤59件。

根据国家高新区上市公司研发投入力度（研发费用）进行分类（图3-14），主要分为高、中、低3个程度[①]。研发投入力度高的国家高新区上市公司创新能力得分的分布图整体偏右，均值达到了55.49，与其他程度相比具有很大的创新优势。目前来看，169家国家高新区有651家上市公司非常重视研发投入，占比为40.14%。其中，有53家高新区的上市公司非常重视研发（研发投入力度高的比重超过40.14%）。尤其是中关村科技园区的中国中铁，研发投入达到了218.38亿元。

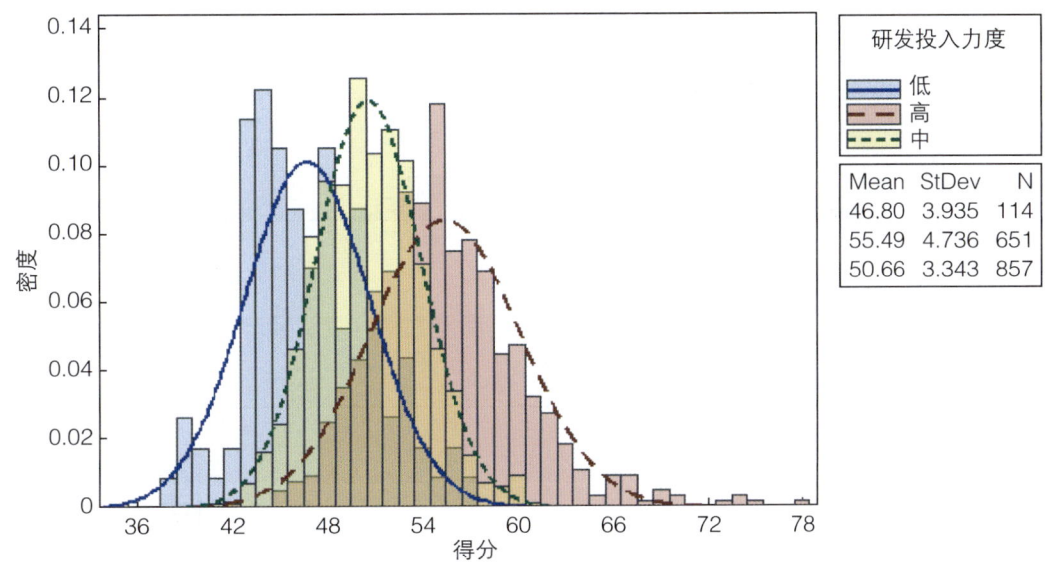

图3-14　国家高新区上市公司的创新能力得分（从研发投入力度看）

根据国家高新区上市公司经济实力（营业收入）进行分类（图3-15），主要分为强、中、弱3个程度[②]。经济实力强的国家高新区上市公司创新能力得分的分布图整体偏右，均值达到了55.09，与其他程度相比具有很大的创新优势。目前来看，169家国家高新区有526家经济实力强的上市公司，占比为32.43%。其中，有68家高新区的上市公司经济实力强大（经济实力强的比重超过32.43%）。尤其是中关村科技园区的中国中铁，营业收入达到了9714.05亿元。

根据国家高新区上市公司专利产出能力（当年新增专利数量）进行分类（图3-16），主要分为强、中、弱3个程度[③]。专利产出能力强的国家高新区上市公司创新能力得分的分布图整体偏右，均值达到了55.69，与其他程度相比具有很大的创新优势。目前来看，169家国家高新区有611家专利产出能力强的上市公司，占比为37.67%。其中，有67家高新区的上市公司专利产出能力强（专利产出能力强的比重超过37.67%）。尤其是中关村科技园区的京东方A，当年新增专利数量达到了14 412件。

---

① 强：研发费用≥1亿元；中：研发费用在1000万~9999万元；弱：研发费用≤999万元。
② 强：营业收入≥30亿元；中：营业收入在10亿~29亿元；弱：营业收入＜10亿元。
③ 强：核心专利储备数量≥300件；中：核心专利储备数量在60~299件；弱：核心专利储备数量≤59件。

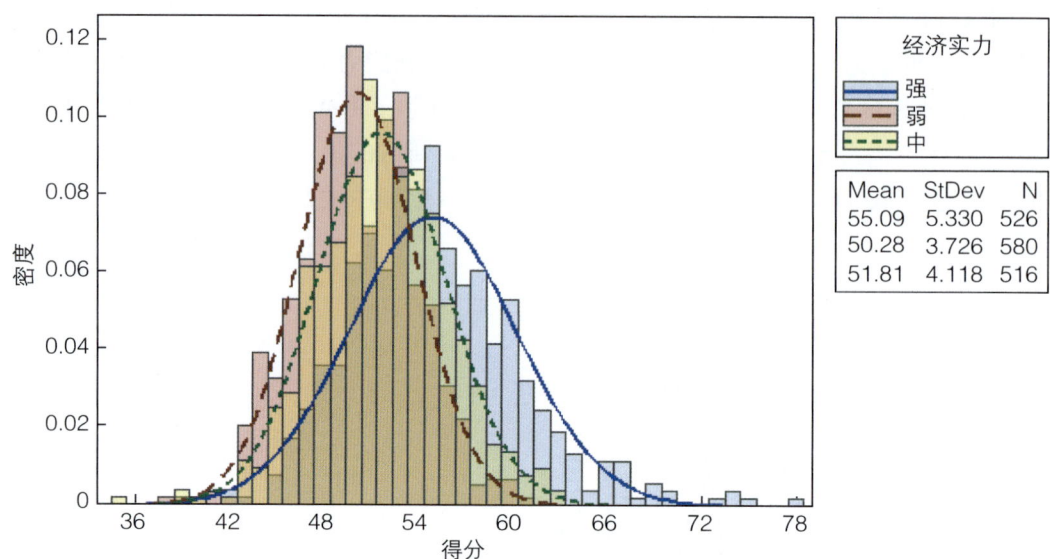

图 3-15　国家高新区上市公司的创新能力得分（从经济实力看）

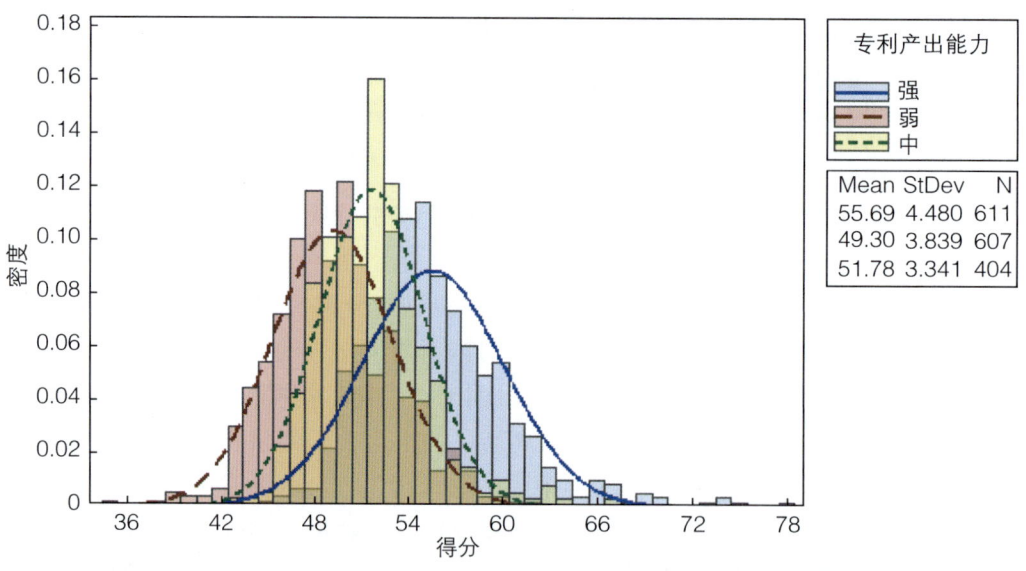

图 3-16　国家高新区上市公司的创新能力得分（从专利产出看）

根据国家高新区上市公司政府支持力度（企业获得的政府创新补助）进行分类（图 3-17），主要分为高、中、低 3 个程度①。政府支持力度高的国家高新区上市公司创新能力得分的分布图整体偏右，均值达到了 55.00，与其他程度相比具有很大的创新优势。目前来看，169 家国家高新区有 598 家政府支持力度高的上市公司，占比为 36.87%。其中，有 71 家高新区的上市公司政府支持力度高（政府支持力度高的比重超过 36.87%）。尤其是上海张江高新区的上汽集团，获得的政府创新补助达到了 30.79 亿元。

---

① 高：企业获得的政府创新补助 ≥ 2500 万元；中：企业获得的政府创新补助在 1000 万 ~ 2499 万元；低：企业获得的政府创新补助 ≤ 999 万元。

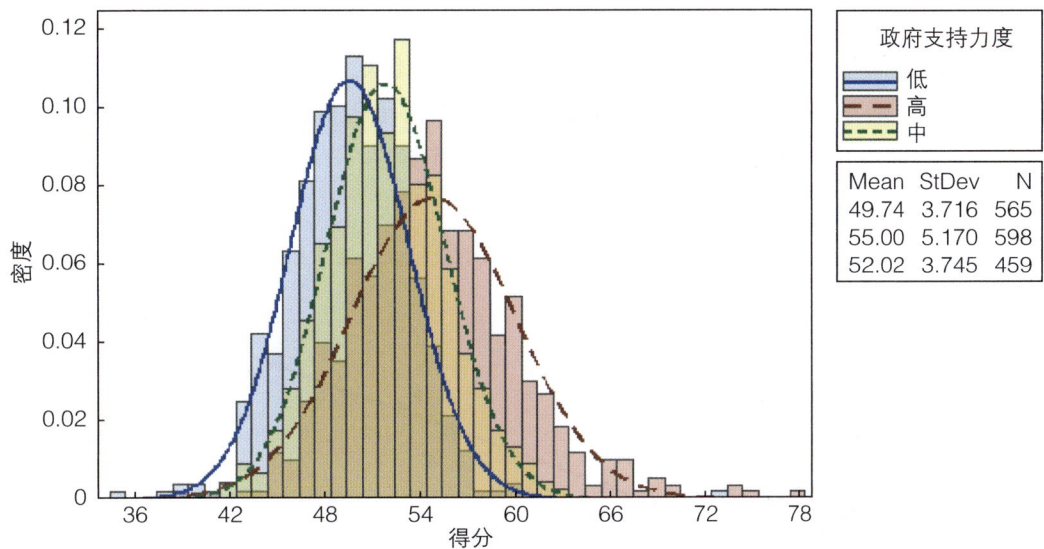

图 3-17　国家高新区上市公司的创新能力得分（从政府支持力度看）

下文主要针对各个指标与国家高新区上市公司创新能力得分的相关关系进行分析，得出以下结论。

1. 高学历人才比重与上市公司创新有着明显的正相关关系

从"硕士学历及以上人员占企业员工比重"指标与上市公司创新能力得分相关变化趋势来看（图 3-18），"硕士学历及以上人员占企业员工比重"指标与国家高新区上市公司创新能力得分具有明显的正相关关系。当硕士学历及以上人员占企业员工比重大于 45% 时，对上市公司创新能力得分的促进作用不是按比例增大，递增效应减弱。

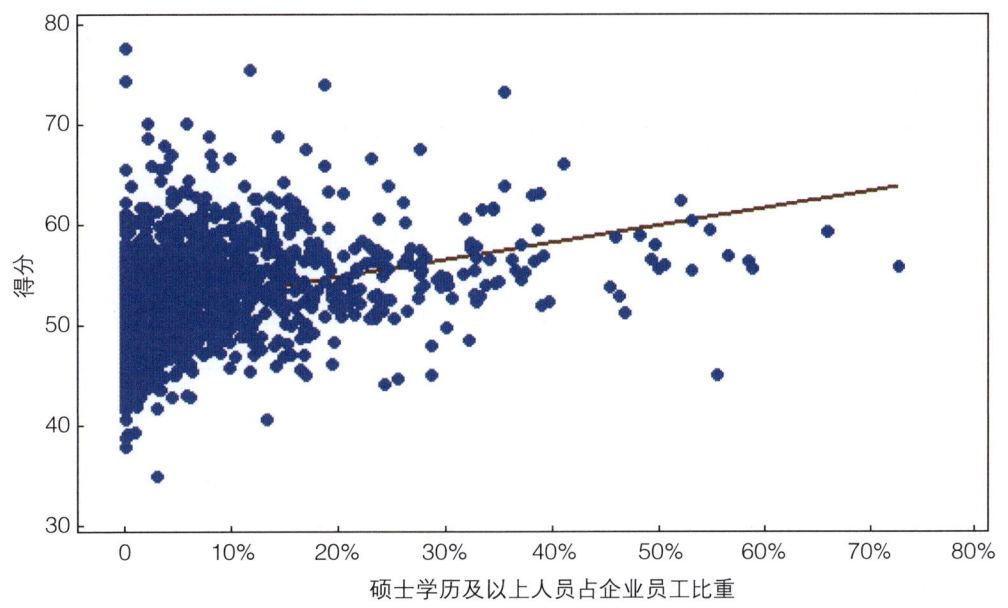

图 3-18　硕士学历及以上人员占企业员工比重与上市公司创新能力得分的关系

2. 研发人员的引入能够有效促进上市公司的创新

从"研发人员数量"指标与上市公司创新能力得分相关变化趋势来看（图3-19），"研发人员数量"指标与国家高新区上市公司创新能力得分具有很强的正相关关系。当研发人员数量小于5000人时，对上市公司创新能力得分的促进作用非常明显。

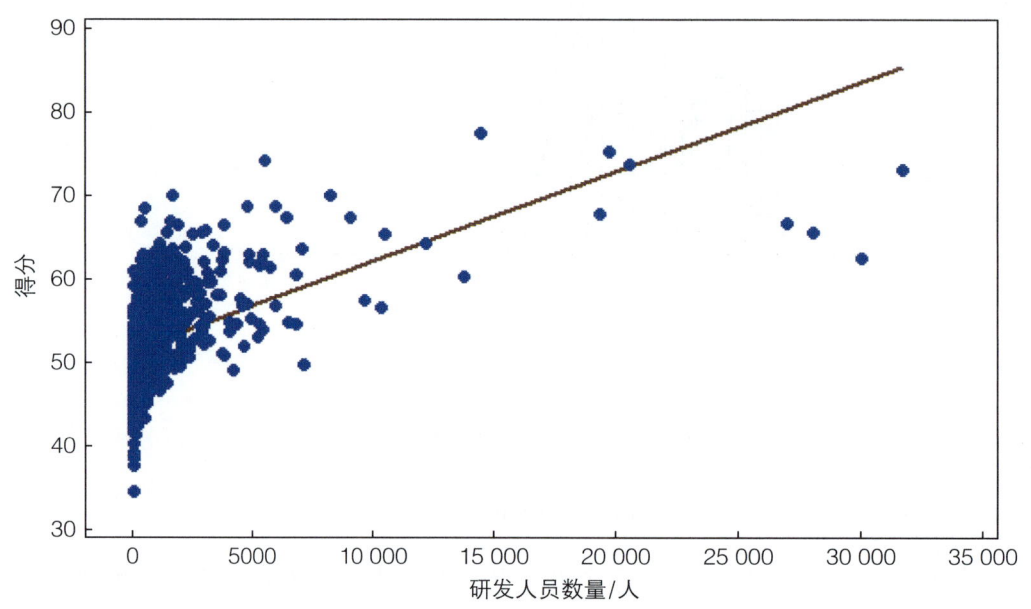

图3-19　研发人员数量与上市公司创新能力得分的关系

3. 研发经费的投入能够快速支撑上市公司创新

从"研发人员人均经费"指标与上市公司创新能力得分相关变化趋势来看（图3-20），"研发人员人均经费"指标与国家高新区上市公司创新能力得分有正相关关系。当研发人员人均经费大于200万元时，对上市公司创新能力得分的促进作用减弱。

4. 对于员工的激励可以明显提升人员的创新热情

从"员工薪酬激励"指标与上市公司创新能力得分相关变化趋势来看（图3-21），"员工薪酬激励"指标与国家高新区上市公司创新能力得分有很强的正相关关系。尤其是当员工薪酬激励水平小于10时，员工薪酬激励对上市公司创新能力得分的促进作用很强。

5. 新增专利可以直接反映上市公司的创新能力

从"当年新增专利数量"指标与上市公司创新能力得分相关变化趋势来看（图3-22），"当年新增专利数量"指标与国家高新区上市公司创新能力得分有较强的正相关关系。去除几家专利数量较多的上市公司，会发现当年新增专利数量对上市公司创新能力的得分有很大影响。

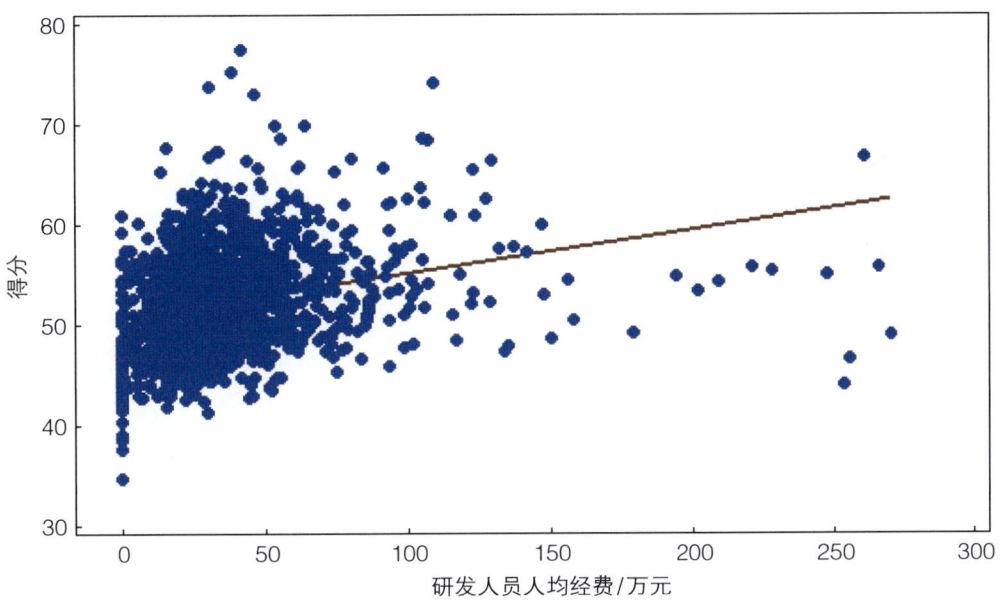

图 3-20　研发人员人均经费与上市公司创新能力得分的关系

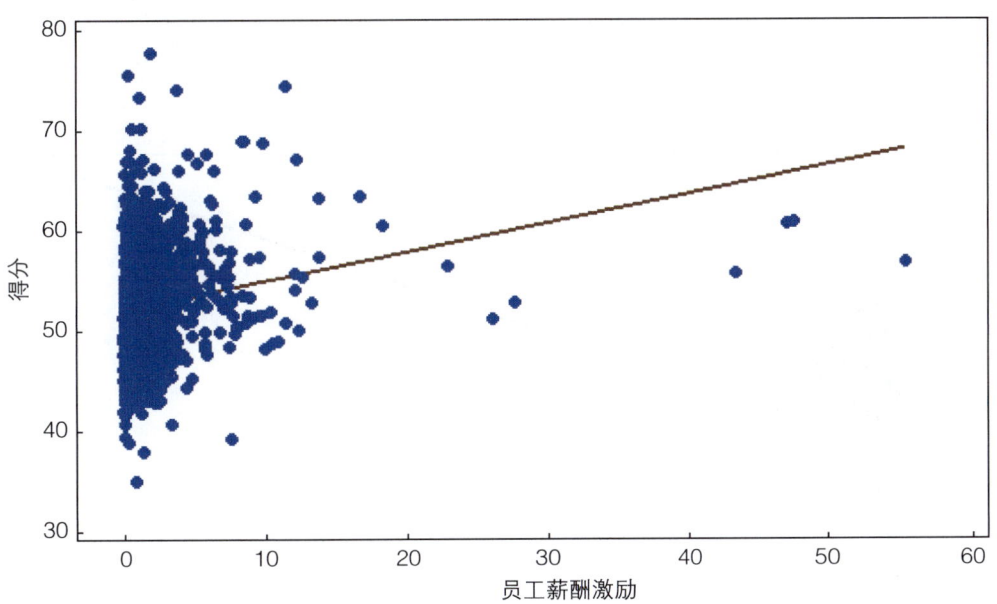

图 3-21　员工薪酬激励与上市公司创新能力得分的关系

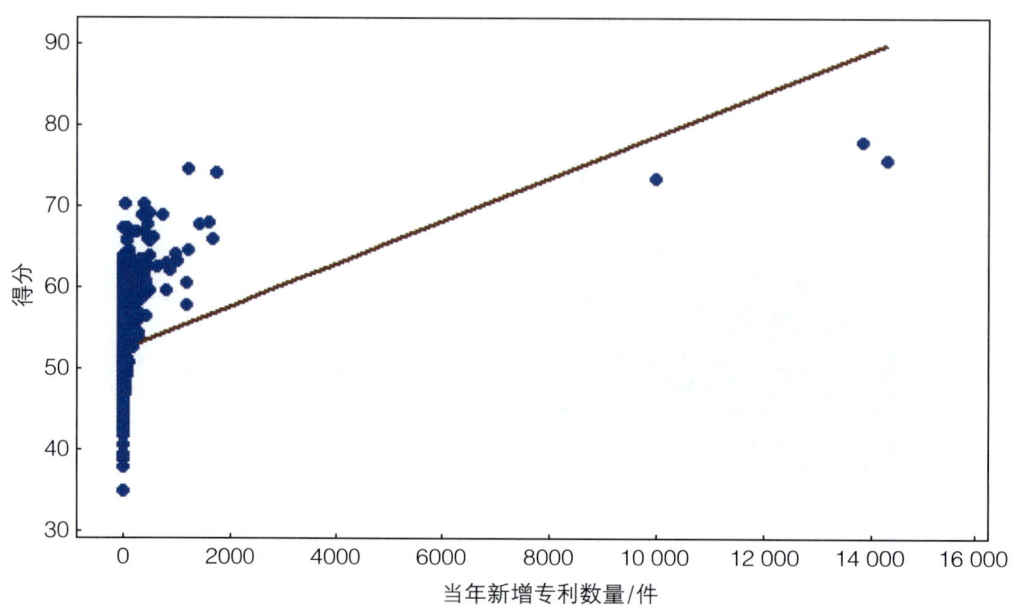

图 3-22　当年新增专利数量与上市公司创新能力得分的关系

6. 稳定的营业收入可以保障上市公司的再创新

从"营业收入"指标与上市公司创新能力得分相关变化趋势来看（图 3-23），"营业收入"指标与国家高新区上市公司创新能力得分具有正相关关系，对于上市公司创新有一定的支撑作用。

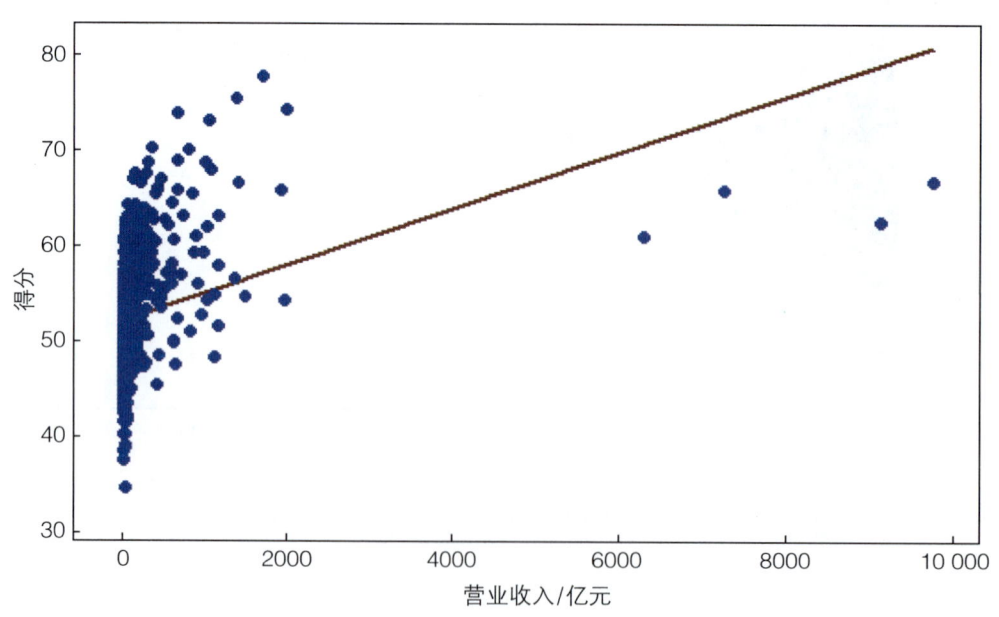

图 3-23　营业收入与上市公司创新能力得分的关系

7. 资本市场表现和上市公司的创新相辅相成

从"总市值均值"指标与上市公司创新能力得分相关变化趋势来看（图3-24），"总市值均值"指标与国家高新区上市公司创新能力得分具有正相关关系。说明资本市场在考虑经济体量的同时，也重视上市公司的创新；反之，资本市场也在一定程度上推动了上市公司的创新发展。

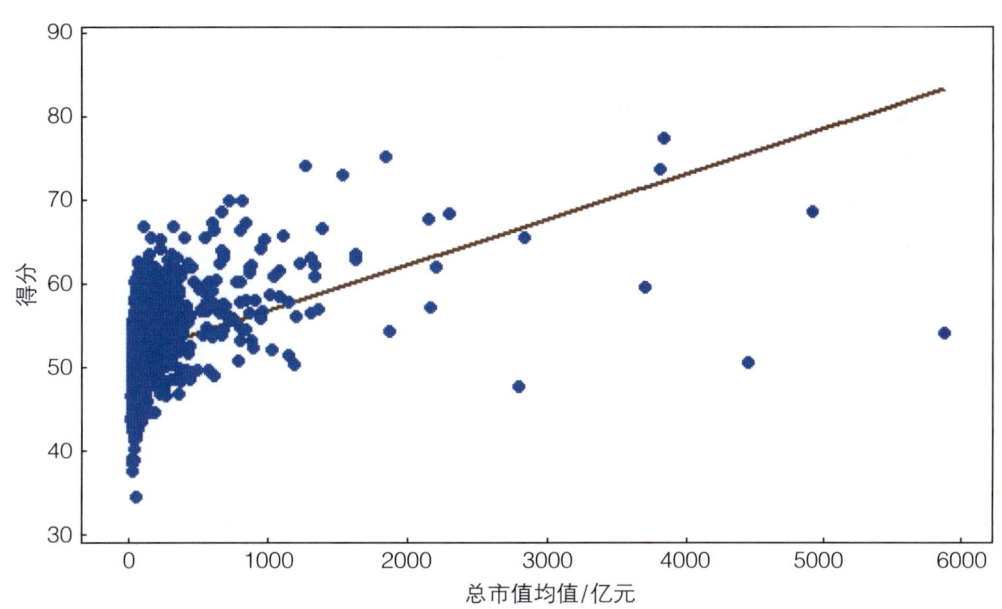

图 3-24 总市值均值与上市公司创新能力得分的关系

8. 专利技术的储备可以推动进一步创新

从"核心技术储备"指标与上市公司创新能力得分相关变化趋势来看（图3-25），"核心技术储备"指标与国家高新区上市公司创新能力得分具有明显的正相关关系。核心技术的储备可以进一步推动创新，加快新技术的发展与应用。

9. 稳定的营业收入可以保障上市公司的再创新

从"从业人员人均教育经费"指标与上市公司创新能力得分相关变化趋势来看（图3-26），"从业人员人均教育经费"指标与国家高新区上市公司创新能力得分具有正相关关系。对员工进行培训和教育可以在公司内部实现知识的扩散和流动，增加员工的知识储备，加速公司创新发展。

10. 开放创新及数字化转型可以引领上市公司变革

从"开放创新及数字转型重视度"指标与上市公司创新能力得分相关变化趋势来看（图3-27），"开放创新及数字转型重视度"指标与国家高新区上市公司创新能力得分具有正相关关系。上市公司的开放创新及数字化转型可以加速公司变革发展。

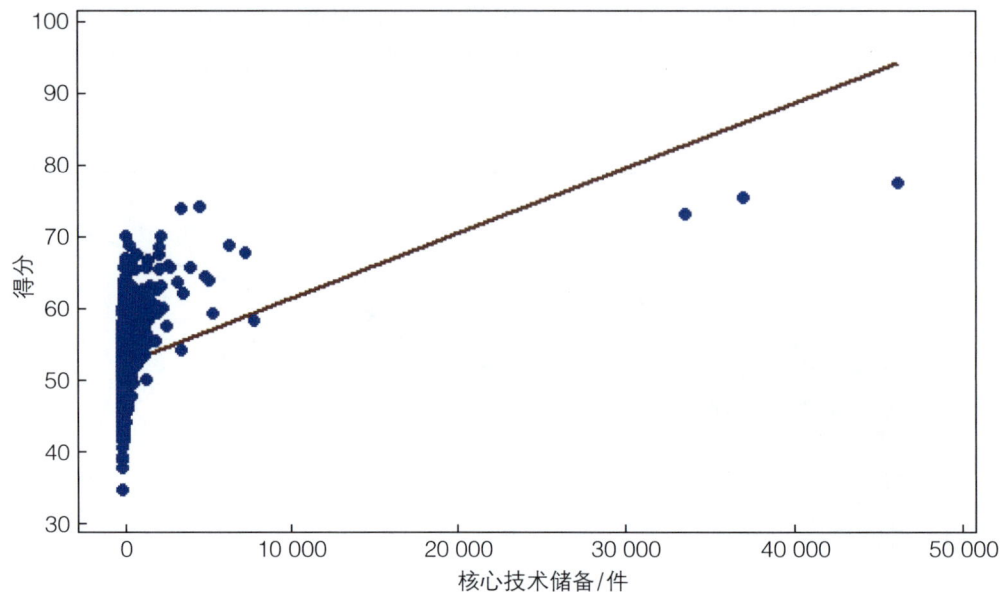

图 3-25　核心技术储备与上市公司创新能力得分的关系

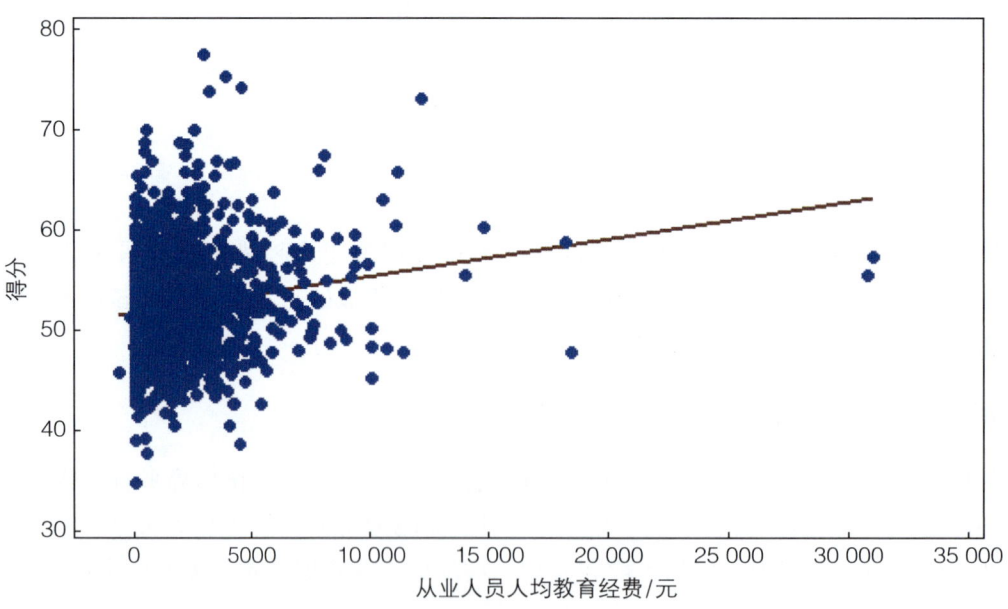

图 3-26　从业人员人均教育经费与上市公司创新能力得分的关系

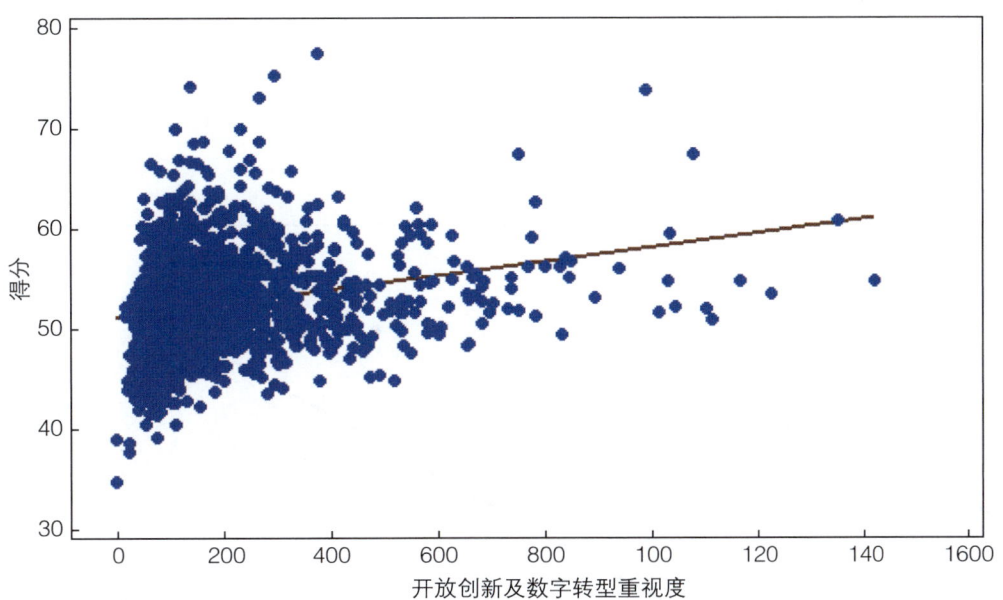

图 3-27　开放创新及数字转型重视度与上市公司创新能力得分的关系

二、指标间的相互作用

1. 研发人员可以创造更多的专利

从上市公司研发人员数量与核心技术储备相关变化趋势来看（图 3-28），研发人员数量的增多可以促进专利的产出，同时，核心技术的储备也会造就一批研发人才，进一步推动研发创新。

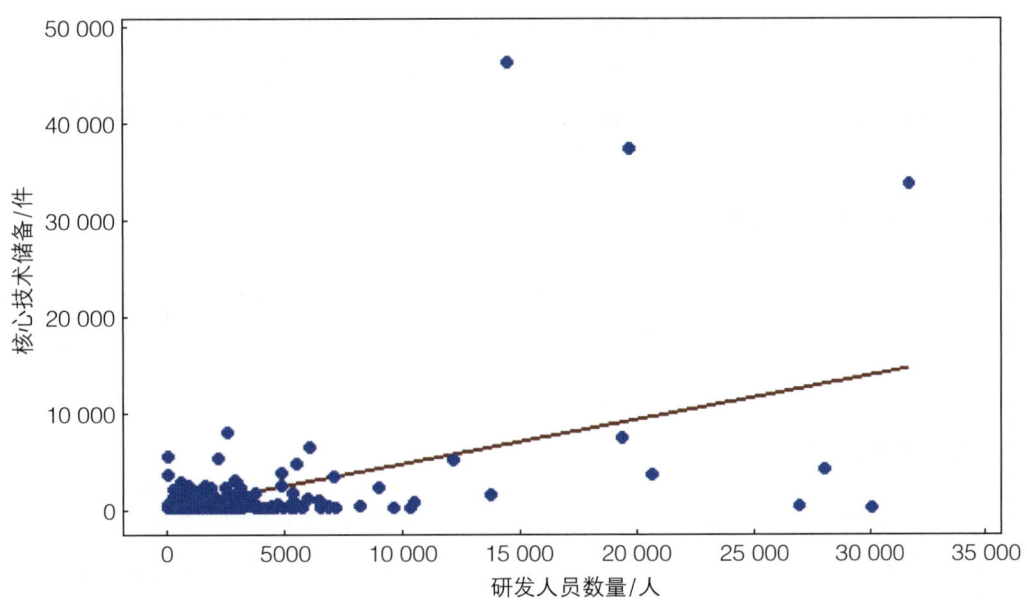

图 3-28　研发人员数量与核心技术储备的关系

2. 营业收入可以更好地促进研发

从上市公司营业收入与研发费用相关变化趋势来看（图3-29），营业收入决定了研发经费的支出，营业收入越高，才有可能为开展进一步研发提供资金。

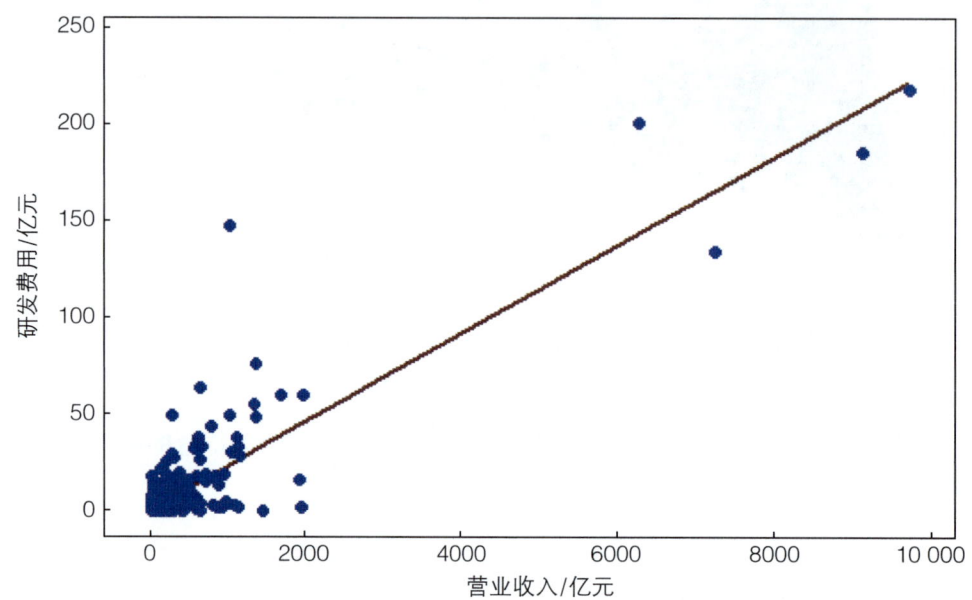

图3-29 营业收入与研发费用的关系

3. 政府的创新支持未必能真的促进创新

从上市公司获得的政府创新补助与当年新增专利数量相关变化趋势来看（图3-30），新增专利数量与企业获得的政府创新补助存在负相关关系。当企业获得的政府创新补助小于5.8亿元时，随着企业获得的政府创新补助的增加，新增专利数量却有所递减；当企业获得的政府创新补助大于5.8亿元时，新增专利数量也没有明显增长。

4. 高学历人才比重越高不代表专利产出越多

从上市公司硕士学历及以上人员占企业员工比重与当年新增专利数量相关变化趋势来看（图3-31），当年新增专利数量与上市公司硕士学历及以上人员占企业员工比重存在负相关关系。硕士学历及以上人员占企业员工比重越高，对于新增专利的产出贡献越不明显。

5. 营业收入可以为再创新提供资本支撑

从上市公司营业收入与当年新增专利数量相关变化趋势来看（图3-32），当营业收入达到1000亿~1800亿元时，专利产出会出现质的增加；但当营业收入大于6000亿元时，如果公司不积极变革、加快创新，专利可能不会有明显的增加。但也有不少致力于研发创新的小型公司。

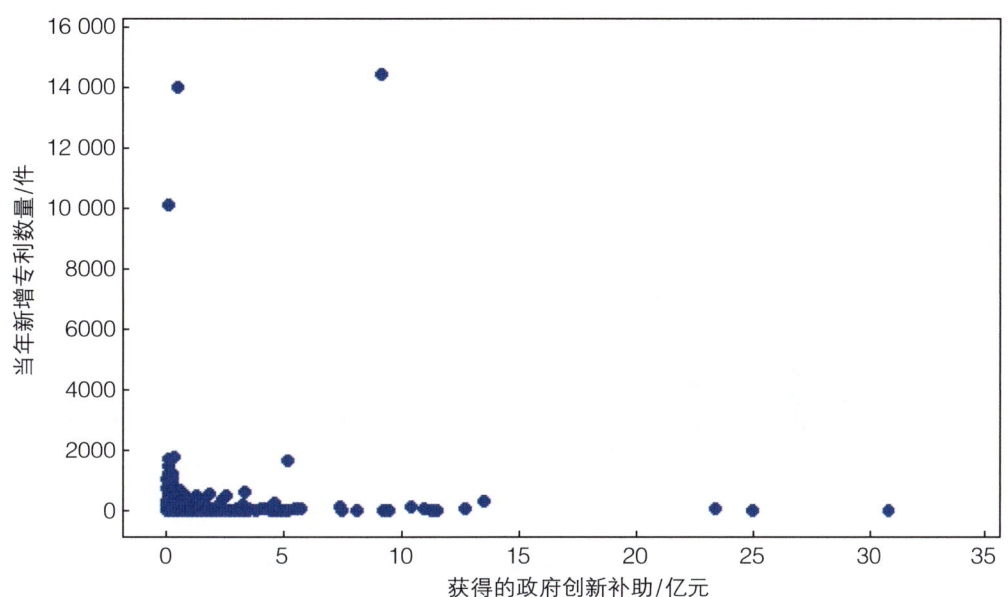

图 3-30　企业获得的政府创新补助与当年新增专利数量的关系

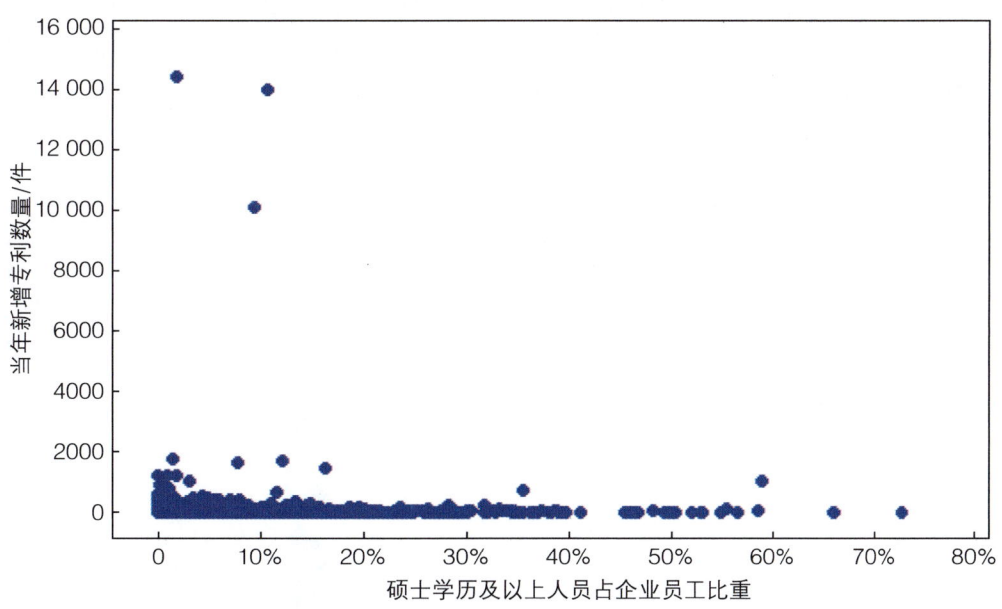

图 3-31　硕士学历及以上人员占企业员工比重与当年新增专利数量的关系

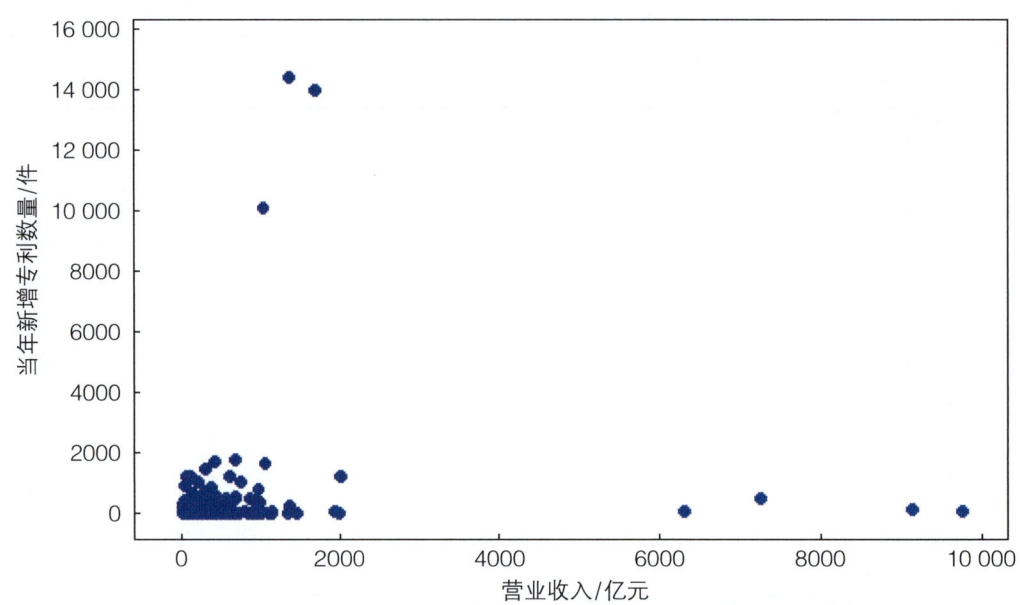

图 3-32　营业收入与当年新增专利数量的关系

6. 适当的净资产收益率可以保证更好的创新

从上市公司净资产收益率与总市值均值相关变化趋势来看（图 3-33），净资产收益率保持在 −25%~40%，可以获得较高的市值；净资产收益率偏高或偏低，对于股票价值的判断会有一定影响。总市值均值排前 2 位的上市公司金龙鱼和恒瑞医药，其净资产收益率分别为 6.86% 和 20.56%。

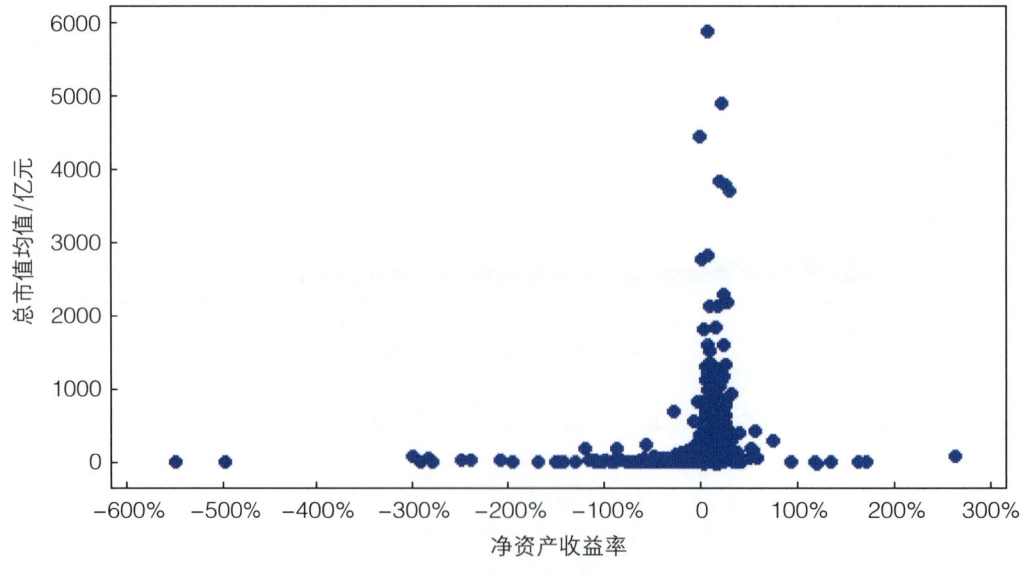

图 3-33　净资产收益率与总市值均值的关系

第三节 创新企业分类

依据各指标在创新能力得分中的权重，结合以上分析，选取研发人员数量、核心技术储备、研发费用、营业收入、当年新增专利数量、企业获得的政府创新补助共6个指标，运用K-Means聚类方法对国家高新区上市公司进行分类。主要分为三大类（表3-2）：第一类属于研发阶段公司，非常重视研发再创新，研发强度较大，如神州细胞-U、中芯国际；第二类属于创新阶段公司，重视创新管理，研发强度大，专利产出多，如中兴通讯、格力电器；第三类属于成熟阶段公司，成立较早，创新动力不足，人均拥有专利多，研发强度较低，如西安银行、华联股份。

表3-2 国家高新区上市公司分类

变量	第一类	第二类	第三类	中心
研发人员—核心技术储备	4.6366	8.3448	10.2998	7.6032
研发费用—营业收入	7.9167	8.5423	-2.7084	8.1244
新增专利—创新补助	2.3728	7.0829	3.2491	5.9812

其中，国家高新区第二类上市公司最多，共有1235家，占比达到了76.14%，代表性公司有潍柴动力、中兴通讯；第三类上市公司最少，仅有41家，代表性公司有深天地A、乐山电力等；第一类上市公司有346家，代表性公司有神州细胞-U、前沿生物-U等。从得分分布来看（图3-34），第二类上市公司创新能力得分普遍较高，整体均值为53.14，表现最好，主要是通过创新驱动公司发展；第一类上市公司表现良好，均值为50.16，整体相对集中，目前更加重视产品研发；第三类上市公司创新能力较弱，整体均值为45.97，相对比较分散，缺乏强烈的创新动力。整体来看，国家高新区上市公司创新表现较好，大部分公司是通过创新驱动经济高质量发展，创新氛围浓厚。

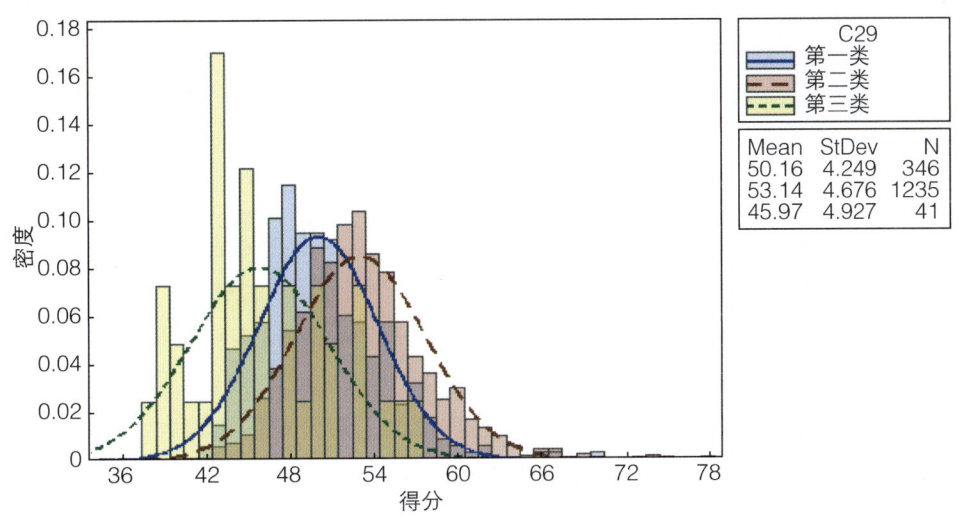

图3-34 2021年国家高新区上市公司创新能力得分

由上市公司分类得知，国家高新区1622家上市公司中，第一类上市公司占比为21.33%，第二类占比为76.14%，第三类占比为2.53%[①]。对比不同类型上市公司在深交所和上交所主板的分布情况（图3-35、表3-3），第一类上市公司中，在深交所主板上市的公司比重高于上交所主板（深交所27.64%，上交所21.58%）；第二类上市公司中，在上交所主板上市的公司比重高于深交所主板（深交所68.90%，上交所74.46%）；第三类上市公司中，在上交所主板上市的公司比重高于深交所主板（深交所3.46%，上交所3.96%）。综合来看，深交所主板处于研发阶段的上市公司占比较大，上交所主板处于创新阶段和成熟阶段的上市公司占比较大。由以上分析可以发现，深交所主板上市的公司更加重视研发，上交所主板上市的公司更加善于创新管理。

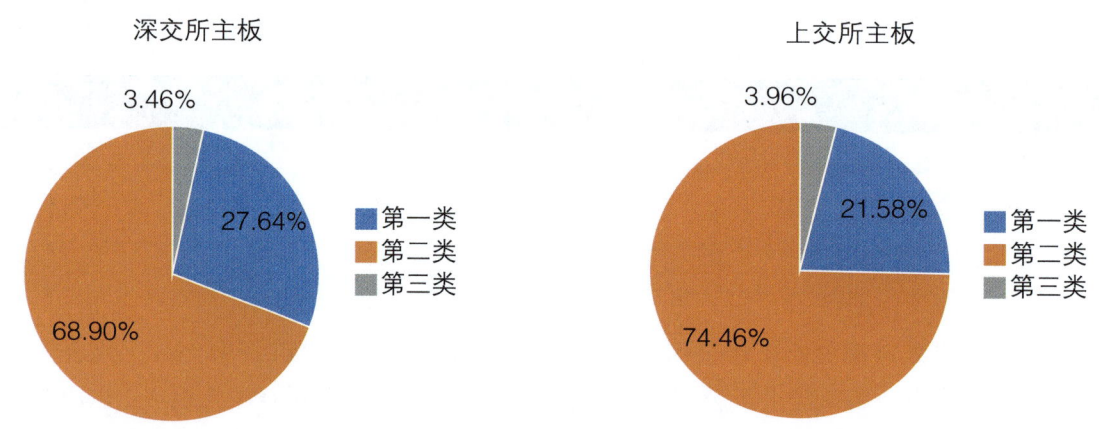

图 3-35　2021年国家高新区上市公司在深交所和上交所主板的分布情况

表 3-3　国家高新区不同类型上市公司板块分类

证券板块	第一类	第二类	第三类
深交所主板	136	339	17
上交所主板	109	376	20
科创板	12	145	0
创业板	89	375	4

对比不同类型上市公司在科创板和创业板的分布情况（图3-36、表3-3），第一类上市公司中，在创业板上市的公司比重高于科创板（科创板7.64%，创业板19.02%）；第二类上市公司中，在科创板上市的公司比重高于创业板（科创板92.36%，创业板80.13%）；第三类上市公司中，在创业板上市的公司比重高于科创板（科创板为0，创业板0.85%）。综合来看，科创板处于创新阶段的上市公司占比较大，创业板处于研发阶段和成熟阶段的上市公司占比较大。由以上分析可以发现，科创板上市公司创新能力更强，发展方向更符合创新前沿。

[①] 数据来源：中国高新区研究中心整理，2021年8月。

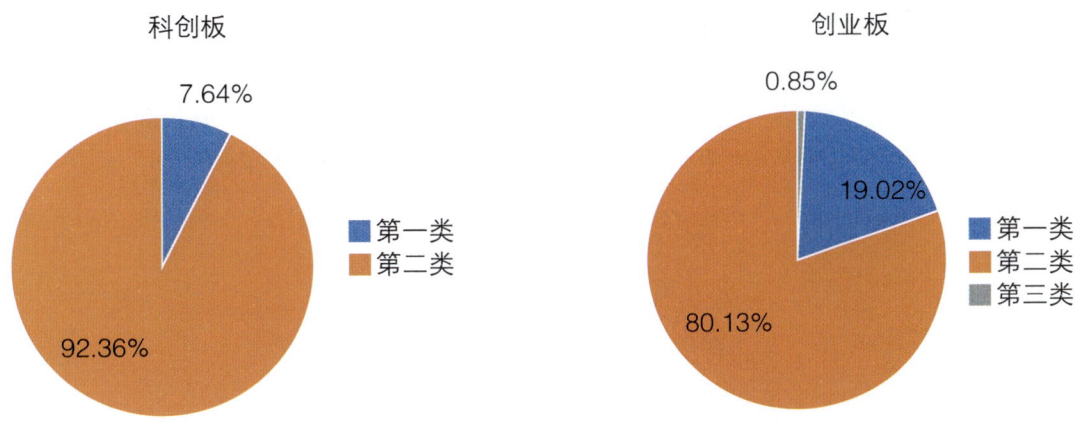

图 3-36　2021 年国家高新区上市公司在科创板和创业板的分布情况

从不同组织形式来看（图 3-37），中央国有企业中，第一类上市公司占比为 28.32%，第二类占比为 68.79%，第三类占比为 2.89%，第一类和第三类比重比整体较高，第二类比重比整体较低，说明中央国有企业中处于创新阶段的上市公司数量略少，创新能力较弱；地方国有企业中，第一类上市公司占比为 30.05%，第二类占比为 61.97%，第三类占比为 7.98%，第一类和第三类比重比整体较高，第二类比重比整体较低，说明地方国有企业中处于研发和成熟阶段的上市公司数量较多，创新管理能力较弱；民营企业中，第一类上市公司占比为 18.47%，第二类占比为 80.30%，第三类占比为 1.23%，第二类比重比整体较高，第一类和第三类比重比整体较低，说明民营企业中处于创新阶段的上市公司数量较多，具有强烈的创新动力；外资企业中，第一类上市公司占比为 19.40%，第二类占比为 80.60%，第二类比重比整体较高，第一类比重比整体较低，没有第三类上市公司，说明外资企业中处于创新阶段的上市公司数量较多，与内资企业相比，创新动力更强。

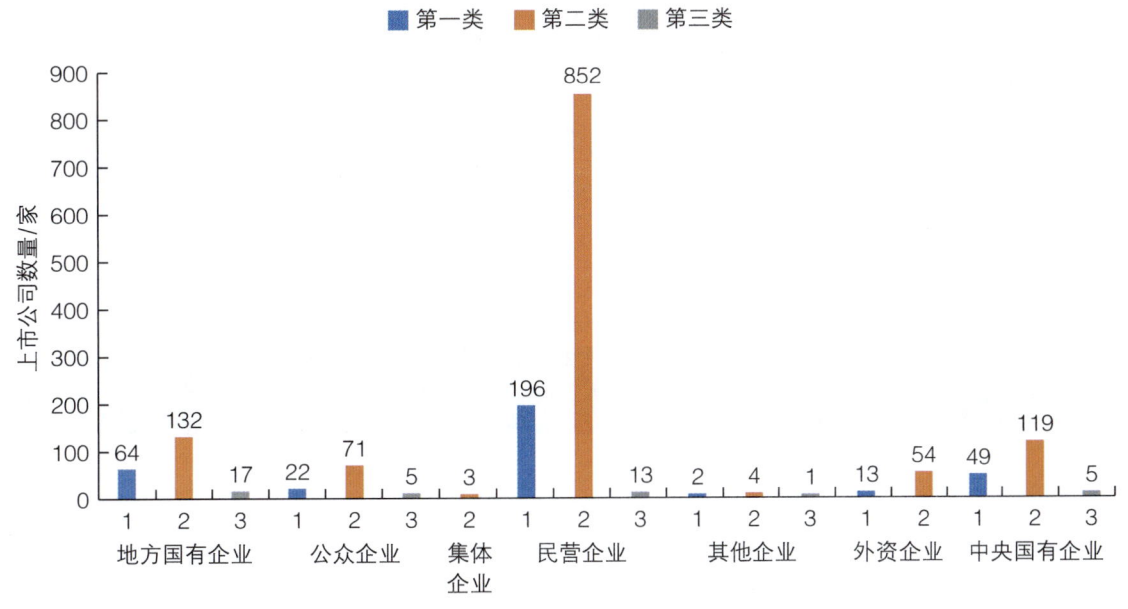

图 3-37　2021 年国家高新区不同组织形式上市公司类型分布

下面根据发展年限对国家高新区上市公司进行分析（图3-38）。第一类上市公司中，成长型上市公司数量较多，老牌和新兴次之，总体差异较小；第二类上市公司中，新兴上市公司数量最多，成长和老牌数量相对较少；第三类上市公司中，老牌上市公司数量较多，成长和新兴数量一样。分析发现，新兴上市公司创新能力更强，部分老牌上市公司创新动力不足。

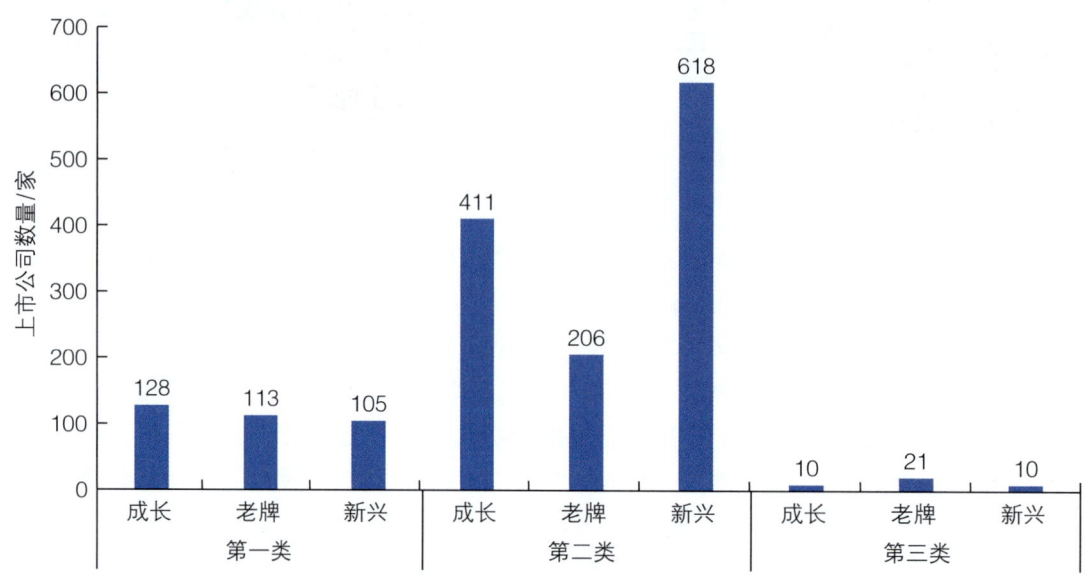

图3-38　2021年国家高新区不同发展阶段上市公司类型分布

下面对各国家高新区内的上市公司数量进行分类分析（表3-4）。中关村科技园区第一类上市公司有86家，第二类有199家，第三类有6家，在3类上市公司中数量均处于领先，尤其是第一类和第二类上市公司，遥遥领先于其他高新区，表明中关村科技园区上市公司具有较强的创新能力和创新活跃度；上海张江高新区第一类上市公司有35家，第二类有112家，第三类有5家；深圳高新区第一类上市公司有33家，第二类有112家，第三类有2家。中关村科技园区和上海张江高新区第一类上市公司比重相对较大，高于21.33%；深圳高新区第一类和第二类上市公司比重相对较大，分别高于21.33%、76.14%，第三类上市公司比重相对较小，说明深圳高新区上市公司主要处于研发和创新阶段。杭州高新区没有第三类上市公司，说明杭州高新区没有处于成熟阶段的上市公司，整体创新活力较强。

表3-4　不同类型上市公司在国家高新区内的分布情况

高新区	分类	上市公司数量/家	高新区	分类	上市公司数量/家	高新区	分类	上市公司数量/家
中关村科技园区	1	86	南宁高新区	1	2	景德镇高新区	1	1
	2	199		2	5		2	2
	3	6		3	2	德州高新区	2	3

第三章 国家高新区上市公司企业创新能力分析

续表

高新区	分类	上市公司数量/家	高新区	分类	上市公司数量/家	高新区	分类	上市公司数量/家
上海张江高新区	1	35	常州高新区	1	1	昌吉高新区	1	2
	2	112		2	8		2	1
	3	5	长春高新区	1	4	白银高新区	1	2
深圳高新区	1	33		2	4		2	1
	2	112	威海火炬高新区	2	8	安顺高新区	1	1
	3	2	石家庄高新区	1	1		2	2
南京高新区	1	9		2	7	镇江高新区	2	2
	2	48	昆明高新区	1	2	肇庆高新区	2	2
	3	1		2	6	湛江高新区	2	2
广州高新区	1	7	温州高新区	2	7	烟台高新区	1	1
	2	49	湖州莫干山高新区	1	2		2	1
	3	1		2	6	徐州高新区	2	2
宁波高新区	1	5	兰州高新区	1	2	新余高新区	2	2
	2	41		2	5	孝感高新区	1	1
武汉东湖高新区	1	9	昆山高新区	1	1		2	1
	2	28		2	6	湘潭高新区	1	1
	3	5	江门高新区	1	2		2	2
杭州高新区	1	6		2	5	咸阳高新区	2	2
	2	33	嘉兴秀洲高新区	2	7	铜陵狮子山高新区	2	1
长沙高新区	1	6	哈尔滨高新区	1	3			
	2	29		2	4	通化医药高新区	1	1
	3	1	株洲高新区	1	1		2	1
苏州工业园	1	3		2	5	泉州高新区	1	1
	2	24	宜昌高新区	1	3		2	1
	3	2		2	3	清远高新区	2	2

高新区	分类	上市公司数量/家	高新区	分类	上市公司数量/家	高新区	分类	上市公司数量/家
成都高新区	1	5	扬州高新区	2	6	平顶山高新区	1	1
	2	22	襄阳高新区	1	2		2	1
	3	2		2	4	绵阳高新区	1	1
合肥高新区	1	2	乌鲁木齐高新区	1	1		2	1
	2	23		2	3	马鞍山慈湖高新区	2	2
	3	1		3	2	龙岩高新区	2	2
西安高新区	1	4	沈阳高新区	1	1	辽阳高新区	2	2
	2	17		2	5	吉林高新区	1	1
	3	2	益阳高新区	2	5		2	1
佛山高新区	1	4	太原高新区	1	2	郴州高新区	1	1
	2	19		2	2		2	1
天津滨海高新区	1	6		3	1	北海高新区	1	2
	2	14	南通高新区	1	1	安阳高新区	2	2
	3	1		2	4	长治高新区	2	1
珠海高新区	1	3	惠州仲恺高新区	1	2	玉溪高新区	1	1
	2	16		2	3	营口高新区	2	1
	3	1	桂林高新区	1	2	鹰潭高新区	2	1
无锡高新区	1	2		2	3	银川高新区	3	1
	2	17	大连高新区	1	3	宜春丰城高新区	2	1
苏州高新区	1	1		2	2	杨凌高新区	2	1
	2	16	保定高新区	1	1	燕郊高新区	2	1
厦门火炬高新区	1	3		2	4	新乡高新区	2	1
	2	14	包头稀土高新区	1	1	咸宁高新区	1	1
福州高新区	1	4		2	4	唐山高新区	2	1
	2	13	鞍山高新区	1	1	泰州高新区	2	1
淄博高新区	1	3		2	4	泰安高新区	1	1
	2	13	潍坊高新区	2	4	随州高新区	2	1
济南高新区	1	3	宿迁高新区	1	1	三明高新区	2	1
	2	11		2	3	荣昌高新区	2	1

续表

高新区	分类	上市公司数量/家	高新区	分类	上市公司数量/家	高新区	分类	上市公司数量/家
贵阳高新区	1	4	衢州高新区	1	3	青海高新区	1	1
	2	10		2	1	潜江高新区	2	1
青岛高新区	1	1	连云港高新区	2	4	宁夏石嘴山高新区	2	1
	2	12	乐山高新区	1	2	南阳高新区	1	2
重庆高新区	1	2		2	1	茂名高新区	1	1
	2	10		3	1	泸州高新区	2	1
中山高新区	1	3	荆门高新区	2	3	莱芜高新区	2	1
	2	9		3	1	锦州高新区	2	1
郑州高新区	1	1	济宁高新区	1	1	黄石大冶湖高新区	1	1
	2	11		2	3	黄冈高新区	1	1
江阴高新区	1	3	海口高新区	1	1	淮南高新区	3	1
	2	9		2	3	呼和浩特金山高新区	2	1
武进高新区	1	1	东莞松山湖高新区	2	4	衡阳高新区	1	1
	2	9	常熟高新区	2	4	阜新高新区	2	1
	3	1	宝鸡高新区	1	1	抚州高新区	2	1
洛阳高新区	1	1		2	3	鄂尔多斯高新区	2	1
	2	10	蚌埠高新区	1	1	大庆高新区	2	1
萧山临江高新区	1	4		2	3	承德高新区	2	1
	2	6	自贡高新区	2	3	璧山高新区	2	1
绍兴高新区	1	3	长春净月高新区	1	1			
	2	7		2	1			
南昌高新区	1	2		3	1			
	2	8	漳州高新区	2	3			
芜湖高新区	2	9	上海紫竹高新区	2	3			
汕头高新区	1	2	柳州高新区	1	1			
	2	7		2	2			

第四章

国家高新区上市公司产业创新能力分析

中国国民经济行业门类众多，共有 20 个大类、97 个中类，各行业创新发展程度不一。国家高新区因区位不同、基础不一，战略定位各有侧重，产业布局和发展规划也各不相同、各具特色。故而本章首先从行业角度对国家高新区上市公司创新能力进行分析；其次根据国家高新区的产业定位和企业数量，选择十大重点产业，从产业发展现状、产业 20 强、企业分析方面对国家高新区上市公司不同产业进行产业创新能力分析。

第一节 行业整体概况及创新评估

一、各大行业整体分布情况

根据证监会《上市公司行业分类指引》（2012 年修订），2020 年国家高新区上市公司（共 1621 家）分为十六大行业，各大行业上市公司分布情况如下。

1. 数量分布

从国家高新区不同行业上市公司数量来看，分布极不均衡，大部分上市公司属于制造业（图 4-1）。国家高新区上市公司总数超过 100 家的有两大行业，分别为制造业和信息传输、软件和信息技术服务业，占国家高新区上市公司总量的 83.90%。国家高新区各大行业上市公司数量主要集中于 10~30 家，数量低于 10 家的行业较少。

2020 年，国家高新区制造业上市公司数量一枝独秀，共 1126 家，占国家高新区上市公司总数的 69.46%；信息传输、软件和信息技术服务业位居第二，共 234 家，占国家高新区上市公司总数的 14.44%；建筑业、科学研究和技术服务业排名第三和第四，分别有 37 家、36 家；国家高新区其他行业上市公司数量相对较少。

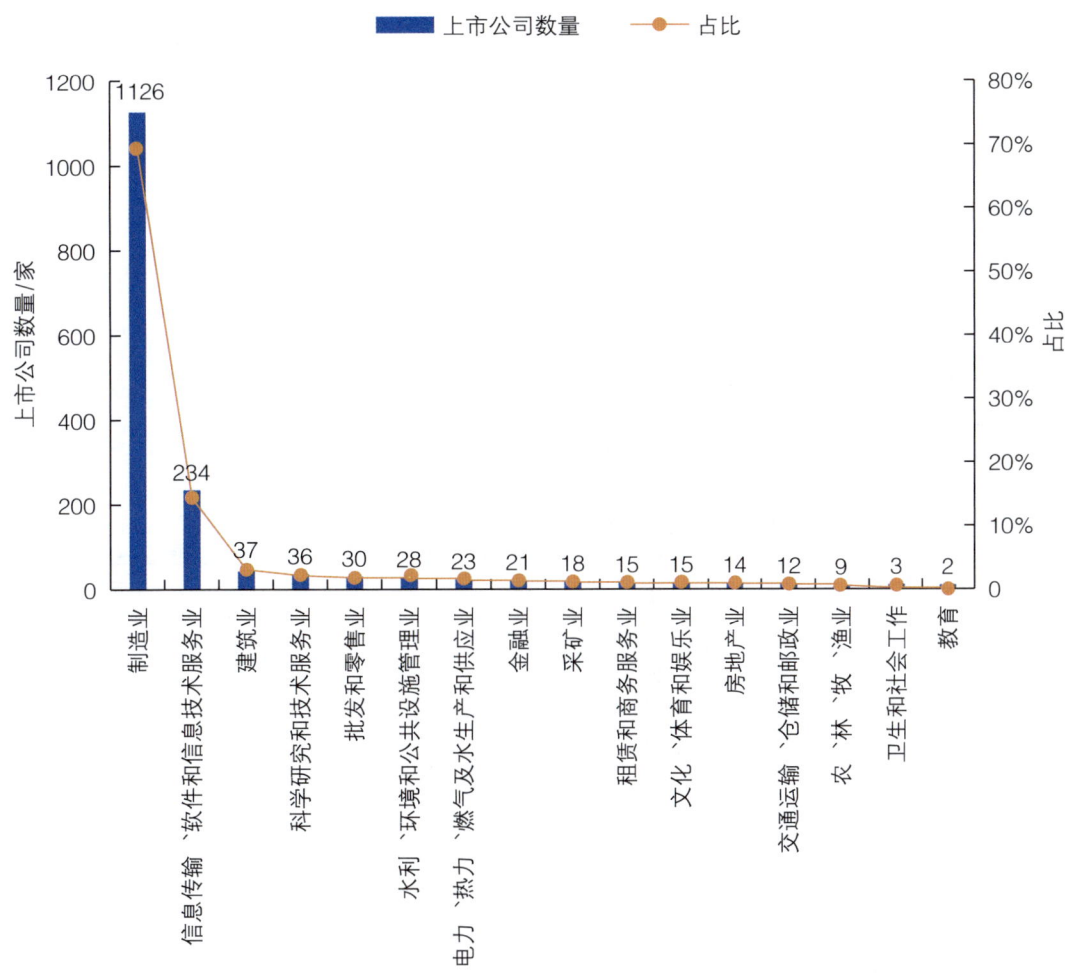

图 4-1　2020 年国家高新区十六大行业上市公司数量分布

从国家高新区各行业上市公司总市值箱线图①可以看出，国家高新区各行业上市公司总市值存在很大差异（图 4-2）。其中，卫生和社会工作行业箱线图的箱子相对较宽，表明卫生和社会工作行业上市公司总市值相对分散，说明卫生和社会工作行业不同上市公司持续融资的能力差异较大；金融业箱线图的箱子也较宽，说明金融业上市公司持续融资的能力差异也相对较大；制造业总市值相对比较集中，整个行业持续融资的能力差异相对较小，但是存在大量异常点，说明制造业存在不少总市值较大的龙头企业，持续融资能力相较于一般上市公司较强；信息传输、软件和信息技术服务业也存在较多异常点，说明该行业也有一些融资能力相对较强的上市公司；其他行业上市公司的总市值较小且相对集中，说明融资能力差异相对较小。

---

① 箱线图（Box-plot）又称盒须图、盒式图或箱形图，是一种用来显示一组数据分散情况的统计图，因形状如箱子而得名。箱线图是利用数据中的 5 个统计量：最小值、第一四分位数、中位数、第三四分位数及最大值来描述数据的一种方法，它可以粗略地看出数据是否具有对称性、分布的分散程度等信息，特别可以用于对几个样本的比较。箱中粗线是中位数，箱子的高度是四分位差的距离，圆圈是异常值。

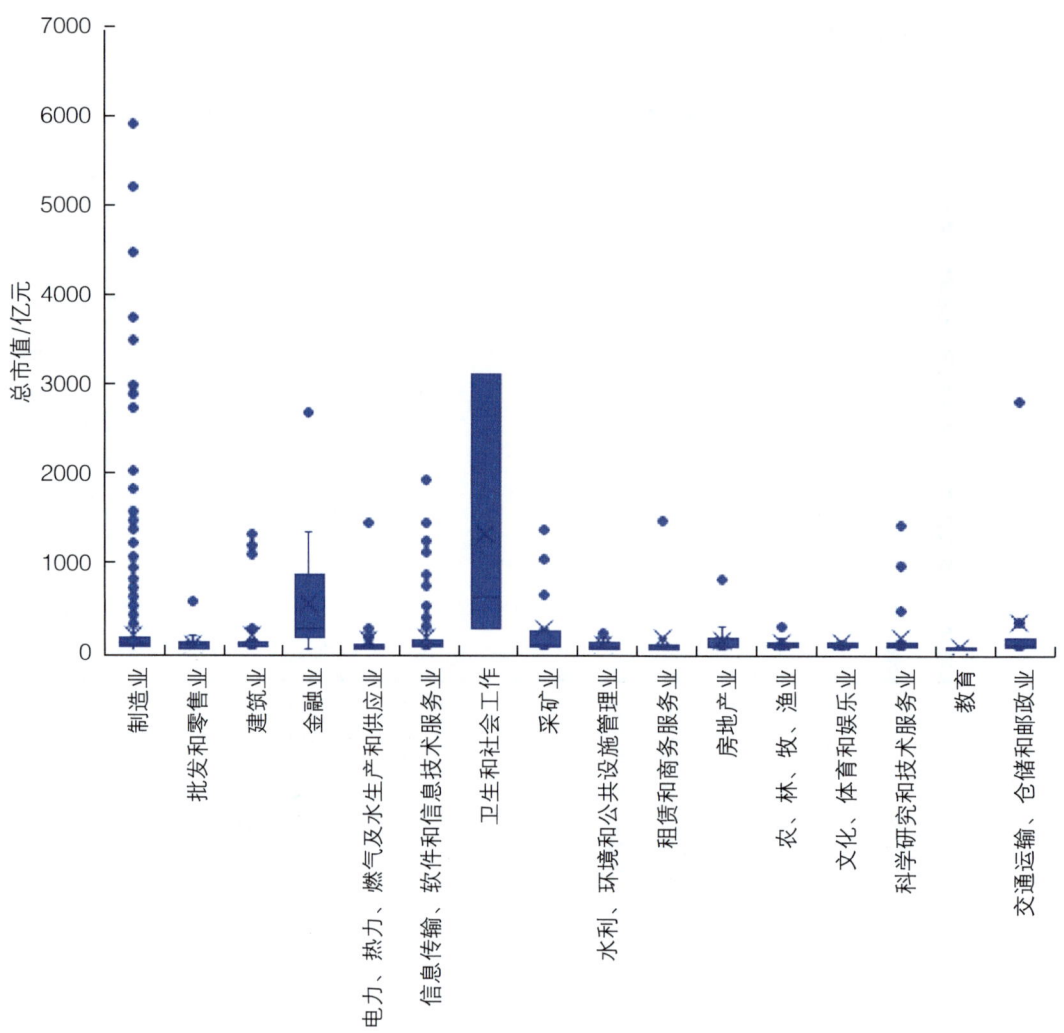

图 4-2 2020 年国家高新区十六大行业上市公司总市值箱线图

营业收入是企业取得利润的重要保障，营业收入的实现关系到企业再生产活动的正常进行。从国家高新区各行业上市公司营业收入箱线图可以看出（图 4-3），采矿业和建筑业箱线图的箱子相对较宽，上市公司营业收入相对分散，说明国家高新区采矿业和建筑业上市公司再生产能力差异较大，制造业有一家上市公司一枝独秀；其他行业上市公司营业收入相对集中。

2. 省份分布

国家高新区制造业上市公司在全国范围内覆盖面很广，共涉及 30 个省（区、市）的国家高新区，且呈现东多西少的格局（图 4-4）。从区域分布来看，国家高新区制造业上市公司高度集聚在珠三角、长三角及京津冀地区。从省（区、市）来看，广东、江苏、北京是国家高新区制造业上市公司分布最为集聚的地区；浙江、上海和山东也是制造业上市公司重要产业区域；湖北、湖南等省份国家高新区也是制造业上市公司比重较高的区域，形成了两湖地区上市公司密集分布地区。其中，广东省国家高新区制造业上市公司数量最多，共有 229 家，比去年增加 34 家，主要得益于广东雄厚的工业基础。改革开放以来，江苏经济同全国一样，较好地实现了从计划经济向市场经济的深

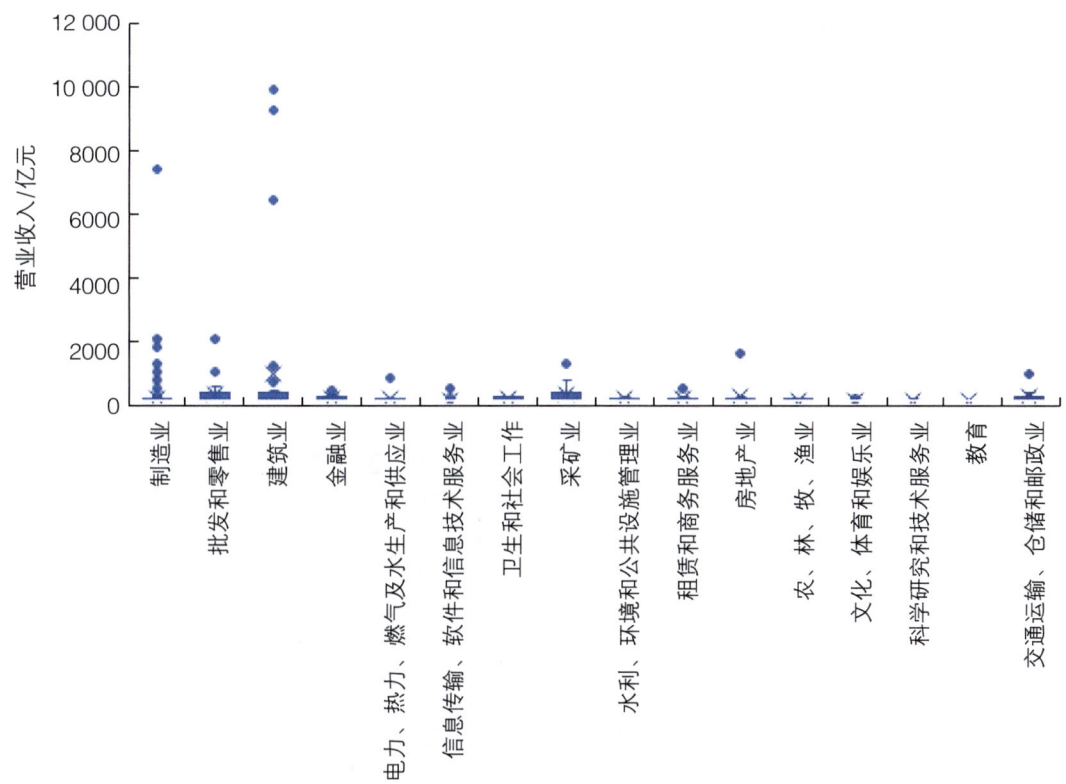

图 4-3 2020 年国家高新区十六大行业上市公司营业收入箱线图

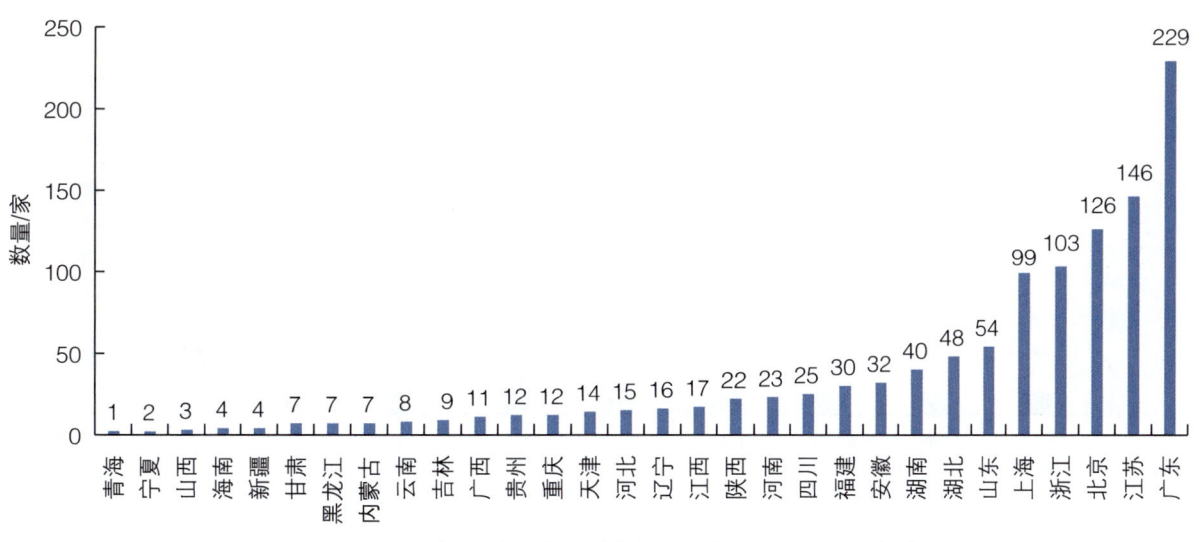

图 4-4 2020 年国家高新区制造业上市公司全国分布情况

刻转变，市场机制激发了巨大的活力和创造力，江苏制造实现了量的飞速发展，江苏省国家高新区制造业上市公司数量跃居第二，拥有 146 家上市公司，比去年增加 41 家。

国家高新区信息传输、软件和信息技术服务业上市公司呈现北京、上海、广东三极分布的态势，以北京最为集中（图 4-5）。北京国家高新区拥有 89 家信息传输、软件和信息技术服务业上市公司，比去年增加 18 家，在所有省（区、市）中位居第一；上海拥有 32 家，比去年增加 11 家，远落后于北京；广东紧随其后，拥有 30 家，比去年增加 8 家。

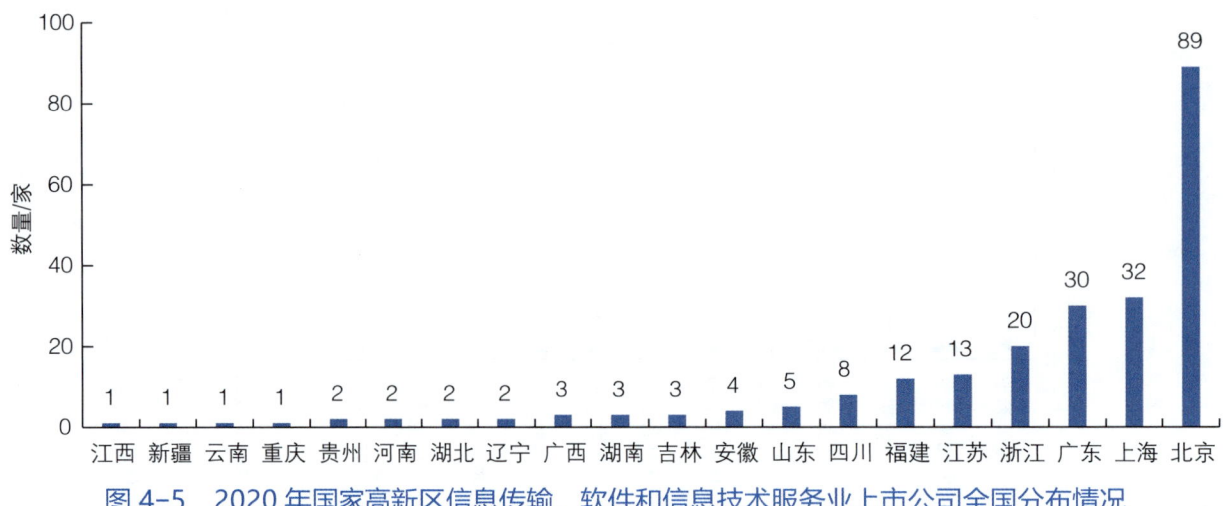

图 4-5　2020 年国家高新区信息传输、软件和信息技术服务业上市公司全国分布情况

国家高新区建筑业上市公司在全国整体分布较少，整体偏向于北京和东南沿海地区，中部和西部地区分布很少（图 4-6）。国家高新区建筑业上市公司主要集中在北京，这基于北京高等科研院所较多、科教资源丰富。其中，北京市国家高新区拥有 17 家建筑业上市公司，占国家高新区建筑业所有上市公司的 45.95%；江苏和浙江分别拥有 5 家、3 家。

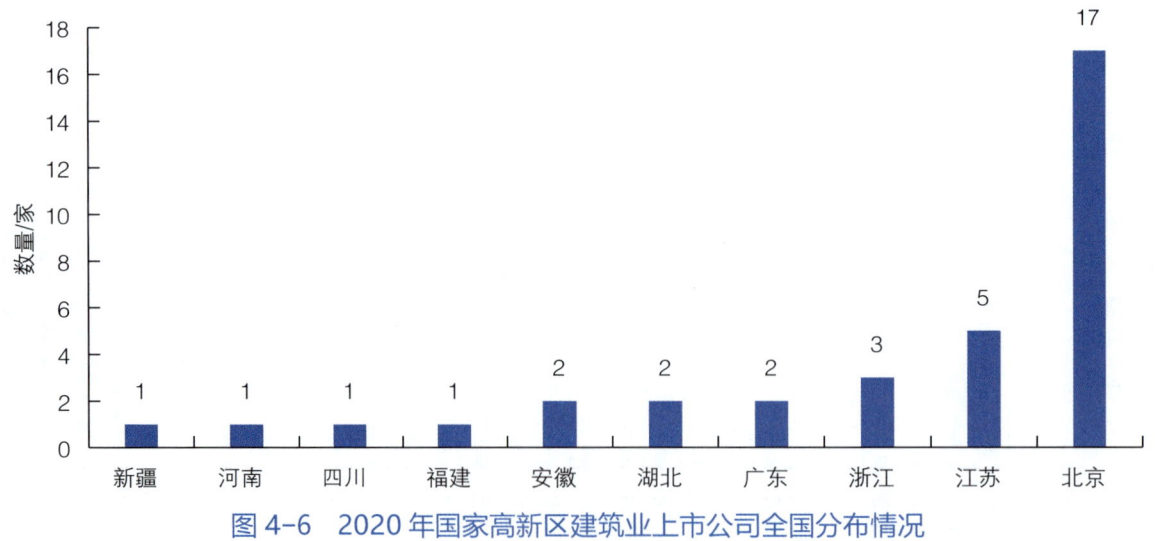

图 4-6　2020 年国家高新区建筑业上市公司全国分布情况

3. 板块分布

国家高新区制造业上市公司上市板块主要集中在主板、创业板（图 4-7），主板上市公司数量最多，科创板上市公司相对较少。信息传输、软件和信息技术服务业在创业板上市较多，其次是主板，该行业大多数是一些高科技含量、高成长性的企业，在创业板上市可以更好地实现融资；建筑业在主板分布较多，远高于创业板和科创板。

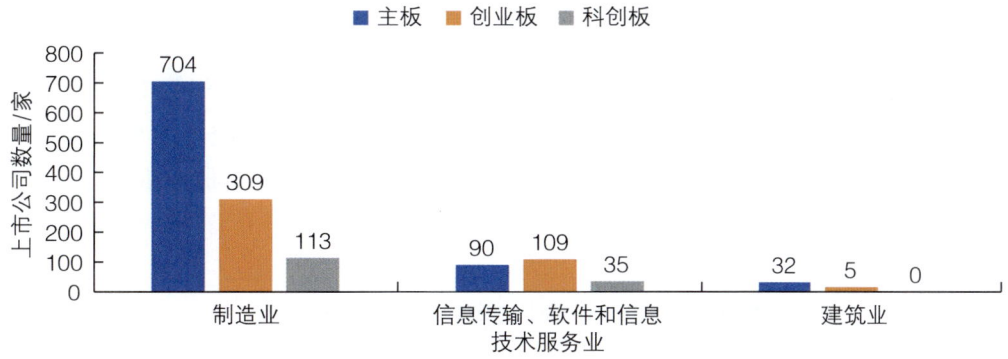

图 4-7　2020 年国家高新区三大行业上市公司板块分布情况

4. 属性分布

国家高新区制造业，信息传输、软件和信息技术服务业及建筑业上市公司主要属于民营企业（图 4-8）。民营企业是国民经济的重要组成部分和最活跃的增长点，也是推动高新区经济发展、促进社会稳定的基础力量，在上市公司创新发展中发挥着越来越重要的作用。制造业上市公司中央国有企业、地方国有企业、公众企业和外资企业占有较大一部分，集体企业和其他企业数量较少；信息传输、软件和信息技术服务业上市公司没有集体企业；建筑业上市公司没有公众企业、集体企业和其他企业。

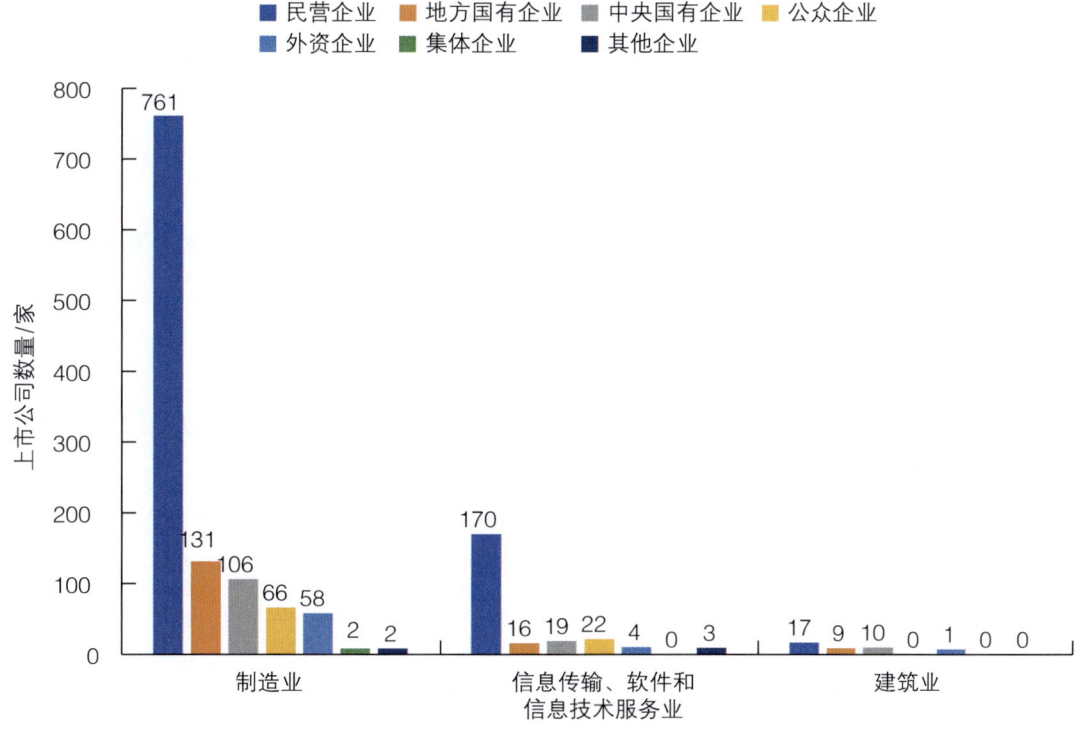

图 4-8　2020 年国家高新区三大行业上市公司属性分布情况

5. 高企分布

国家高新区制造业，信息传输、软件和信息技术服务业，科学研究和技术服务业上市公司拥有国家级高新技术企业数在十六大行业中名列前三，且高企数量占比均超过75%，其后为建筑业，水利、环境和公共设施管理业（图4-9）。信息传输、软件和信息技术服务业高企占比最高，为84.62%；制造业高企占比为77.09%，排名第二。

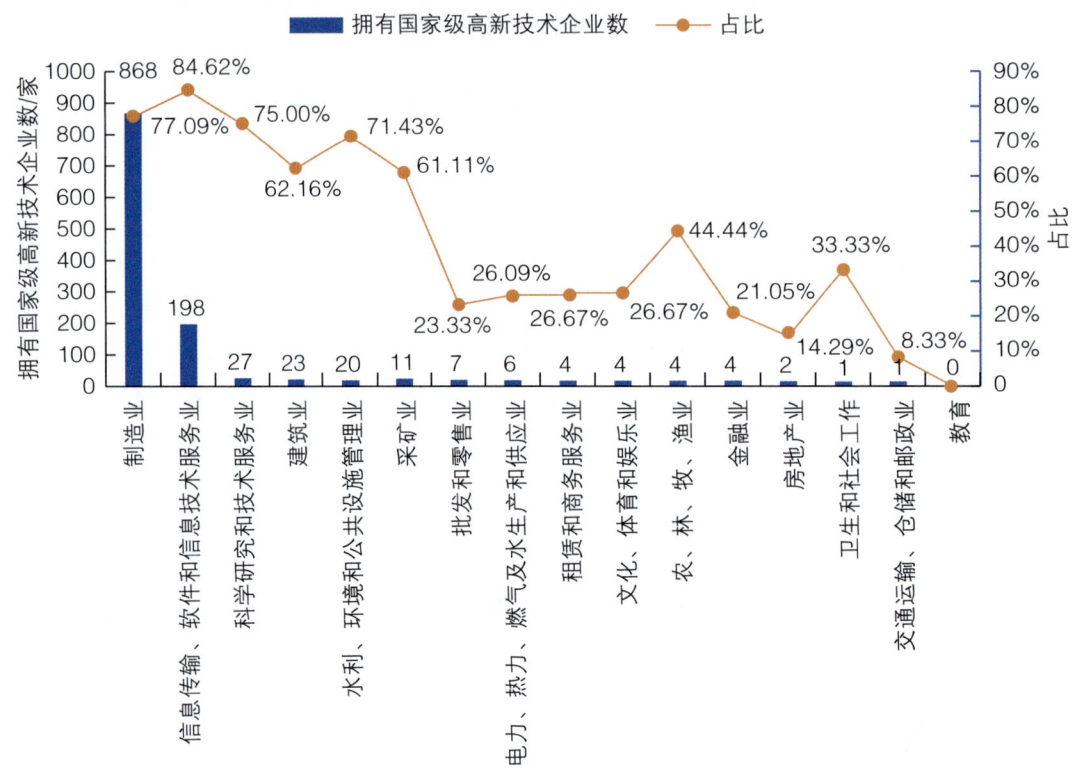

图4-9　2020年国家高新区十六大行业上市公司国家级高新技术企业分布情况

二、各大行业创新发展现状

目前，国家高新区各行业上市公司正积极加大研发投入，引进高学历专业人才，开展技术创新、模式创新，积极参与产业组织变革，引领国家高新区企业提升自主创新能力。

在高学历人才引进方面，2020年国家高新区内金融业上市公司硕士学历及以上人员占企业员工比重最高，为19.38%（图4-10），其次是科学研究和技术服务业，为16.51%。说明国家高新区内金融业、科学研究和技术服务业上市公司注重对高学历人才的引进。

在研发人员数量方面，2020年国家高新区内制造业上市公司研发人员数量位居第一，共750 261人（图4-11）；信息传输、软件和信息技术服务业位列第二，拥有研发人员230 849人。国家高新区内制造业及信息传输、软件和信息技术服务业上市公司研发人员数占国家高新区所有上市公司研发人员数的比重达86.18%，说明国家高新区内制造业及信息传输、软件和信息技术服务业上市公司注重对研发人才的引进。

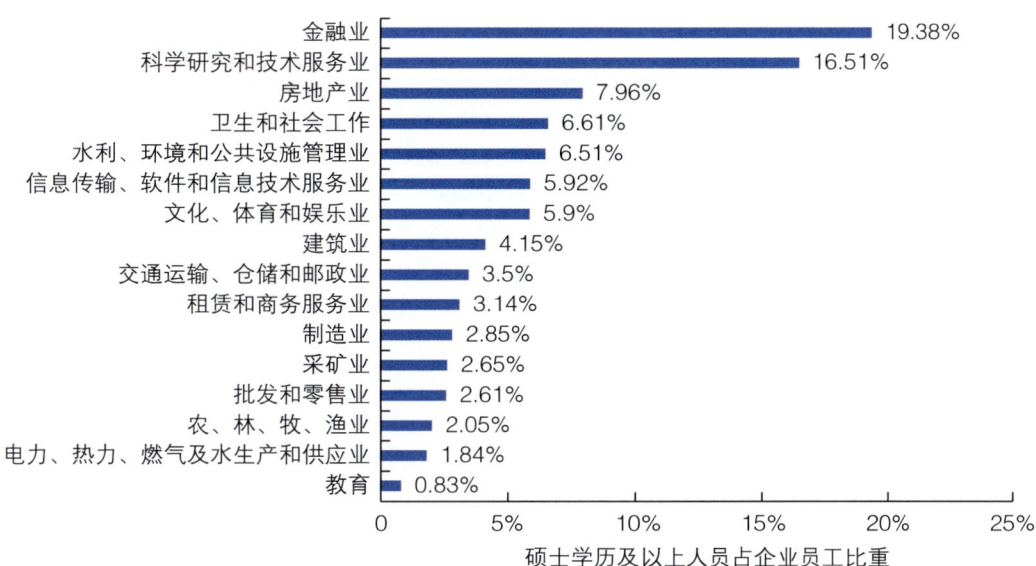

图 4-10　2020 年国家高新区十六大行业上市公司硕士学历及以上人员占企业员工比重

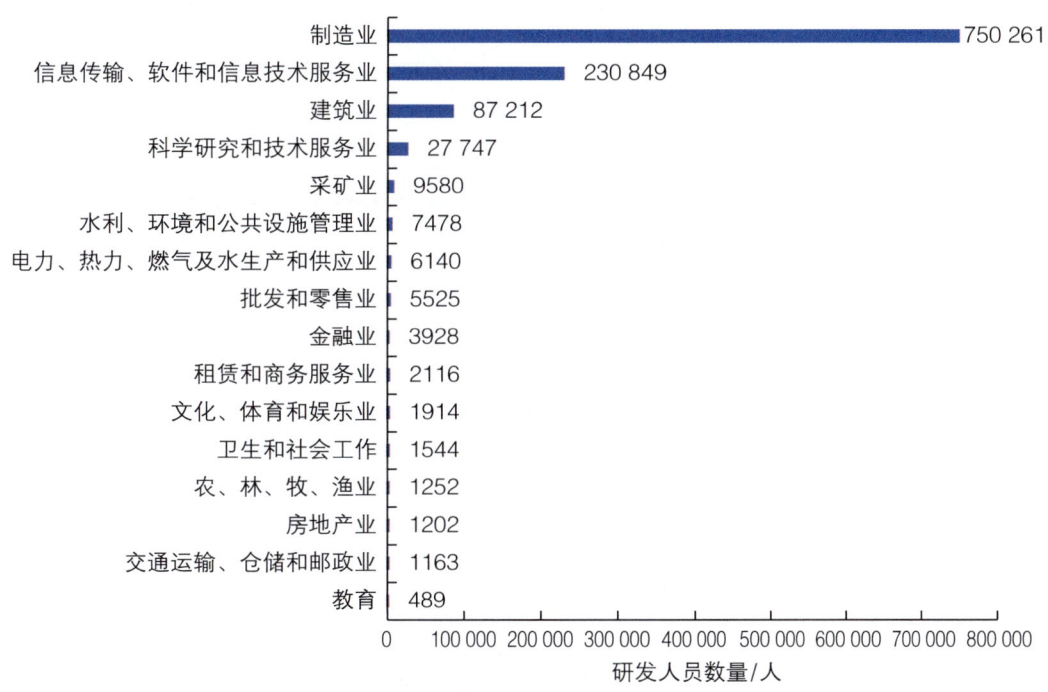

图 4-11　2020 年国家高新区十六大行业上市公司研发人员数量

在研发投入占营业收入比重方面，2020 年国家高新区内信息传输、软件和信息技术服务业上市公司研发投入占营业收入比重为 10.05%，在所有行业中比重最大（图 4-12）；其后是科学研究和技术服务业、制造业，研发投入占营业收入比重分别为 5.40%、4.82%，均在 4.5% 以上。

在政府创新补助方面，2020 年国家高新区内制造业上市公司独占鳌头，获得政府创新补助 607.89 亿元，远超其他行业（图 4-13）；信息传输、软件和信息技术服务业获得 52.99 亿元政府创新补助。说明政府部门非常支持制造业及信息传输、软件和信息技术服务业的创新发展，并付诸实际。

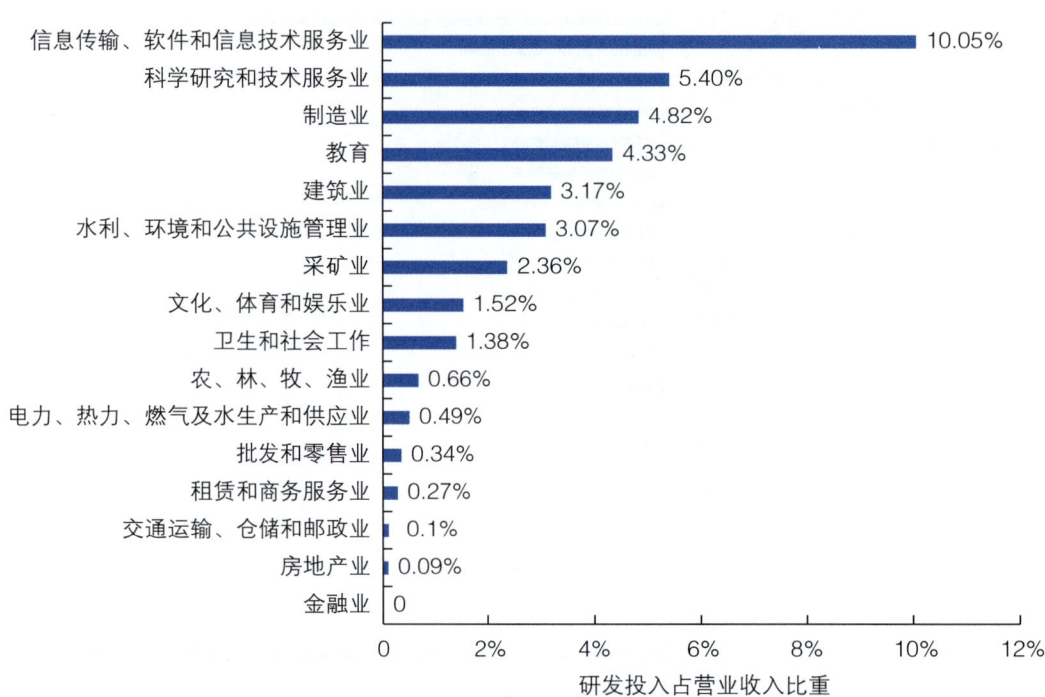

图 4-12　2020 年国家高新区十六大行业上市公司研发投入占营业收入比重

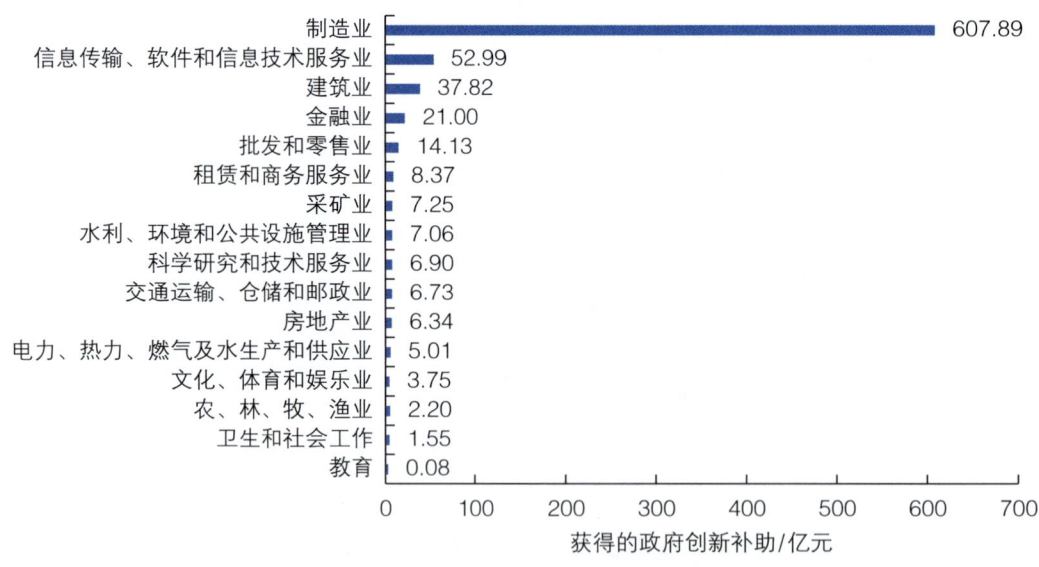

图 4-13　2020 年国家高新区十六大行业上市公司获得的政府创新补助

在设备采购及营销推广经费方面，2020 年国家高新区内制造业上市公司设备采购及营销推广经费名列前茅，共计 2928.06 亿元，说明国家高新区内制造业上市公司注重设备采购及营销推广（图 4-14）。居第 2、第 3 位的批发和零售业、建筑业设备采购及营销推广经费远远低于制造业。

第四章
国家高新区上市公司产业创新能力分析

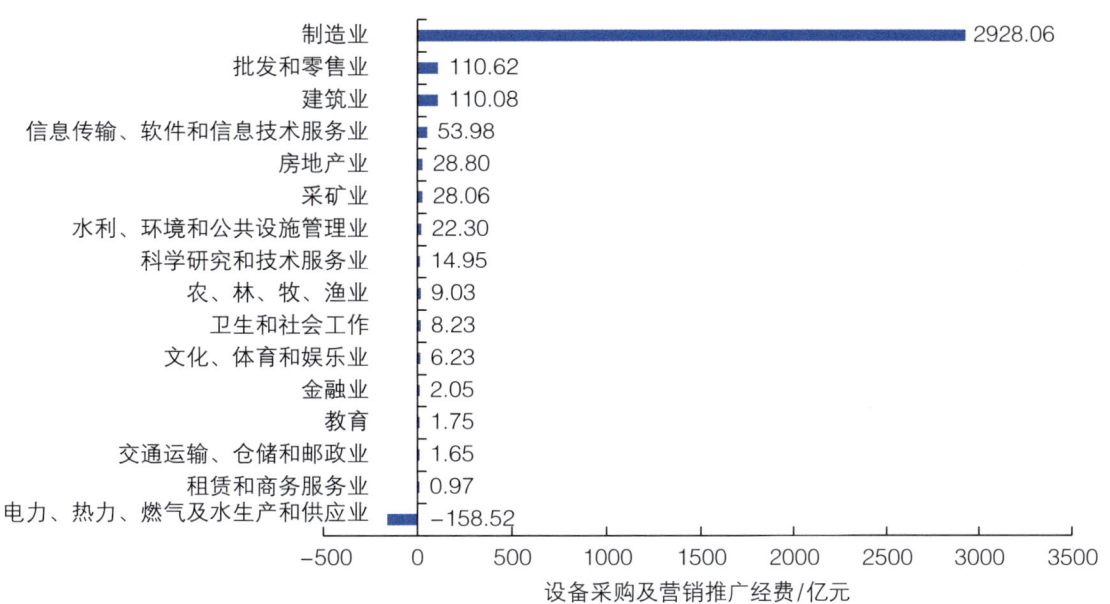

图 4-14　2020 年国家高新区十六大行业上市公司设备采购及营销推广经费

在技术成果产出方面，2020 年国家高新区内制造业上市公司专利累计申请量达 62 435 件（图 4-15）、PCT 专利申请量达 3275 件（图 4-16），当年新增知识产权价值 50.79 亿元（图 4-17），3 项指标均排名第一，遥遥领先于其他行业。

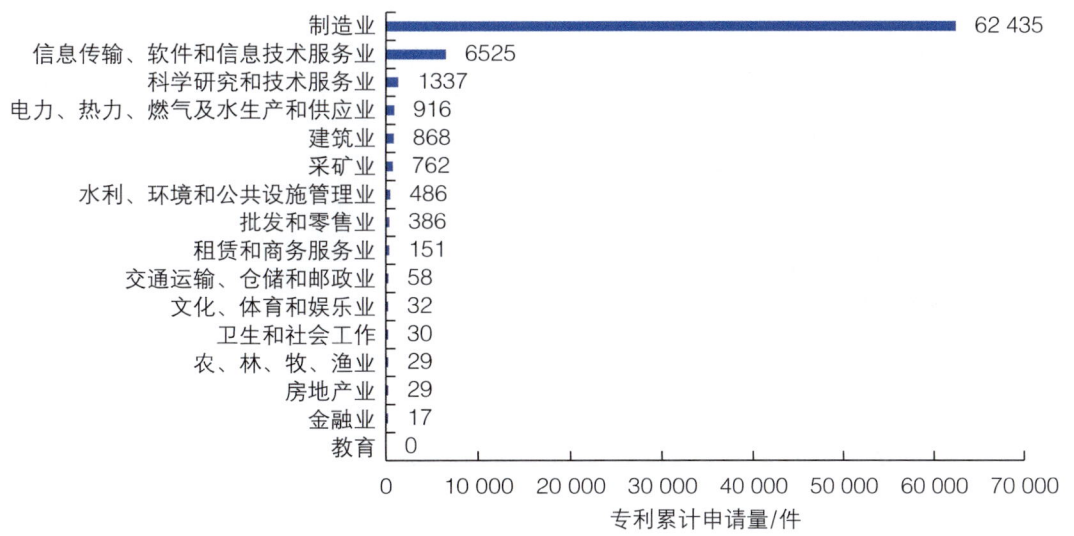

图 4-15　2020 年国家高新区十六大行业上市公司专利累计申请量

91

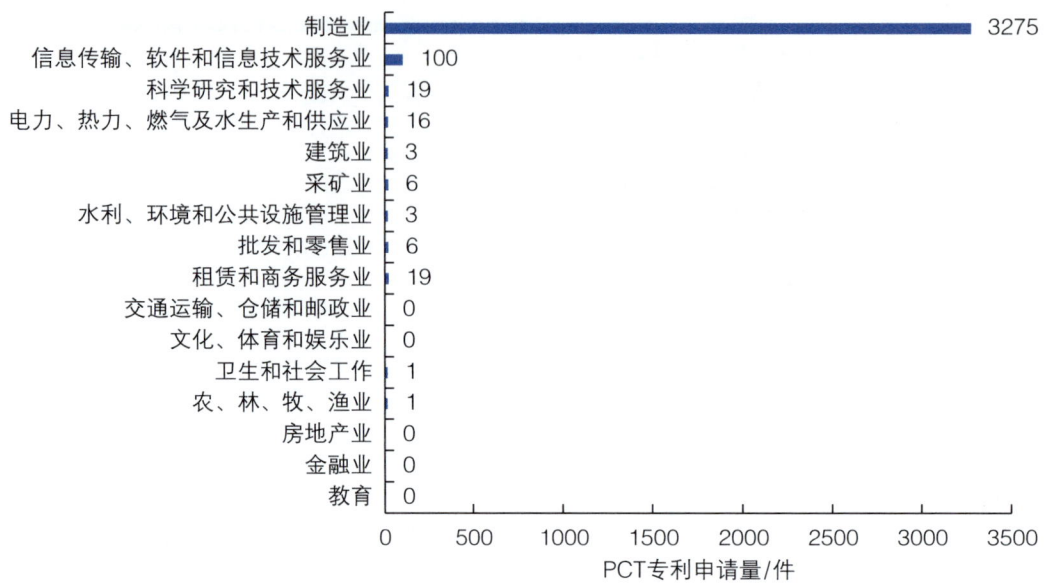

图 4-16　2020 年国家高新区十六大行业上市公司 PCT 专利申请量

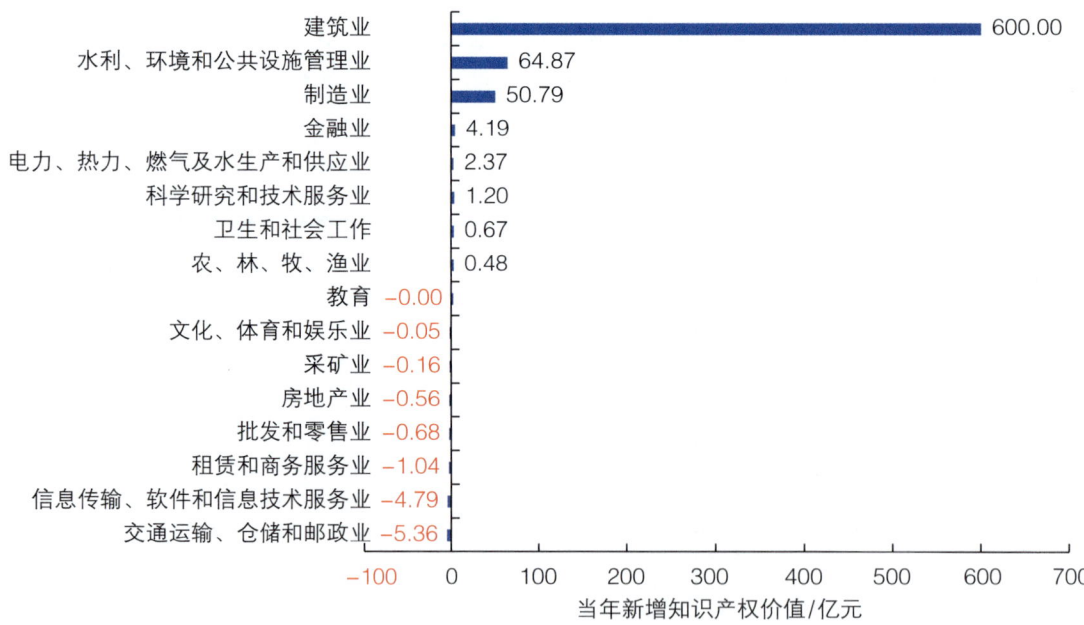

图 4-17　2020 年国家高新区十六大行业上市公司当年新增知识产权价值

在人均技术成果产出方面，2020 年国家高新区内制造业上市公司万人拥有有效专利数达 824.63 件，科学研究和技术服务业万人拥有有效专利数达 531.01 件，电力、热力、燃气及水生产和供应业万人拥有有效专利数达 430.72 件（图 4-18）。这三大产业创新成果产出效率较高，且制造业处于绝对领先地位。

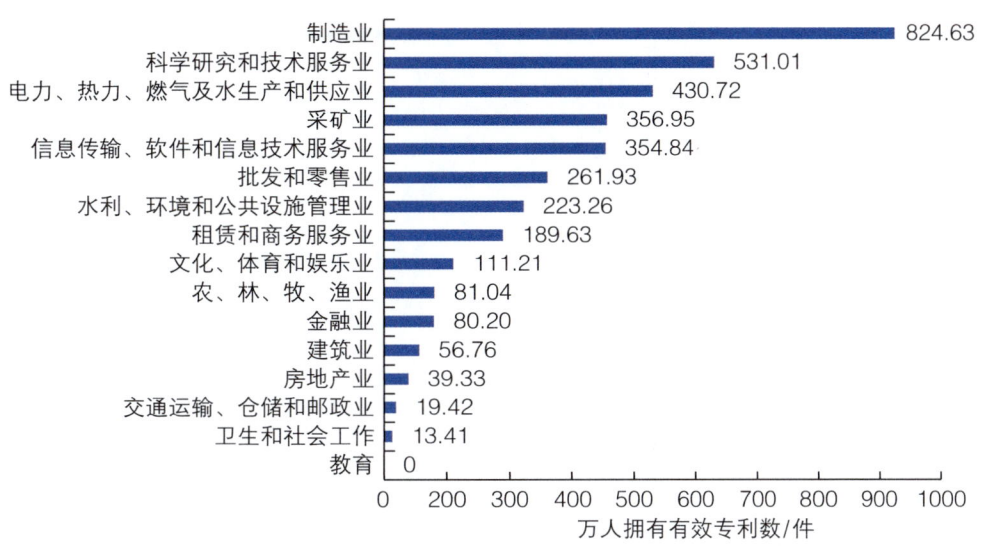

图 4-18 2020 年国家高新区十六大行业上市公司万人拥有有效专利数

在取得子公司及其他营业单位支付的现金净额和数字化转型水平方面，2020 年国家高新区内制造业上市公司取得子公司及其他营业单位支付的现金净额为 490.74 亿元，大幅领先于位居第二的信息传输、软件和信息技术服务业（图 4-19）；2020 年制造业上市公司开放创新及数字转型重视度得分为 174 964，在所有行业中一枝独秀，信息传输、软件和信息技术服务业排名第二，得分为 84 823（图 4-20）。这说明国家高新区上市公司制造业，信息传输、软件和信息技术服务业注重组织变革，积极参与创新和数字化转型。

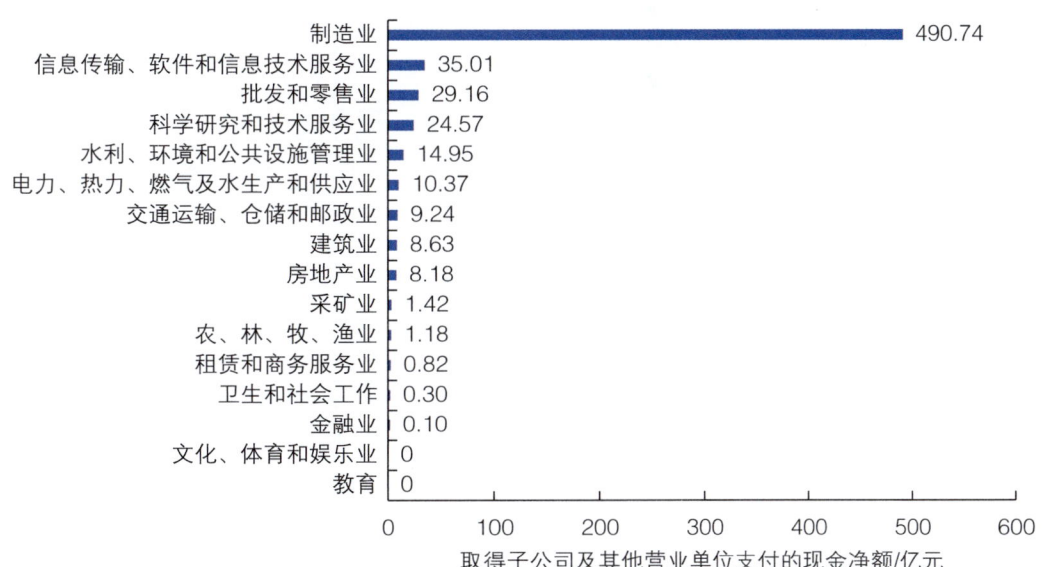

图 4-19 2020 年国家高新区十六大行业上市公司取得子公司及其他营业单位支付的现金净额

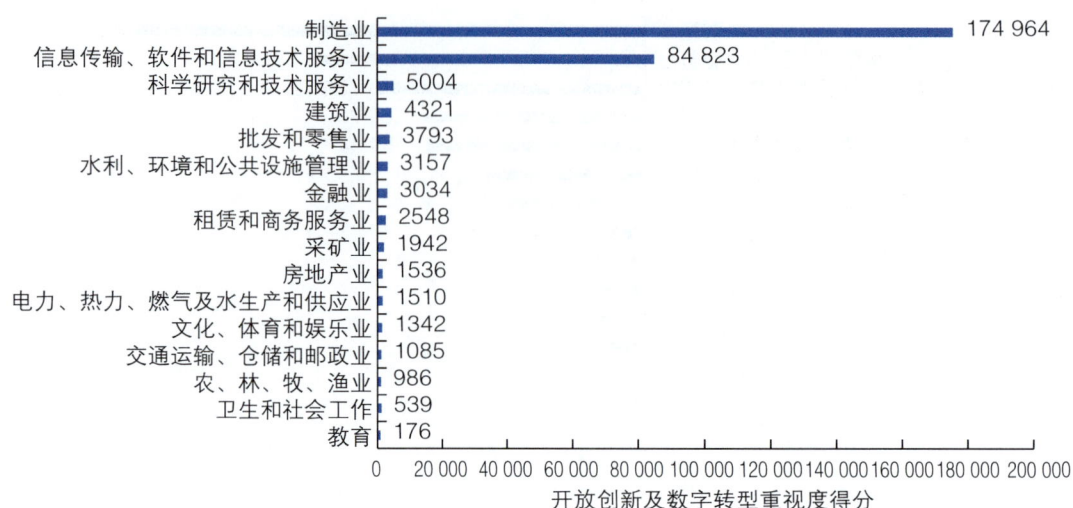

图 4-20　2020 年国家高新区十六大行业上市公司开放创新及数字转型重视度得分

在企业商誉方面，2020 年国家高新区内制造业上市公司商誉价值为 2594.65 亿元，遥遥领先于其他行业；信息传输、软件和信息技术服务业商誉价值为 610.90 亿元，排名第二（图 4-21）。

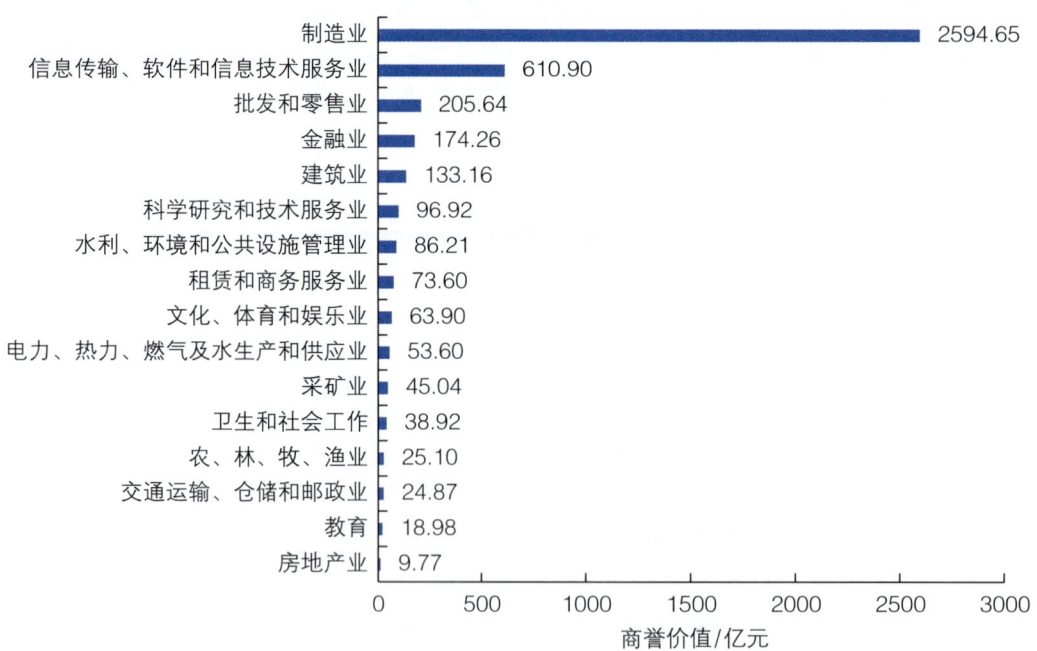

图 4-21　2020 年国家高新区十六大行业上市公司商誉价值

在经济基础方面，2020 年国家高新区内制造业上市公司营业收入为 75 745.65 亿元（图 4-22），总市值为 197 725.15 亿元（图 4-23）。说明制造业总体经济体量很大，有强大的经济基础可以保证上市公司持续的创新。

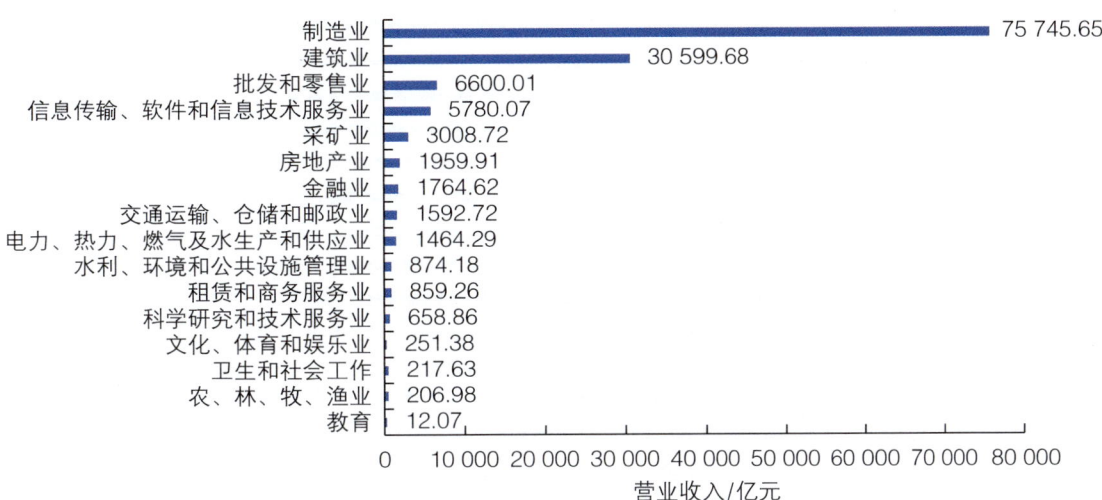

图 4-22　2020 年国家高新区十六大行业上市公司营业收入

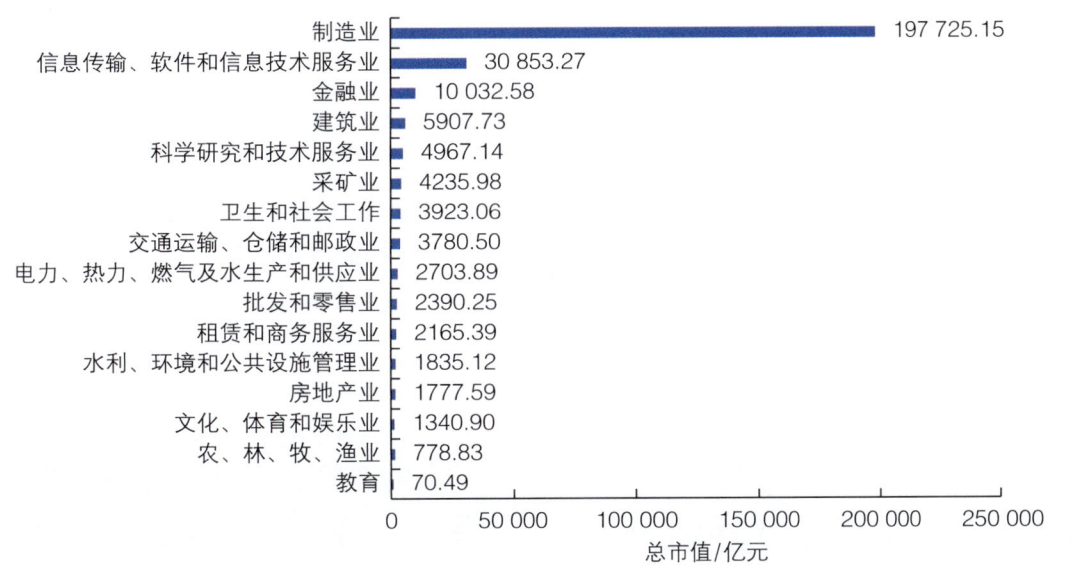

图 4-23　2020 年国家高新区十六大行业上市公司总市值

在研发人员经费方面，2020年国家高新区内建筑业上市公司研发人员人均经费为44.06万元，制造业为37.61万元（图4-24）。说明建筑业重视研发人员，可以吸引更多的研发人员留在公司进行研发创新。

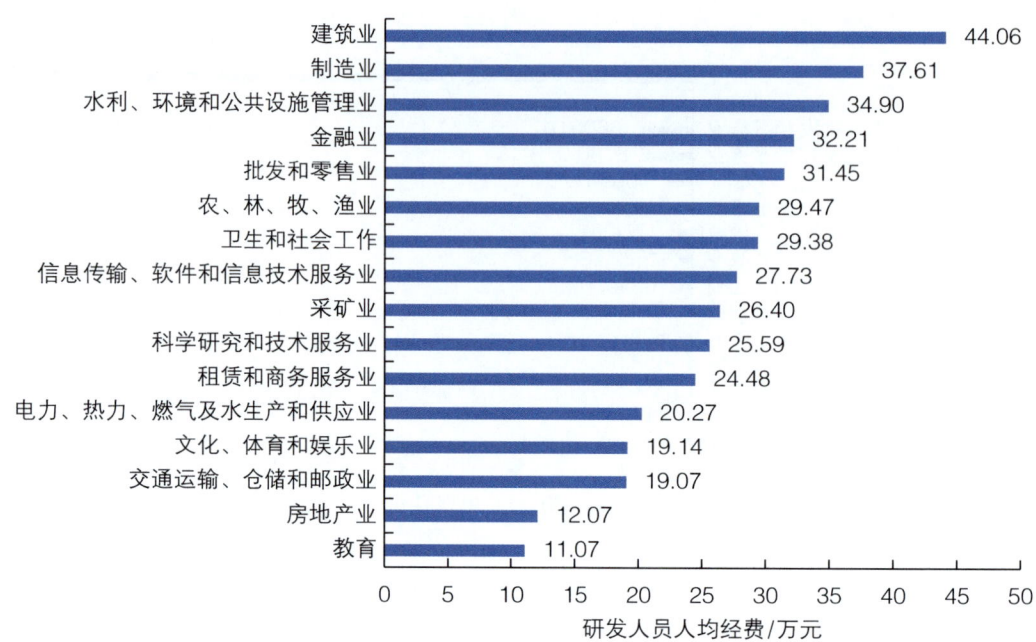

图 4-24 2020 年国家高新区十六大行业上市公司研发人员人均经费

三、产业创新能力评估

2020 年国家高新区上市公司不同行业的创新能力得分如表 4-1 所示，可以看出，制造业创新能力得分最高，为 86.72，教育得分最低，为 18.25。十六大行业总体平均得分为 59.60，中位值为 60.61，极差为 68.47，标准差为 14.72，说明国家高新区上市公司所属不同行业得分差异较大，其创新能力差异较大。

表 4-1 2020 年国家高新区上市公司不同行业创新能力得分

行业	创新投入能力得分	创新产出能力得分	创新保障能力得分	总得分
制造业	21.69	45.18	19.84	86.72
建筑业	19.07	38.51	15.40	72.97
信息传输、软件和信息技术服务业	20.87	33.74	17.86	72.48
科学研究和技术服务业	16.88	33.70	15.73	66.31
金融业	21.41	29.74	15.15	66.29
电力、热力、燃气及水生产和供应业	13.76	35.30	15.95	65.00
批发和零售业	15.02	33.80	15.48	64.30
采矿业	12.99	32.35	15.54	60.88
水利、环境和公共设施管理业	12.65	33.41	14.27	60.33

续表

行业	创新投入能力得分	创新产出能力得分	创新保障能力得分	总得分
房地产业	11.97	33.19	12.77	57.92
租赁和商务服务业	12.87	28.89	14.60	56.35
卫生和社会工作	16.21	26.45	13.60	56.26
农、林、牧、渔业	12.06	26.29	14.02	52.38
交通运输、仓储和邮政业	10.29	25.21	13.51	49.01
文化、体育和娱乐业	15.03	19.45	13.70	48.17
教育	7.06	6.95	4.25	18.25

第二节 十大新兴产业专题研究

国家高新区是高新技术产业的集聚地，吸引和孕育了大量新兴产业。国家高新区因区位不同、基础不一，定位各有侧重，产业布局和发展规划也各不相同、各具特色，故而本章从产业角度对国家高新区上市公司进行创新能力分析。本节根据上市公司所属概念板块[①]，选取十大板块，从发展现状、产业20强、企业分析及发展建议等方面对国家高新区上市公司进行产业创新能力分析。

一、新能源车产业

1. 产业发展评估及特色亮点

国家高新区新能源车产业上市公司在十大产业中排名第四，其中创新投入能力得分17.26，创新产出能力得分44.17，创新保障能力得分16.34，与国家高新区其他产业相比，其在创新产出能力方面表现最好。国家高新区新能源车产业上市公司表现出蓬勃发展的良好势头。

企业获得的政府创新补助高点回落，当年购置的机器设备价值基本保持稳定。新能源车产业自2010年被列为国家战略性新兴产业以来，受到了国家补助政策的大力扶持。国家高新区新能源车产业上市公司获得的政府创新补助逐年递增，2019年达到峰值142亿元，2020年有所回落（图4-25）。此外，2020年国家高新区新能源车产业上市公司当年购置的机器设备价值与2016年基本相当，近年来基本保持稳定。

---

① 根据上市公司所属概念板块，选取出现次数较多的板块作为重点产业，分别为新能源车（167次）、物联网（166次）、5G概念（155次）、国产芯片（148次）、大数据（143次）、区块链（138次）、人工智能（134次）、国产软件（133次）、医疗器械（117次）、节能环保（116次）。

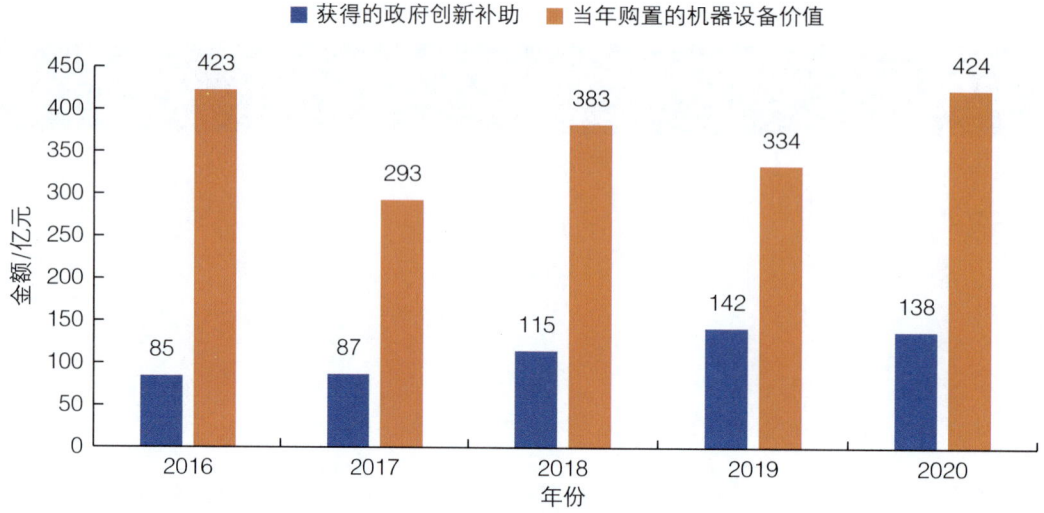

图 4-25　2016—2020 年国家高新区新能源车产业上市公司获得的政府
创新补助和当年购置的机器设备价值

研发强度虽逐年递增，但与其他产业相比还有较大差距。2020 年国家高新区新能源车产业上市公司研发投入占营业收入比重为 4.92%（图 4-26），与 2016 年相比，上涨了 1.64 个百分点，但其研发强度在国家高新区十大产业上市公司中排名靠后，表明国家高新区新能源车产业上市公司主要面临着研发投入不足的问题。当前，研发投入强度直接关系到未来产业竞争力，因此，国家高新区新能源车产业上市公司研发强度还有非常大的提升空间。

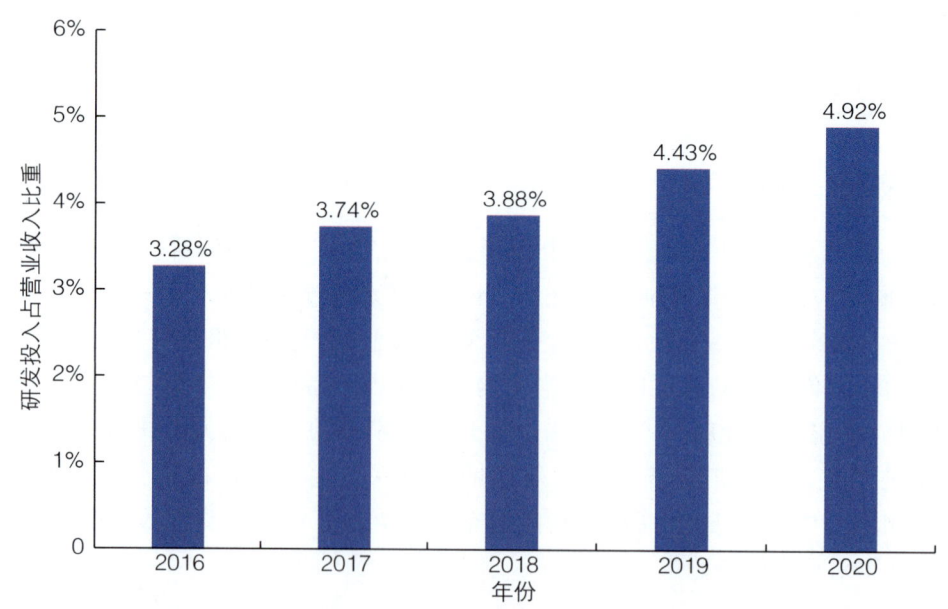

图 4-26　2016—2020 年国家高新区新能源车产业上市公司研发投入占营业收入比重

区域贡献能力强，知识产权价值高。2020 年国家高新区新能源车产业上市公司所得税区域贡献度为 6.05%，表现最好。经过十几年培育，政策扶持、企业创新、消费者认知加深，对推动新能源车发展形成合力。产品越来越丰富，核心技术更成熟，消费者接受度更强，加上智能网联的助力，形成了新能源车市场规模快速增长的局面，对区域贡献能力逐渐增强。国家高新区新能源车产业上市公司知识产权事业也蓬勃发展，企业愈加重视知识产权的创造与保护。2020年国家高新区新能源车产业上市公司当年新增知识产权价值为581 802万元（图4-27），与2019年相比，增加了1 105 291万元，助力中国民族品牌向好发展。

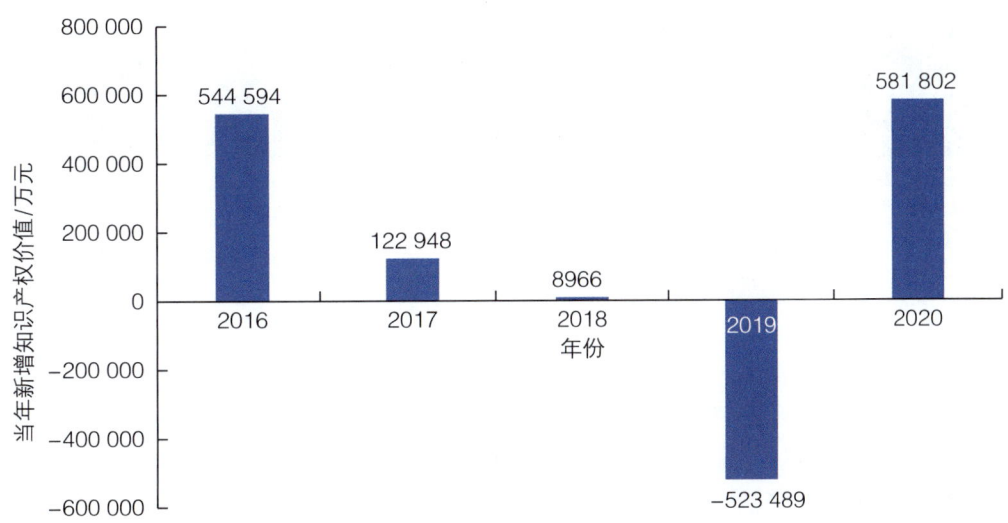

图4-27　2016—2020年国家高新区新能源车产业上市公司当年新增知识产权价值

营业收入雄居行业高成长榜首，但资本结构合理度和管理决策专业度有待提升。2020年，国家高新区新能源车产业上市公司营业收入为23 181亿元（图4-28），在十大产业中表现最好，与2016年相比，年均增长7.92%，增长幅度较大，表现亮眼，成为推进汽车产业发展的重要因素。国家高新区新能源车产业上市公司资本结构合理度和管理决策专业度创新能力得分分别为0.68和0.82，在十大产业上市公司创新能力排名中分别居第9位和第10位。

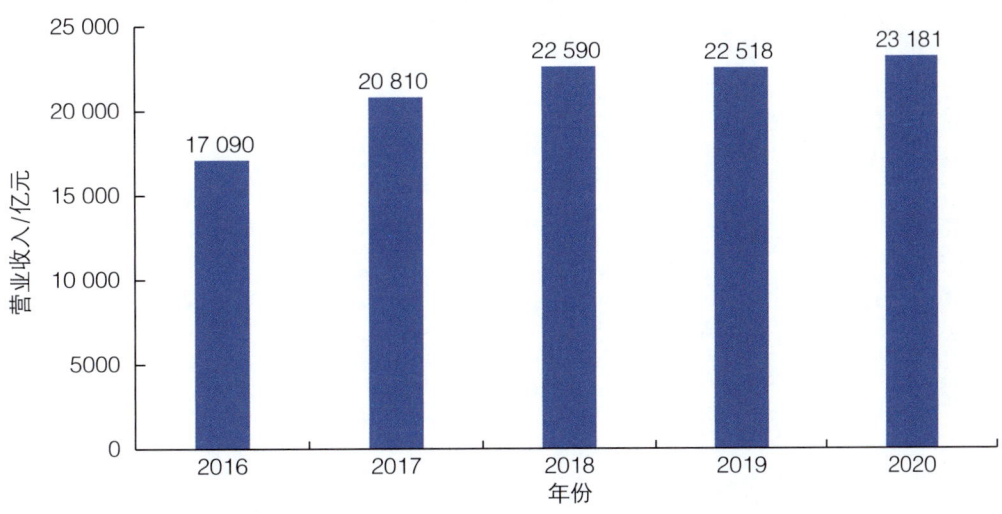

图4-28　2016—2020年国家高新区新能源车产业上市公司营业收入

2. 产业内上市公司 20 强名单

结合第三章的企业创新能力分析，通过对国家高新区内新能源车产业 173 家上市公司的指标数据进行进一步归纳整理及评价分析，得出新能源车产业创新能力排名 20 强上市公司，具体如表 4-2 所示。

表 4-2 2020 年国家高新区内新能源车产业排名 20 强上市公司

排名	证券代码	公司中文名称	省市	组织形式	是否高企	A 创新投入能力	B 创新产出能力	C 创新保障能力	指数得分
1	000651.SZ	珠海格力电器股份有限公司	广东	公众企业	是	22.76	44.27	20.31	87.35
2	000338.SZ	潍柴动力股份有限公司	山东	地方国有企业	是	21.02	40.02	18.15	79.19
3	600104.SH	上海汽车集团股份有限公司	上海	地方国有企业	是	22.65	29.21	18.48	70.34
4	601633.SH	长城汽车股份有限公司	河北	民营企业	是	20.35	29.72	18.05	68.12
5	000581.SZ	无锡威孚高科技集团股份有限公司	江苏	地方国有企业	是	17.91	34.22	15.64	67.77
6	002236.SZ	浙江大华技术股份有限公司	浙江	民营企业	是	21.09	26.53	18.37	65.99
7	300274.SZ	阳光电源股份有限公司	安徽	民营企业	是	15.15	31.57	16.59	63.32
8	600761.SH	安徽合力股份有限公司	安徽	地方国有企业	是	14.20	32.48	15.63	62.30
9	300473.SZ	阜新德尔汽车部件股份有限公司	辽宁	民营企业	是	16.78	27.17	14.47	58.42
10	002812.SZ	云南恩捷新材料股份有限公司	云南	外资企业	是	15.99	27.79	14.35	58.13
11	002460.SZ	江西赣锋锂业股份有限公司	江西	民营企业	是	12.75	29.72	15.33	57.80
12	300416.SZ	苏州苏试试验集团股份有限公司	江苏	民营企业	是	11.55	31.41	14.12	57.08
13	300014.SZ	惠州亿纬锂能股份有限公司	广东	民营企业	是	17.92	22.05	16.48	56.45

续表

排名	证券代码	公司中文名称	省市	组织形式	是否高企	A创新投入能力	B创新产出能力	C创新保障能力	指数得分
14	002129.SZ	天津中环半导体股份有限公司	天津	公众企业	否	12.26	29.01	15.07	56.33
15	002179.SZ	中航光电科技股份有限公司	河南	中央国有企业	是	15.52	24.15	16.40	56.07
16	002324.SZ	上海普利特复合材料股份有限公司	上海	民营企业	是	11.63	29.80	14.39	55.82
17	300124.SZ	深圳市汇川技术股份有限公司	广东	民营企业	是	15.97	22.75	17.03	55.75
18	300825.SZ	阿尔特汽车技术股份有限公司	北京	民营企业	是	12.21	27.47	15.70	55.38
19	603158.SH	常州腾龙汽车零部件股份有限公司	江苏	民营企业	是	13.67	28.68	12.95	55.30
20	002026.SZ	山东威达机械股份有限公司	山东	民营企业	是	12.23	28.39	14.66	55.27

3. 典型企业案例分析及借鉴

潍柴动力股份有限公司成立于2002年，由潍柴控股集团有限公司作为主发起人联合境内外投资者创建而成，是中国内燃机行业在香港H股上市的企业，也是由境外回归境内实现A股再上市的公司。公司创新投入能力得分21.02，创新产出能力得分40.02，创新保障能力得分18.15，总创新能力得分79.19，在国家高新区新能源车产业上市公司中排名第二，表现亮眼。2020年，企业实现营业收入1974.9亿元，归母净利润92.1亿元。但营业利润增速有所下降，公司研发投入也在逐渐下降，从2016年的3.82%下降至2020年的3.04%。

潍柴动力股份有限公司的创新经验总结如下。①自主创新的核心内涵是自己主导的创新，关键是形成自己的东西，即能够掌握新技术，塑造自己的品牌，形成自主知识产权。②引进技术不要总是紧盯现成的成套设备和技术，而应以多种形式引进国外技术。③企业选择技术引进消化吸收再创新模式包括3个必经阶段：第一，学习阶段，要学会如何使用引进的技术；第二，消化吸收阶段，即在学习掌握核心技术的基础上，开发出适合本地市场需求的产品；第三，跨越式再创新阶段，如开发出新的设计与制造工艺技术，试制出新的样机等，这些成果具有自主知识产权，形成了部分发动机自主开发及制造的能力。④技术创新的成功离不开科学的技术创新机制和完善的激励措施，离不开有超强创新精神的企业领导者。⑤企业的技术创新还要坚持市场导向的原则，只有这样，才会使技术研发成为企业持续发展的利润源泉和不竭动力，得以长久持续，形成良性循环。

二、物联网产业

1. 产业发展评估及特色亮点

物联网是以感知技术和网络通信技术为主要手段，实现人、机、物的泛在连接，提供信息感知、信息传输、信息处理等服务的基础设施。2020年，国家高新区物联网产业上市公司创新能力得分72.88，在十大产业中排名第五，其中创新投入能力得分23.00，创新产出能力得分30.29，创新保障能力得分19.59，创新投入和创新保障能力相对较好。我国积极推进物联网产业发展，整体呈现良好态势，展示出强劲的发展潜力。

科技人力资源充足，高学历人员比重上升，研发人员素质进一步提高。2020年，国家高新区物联网产业上市公司研发人员数量为242 351人（图4-29），与2016年相比，增加了72 569人，年均增长率为9.30%，研发人员数量持续增长；硕士学历及以上人员占企业员工比重为11.13%（图4-30），高学历人员比重上升，研发人员素质进一步提高。

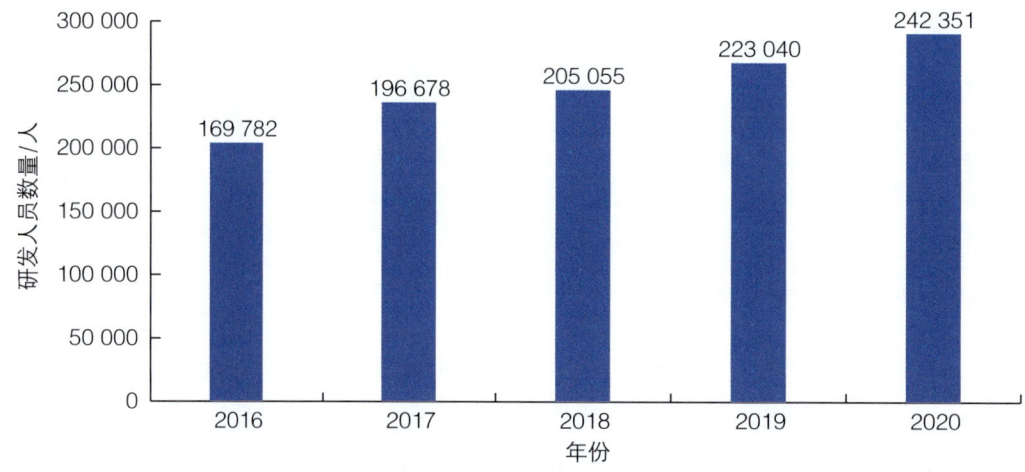

图4-29 2016—2020年国家高新区物联网产业上市公司研发人员数量

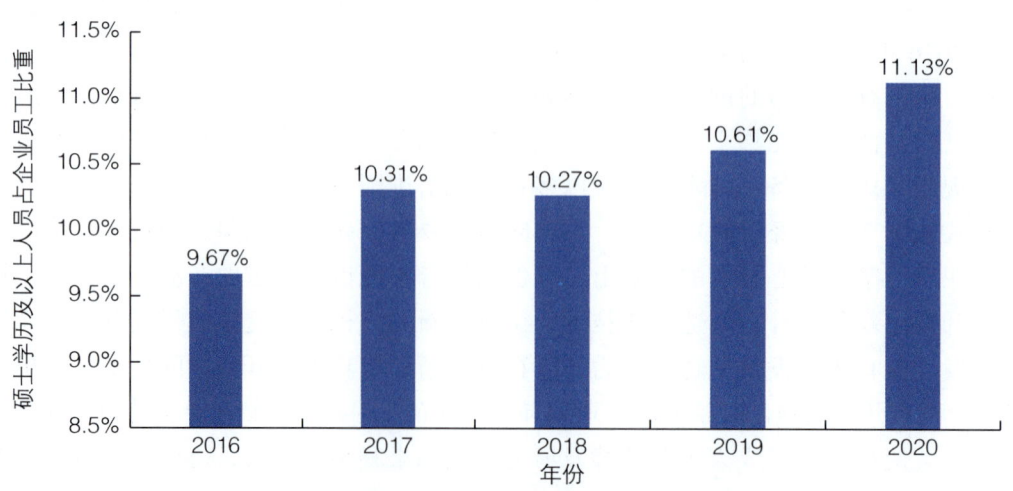

图4-30 2016—2020年国家高新区物联网产业上市公司硕士学历及以上人员占企业员工比重

当年购置的机器设备价值、广告宣传推广费有较大进步空间。2020 年，国家高新区物联网产业上市公司设备采购及营销推广经费在十大产业中排名第十，为 –113.49 亿元，还有较大的提升空间，特别是当年购置的机器设备价值为 –161 亿元（图 4-31）。

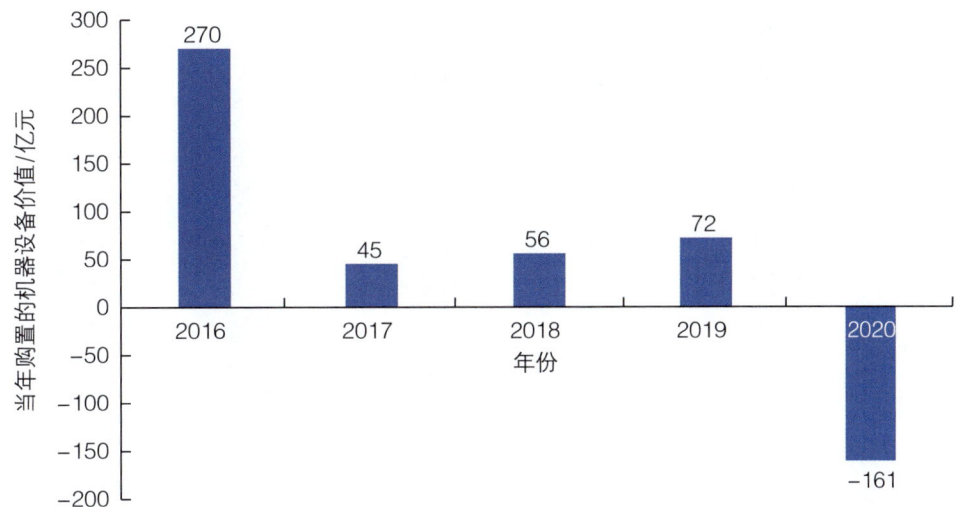

图 4-31　2016—2020 年国家高新区物联网产业上市公司当年购置的机器设备价值

企业组织变革力度强，但创新水平增速有所下降。2020 年，国家高新区物联网产业上市公司取得子公司及其他营业单位支付的现金净额为 94.13 亿元（图 4-32），在高新区十大产业上市公司中排名第一。物联网科技产业在全球范围内快速发展，正与制造技术、新能源、新材料等领域融合，步入产业大变革前夜，即将迎来大发展时代。国家高新区物联网产业上市公司当年新增专利数量 35 908 件（图 4-33），并且总体呈下降趋势。目前，我国物联网产业的发展正处于起步阶段，技术创新能力仍显不足，自主知识产权的技术和产品与发达国家相比仍有较大差距。

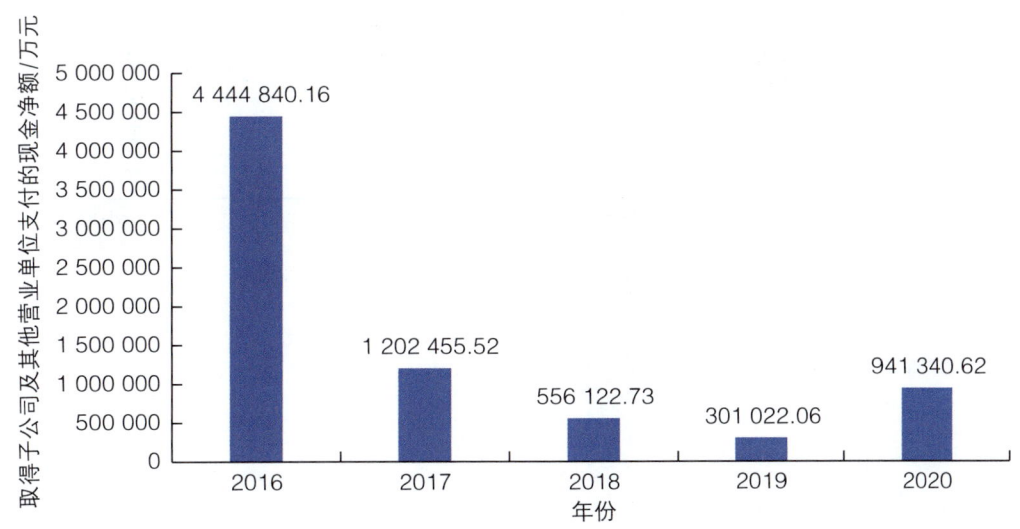

图 4-32　2016—2020 年国家高新区物联网产业上市公司取得子公司及其他营业单位支付的现金净额

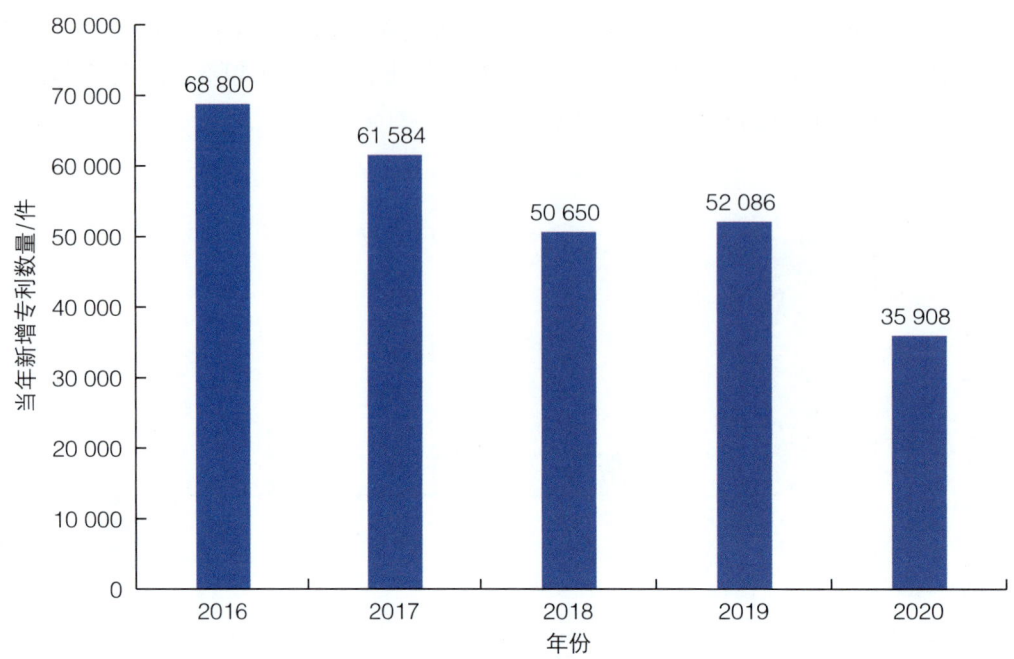

图4-33 2016—2020年国家高新区物联网产业上市公司当年新增专利数量

无形资产的价值还有较大的提升空间。2020年，国家高新区物联网产业上市公司当年新增知识产权价值为 –57 386 万元（图 4-34），在国家高新区十大产业上市公司中处于末尾。进一步表明国家高新区物联网产业上市公司尚处在初始阶段，企业技术创新能力不强，掌握的关键技术欠缺，有利于新技术、新产品产业化的政策法规体系还不够健全，支持产业创新的投融资和财税政策、体制机制不完善等问题依然存在。

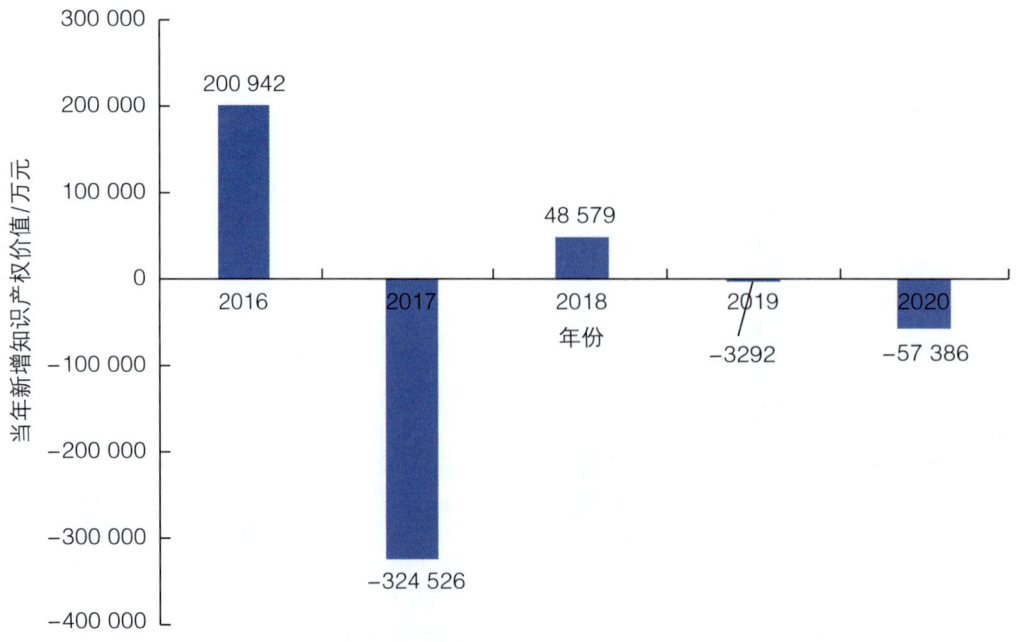

图4-34 2016—2020年国家高新区物联网产业上市公司当年新增知识产权价值

开放创新及数字转型重视度高，但管理决策专业度有较大进步空间。2020年，国家高新区物联网产业上市公司开放创新及数字转型重视度在国家高新区十大产业中排名第一，表现亮眼。随着经济社会加快向数字化、智能化转型升级，物联网正在生产生活各个领域展现出显著的行业赋能作用。但管理决策专业度在十大产业中排名处于中下游。

2.产业内上市公司20强名单

结合第三章的企业创新能力分析，通过对国家高新区内物联网产业175家上市公司的指标数据进行进一步归纳整理及评价分析，得出物联网产业创新能力排名20强上市公司，具体如表4-3所示。

表4-3 2020年国家高新区内物联网产业排名20强上市公司

排名	证券代码	公司中文名称	省市	组织形式	是否高企	A创新投入能力	B创新产出能力	C创新保障能力	创新指数得分
1	000725.SZ	京东方科技集团股份有限公司	北京	地方国有企业	是	16.55	39.34	19.51	75.40
2	002415.SZ	杭州海康威视数字技术股份有限公司	浙江	中央国有企业	是	19.59	35.05	19.24	73.87
3	000063.SZ	中兴通讯股份有限公司	广东	公众企业	是	17.27	36.74	19.06	73.07
4	002236.SZ	浙江大华技术股份有限公司	浙江	民营企业	是	18.51	30.75	18.21	67.47
5	600271.SH	航天信息股份有限公司	北京	中央国有企业	是	13.02	32.91	17.25	63.18
6	300349.SZ	金卡智能集团股份有限公司	浙江	民营企业	是	13.67	32.59	16.34	62.61
7	002008.SZ	大族激光科技产业集团股份有限公司	广东	民营企业	是	13.62	31.04	17.49	62.15
8	688561.SH	奇安信科技集团股份有限公司	北京	民营企业	否	15.84	29.04	17.18	62.06
9	601567.SH	宁波三星医疗电气股份有限公司	浙江	民营企业	是	15.35	29.77	16.34	61.47
10	603893.SH	瑞芯微电子股份有限公司	福建	民营企业	是	17.18	27.61	16.56	61.35
11	688139.SH	青岛海尔生物医疗股份有限公司	山东	集体企业	是	11.51	33.31	16.21	61.04

续表

排名	证券代码	公司中文名称	省市	组织形式	是否高企	A创新投入能力	B创新产出能力	C创新保障能力	创新指数得分
12	002180.SZ	纳思达股份有限公司	广东	民营企业	是	16.65	27.74	16.37	60.76
13	002465.SZ	广州海格通信集团股份有限公司	广东	地方国有企业	是	13.73	30.74	16.15	60.62
14	002376.SZ	山东新北洋信息技术股份有限公司	山东	地方国有企业	是	14.25	29.54	16.81	60.61
15	000938.SZ	紫光股份有限公司	北京	中央国有企业	是	18.40	25.34	16.75	60.50
16	300223.SZ	北京君正集成电路股份有限公司	北京	民营企业	是	14.95	29.47	15.98	60.40
17	002925.SZ	厦门盈趣科技股份有限公司	福建	外资企业	是	11.35	32.66	16.37	60.38
18	600718.SH	东软集团股份有限公司	辽宁	公众企业	是	17.69	25.25	17.38	60.32
19	688599.SH	天合光能股份有限公司	江苏	民营企业	是	14.26	28.43	17.28	59.98
20	603421.SH	青岛鼎信通讯股份有限公司	山东	民营企业	是	15.87	28.98	14.87	59.71

3. 典型企业案例分析及借鉴

中兴通讯股份有限公司（简称中兴通讯）是全球领先的综合通信解决方案提供商，在香港和深圳两地上市，是中国最大的通信设备上市公司。中兴通讯创新能力得分为73.07，在国家高新区物联网上市公司中排名第三，创新能力强。硕士学历及以上人员占企业员工比重、研发人员数量、研发强度、设备采购及营销推广经费、企业获得的政府创新补助、员工薪酬激励均呈现增长态势。取得子公司及其他营业单位支付的现金净额、人均增加值、股息率呈现上升态势。营业收入、总市值均值、现金流动比例保持平稳上升态势。

经过多年的创新积累，中兴通讯形成了多元化的技术创新、市场创新、管理创新及组织创新的全面协同创新核心能力。对中兴通讯的案例研究发现，技术创新、市场创新、管理创新和组织创新是驱动其成功迈向创新型企业的四大主要创新力量。在中兴通讯不同成长阶段，创新驱动力构成不同，其创新驱动力的演化与创新型企业形成过程中的创新驱动阶段特征一致。技术创新是中兴通讯迈向创新型企业的原发动力，始终处于核心地位，而市场创新、管理创新和组织创新支撑着技术创新的发展。伴随着技术创新的成功，市场创新对中兴通讯的作用力增强，成为驱动公司创新发展的主要力量之一。此后，在公司产品和市场规模扩大、技术创新深化发展的条件下，管理创新成为驱动公司创新发展的又一主要力量。在公司技术实力与经济实力不断增强的情况下，组织创新也成为驱动公司创新发展的主要力量。技术、市场、管理与组织的全面协同创新成为中兴通讯迈向创新型企业后的主要路径。

三、5G概念产业

1. 产业发展评估及特色亮点

5G是最新一代移动通信技术，为4G（LTE-A、WiMAX-A）系统的演进。2020年，国家高新区5G概念产业上市公司创新能力得分71.99，在十大产业中排名第六，其中创新投入能力得分21.85，创新产出能力得分32.26，创新保障能力得分17.87。当前，国家高新区5G概念产业上市公司发展进入融合创新的关键阶段，基础电信、设备制造、垂直行业等多主体协同推进态势正在加速形成。

研发投入充分巩固竞争力，员工薪酬激励有待进一步提高。2020年，国家高新区5G概念产业上市公司研发强度在国家高新区十大产业中排名第二，尤其是研发投入占营业收入比重为7.35%（图4-35），且从2018年开始，呈现逐渐上升的态势。研发活动区域集中度为102.69%，说明国家高新区5G概念产业上市公司研发活动具有较明显的集中度高的特点。2020年，国家高新区5G概念产业上市公司员工薪酬激励值为0.92，在国家高新区十大产业上市公司中排名靠后，具体表现在员工工资薪酬增长较为缓慢，还有较大提升空间（图4-36）。

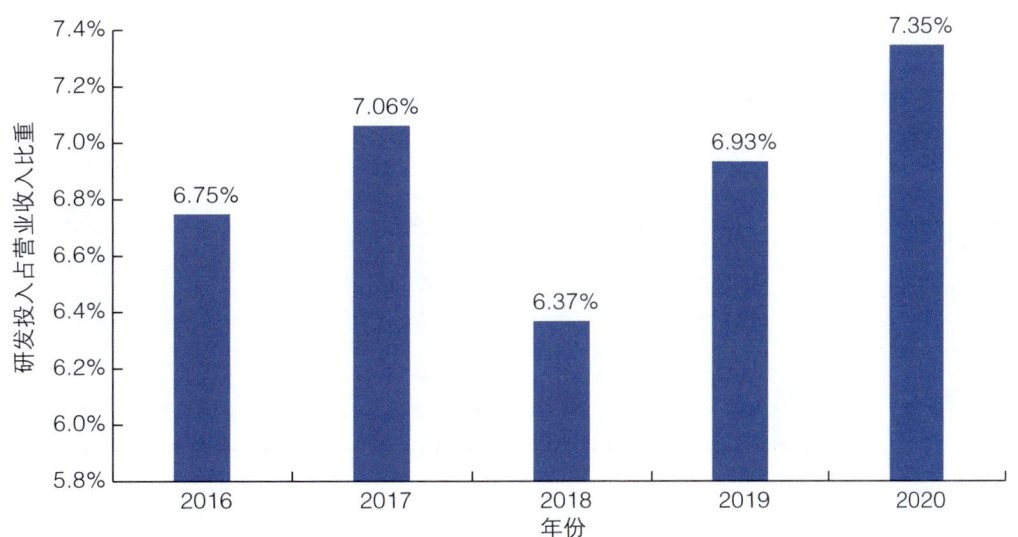

图4-35　2016—2020年国家高新区5G概念产业上市公司研发投入占营业收入比重

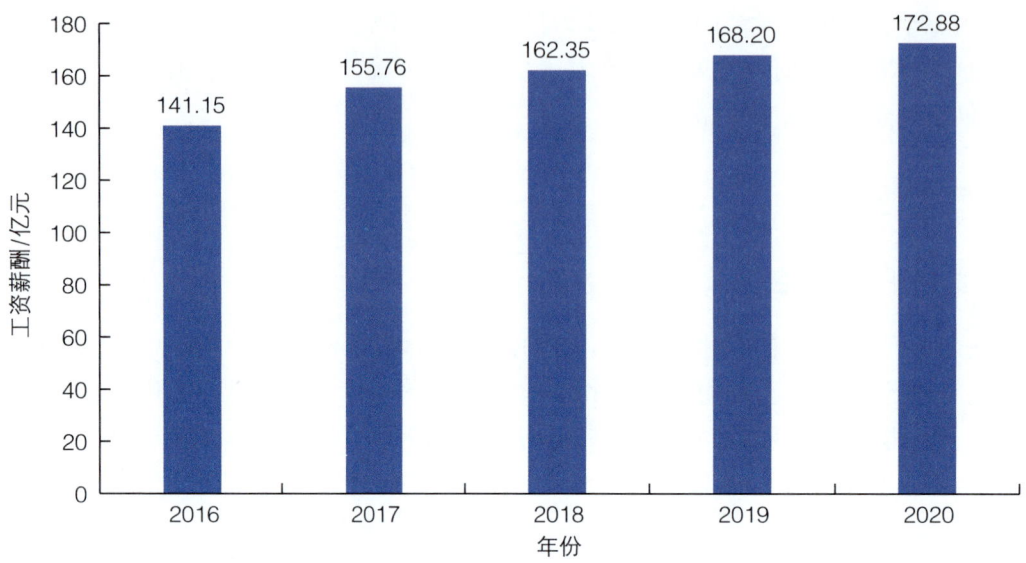

图4-36　2016—2020年国家高新区5G概念产业上市公司工资薪酬

当年新增知识产权价值高,但资本运用的综合效率还有较大进步空间。2020年,国家高新区5G概念产业上市公司当年新增知识产权价值为65 896.97万元(图4-37),在十大产业中表现较好,表明未来潜在经济效益高。但总资产收益率为1.76%,在十大产业中排名靠后,表明资本运用的综合效率还有较大进步空间。

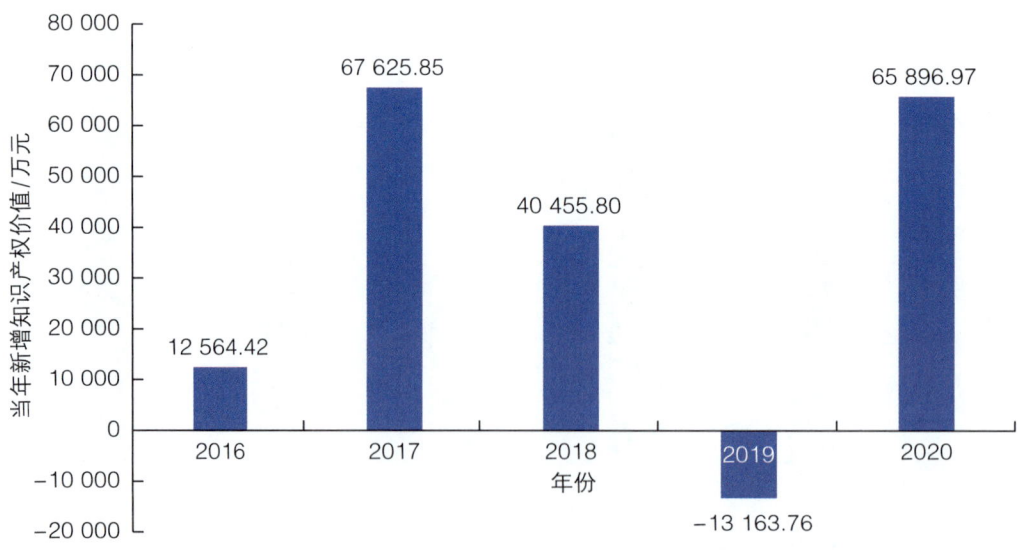

图4-37　2016—2020年国家高新区5G概念产业上市公司当年新增知识产权价值

从业人员人均教育经费高,管理决策专业度表现一般。2020年,国家高新区5G概念产业上市公司从业人员人均教育经费为2588.92元(图4-38),在十大产业中表现亮眼,表明通过不断提高人才培养的质量和规模,可为5G产业链、供应链企业提供人才支撑。但管理决策专业度还有较大进步空间,具体表现为股权制衡度为83.45%,机构持股比例为28.05%(图4-39)。

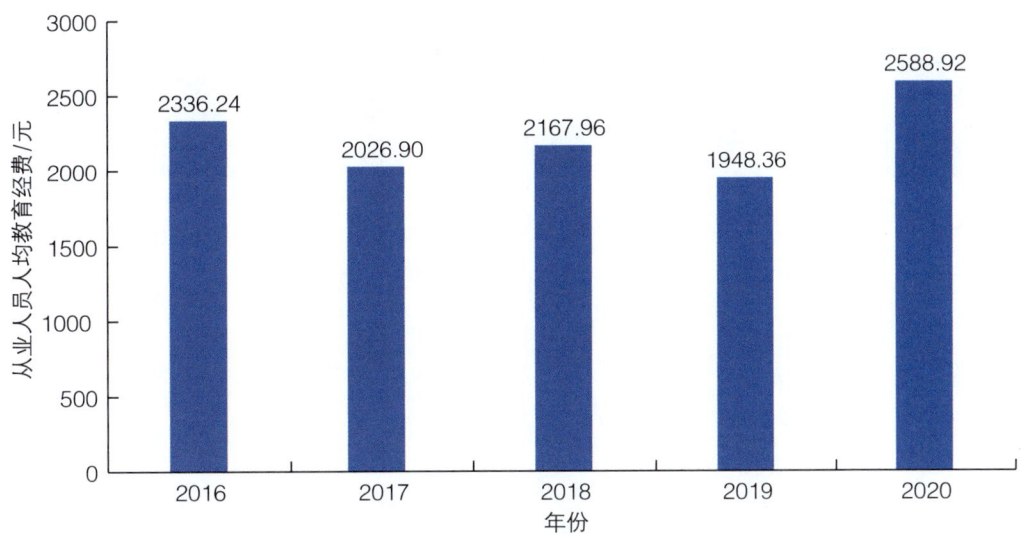

图 4-38　2016—2020 年国家高新区 5G 概念产业上市公司从业人员人均教育经费

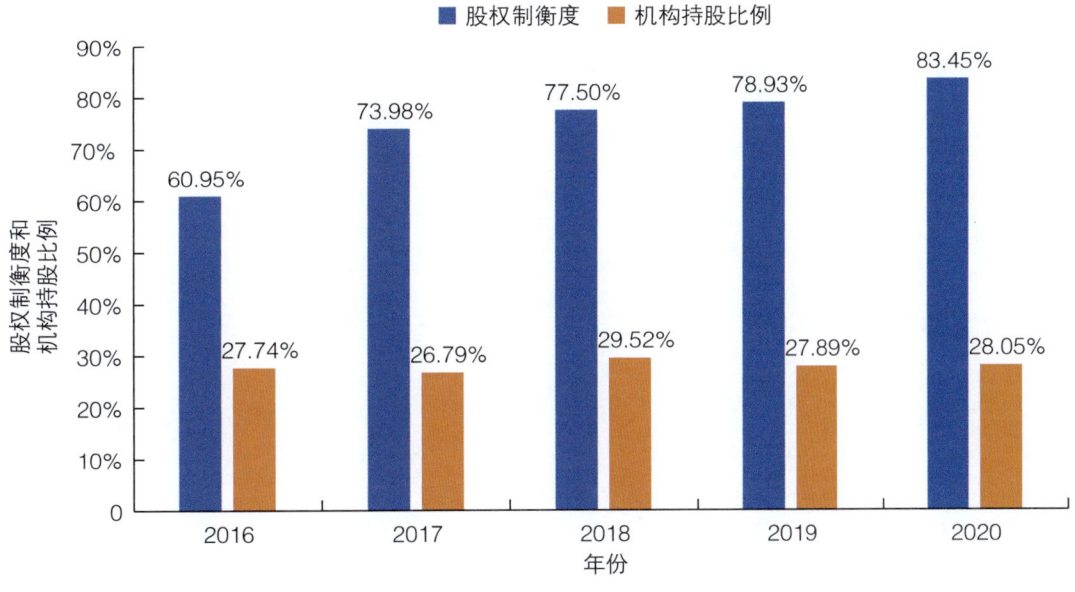

图 4-39　2016—2020 年国家高新区 5G 概念产业上市公司股权制衡度和机构持股比例

2. 产业内上市公司 20 强名单

结合第三章的企业创新能力分析，通过对国家高新区内 5G 概念产业 155 家上市公司的指标数据进行进一步归纳整理及评价分析，得出 5G 概念产业创新能力排名 20 强上市公司，具体如表 4-4 所示。

表 4-4 2020 年国家高新区内 5G 概念产业排名 20 强上市公司

排名	证券代码	公司中文名称	省市	组织形式	是否高企	A 创新投入能力	B 创新产出能力	C 创新保障能力	指数得分
1	000063.SZ	中兴通讯股份有限公司	广东	公众企业	是	17.27	36.74	19.06	73.07
2	600498.SH	烽火通信科技股份有限公司	湖北	中央国有企业	是	17.46	28.94	17.27	63.67
3	600143.SH	金发科技股份有限公司	广东	民营企业	是	15.02	30.74	16.87	62.63
4	002179.SZ	中航光电科技股份有限公司	河南	中央国有企业	是	16.51	29.11	16.81	62.43
5	688001.SH	苏州华兴源创科技股份有限公司	江苏	民营企业	是	14.18	32.49	14.93	61.60
6	300379.SZ	北京东方通科技股份有限公司	北京	民营企业	是	13.38	31.45	15.97	60.80
7	002465.SZ	广州海格通信集团股份有限公司	广东	地方国有企业	是	13.73	30.74	16.15	60.62
8	000938.SZ	紫光股份有限公司	北京	中央国有企业	是	18.40	25.34	16.75	60.50
9	002080.SZ	中材科技股份有限公司	江苏	中央国有企业	是	13.08	31.18	16.14	60.40
10	600183.SH	广东生益科技股份有限公司	广东	公众企业	是	12.21	31.41	16.69	60.31
11	601869.SH	长飞光纤光缆股份有限公司	湖北	公众企业	是	14.81	28.47	16.70	59.97
12	002281.SZ	武汉光迅科技股份有限公司	湖北	中央国有企业	是	14.42	28.23	16.33	58.98
13	002025.SZ	贵州航天电器股份有限公司	贵州	中央国有企业	是	15.89	27.16	15.44	58.48
14	300373.SZ	扬州扬杰电子科技股份有限公司	江苏	民营企业	是	13.05	29.64	15.53	58.22
15	603118.SH	深圳市共进电子股份有限公司	广东	公众企业	是	10.82	31.78	15.55	58.16
16	002396.SZ	福建星网锐捷通讯股份有限公司	福建	地方国有企业	否	18.93	22.98	15.83	57.75
17	002268.SZ	成都卫士通信息产业股份有限公司	四川	中央国有企业	是	15.70	26.07	15.52	57.29

续表

排名	证券代码	公司中文名称	省市	组织形式	是否高企	A 创新投入能力	B 创新产出能力	C 创新保障能力	指数得分
18	002583.SZ	海能达通信股份有限公司	广东	民营企业	是	14.85	27.11	15.21	57.17
19	000066.SZ	中国长城科技集团股份有限公司	广东	中央国有企业	是	13.66	26.99	16.29	56.94
20	603803.SH	瑞斯康达科技发展股份有限公司	北京	民营企业	是	13.85	26.81	15.99	56.66

3. 典型企业案例分析及借鉴

中航光电科技股份有限公司（简称中航光电）是一家从事军工防务及高端制造领域互联技术的高科技企业，经营范围包括高可靠光、电、流体连接器和连接技术的研发、生产和销售。2007年在深交所上市（股票代码：002179）。中航光电创新投入得分16.51，创新产出得分29.11，创新保障得分16.81，总创新能力得分62.43，在国家高新区5G概念产业上市公司中排名第四，表现突出。中航光电近5年经营绩效稳步上升，2020年营业收入为206.10亿元，同比增长12.51%，2020年净利润为28.27亿元，同比增长31.49%。

中航光电的创新经验总结如下。①以互联技术改进拉动市场创新。中航光电将自己的互联技术广泛应用于军事航空航天、电力设备、网络通信、数据中心、新能源车等领域，一旦捕捉到客户对互联技术的需求，就可以快速进军新的市场。②多手段运筹并举实现融资创新。中航光电创新融资方式，运用银行贷款、可转换公司债券、应付债券等多种手段混合持续融资，有效降低了企业资金和债务的风险。③持续的预先研究促进技术创新。中航光电非常重视自主预先研究，通过持续加大研发投入力度，以创新驱动企业长远发展。④互联生态圈撬动商业模式创新。中航光电在核心互联技术的基础上，对外拓展开发战略性平台，整合供应链资源，不断吸引外部企业加入互联技术外延行业，形成以现有技术为中心的互联生态圈，持续深入开发连接器下游容量大、潜力大、变化大的市场领域。⑤以国家重大战略引领管理创新。中航光电把拓展民用市场作为着力点，积极协调推进军工与民用市场、国内与国际市场的开拓和融合。

四、国产芯片产业

1. 产业发展评估及特色亮点

国家高新区国产芯片产业上市公司创新投入能力23.57，创新产出能力41.09，创新保障能力19.69，总创新能力84.35，在国家高新区十大产业中排名第一，表现最好。国家高新区已从人才培养、产业链补全、核心技术突破等各个方向着手，全面布局国产芯片研发。尽管和国外还存在较大差距，但在政策支持下，在"新基建""新经济"拉动下，国家高新区国产芯片产业上市公司迎来黄金发展阶段。

研发投入强度高，研发活动区域集中度高，企业获得的政府创新补助高。2020 年国家高新区国产芯片产业上市公司研发人员人均经费 39.99 万元，同比增长 8.29%。研发费用占营业收入比重为 6.28%，同比增长 0.59 个百分点。研发活动区域集中度为 125.03%，表现亮眼。国家政府从各个方面对集成电路企业给予扶持，2020 年国家高新区国产芯片产业上市公司获得的政府创新补助为 140.77 亿元（图 4-40），在十大产业中排名第一，并且呈现快速增长态势。

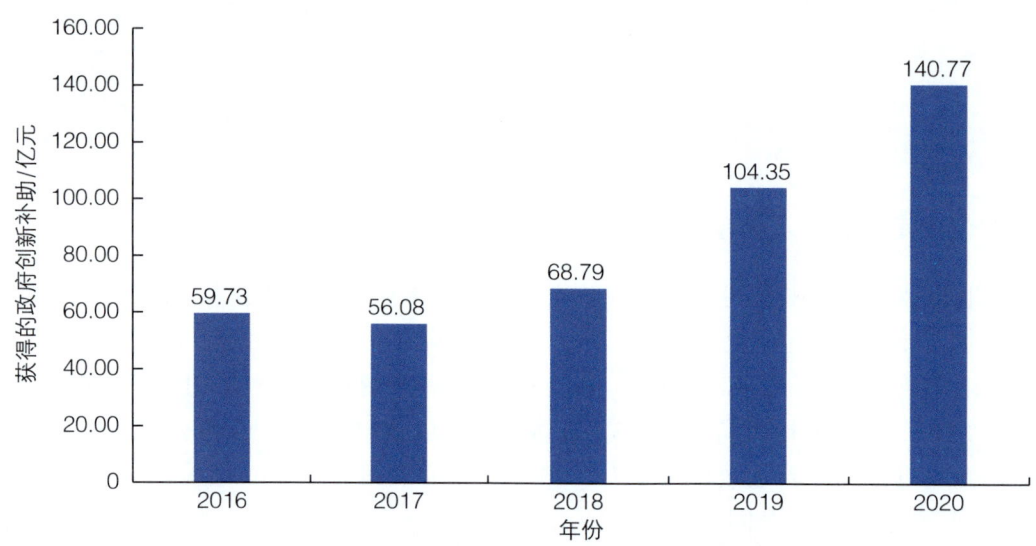

图 4-40　2016—2020 年国家高新区国产芯片产业上市公司获得的政府创新补助

技术成果产出高。2020 年，国家高新区国产芯片产业上市公司当年新增专利数量为 48 901 件（图 4-41），在国家高新区十大产业中排名第一，比第 2 名物联网产业多出 12 993 件。表明国家高新区国产芯片产业上市公司不断地实现崛起，不断地开始往好的方向发展，并且已经有越来越多的企业开始掌握核心技术，开始摆脱国外的控制，越来越重视技术研发、核心专利申请等。

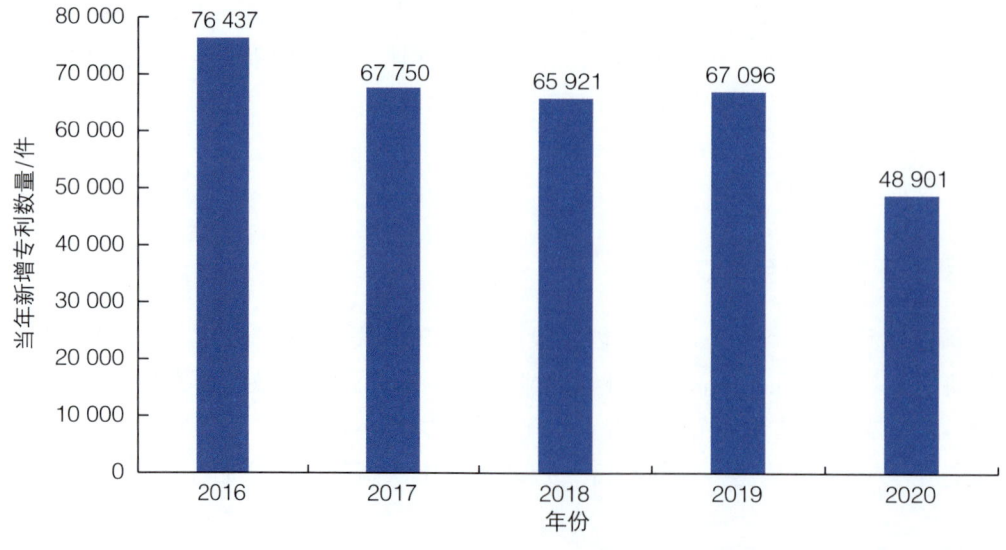

图 4-41　2016—2020 年国家高新区国产芯片产业上市公司当年新增专利数量

总市值均值创新高,核心技术储备能力强。2020年,国家高新区国产芯片产业上市公司总市值均值为34 829.85亿元(图4-42),同比增长83.00%,且呈现快速发展态势,在国家高新区十大产业中表现最好。核心技术储备为162 268件,在十大产业中表现最好。

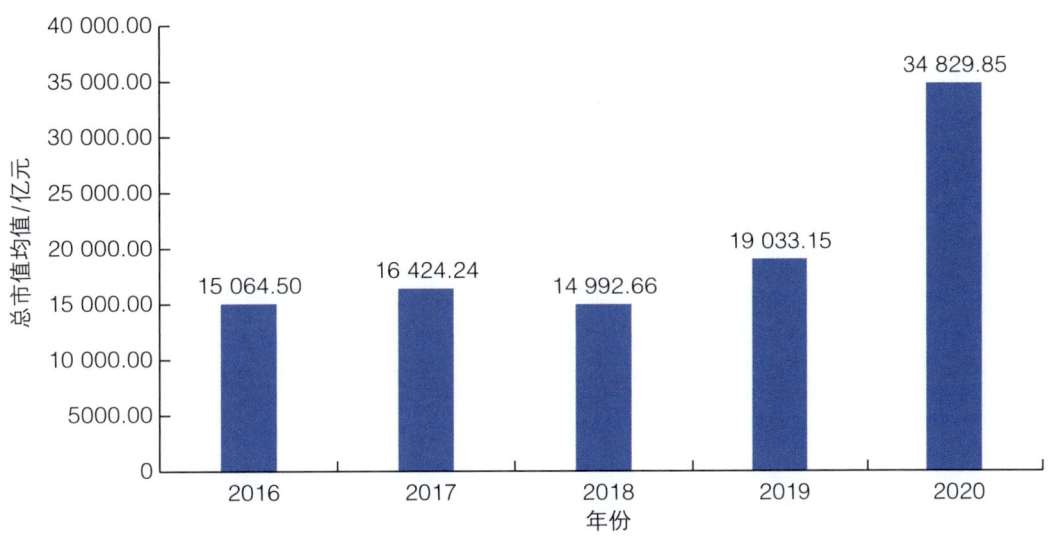

图4-42　2016—2020年国家高新区国产芯片产业上市公司总市值均值

2. 产业内上市公司20强名单

结合第三章的企业创新能力分析,通过对国家高新区国产芯片产业152家上市公司的指标数据进行进一步的归纳整理及评价分析,得出国产芯片产业创新能力前20名企业(表4-5)。

表4-5　2020年国家高新区国产芯片产业上市公司20强

排名	证券代码	公司中文名称	省市	组织形式	是否高企	A创新投入能力	B创新产出能力	C创新保障能力	指数得分
1	000651.SZ	珠海格力电器股份有限公司	广东	公众企业	是	15.89	41.64	20.08	77.61
2	000725.SZ	京东方科技集团股份有限公司	北京	地方国有企业	是	16.55	39.34	19.51	75.40
3	000063.SZ	中兴通讯股份有限公司	广东	公众企业	是	17.27	36.74	19.06	73.07
4	002236.SZ	浙江大华技术股份有限公司	浙江	民营企业	是	18.51	30.75	18.21	67.47
5	000977.SZ	浪潮电子信息产业股份有限公司	山东	地方国有企业	是	19.24	29.10	17.36	65.70

续表

排名	证券代码	公司中文名称	省市	组织形式	是否高企	A创新投入能力	B创新产出能力	C创新保障能力	指数得分
6	600060.SH	海信视像科技股份有限公司	山东	公众企业	是	17.65	31.28	16.75	65.68
7	000581.SZ	无锡威孚高科技集团股份有限公司	江苏	地方国有企业	是	14.16	34.13	15.94	64.24
8	603501.SH	上海韦尔半导体股份有限公司	上海	民营企业	是	16.58	31.52	15.59	63.69
9	600498.SH	烽火通信科技股份有限公司	湖北	中央国有企业	是	17.46	28.94	17.27	63.67
10	300866.SZ	安克创新科技股份有限公司	湖南	民营企业	是	18.31	28.00	16.81	63.12
11	300349.SZ	金卡智能集团股份有限公司	浙江	民营企业	是	13.67	32.59	16.34	62.61
12	300567.SZ	武汉精测电子集团股份有限公司	湖北	民营企业	是	14.83	32.15	15.50	62.48
13	688008.SH	澜起科技股份有限公司	上海	公众企业	否	16.31	30.18	15.83	62.32
14	603019.SH	曙光信息产业股份有限公司	天津	中央国有企业	是	18.33	26.67	17.01	62.01
15	688001.SH	苏州华兴源创科技股份有限公司	江苏	民营企业	是	14.18	32.49	14.93	61.60
16	603893.SH	瑞芯微电子股份有限公司	福建	民营企业	是	17.18	27.61	16.56	61.35
17	601615.SH	明阳智慧能源集团股份公司	广东	民营企业	是	14.78	28.83	17.20	60.81
18	002180.SZ	纳思达股份有限公司	广东	民营企业	是	16.65	27.74	16.37	60.76
19	002465.SZ	广州海格通信集团股份有限公司	广东	地方国有企业	是	13.73	30.74	16.15	60.62
20	300223.SZ	北京君正集成电路股份有限公司	北京	民营企业	是	14.95	29.47	15.98	60.40

3. 典型企业案例分析及借鉴

珠海格力电器股份有限公司（简称格力电器）成立于1991年，1996年11月在深交所挂牌上市。公司成立初期，主要依靠组装生产家用空调，现已发展成多元化、科技型的全球工业制造集团，产业覆盖家用消费品和工业装备两大领域，产品远销160多个国家和地区。格力电器创新投入能力15.89，创新产出能力41.64，创新保障能力20.08，创新能力总得分77.61，在国家高新区国产芯片产业上市公司中排名第一，表现最好。目前，格力电器全球空调销量第一，2020年销售收入达到3363.98亿元，实现净利润443.50亿元。

格力电器创新发展经验总结：①技术创新铸就品质，产业升级成就品牌。格力电器以自主创新为原动力，完善产品研发平台，改造升级产业设备，构建核心技术能力，为产品质量提供品质保障，"滚动创新"推动企业进入转型升级的发展快轨，铸就格力电器空调巨头的品牌形象，真正实现从"中国制造"到"中国创造"。②营销创新变革传统模式，"互联网+"打造新业态。商业模式创新是企业拥有强大竞争力、不断发展壮大的锐利武器。从自主营销模式到国际化发展模式，再到"互联网+"模式，格力电器从未停下创新的步伐。③管理创新焕发生机，融资创新延伸产业链。成本控制难、风险控制难、信息收集难一直是压在小微企业金融服务身上的"三座大山"，而努力成为世界一流金融企业的格力电器，通过创办财务公司，延伸企业产业链，为企业提供融资服务，有效保障了资本的流动性、安全性和效益性。④创新文化逐步形成，创新激励不断完善。创新驱动实质上是人才驱动。对于格力电器这艘中国空调业的"千亿航母"而言，"择天下英才而用之"，广泛吸引各类创新人才特别是紧缺人才，并积极培育科技创新的文化和土壤，是其不断取得成功的"秘籍"。

五、大数据

1. 产业发展评估及特色亮点

随着新一代信息技术的快速发展和广泛应用，人类掌握数据、处理数据的能力实现质的跃升，万物数字化构建现实世界的数字空间映像已成为可能，为大数据产业带来了新的发展机遇。当前，人类社会正在进入以数据的深度挖掘和融合应用为主要特征的信息化3.0阶段，信息技术从辅助各行业领域发展的工具，转变为引领社会经济发展的核心引擎，通过挖掘和释放大数据思维价值、经济价值和赋能价值，驱动数字经济爆发式增长。在十大产业中，国家高新区大数据产业上市公司排名第八，创新投入能力得分为20.32，创新产出能力得分为20.47，创新保障能力得分为18.86。其中，创新投入能力和创新保障能力排名第四，表现较好；创新产出能力排名第十，较为靠后。

大数据产业步入发展"快车道"。随着新型智慧城市和数字城市建设热潮的兴起，以及各地与大数据和数字经济相关的园区加速落地，大数据产业规模持续扩大，涌现出了一批大数据概念上市公司。截至2020年底，国家高新区1622家A股上市公司中有149家大数据企业，占据了A股大数据概念上市公司的一半江山。近年来，国家高新区大数据产业上市公司营业收入呈持续增长态势，由2016年的5088.24亿元增加到2020年的7792.97亿元，年均增速达11.25%。（图4-43）从全国来看，《2021—2022中国大数据产业发展报告》预测，未来3年，中国大数据产业市场将保持12%以上的增速，到2023年整体规模将达到11 522.50亿元。

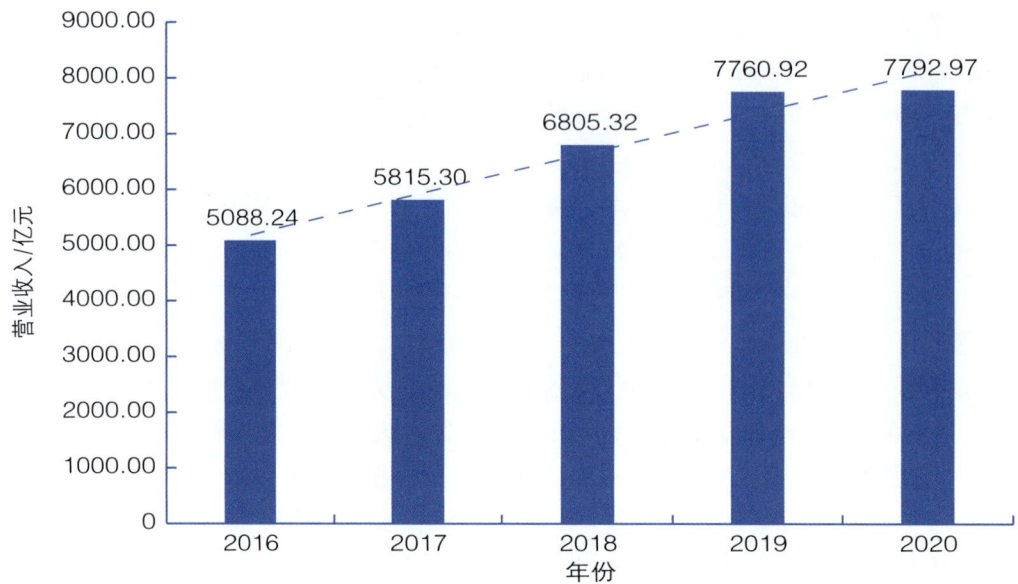

图 4-43 2016—2020 年国家高新区大数据产业上市公司营业收入

研发人员迅速集聚。大数据产业迅猛发展、行业大数据应用快速落地，也吸引了更多的大数据人才。2016—2020 年，国家高新区大数据产业上市公司研发人员以每年 1.78 万人的速度增长，进一步推动了大数据技术的进步和应用（图 4-44）。

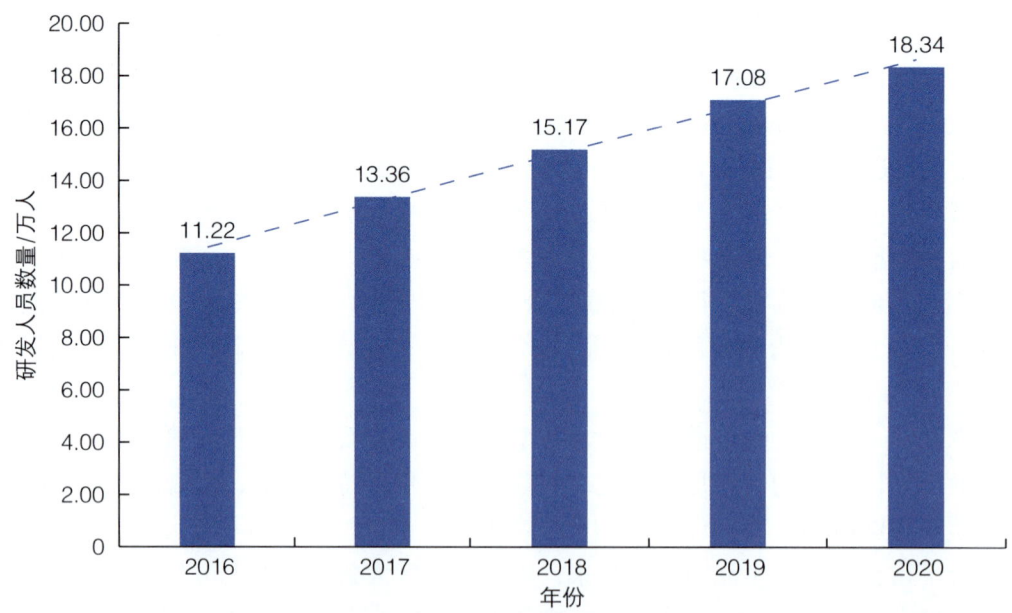

图 4-44 2016—2020 年国家高新区大数据产业上市公司研发人员数量

大数据成为国家高新区发展的特色名片。2013 年以来，随着大数据上升为我国的国家战略，国家高新区纷纷布局大数据产业，积极建设大数据中心。从高新区分布来看，中关村科技园区一枝独秀，拥有 67 家大数据产业上市公司；上海张江和深圳高新区排名第二，有 13 家上市公司布局大数据产业;此外西部高新区逐渐成为发展大数据产业的热点地区,贵阳高新区即为西部地区发展大数据产业的代表(图4-45)。贵阳高新区敏锐地捕捉到并把握住新技术革命和产业变革带来的历史机遇,选择大数据产业作为发展方向,并通过发挥比较优势和后发赶超优势,与科技创新密集区实现高位对接,迅速发展大数据产业,走出了一条符合实际的绿色发展路径,也为西部地区其他高新区如何摆脱发展路径依赖、如何发展新兴产业、如何加快提质增效带来一些新的启示。

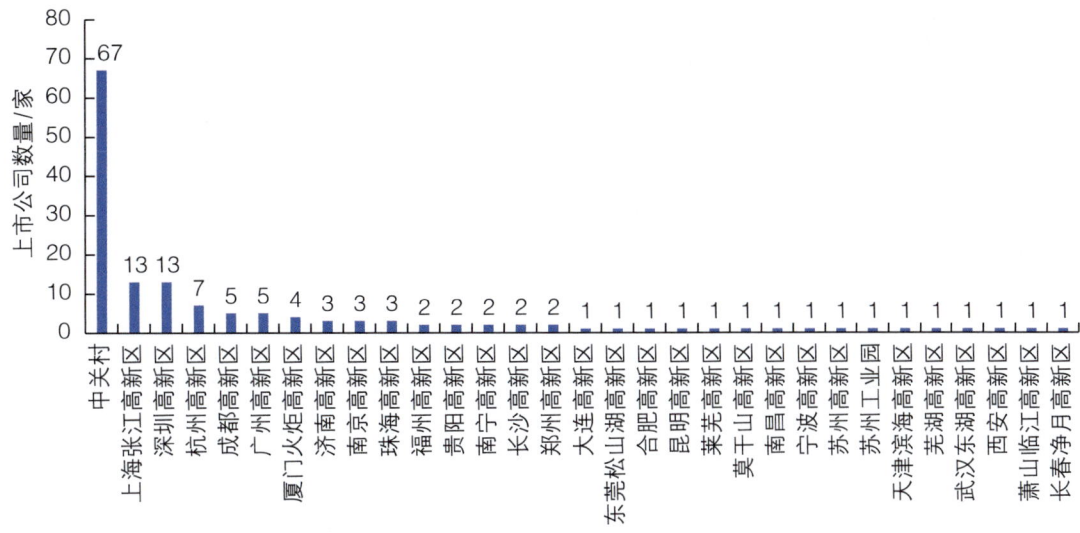

图4-45 国家高新区大数据产业上市公司分布

产业体系成为大数据发展的坚实基础。"十三五"时期,国家高新区大数据产业体系已初具雏形,在大数据资源建设、技术、应用等领域涌现出的新模式和新业态日趋活跃。随着进入"十四五"时期,首先,国家高新区大数据产业基础继续巩固,从4G网络到5G网络,从数据中心到智算中心,新型基础设施的创新发展为数据资源的利用提供了坚固的底座;其次,大数据产品和服务体系初具规模,全国范围遴选出338个大数据优秀产品及400个典型试点示范,大数据应用逐渐扩展;最后,生态体系升级优化,我国陆续建设了8个国家级大数据综合试验区、11个大数据领域工业化产业示范基地,一批大数据龙头企业迅速崛起,形成大企业引领、中小企业协同、创新企业日益涌现的发展新格局。

行业大数据开发利用不够充分。在实践中,与实体经济紧密结合的行业大数据应用蕴含着巨大的发展潜力和价值,麦肯锡报告指出,制造业企业利用大数据技术能够降低10%~15%的生产成本。然而,国家高新区上市公司数字化转型缓慢,大数据与实体经济融合不够深入,大企业仍倾向打造封闭生产系统,中小企业数字化转型的动力和能力明显不足,大数据融入行业生产、业务、组织等各个方面并作用于创新增值、价值提升的程度不够,生态系统亟待形成和发展。从数据显示来看,国家高新区有78.52%的大数据产业上市公司集中在软件和信息技术服务业,计算机、通信和其他电子设备制造业,互联网和相关服务,在行业应用方面,主要在电气机械和器材制造业,商务服务业,电信、广播电视和卫星传输服务,通用设备制造业,仪器仪表制造业,专业技术服务业,铁路、船舶、航空航天和其他运输设备制造业等有所涉及(图4-46)。

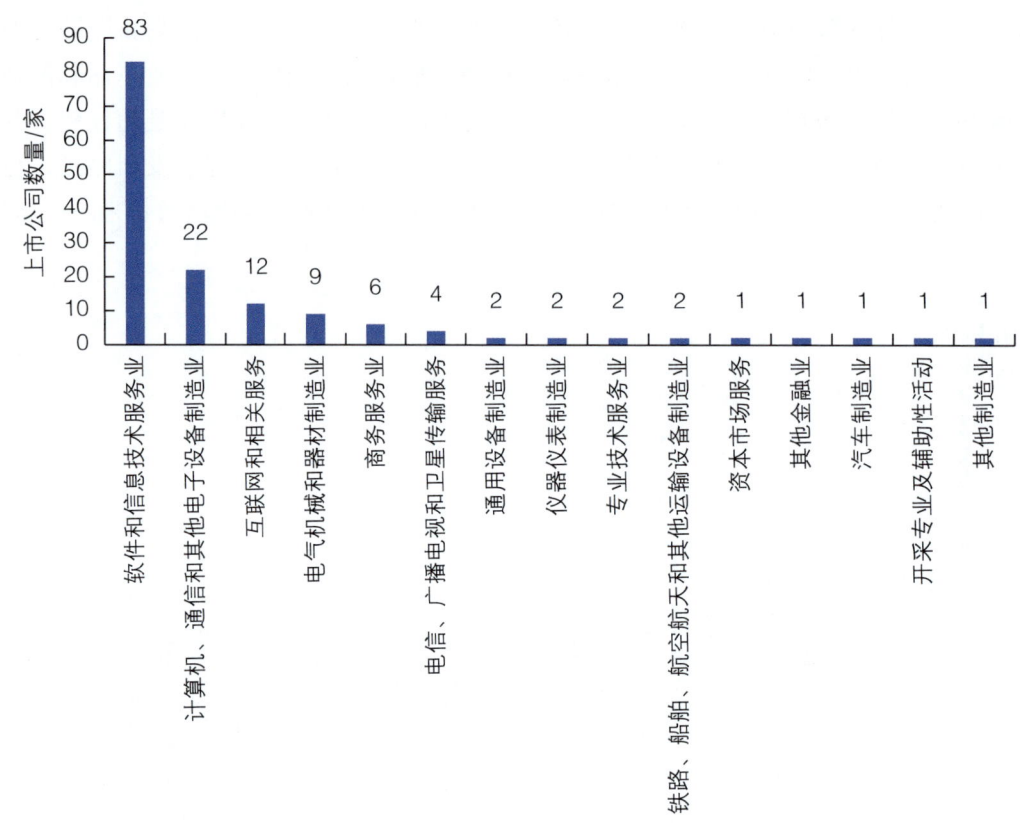

图 4-46　国家高新区大数据产业上市公司领域分布

2. 产业内上市公司 20 强名单

结合第三章的企业创新能力分析，通过对国家高新区大数据产业 149 家上市公司的指标数据进行进一步的归纳整理及评价分析，得出大数据产业创新能力前 20 名企业（表 4-6）。

表 4-6　2020 年国家高新区大数据产业上市公司 20 强

排名	证券代码	公司中文名称	省市	组织形式	是否高企	A创新投入能力	B创新产出能力	C创新保障能力	指数得分
1	002415.SZ	杭州海康威视数字技术股份有限公司	浙江	中央国有企业	是	19.59	35.05	19.24	73.87
2	000977.SZ	浪潮电子信息产业股份有限公司	山东	地方国有企业	是	19.24	29.10	17.36	65.70
3	600498.SH	烽火通信科技股份有限公司	湖北	中央国有企业	是	17.46	28.94	17.27	63.67
4	600271.SH	航天信息股份有限公司	北京	中央国有企业	是	13.02	32.91	17.25	63.18
5	688561.SH	奇安信科技集团股份有限公司	北京	民营企业	否	15.84	29.04	17.18	62.06

续表

排名	证券代码	公司中文名称	省市	组织形式	是否高企	A创新投入能力	B创新产出能力	C创新保障能力	指数得分
6	603019.SH	曙光信息产业股份有限公司	天津	中央国有企业	是	18.33	26.67	17.01	62.01
7	600588.SH	用友网络科技股份有限公司	北京	民营企业	是	14.49	30.23	16.98	61.70
8	300379.SZ	北京东方通科技股份有限公司	北京	民营企业	是	13.38	31.45	15.97	60.80
9	000938.SZ	紫光股份有限公司	北京	中央国有企业	是	18.40	25.34	16.75	60.50
10	300188.SZ	厦门市美亚柏科信息股份有限公司	福建	中央国有企业	是	14.60	28.12	16.86	59.57
11	600590.SH	泰豪科技股份有限公司	江西	公众企业	是	14.47	28.10	16.47	59.04
12	688023.SH	杭州安恒信息技术股份有限公司	浙江	民营企业	是	14.51	27.88	16.20	58.60
13	688568.SH	中科星图股份有限公司	北京	中央国有企业	否	14.22	28.85	15.48	58.55
14	000997.SZ	新大陆数字技术股份有限公司	福建	民营企业	是	15.07	27.02	16.01	58.10
15	600100.SH	同方股份有限公司	北京	中央国有企业	是	15.83	25.68	16.57	58.08
16	600166.SH	北汽福田汽车股份有限公司	北京	地方国有企业	是	14.28	26.18	17.61	58.07
17	600845.SH	上海宝信软件股份有限公司	上海	中央国有企业	是	14.91	26.18	16.81	57.90
18	300773.SZ	拉卡拉支付股份有限公司	北京	公众企业	是	12.90	29.36	15.25	57.50
19	002268.SZ	成都卫士通信息产业股份有限公司	四川	中央国有企业	是	15.70	26.07	15.52	57.29
20	000066.SZ	中国长城科技集团股份有限公司	广东	中央国有企业	是	13.66	26.99	16.29	56.94

3. 典型企业案例分析及借鉴

杭州海康威视数字技术股份有限公司（简称海康威视，证券代码002415.SZ）是以视频为核心的智能物联网解决方案和大数据服务提供商，聚焦于智能物联网、大数据服务和智慧业务，构建开放合作生态，为公共服务领域用户、企事业用户和中小企业用户提供服务，致力于构筑云边融合、物信融合、数智融合的智慧城市和数字化企业。2010年5月，海康威视在深交所中小企业板上市。

公司全球员工超 42 000 人（截至 2020 年 12 月 31 日），其中研发人员和技术服务人员超 20 000 人，研发投入占全年营业收入的 10.04%（2020 年），绝对数额名列业内前茅。海康威视是博士后科研工作站单位，以杭州为中心，建立辐射北京、上海、武汉、西安、成都及加拿大蒙特利尔、英国伦敦的研发中心体系，并计划在重庆和石家庄进行研发投入。

海康威视聚焦于智能物联网、大数据服务和智慧业务，提供软硬融合、云边融合的智能物联网产品及服务，提供物信融合、数智融合的大数据平台产品及服务，拓展智能家居、移动机器人与机器视觉、汽车电子、智慧存储、红外热成像、智慧消防、智慧安检、智慧医疗等创新业务。随着感知平台、数据平台和应用平台的积累沉淀，研发更多的感知手段、获取更多的感知数据和发展更多的感知应用，毫米波、远红外、X 光、声波等感知技术的加入，将助力海康威视开拓更多业务领域，构建开放合作生态，服务于公共服务领域用户、企事业用户和中小企业用户，致力于智慧城市和数字化企业等智慧业务的建设与服务。

海康威视坚持以技术产品为根，以赋能客户为本，以人工智能赋能应用场景，以数智融合赋能企业数字化转型和智慧城市建设，务实笃行，开拓创新业务，做智能化时代实体经济的践行者，具有很强的核心竞争力。

（1）持续大力度的研发投入，以技术创新驱动公司发展

海康威视始终以行业需求为出发点，带动产品与解决方案的升级迭代，保持大力度的研发投入，构筑公司深厚的技术能力。从视频采集起步发展至今，海康威视跟随业务拓展不断探索全光谱感知能力，将信息感知方式从可见光扩展到远红外、X 光、毫米波等领域，并不断探索声、温、湿、压、磁等感知手段，磨砺迭代信号处理、传输显示等一系列硬件设备，也将产品应用场景从安防与智能物联网扩展到工业自动化、汽车辅助驾驶、消防、安检等领域，每年销售的硬件设备已达 27 000 种不同型号。

海康威视近 5 年研发总投入超过 200 亿元，2020 年研发投入占销售额比重超过 10%，研发技术人员超过 2 万人，占公司总人数近 50%。海康威视始终围绕业务场景、长期高强度的技术投入为公司业务的稳健发展提供有力支撑。

（2）持续优化国内外销服体系，与合作伙伴共创价值

海康威视在国内建立了 32 个省级业务中心，将业务决策与软件定制开发能力前移，300 多个城市分公司覆盖国内大部分地市，保障业务有效开展。海康威视在海外设立 19 个大区功能中心，下设 66 个分支机构，以国家为单位构筑营销、服务与研发网络，为 155 个国家与地区提供服务。公司与 30 多所大学和科研院所开展合作，和 100 多家用户单位建立联合创新实验室，向合作伙伴充分开放，成就彼此，共同打造产业创新联合体。

（3）坚持核心经营理念，持续磨砺管理体系

面对业务不断发展变化，海康威视的资源组织方式与管理方法也随之更新。在业务方向制定上，公司已形成完整的战略规划方法，定期滚动刷新，统一认识，各业务、职能部门上下拉通、左右对齐，确保目标明确、分解到位；在流程管理上，公司以客户为中心做流程化管理，每年推动 100 余个流程管理变革项目，不断优化资源布局，捋顺协同方法；公司将 IT 系统延伸到业务开展的方方面面，有效提供服务，提升业务效率；公司用大数据手段来进行财务风险的识别和管控，建设数字化、全协同的质量管理体系，完善内部运作风控机制，加大内部反腐败和廉政建设的力度，尊重和保护知识产权。

（4）牵引供应链体系应对变化，柔性布局生产资源

海康威视与供应商发展稳定互惠的合作关系，与全球超过1000家供应商携手合作，共同开发打磨硬件底层技术平台。海康威视在杭州桐庐、杭州滨江、重庆建立国内制造基地，持续推进武汉制造基地建设和桐庐、重庆的扩产计划，并在印度、巴西、英国建立海外工厂，支持全球产品供应。公司凭借180多条SMT生产线、40多条自动化组装线，构建业内领先的自动化生产能力，打造敏捷、柔性、协同的制造体系，满足多品种、小批量、大规模定制生产模式的要求。

（5）长期坚持"以人为本、共同成长"，汇聚全球人才

海康威视将人才视为企业竞争力最重要的来源，秉承"以人为本、共同成长"的用人理念，广泛汇聚全球人才。公司建立了管理与专业双序列的职业发展通道，打造任职资格评价体系和人才评鉴体系，实施多级培训机制，为公司中坚力量的巩固升级、后备力量的储备发展持续投入资源。公司不断完善绩效考核机制，形成了由薪酬福利、股权激励、创新业务跟投构成的员工综合回报体系，并鼓励员工自由建立兴趣社团，组织"高管面对面""经理人对话""人文大讲堂""读书会"等主题活动，帮助员工全方位收获成长。

（6）持续建设全球合规体系，为业务发展保驾护航

海康威视业务遍布全球各地，努力构建全球合规体系，使各地业务开展遵从当地法律法规，实现可持续发展。海康威视在2019年成立独立的全球合规部门，努力实现公司治理体系和风险管控体系的国际化，接受各方监督，务实笃行。公司合规部门配合各地业务团队，细致研究各个国家与地区的法律法规，在业务开展过程中做全流程合规指引，定期开展内部合规教育，增强全公司各个组织部门的合规意识，助力公司业务顺利开展。

六、区块链

1. 产业发展评估及特色亮点

目前，区块链作为数字经济革命中的重要支撑，正以新一代信息基础设施的姿态快速发展并渗透到我国经济的各个领域，对我国经济社会发展的支撑作用初步显现。首先从技术挑战的角度来看，区块链即分散交易和数据管理技术，数据库由系统中涉及的所有节点共同维护，具有分散性、抗篡改性、透明性和安全性等特点；其次，区块链是一个防篡改的数据库，它在大量节点之间保持一致的事务，区块链上的事务被分组并存储在块中，还存储了这些事务的组合散列，并且每个后续块保存前一个块的组合散列，这就创建了一个包含信息链的加密安全链和链接块；最后，区块链技术是MDL的一种形式，MDL技术提供了一种无中心所有权的电子公务完整性记录，它合并了第三方的某些功能，在金融服务方面有着巨大的潜力。在十大产业中，国家高新区区块链产业上市公司排名第九，创新投入能力得分为15.56，创新产出能力得分为20.77，创新保障能力得分为16.52。其中，创新保障能力排名第六，具有相对优势。

政府资金支持力度显著增强。近年来，我国高度重视区块链产业发展，对区块链产业呈现出包容、开放等积极态度，国家部委、地方政府等纷纷出台区块链相关政策，区块链政策数量得到进一步丰富，推动区块链产业创新发展。近两年，国家高新区对区块链产业上市公司的资金支持力度也在明显加大，达到了50亿元（图4-47）。

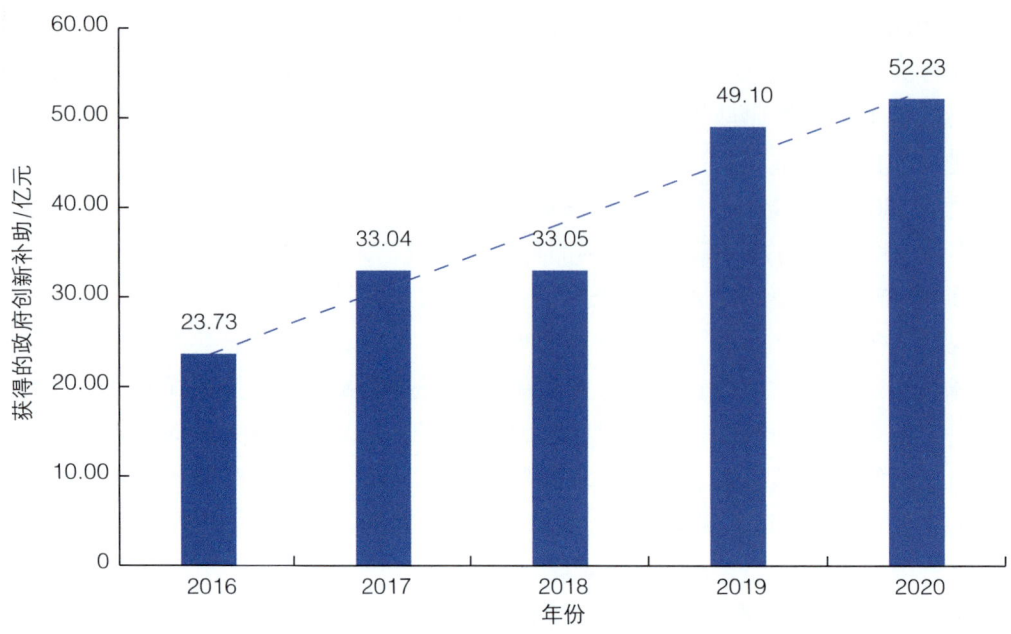

图 4-47　2016—2020 年国家高新区区块链产业上市公司获得的政府创新补助

资本市场认可度明显提升。区块链产业最强风口已经降临，万亿市场全面爆发，成为资本市场关注度最高的耀眼新星。从数据指标来看，2016—2020 年国家高新区区块链产业上市公司总市值呈"V"形变化趋势，2019 年总市值实现触底反弹，获得资本市场的青睐。未来 3 年，随着数字经济的快速发展，国家高新区区块链产业上市公司将实现快速发展（图 4-48）。

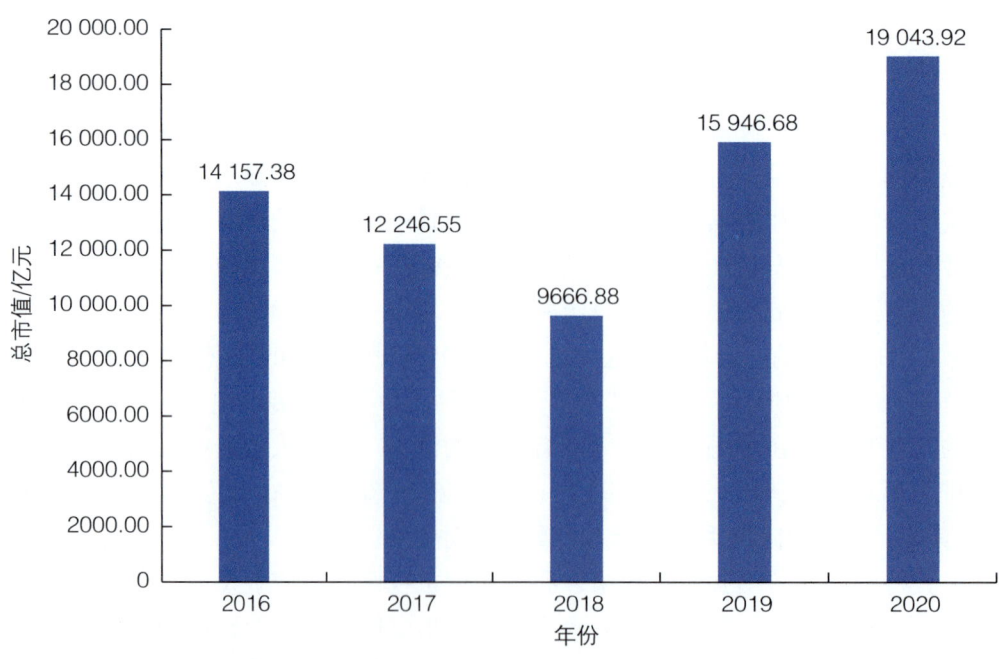

图 4-48　2016—2020 年国家高新区区块链产业上市公司总市值

多技术融合发展成为热点。国家高新区区块链产业上市公司与人工智能、大数据、物联网、云计算等新一代信息技术融合发展进一步深化，成为带动国家高新区数字经济产业转型升级的主要动力，形成技术、应用、标准相对完备的区块链产业生态，率先建成全国领先的区块链数字经济产业发展先锋军。从数据来看，在国家高新区 140 家区块链产业上市公司中，有 43 家涉及人工智能概念，60 家涉及大数据概念，47 家涉及物联网概念，50 家涉及云计算概念。

应用范围存在局限，商业应用范式有待创新。尽管凭借我国深厚的技术产业基础，国家高新区区块链产业上市公司已开始在制造业，租赁和商务服务业，建筑业，交通运输、仓储和邮政业，批发和零售业，金融业，文化、体育和娱乐业等多个行业凸显作用，形成了典型示范，但目前，国家高新区区块链产业上市公司数量和产业应用尚不匹配，区块链产业可供大规模商业推广的应用案例还存在不足，尚未有知名现象级应用出现（图 4-49）。

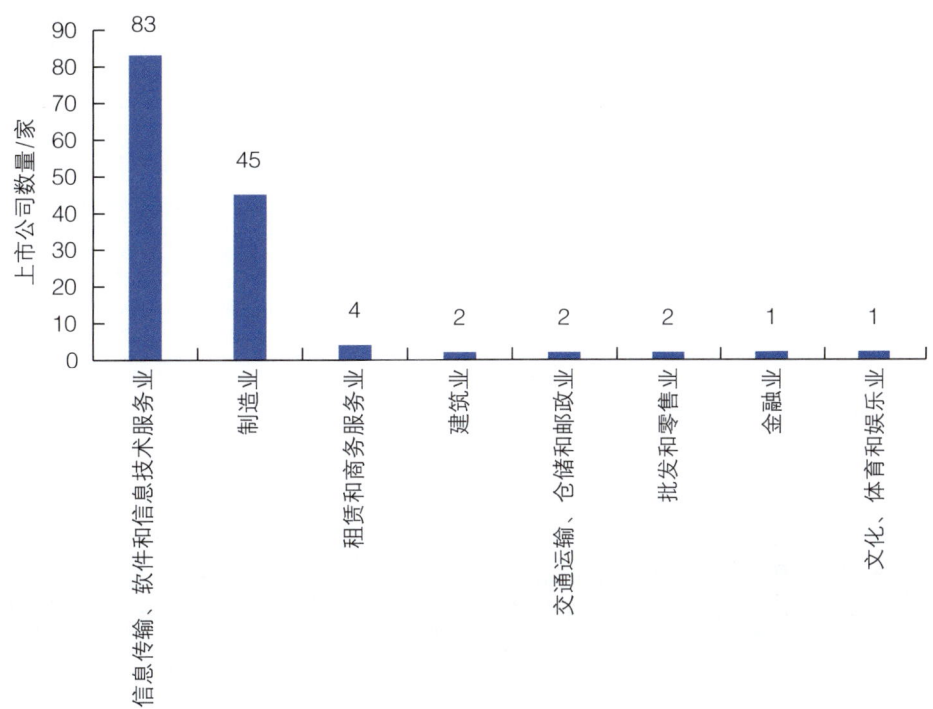

图 4-49　国家高新区区块链产业上市公司领域分布

关键技术进入攻关期，专利产出水平有所下降。随着区块链技术的发展，其进入异构多链跨链体系、链上链下协同技术、隐私密码技术等关键技术的研究阶段。国家高新区区块链产业上市公司在全国大环境下，技术突破和专利产出相对比较有难度，2017 年以后，国家高新区区块链产业上市公司当年新增专利数量有所下降，在关键技术上有待实现新的突破（图 4-50）。

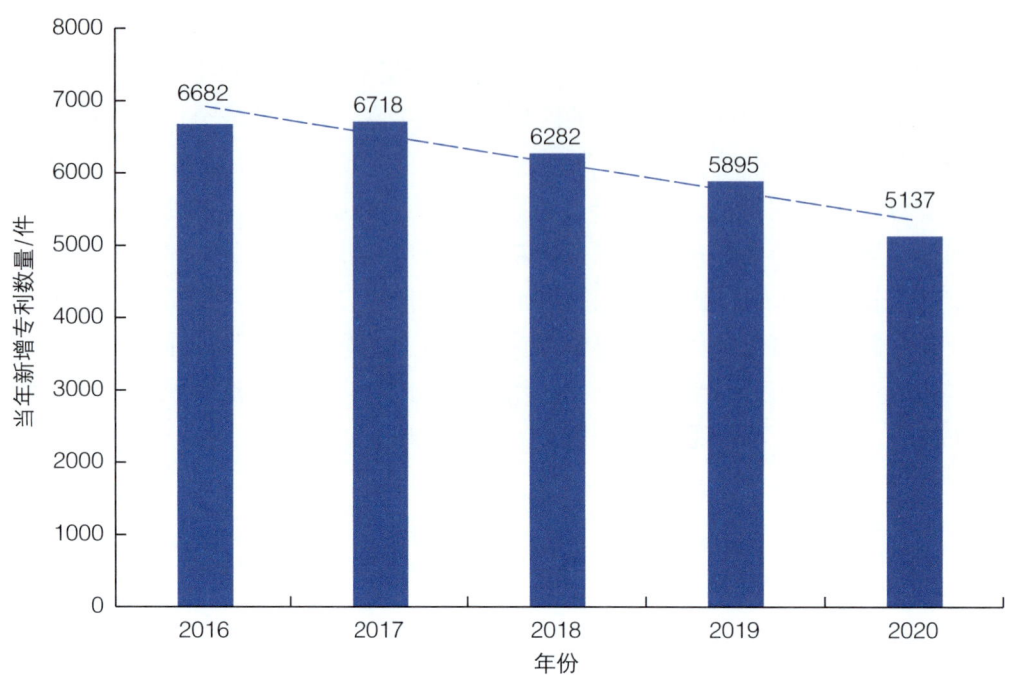

图 4-50　2016—2020 年国家高新区区块链产业上市公司当年新增专利数量

2. 产业内上市公司 20 强名单

结合第三章的企业创新能力分析，通过对国家高新区区块链产业 140 家上市公司的指标数据进行进一步的归纳整理及评价分析，得出区块链产业创新能力前 20 名企业（表 4-7）。

表 4-7　2020 年国家高新区区块链产业上市公司 20 强

排名	证券代码	公司中文名称	省市	组织形式	是否高企	A 创新投入能力	B 创新产出能力	C 创新保障能力	指数得分
1	600271.SH	航天信息股份有限公司	北京	中央国有企业	是	13.02	32.91	17.25	63.18
2	600588.SH	用友网络科技股份有限公司	北京	民营企业	是	14.49	30.23	16.98	61.70
3	600570.SH	恒生电子股份有限公司	浙江	民营企业	否	15.49	30.04	15.96	61.49
4	300379.SZ	北京东方通科技股份有限公司	北京	民营企业	是	13.38	31.45	15.97	60.80
5	000938.SZ	紫光股份有限公司	北京	中央国有企业	是	18.40	25.34	16.75	60.50
6	300223.SZ	北京君正集成电路股份有限公司	北京	民营企业	是	14.95	29.47	15.98	60.40

续表

排名	证券代码	公司中文名称	省市	组织形式	是否高企	A创新投入能力	B创新产出能力	C创新保障能力	指数得分
7	600718.SH	东软集团股份有限公司	辽宁	公众企业	是	17.69	25.25	17.38	60.32
8	300188.SZ	厦门市美亚柏科信息股份有限公司	福建	中央国有企业	是	14.60	28.12	16.86	59.57
9	300682.SZ	朗新科技集团股份有限公司	江苏	民营企业	是	14.61	29.21	15.47	59.30
10	600839.SH	四川长虹电器股份有限公司	四川	地方国有企业	否	10.86	30.83	17.59	59.28
11	601598.SH	中国外运股份有限公司	北京	中央国有企业	否	11.35	32.37	15.39	59.12
12	600590.SH	泰豪科技股份有限公司	江西	公众企业	是	14.47	28.10	16.47	59.04
13	688015.SH	交控科技股份有限公司	北京	公众企业	是	12.48	28.90	16.57	57.95
14	688012.SH	中微半导体设备（上海）股份有限公司	上海	公众企业	否	15.90	25.12	16.70	57.72
15	300773.SZ	拉卡拉支付股份有限公司	北京	公众企业	是	12.90	29.36	15.25	57.50
16	300525.SZ	福建博思软件股份有限公司	福建	民营企业	是	12.98	29.70	14.62	57.31
17	002268.SZ	成都卫士通信息产业股份有限公司	四川	中央国有企业	是	15.70	26.07	15.52	57.29
18	300007.SZ	汉威科技集团股份有限公司	河南	民营企业	是	14.23	27.57	15.45	57.25
19	002583.SZ	海能达通信股份有限公司	广东	民营企业	是	14.85	27.11	15.21	57.17
20	000066.SZ	中国长城科技集团股份有限公司	广东	中央国有企业	是	13.66	26.99	16.29	56.94

3. 典型企业案例分析及借鉴

恒生电子股份有限公司（简称恒生电子，证券代码600570.SH）是一家以"让金融变简单"为使命的金融科技公司，总部位于中国杭州。1995年成立，2003年在上交所主板上市。恒生电子聚焦金融行业，致力于为证券、期货、基金、信托、保险、银行、交易所、私募等机构提供整体解决方案和服务。已连续13年入选全球金融科技百强榜单，2021年排第38位。目前拥有超过9000名员工，其中研发人员占比约60%。多年来，恒生电子以技术服务为核心，凭借多年金融IT建设经验，以及对互联网的深刻洞察和理解，用优质的产品与服务，持续赋能金融机构创新发展。

在金融数字化转型升级大背景下，恒生电子从流程数字化逐步深入业务数字化，并不断进行金融科技智能化应用的探索，运用云原生、高性能、大数据、人工智能、区块链等先进技术赋能金融机构更好地管理资产、服务客户，帮助客户实现金融数字化转型升级。公司收入主要来源于软件产品销售收入，以及各类平台服务、应用服务、运营服务、数据服务等增值服务收入。经过多年建设发展，恒生电子在行业领域内具有很强的核心竞争力。

创新能力出众。公司不断充实行业尖端人才，构建了较为完善的研发、产品体系和团队，目前公司拥有硕士以上（含博士）学历的员工近1000人。公司2020年的研发费用投入总计14.96亿元，占营业收入的35.85%。2020年公司研发人员数量为5749人，占公司总人数的59.03%。公司无论是研发人员数量还是研发费用投入均在业内处于领先水平，保证了恒生电子源源不断的创新能力。

产品技术领先。公司的目标是成为领先的一站式解决方案供应商，建立和运营行业技术标准、质量标准。目前，公司的产品在业内处于技术领先地位，公司在证券行业的核心交易系统、基金等买方行业的投资管理系统、银行业的综合理财系统及相关领域TA系统等都受到客户青睐。这些优势使公司具备一定的规模效应，并拥有更良好的边际收益。同时，公司也在不断拓展新的业务领域。例如，通过收购兼并、成立合资公司等进入债券市场发行网络、保险核心系统等业务领域，完善数据业务，使得公司能够在短时间内确立新业务的技术领先地位。近几年来，公司正在不断拉近与国际领先的金融科技巨头公司的差距，在IDC FinTech Rankings Top 100中，公司排名整体呈上升趋势，2020年排第40位。

品牌影响力强。金融科技行业本身对技术要求较高，相对于行业内新进入的竞争者，公司拥有20多年的持续经营经验，获得了对客户业务的认知，形成了能提供全面、复杂的客户服务的能力，使得公司产品的用户黏度较高，而金融机构的需求属性（稳定、安全、长期优质的服务）又使客户更倾向于选择行业领先公司的产品与服务。2020年公司继续践行"客户第一"的价值观，以提升客户满意度为己任，继续增强公司的品牌影响力。

七、人工智能

1. 产业发展评估及特色亮点

人工智能是引领未来的战略性技术，正在对经济发展、社会进步和人类生活产生深远影响。各个国家均在战略层面上予以高度关注，科研机构大量涌现，科技巨头大力布局，新兴企业迅速崛起，人工智能技术开始被广泛应用于各行各业，展现出可观的商业价值和巨大的发展潜力。在十大产业中，国家高新区人工智能产业上市公司总体排名第一，表现突出。从分项指标来看，创新投入能力得分为24.84，创新产出能力得分为38.08，创新保障能力得分为19.88。其中，创新投入能力和创新保障能力排名第一，表现优异；创新产出能力排名第四，属于落后指标。

进入新一轮资本活跃期。2016—2020年，国家高新区人工智能产业上市公司总市值呈阶梯式增长态势。2018年以后，总市值进入新的快速增长期，年均增速达到51.82%，成为国家高新区新的增长点（图4-51）。

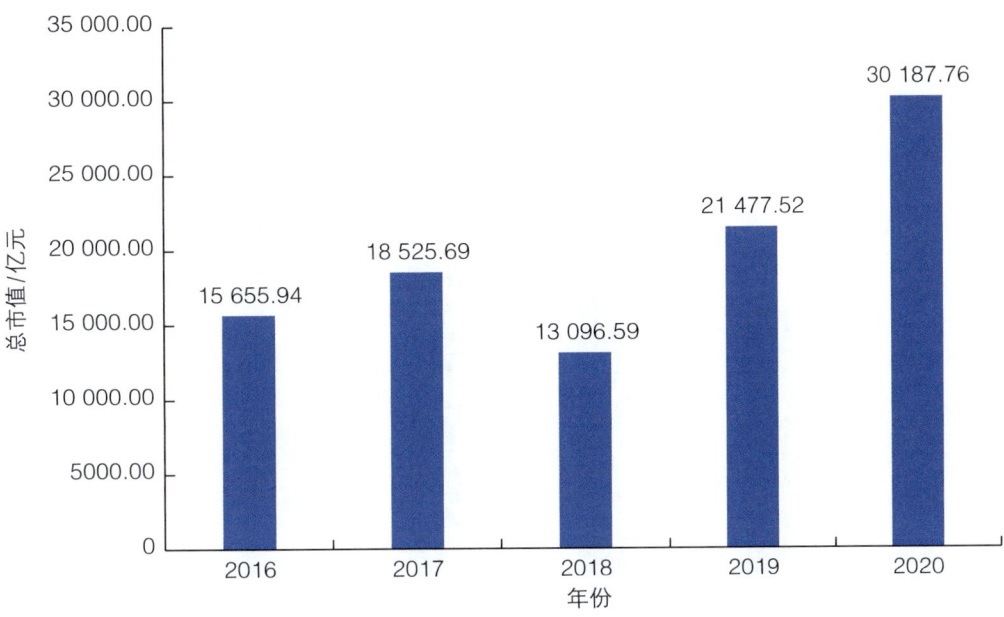

图 4-51　2016—2020 年国家高新区人工智能产业上市公司总市值

对制造业有显著的青睐。国家高新区人工智能产业上市公司主要集中在信息传输、软件和信息技术服务业与制造业，两者几乎平分秋色，表明人工智能在制造业的应用更为广泛（图 4-52）。

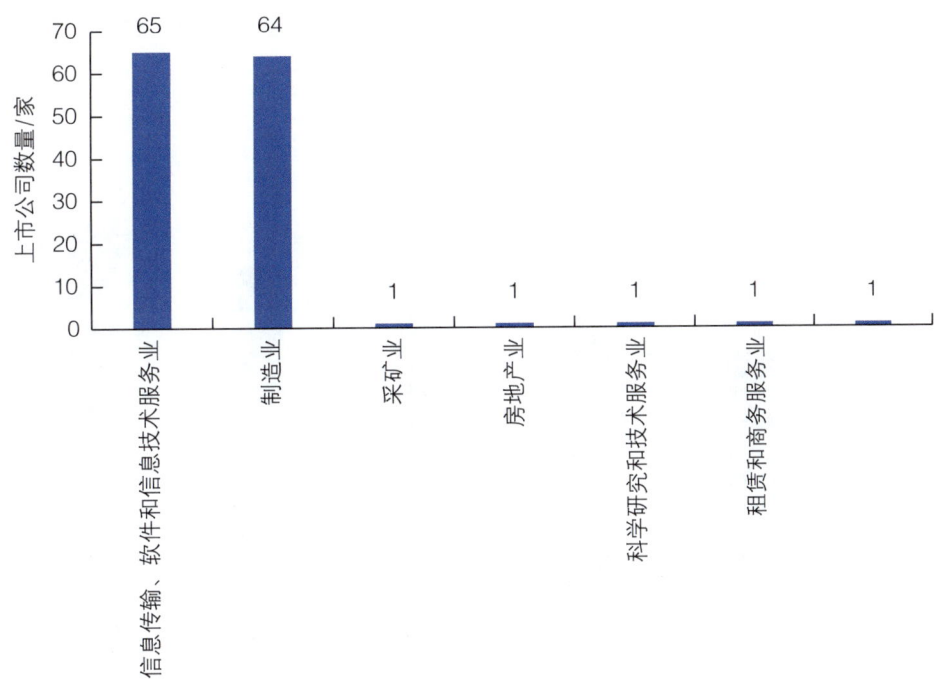

图 4-52　2016—2020 年国家高新区人工智能产业上市公司领域分布

研发投入快速增长。随着人工智能产业进入蓬勃发展期，国家高新区人工智能产业上市公司研发投入也快速加大，研发费用支出显著增加，2016—2020 年研发费用年均增速达到了 16.43%（图 4-53）。

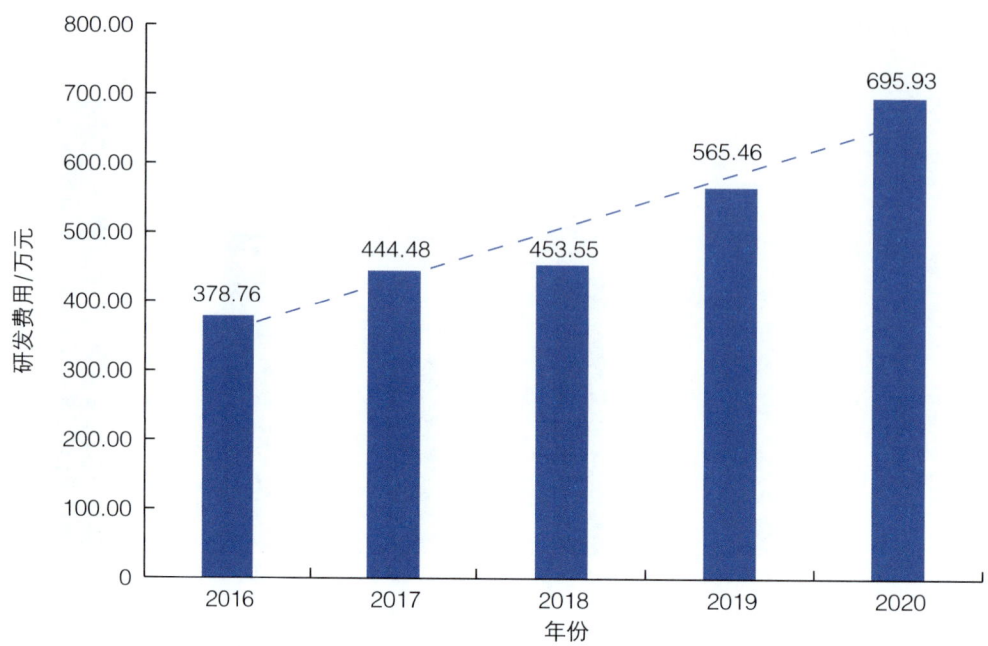

图 4-53　2016—2020 年国家高新区人工智能产业上市公司研发费用

人员配备与产业发展速度不匹配。2016—2020 年国家高新区人工智能产业上市公司总营业收入年均增速为 20.86%，增长迅速。而人员配备速度却无法跟上产业发展速度。2016—2020 年国家高新区人工智能产业上市公司研发人员数量和硕士以上学历人员数量年均增速分别为 10.02% 和 10.76%，与营业收入年均增速相差了 10 个百分点（图 4-54、图 4-55）。

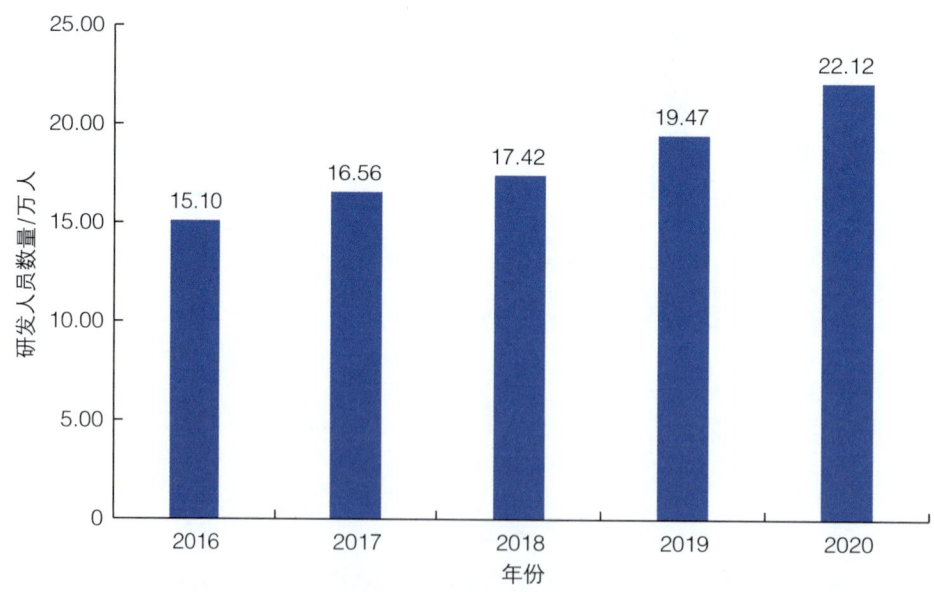

图 4-54　2016—2020 年国家高新区人工智能产业上市公司研发人员数量

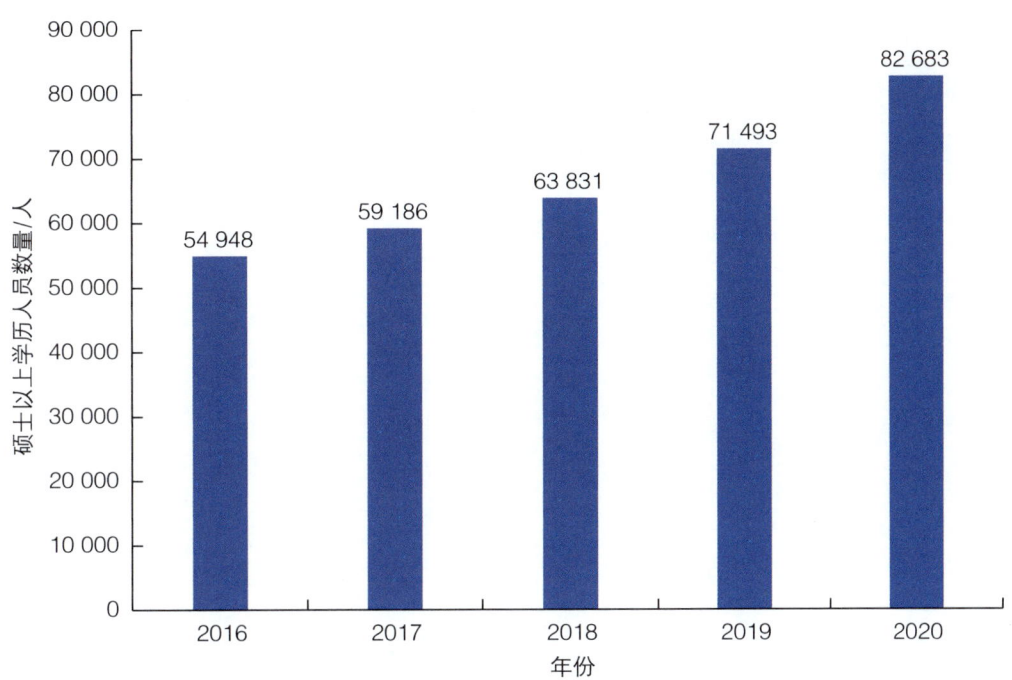

图 4-55　2016—2020 年国家高新区人工智能产业上市公司硕士以上学历人员数量

2. 产业内上市公司 20 强名单

结合第三章的企业创新能力分析,通过对国家高新区人工智能产业 134 家上市公司的指标数据进行进一步的归纳整理及评价分析,得出人工智能产业创新能力前 20 名企业(表 4-8)。

表 4-8　2020 年国家高新区人工智能产业上市公司 20 强

排名	证券代码	公司中文名称	省市	组织形式	是否高企	A 创新投入能力	B 创新产出能力	C 创新保障能力	指数得分
1	002415.SZ	杭州海康威视数字技术股份有限公司	浙江	中央国有企业	是	19.59	35.05	19.24	73.87
2	000063.SZ	中兴通讯股份有限公司	广东	公众企业	是	17.27	36.74	19.06	73.07
3	000157.SZ	中联重科股份有限公司	湖南	公众企业	是	18.92	31.07	18.73	68.72
4	002236.SZ	浙江大华技术股份有限公司	浙江	民营企业	是	18.51	30.75	18.21	67.47
5	002230.SZ	科大讯飞股份有限公司	安徽	中央国有企业	是	19.35	30.36	17.77	67.47
6	000977.SZ	浪潮电子信息产业股份有限公司	山东	地方国有企业	是	19.24	29.10	17.36	65.70

续表

排名	证券代码	公司中文名称	省市	组织形式	是否高企	A创新投入能力	B创新产出能力	C创新保障能力	指数得分
7	002841.SZ	广州视源电子科技股份有限公司	广东	民营企业	是	15.61	30.05	18.16	63.81
8	600271.SH	航天信息股份有限公司	北京	中央国有企业	是	13.02	32.91	17.25	63.18
9	688008.SH	澜起科技股份有限公司	上海	公众企业	是	16.31	30.18	15.83	62.32
10	600282.SH	南京钢铁股份有限公司	江苏	民营企业	是	11.08	34.18	16.90	62.15
11	688561.SH	奇安信科技集团股份有限公司	北京	民营企业	否	15.84	29.04	17.18	62.06
12	603019.SH	曙光信息产业股份有限公司	天津	中央国有企业	是	18.33	26.67	17.01	62.01
13	600570.SH	恒生电子股份有限公司	浙江	民营企业	否	15.49	30.04	15.96	61.49
14	603893.SH	瑞芯微电子股份有限公司	福建	民营企业	是	17.18	27.61	16.56	61.35
15	300379.SZ	北京东方通科技股份有限公司	北京	民营企业	是	13.38	31.45	15.97	60.80
16	002465.SZ	广州海格通信集团股份有限公司	广东	地方国有企业	是	13.73	30.74	16.15	60.62
17	000938.SZ	紫光股份有限公司	北京	中央国有企业	是	18.40	25.34	16.75	60.50
18	300223.SZ	北京君正集成电路股份有限公司	北京	民营企业	是	14.95	29.47	15.98	60.40
19	600718.SH	东软集团股份有限公司	辽宁	公众企业	是	17.69	25.25	17.38	60.32
20	603660.SH	苏州科达科技股份有限公司	江苏	民营企业	是	16.14	28.25	15.26	59.65

3. 典型企业案例分析及借鉴

科大讯飞股份有限公司（简称科大讯飞，证券代码002230.SZ）长期从事语音及语言、自然语言理解、机器学习推理及自主学习等人工智能核心技术研究，并始终保持国际前沿技术水平，积极推动人工智能产品研发和行业应用落地。科大讯飞作为全球领先的人工智能代表企业之一，承建有智能语音国家新一代人工智能开放创新平台、认知智能国家重点实验室、语音及语言信息处理国家工程实验室等国家级平台。

基于具有自主知识产权的世界领先的人工智能技术，科大讯飞持续推进"平台+赛道"的人工智能战略，应用成果不断显现。"平台"赋能上，依托国内首家上线的讯飞人工智能开放平台，持续为移动互联网、智能硬件的创业开发者和海量用户提供人工智能开发与服务能力，围绕人工智能开放平台积极构建产业生态。应用"赛道"上，科大讯飞人工智能在教育、医疗、智能办公、智慧城市等应用场景，已经实现了源头技术创新和产业应用的良性互动，在不断扩大的应用规模中"算法—数据"持续闭环迭代。在教育领域，通过覆盖教、学、考、管四大主场景的智慧教育全栈产品体系，创造数字化和智能化教与学环境，并进一步构建区域因材施教综合解决方案，实现教与学过程中的数据积累，通过AI算法对数据持续分析，实现减负增效，促进教育进步。在医疗领域，通过构建人工智能辅助诊疗系统，深度切入医生临床诊断流程，在医生诊断过程中给予辅助诊断建议，提升医生特别是基层医生的诊疗能力和服务水平，助力国家分级诊疗、双向转诊等重大医改政策的落地。在消费者领域，围绕会议办公场景，公司推出了智能办公本、录音笔、讯飞听见会议系统等产品，实现办公场景的全栈产品系列构建，通过将日常办公过程中形成的声音、图文等原始非结构化数据，快速处理成可以方便保存、检索的文本数据，实现会议等办公场景效率的提升。在智慧城市领域，有针对性地打造了以"城市超脑"为内核，结合行业超脑应用的新型智慧城市整体解决方案，打造行业领先的智慧政务、智慧政法、交通超脑、智慧水利、智慧信访、智慧园区等解决方案和产品。

科大讯飞作为中国人工智能产业的先行者，在人工智能领域深耕超过20年，在发展过程中形成了显著的竞争优势。

技术创新优势。科大讯飞拥有国际领先的源头技术，人工智能关键核心技术始终保持国际领先水平。2020年，科大讯飞在人工智能领域的全球影响力进一步提升，在人工智能关键核心技术领域的国际重要赛事中屡获殊荣，囊括10项国际人工智能大赛的冠军。近3年主持和参与制定国家标准已发布20项、行业标准已发布8项。公司及全资、控股子公司累计获得国内外专利1000余件，此外，科大讯飞有着健全的产学研体系，与众多国内外知名大学均建立了深度合作关系。

品牌领先优势。科大讯飞作为中国人工智能产业头部企业，已形成丰富的行业实际应用经验和成功案例，受到行业客户和开发商的充分信任，并与各行业占据市场优势地位的开发商建立了长期稳定的战略合作关系，品牌号召力与竞争优势明显。2020年，科大讯飞入选福布斯中国"最具创新力企业榜"；获授中国品牌节最高荣誉"华谱奖"。

市场竞争优势。科大讯飞国际领先的人工智能技术与成熟的"人工智能平台+特定行业赛道"的战略布局，已形成了互相促进与迭代反哺的良好机制。一方面，公司成熟的战略布局，使其本身的科研成果能够有更大更好的落地机会；另一方面，"平台+赛道"的深度应用，使核心技术在真实应用场景下的迭代效应不断积累，又反过来反哺核心技术进步，增厚核心技术壁垒。科大讯飞在核心技术国际领先的基础上将技术优势转化为行业市场优势和用户优势，基于拥有自主知识产权的世界领先的人工智能技术，科大讯飞已在教育、医疗、智慧城市、智能办公等行业领域深入布局。公司建立了覆盖全国的营销渠道和服务网络，与三大运营商及金融、手机、家电、汽车等行业领先企业实现了广泛战略合作。

核心人才优势。科大讯飞经过多年发展和培育，积累了众多智能语音及人工智能产业优秀的专业技术人才与复合型高端人才，且不断丰富壮大着公司有序发展的人才梯队，为公司技术及业务快速发展提供了有力的人才保障。

八、国产软件

1. 产业发展评估及特色亮点

在国家高新区内，国产软件产业拥有上市公司 152 家，其创新能力表现较差，其中创新投入能力得分 14.16，创新产出能力得分 25.61，创新保障能力得分 11.13，与人工智能、新能源车等产业相比差距较大，同时亦呈现出一些鲜明特征。

国产软件产业上市公司经济规模逐年上升，更受资本市场青睐。2016—2020 年，国产软件产业上市公司营业收入由 1742.29 亿元提升至 3717.02 亿元，年均增速达 20.86%，发展态势极为迅猛（图 4-56）。但相较于其他 9 个产业来说，市场规模仍旧偏小，仍需继续发力。值得注意的是，其总市值表现极为亮眼，总市值与营业收入比重位居十大产业之首，这无疑表明了资本对国产软件产业的发展前景一致看好，未来发展空间广阔。

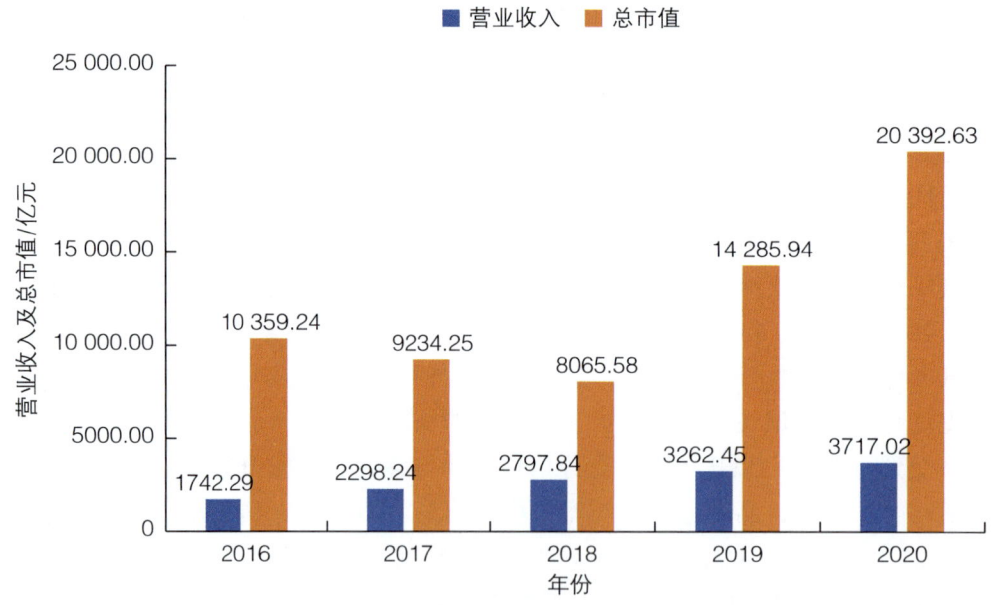

图 4-56　2016—2020 年国家高新区国产软件产业上市公司营业收入及总市值

创新人才快速集聚，人才结构仍需重视。自 2016 年以来，国家高新区国产软件产业上市公司的研发人员与硕士及以上从业人员呈现快速上涨态势，硕士及以上从业人员由 2016 年的 2.10 万人增长至 2020 年的 3.58 万人，研发人员亦由 2016 年的 10.48 万人增长至 2020 年的 18.40 万人，年均增速分别达 14.22%、15.11%，产业内的创新人才实现快速集聚。但值得警惕的是，硕士学历及以上人员占企业员工比重呈现出下降趋势，人才结构提质升级面临较大挑战（图 4-57）。

图 4-57　2016—2020 年国家高新区国产软件产业上市公司创新人才表现

研发投入强度居于高位,但研发人员人均经费略显不足。2016—2020 年,国家高新区国产软件产业上市公司研发经费占营业收入比重基本保持在 8% 以上的高位(图 4-58),研发投入力度居于十大产业之首,但单个研发人员的经费配置力度略显薄弱,其表现与 5G 概念、国产芯片、物联网等产业存在较大差距,不利于提升创新产出效率,未来仍需进一步优化。

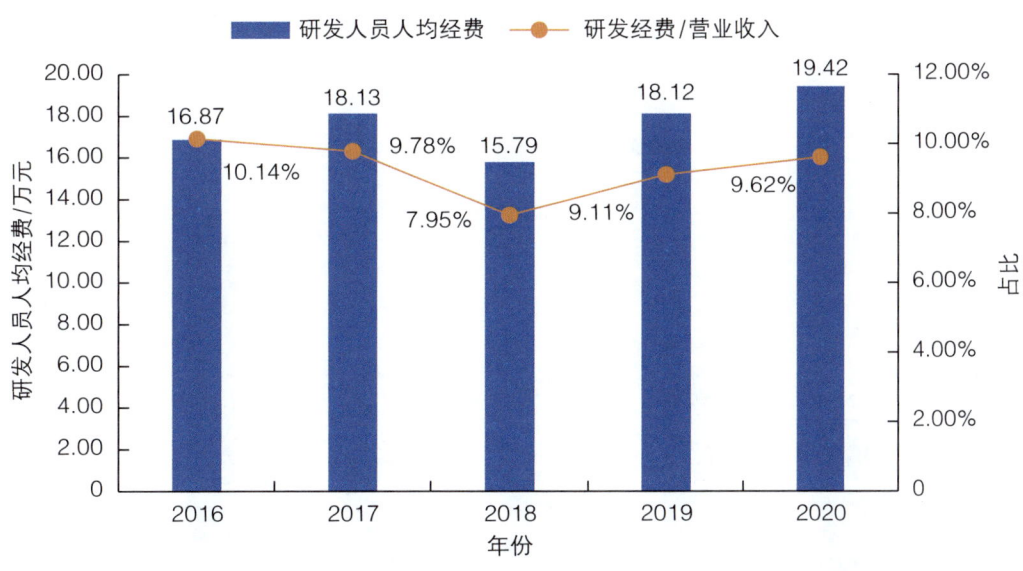

图 4-58　2016—2020 年国家高新区国产软件产业上市公司研发投入表现

专利产出连破新高,但创新产出效率降幅较大。2016—2020 年,国家高新区国产软件产业上市公司当年新增专利数量由 4261 件提升至 5540 件,尤其是自 2017 年以来,专利产出实现大幅上涨。但从创新产出效率来看,每亿元研发经费带来的专利产出数量由 2016 年的 24.11 件,快速下滑至 2020 年的 15.50 件,创新产出效率在十大产业中居于中下游层次,未来仍需重点强化(图 4-59)。

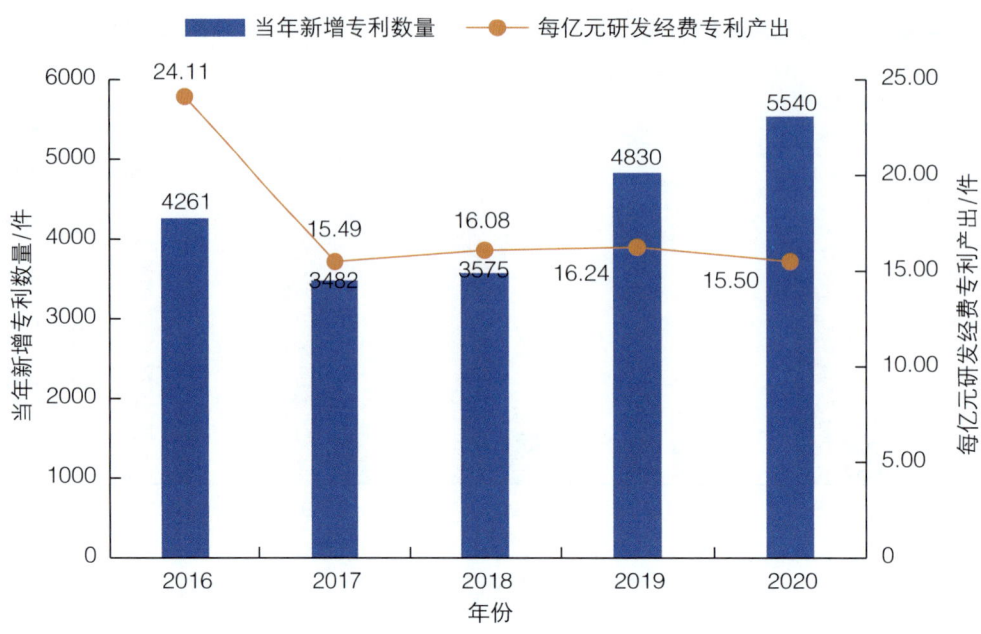

图 4-59 2016—2020 年国家高新区国产软件产业上市公司专利产出表现

股息率、所得税整体实现较快增长，但社会贡献仍然偏低。国家高新区国产软件产业上市公司的股息率自 2017 年起整体实现快速增长，2020 年上升至 44.82%，实现了超过 6 个百分点的跨越，同时所缴纳的所得税突破 30 亿元（图 4-60），社会贡献度进一步提升，但相较于节能环保、医疗器械、新能源车等产业，股息率仍显不足，同时受整体市场规模的影响，所得税与上述产业仍存在较大差距。

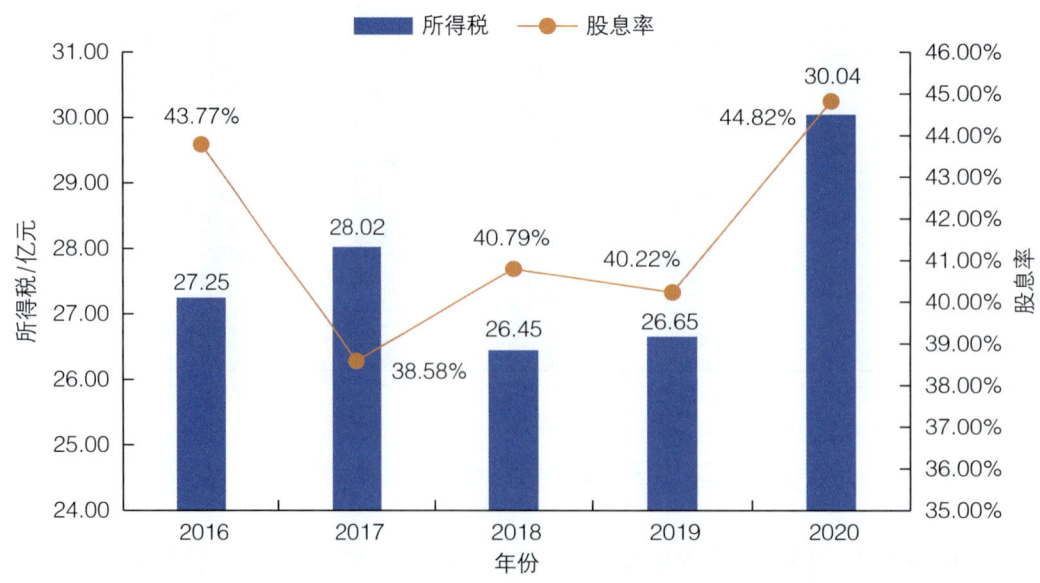

图 4-60 2016—2020 年国家高新区国产软件产业上市公司社会贡献表现

2. 产业内上市公司20强名单

结合第三章的企业创新能力分析，通过对国家高新区国产软件产业135家上市公司的指标数据进行进一步的归纳整理及评价分析，得出国产软件产业创新能力前20名企业（表4-9）。

表4-9 2020年国家高新区国产软件产业上市公司20强

排名	证券代码	公司中文名称	省市	组织形式	是否高企	A创新投入能力	B创新产出能力	C创新保障能力	指数得分
1	002230.SZ	科大讯飞股份有限公司	安徽	中央国有企业	是	19.35	30.36	17.77	67.47
2	000977.SZ	浪潮电子信息产业股份有限公司	山东	地方国有企业	是	19.24	29.10	17.36	65.70
3	002410.SZ	广联达科技股份有限公司	北京	民营企业	是	15.55	32.37	16.26	64.17
4	600271.SH	航天信息股份有限公司	北京	中央国有企业	是	13.02	32.91	17.25	63.18
5	688111.SH	北京金山办公软件股份有限公司	北京	民营企业	是	14.77	31.04	16.58	62.39
6	688561.SH	奇安信科技集团股份有限公司	北京	民营企业	否	15.84	29.04	17.18	62.06
7	600588.SH	用友网络科技股份有限公司	北京	民营企业	是	14.49	30.23	16.98	61.70
8	600570.SH	恒生电子股份有限公司	浙江	民营企业	否	15.49	30.04	15.96	61.49
9	300379.SZ	北京东方通科技股份有限公司	北京	民营企业	是	13.38	31.45	15.97	60.80
10	002925.SZ	厦门盈趣科技股份有限公司	福建	外资企业	是	11.35	32.66	16.37	60.38
11	600718.SH	东软集团股份有限公司	辽宁	公众企业	是	17.69	25.25	17.38	60.32
12	300188.SZ	厦门市美亚柏科信息股份有限公司	福建	中央国有企业	是	14.60	28.12	16.86	59.57
13	688777.SH	浙江中控技术股份有限公司	浙江	民营企业	是	14.94	27.79	16.79	59.51
14	300682.SZ	朗新科技集团股份有限公司	江苏	民营企业	是	14.61	29.21	15.47	59.30

续表

排名	证券代码	公司中文名称	省市	组织形式	是否高企	A创新投入能力	B创新产出能力	C创新保障能力	指数得分
15	688023.SH	杭州安恒信息技术股份有限公司	浙江	民营企业	是	14.51	27.88	16.20	58.60
16	688568.SH	中科星图股份有限公司	北京	中央国有企业	否	14.22	28.85	15.48	58.55
17	688039.SH	杭州当虹科技股份有限公司	浙江	民营企业	是	12.74	30.32	14.98	58.04
18	600845.SH	上海宝信软件股份有限公司	上海	中央国有企业	是	14.91	26.18	16.81	57.90
19	603025.SH	北京大豪科技股份有限公司	北京	地方国有企业	是	11.78	29.91	15.76	57.45
20	688030.SH	山石网科通信技术股份有限公司	江苏	公众企业	是	15.74	26.17	15.45	57.35

3. 典型企业案例分析及借鉴

浪潮集团是国内最大服务器厂商，是中国领先的云计算、大数据服务商，曾经创造了不少中国互联网史上的第一，拥有浪潮信息、浪潮软件、浪潮国际3家上市公司，主要业务涉及云计算、大数据、工业互联网、新一代通信及若干应用场景，已为全球120多个国家和地区提供IT产品和服务。本报告的创新评价体系评估显示，浪潮集团下属子公司浪潮信息在2020年的创新能力指数得分为65.70，位居国家高新区国产软件产业第二，表现极为出色。

2016—2020年，浪潮信息高度重视创新人才工作，从业人员中硕博数量、研发人员均实现快速增长，截至2020年，分别达1334人、2861人，年均增幅均超过13%。研发经费以36.43%的年均增速加速提升，2020年突破26亿元，同时研发人员人均经费居于高位，2020年达92.11万元。专利产出再创新高，2020年专利申请量300件，其中PCT专利申请量为20件。但值得注意的是，企业的人才结构、研发投入强度、企业员工平均薪酬等指标表现稍显不足，未来仍需重点强化。

总结浪潮集团的创新发展经验：①创新引领，抢占全球服务器产业制高点。浪潮集团每年申请专利量近8000件，其中发明专利占80%以上，位居全国第一，云计算、大数据专利及标准数量均位居国内首位。近年来，浪潮集团主导或参与制定各类已发布标准107项，国际、国家标准占76%，参与或主导在建标准58项。现在国内所有服务器标准都是浪潮集团牵头制定的。②浪潮集团抢抓数字经济发展机遇，发布浪潮云工业互联网平台，以物联网为基础，以数据为核心，利用云计算、人工智能等技术，实现海量异构工业数据集成，将数据作用在制造流程的每一个环节，推动整个制造产业向高端化、个性化、定制化、全面服务化迈进，支撑"中国制造2025"落地。据统计，浪潮集团在人工智能计算领域的市场份额已经接近60%，BAT（百度、阿里巴巴、腾讯）90%的人工智能计算支持来自浪潮集团。③浪潮集团基于大量的大数据实践与积累，根据"公司+

农户"独创了"公司+创客"模式,首创 A/B 创客模式,即围绕"数据生产—数据交易—数据应用"的产业链条,以天元数据(网、库)为依托,支撑 A 创客(从事大数据应用开发)和 B 创客(从事大数据采集)创新创业,培育千万"中国数商",为各个领域、所有行业的创新发展持续提供原动力。目前,浪潮集团已在全国建立 36 个大数据创客中心,投资 6 家大数据公司,发展 A 创客 1553 家,B 创客超过 1 万人,带动直接就业 5 万人、间接就业 30 万人。④瞄准未来,浪潮集团致力于成为智慧城市解决方案供应商。浪潮集团"互联网+政务服务"解决方案,已在全国 28 个省(其中 8 个省本级)、110 多个地市、800 多个区县得到良好应用,智慧城市解决方案已经在济南、娄底、怀化、常德、鹰潭、西双版纳等 20 多个地市落地。

九、医疗器械

1. 产业发展评估及特色亮点

在国家高新区内,医疗器械产业拥有上市公司 117 家,其创新能力在十大产业中位居第四,其中创新产出能力表现极为优秀,创新投入能力及创新保障能力居于中下游层次,仍有较大提升空间。

医疗器械产业上市公司营业收入增长迅猛,总市值或存在高估风险。2016—2020 年,国家高新区医疗器械产业上市公司营业收入由 3244.79 亿元提升至 6836.33 亿元,年均增速达 20.48%,发展态势极为迅猛。而总市值增速远超营业收入增速,仅 2020 年一年时间就翻了一番,总市值规模高达 35031.45 亿元,部分原因是新冠肺炎疫情的冲击为医疗器械产业带来了新的发展风口,但考虑到市场规模并未实现大的突破,其总市值或存在高估风险(图 4-61)。

图 4-61　2016—2020 年国家高新区医疗器械产业上市公司营业收入及总市值

创新人才加速集聚,人才结构持续优化。自 2016 年以来,国家高新区医疗器械产业上市公司的研发人员与硕士及以上从业人员呈现快速上涨态势,硕士及以上从业人员由 2016 年的 1.24 万人增长至 2020 的 3.14 万人,研发人员亦由 2016 年的 3.79 万人增长至 2020 年的 6.56 万人,年均增速分别达 26.18%、14.70%，产业内的创新人才实现快速集聚。同时，硕士学历及以上人员占企业员工比重亦呈现出持续上升态势，已由 2016 年的 5.10% 上升至 2020 年的 7.49%，但需要注意的是，研发人员占从业人员比重仅为 15.66%，在十大产业中仅优于节能环保产业，距其他产业仍有较大差距，高学历人员占比同样处于中等偏下水平（图 4-62）。

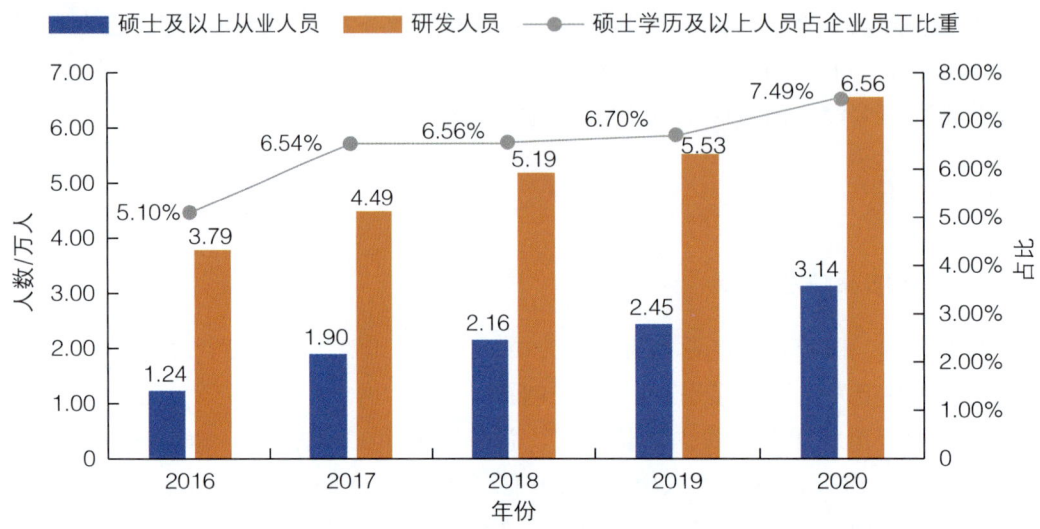

图 4-62　2016—2020 年国家高新区医疗器械产业上市公司创新人才表现

研发投入强度逐年上升，研发人员人均经费极为充足。2016—2020 年，国家高新区医疗器械产业上市公司研发经费占营业收入比重由 2.55% 逐步上升至 3.78%，研发投入强度稳定增加，同时，受研发人员整体数量偏少的影响，其单个研发人员的经费配置力度较强，2020 年研发人员人均经费接近 40 万元。政府对医疗器械产业的扶持力度逐步加强，公司获得的政府创新补助由 2016 年的 18.12 亿元增长至 2020 年的 42.47 亿元，年均增幅高达 23.73%（图 4-63）。

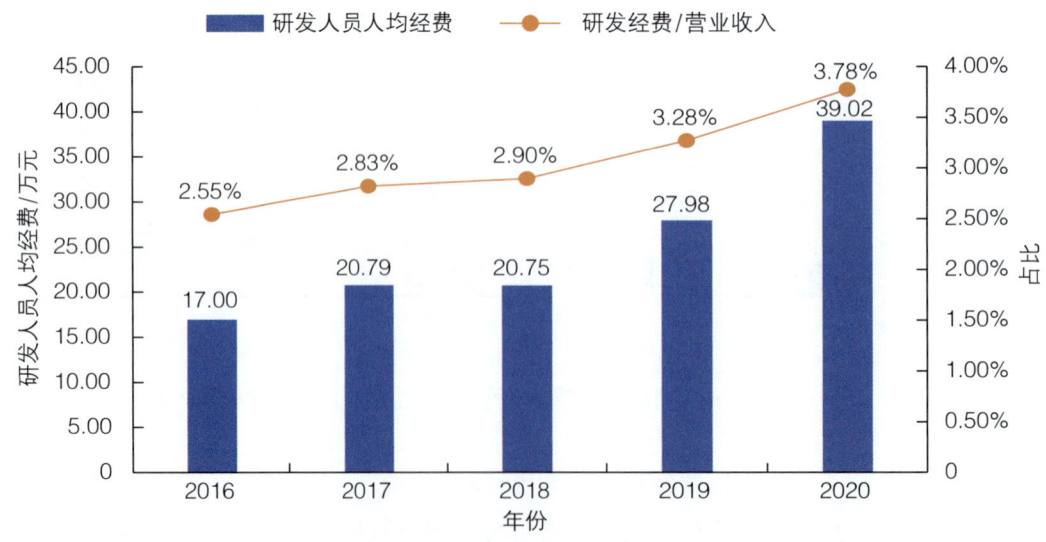

图 4-63　2016—2020 年国家高新区医疗器械产业上市公司研发投入表现

申请专利量高点回落。2016—2020年，国家高新区医疗器械产业上市公司当年新增专利数量由3991件提升至5541件，2018年达到7419件的高点，之后出现小幅回落。同时，2020年PCT专利申请量下降尤为显著，较2018年跌落近50%，创新产出能力仍需强化（图4-64）。

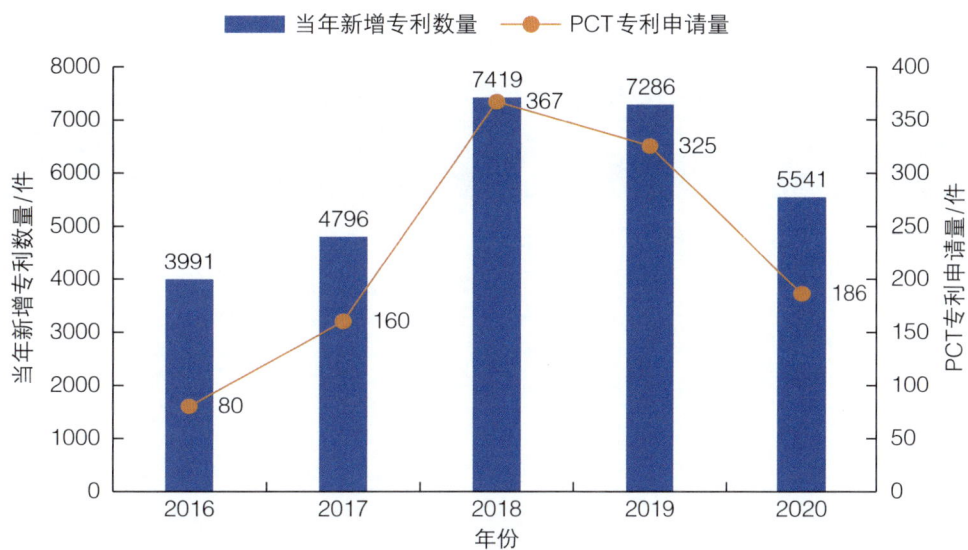

图4-64　2016—2020年国家高新区医疗器械产业上市公司专利产出表现

医疗器械产业工资薪酬极具竞争力，经济产出效率遥遥领先。2016—2020年，国家高新区医疗器械产业上市公司人均工资薪酬由3.03万元上升至5.42万元，薪资待遇远优于其他九大产业，人才吸引力极强。同时，医疗器械属于高效率、高附加值的产业，其人均增加值亦实现较大突破，2020年人均增加值28.21万元，位于十大产业之首，较排名第二的国产芯片产业高了5.30万元，近5年间平均增速达14.94%（图4-65）。

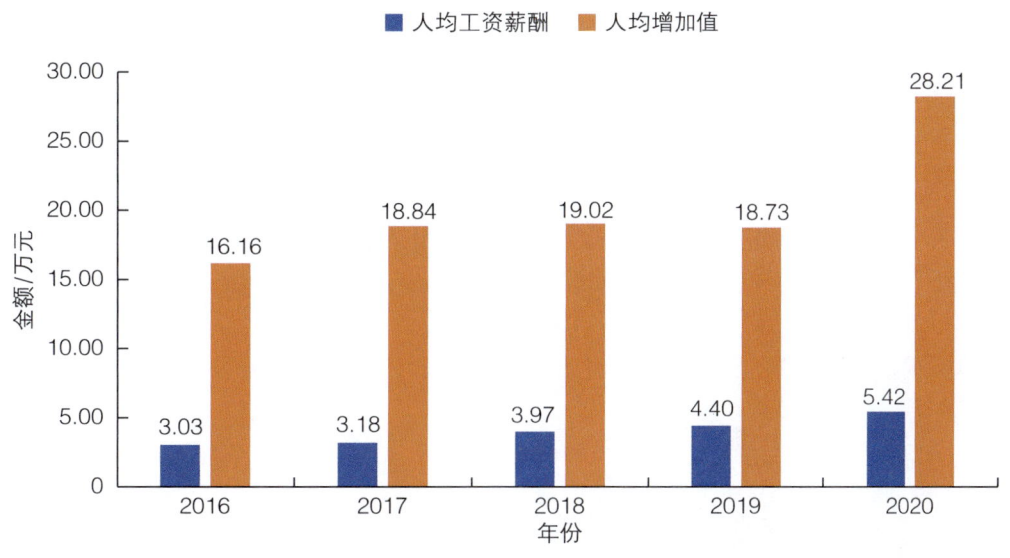

图4-65　2016—2020年国家高新区医疗器械产业上市公司经济产出表现

2. 产业内上市公司20强名单

结合第三章的企业创新能力分析，通过对国家高新区医疗器械产业117家上市公司的指标数据进行进一步的归纳整理及评价分析，得出医疗器械产业创新能力前20名企业（表4-10）。

表4-10 2020年国家高新区医疗器械产业上市公司20强

排名	证券代码	公司中文名称	省市	组织形式	是否高企	A创新投入能力	B创新产出能力	C创新保障能力	指数得分
1	600276.SH	江苏恒瑞医药股份有限公司	江苏	民营企业	是	21.26	30.18	17.26	68.70
2	601607.SH	上海医药集团股份有限公司	上海	地方国有企业	否	14.14	34.95	16.56	65.66
3	000538.SZ	云南白药集团股份有限公司	云南	公众企业	是	16.45	29.96	16.80	63.21
4	600587.SH	山东新华医疗器械股份有限公司	山东	地方国有企业	是	17.29	29.07	16.49	62.84
5	600143.SH	金发科技股份有限公司	广东	民营企业	是	15.02	30.74	16.87	62.63
6	601567.SH	宁波三星医疗电气股份有限公司	浙江	民营企业	是	15.35	29.77	16.34	61.47
7	688139.SH	青岛海尔生物医疗股份有限公司	山东	集体企业	是	11.51	33.31	16.21	61.04
8	600196.SH	上海复星医药（集团）股份有限公司	上海	民营企业	否	15.67	28.97	16.34	60.98
9	688399.SH	江苏硕世生物科技股份有限公司	江苏	民营企业	是	18.37	27.70	14.48	60.54
10	601515.SH	汕头东风印刷股份有限公司	广东	外资企业	否	11.89	33.36	15.25	60.50
11	300298.SZ	三诺生物传感股份有限公司	湖南	民营企业	是	14.80	30.04	15.65	60.48
12	600718.SH	东软集团股份有限公司	辽宁	公众企业	是	17.69	25.25	17.38	60.32
13	300406.SZ	北京九强生物技术股份有限公司	北京	公众企业	是	12.33	32.61	14.71	59.65
14	300760.SZ	深圳迈瑞生物医疗电子股份有限公司	广东	外资企业	是	13.03	28.70	17.88	59.61

续表

排名	证券代码	公司中文名称	省市	组织形式	是否高企	A创新投入能力	B创新产出能力	C创新保障能力	指数得分
15	300146.SZ	汤臣倍健股份有限公司	广东	民营企业	是	14.48	28.92	15.97	59.37
16	300003.SZ	乐普（北京）医疗器械股份有限公司	北京	民营企业	否	11.10	31.15	16.84	59.09
17	603301.SH	振德医疗用品股份有限公司	浙江	民营企业	是	12.16	33.54	13.39	59.08
18	300110.SZ	华仁药业股份有限公司	山东	地方国有企业	是	11.96	31.21	15.36	58.53
19	603387.SH	基蛋生物科技股份有限公司	江苏	民营企业	是	13.19	30.36	14.76	58.32
20	300024.SZ	沈阳新松机器人自动化股份有限公司	辽宁	中央国有企业	是	17.16	24.53	16.57	58.27

3. 典型企业案例分析及借鉴

江苏恒瑞医药股份有限公司（简称恒瑞医药）成立于1970年，是一家从事创新和高品质药品研制及推广的民族制药企业，已发展成国内知名的抗肿瘤药、手术用药和影像介入产品的供应商。公司多年连续入选中国医药工业百强企业，2021年蝉联中国医药研发产品线最佳工业企业榜首。本报告的创新评价体系评估显示，恒瑞医药在2020年的创新能力指数得分为68.70，居国家高新区医疗器械产业首位，创新投入能力表现极为出色。

近年来，恒瑞医药始终将科技创新作为第一发展战略，研发投入占营业收入比重达到17.0%左右，2021年前三季度累计投入研发资金41.42亿元，占营业收入的比重达到20.5%，在美国、欧洲、澳大利亚、日本和中国多地建有研发中心或分支机构，打造了一支4500多人的规模化、专业化、能力全面的创新药研发团队。恒瑞医药先后承担了国家重大专项课题57项，已有10个创新药获批上市，50多个创新药正在临床开发。截至2021年底，公司累计申请国内发明专利1321件，拥有国内有效授权发明专利360件、欧美日等国外授权专利478件。

总结恒瑞医药的创新发展经验：①创新不仅是恒瑞医药长期坚持的发展战略，更是推动其长远发展的引擎。多年来恒瑞医药一直保持高强度的创新投入，其研发投入位居全国医药行业前列，目前创新药研发已迎来收获期，基本保持了每年1~2款创新药上市的节奏。②在研发管线上，恒瑞医药前瞻性地广泛布局多个治疗领域，向纵深发展。在肿瘤领域有丰富的研发管线，覆盖激酶抑制剂、肿瘤免疫等多个研究方向，针对多靶点，深耕组合序贯疗法，力求高应答、长疗效。在自身免疫疾病、疼痛管理等领域也进行广泛布局，根据疾病进程，进行全方位、多器官覆盖，打造恒瑞医药长期发展的多元化创新支柱。③国际化是恒瑞医药确立和实施的又一发展战略。近年来，恒瑞医药不断加大海外研发投入，打造国际化临床研发团队、布局创新药物国际临床试验的步伐不断加速。公司建立了符合美国、欧盟和日本标准的生产、质控体系，通过全球协作，已实现注射剂、口服制剂和吸入性麻醉剂等多个制剂产品在欧美日规模化上市销售。④恒瑞医药始终将吸引人才、培养人才作为推动公司可持续发展的重要人才战略，不断加强人才能力建设，完善人才储备培养计划，为员工提供多元化的发展平台，持续构筑人才高地，已获得"2022中国杰出雇主"认证。同时，公司不断完善薪酬福利制度，推进以绩效及价值贡献为导向的全面薪酬机制，并提供了良好的工作环境，促进员工与公司共同发展。⑤恒瑞医药积极参与国家卫健委组织的对外交流合作及医学人才培养项目，推动与国际顶级医疗机构建立深层次、常态化合作关系，如美国梅奥诊所、哈佛医学院及其附属医院等。通过"引进来""走出去"，为国内医疗机构国际合作和人才培养搭平台、建渠道。

十、节能环保

1. 产业发展评估及特色亮点

在国家高新区内，节能环保产业拥有上市公司121家，其创新能力排名在十大产业中处于中下游层次，其中创新投入能力和创新保障能力排名垫底，创新产出能力居于中游水平，创新产出、社会贡献等方面表现出色，呈现出了一些较为鲜明的个性特征。

研发人员人均经费配置极为出色，研发投入强度仍显不足。2020年，国家高新区节能环保产业上市公司研发人员人均经费高达47.66万元，在十大产业中表现出明显优势，同时，近年来一直呈现出稳定上涨态势，未来其创新突破的潜力巨大。但从研发投入强度来看，近年来呈现出"V"字形波动，2020年研发经费占营业收入比重仅突破3%，略低于国家高新区上市公司的平均水平，未来仍需进一步加强（图4-66）。

图4-66　2016—2020年国家高新区节能环保产业上市公司研发投入表现

当年新增专利数量及创新产出效率高点回落。2016—2020 年，国家高新区节能环保产业上市公司当年新增专利数量由 3330 件提升至 5427 件，整体呈现出上涨态势，但 2020 年当年新增专利数量较 2019 年下滑幅度较大，在研发经费逐年上升的背景下，其创新产出效率呈现出下降趋势，2020 年每亿元研发经费带来的专利产出数量较 2019 年下降了超 10 件，仍需保持高度重视，继续强化智力资源和创新资本的投入力度（图 4-67）。

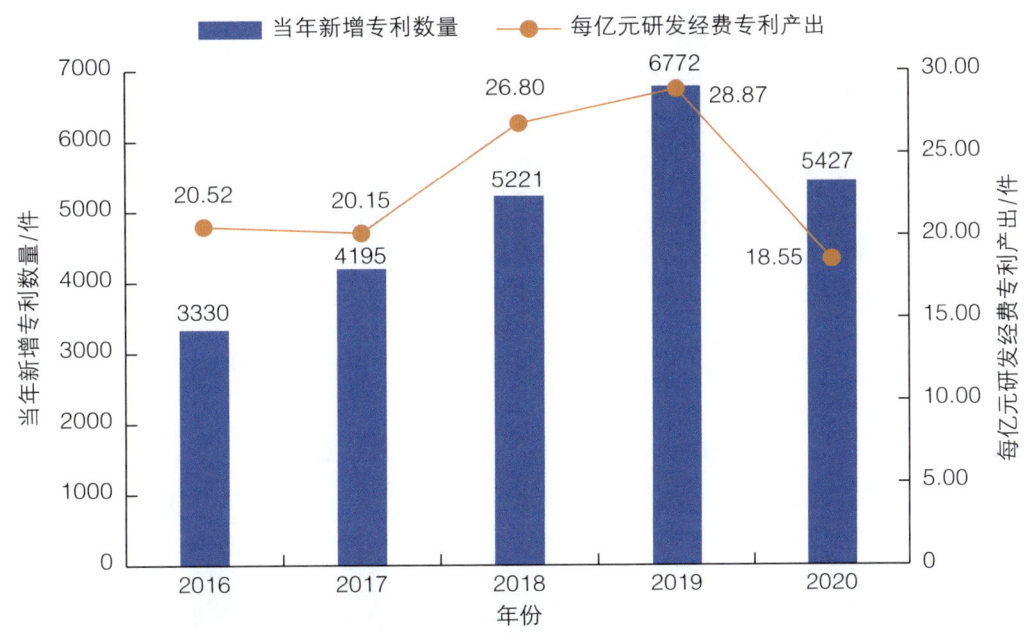

图 4-67 2016—2020 年国家高新区节能环保产业上市公司专利产出表现

股息率表现一枝独秀，节能环保产业未来升值空间巨大。近年来，国家高新区节能环保产业上市公司的股息率一直在 100.00% 左右上下波动，遥遥领先于其他九大产业，具有极高的资本回报率。此外，近 3 年，节能环保产业总市值与营业收入基本处于相当水平，相较于其他产业来说，总市值表现偏低，伴随着国内日趋高涨的环保压力，未来可以预见其总市值规模将会进一步增大（图 4-68）。

从业人员薪酬竞争力逐年提升，人才培育力度日趋增强。2016—2020 年，国家高新区节能环保产业上市公司人均工资薪酬从 2.07 万元提升至 2.47 万元，在十大产业中处于较低水平，但增速较快，薪酬竞争力未来可期。此外，节能环保产业上市公司对员工教育培训较为重视，人均教育经费整体呈现出逐年上涨态势，2020 年人均教育经费达 1859.30 元。整体来看，节能环保产业才刚刚起步，无论从工资角度还是培训力度角度来看，较国产芯片、人工智能、物联网、5G 概念等产业仍有较大差距，未来仍需在这些方面多做努力（图 4-69）。

图 4-68　2016—2020 年国家高新区节能环保产业上市公司经济效益表现

图 4-69　2016—2020 年国家高新区节能环保产业上市公司人才激励表现

创新人才增长缓慢，人才招引工作仍需重点发力。近年来，国家高新区节能环保产业上市公司研发人员与硕士及以上从业人员整体呈现上涨态势，但增速极为缓慢，年均增速分别为 9.74%、6.29%，与其他九大产业相比存在明显劣势。此外，硕士学历及以上人员占企业员工比重呈现出波动下滑趋势，人才结构提质升级面临较大挑战，未来仍需重视人才招引工作，为产业的创新发展积蓄新生力量（图 4-70）。

图 4-70　2016—2020 年国家高新区节能环保产业上市公司创新人才表现

2. 产业内上市公司 20 强名单

结合第三章的企业创新能力分析,通过对国家高新区节能环保产业 121 家上市公司的指标数据进行进一步的归纳整理及评价分析,得出节能环保产业创新能力前 20 名企业(表 4-11)。

表 4-11　2020 年国家高新区节能环保产业上市公司 20 强

排名	证券代码	公司中文名称	省市	组织形式	是否高企	A 创新投入能力	B 创新产出能力	C 创新保障能力	指数得分
1	000338.SZ	潍柴动力股份有限公司	山东	地方国有企业	是	18.00	37.94	18.29	74.22
2	000157.SZ	中联重科股份有限公司	湖南	公众企业	是	18.92	31.07	18.73	68.72
3	600388.SH	福建龙净环保股份有限公司	福建	民营企业	是	16.12	34.70	16.11	66.93
4	000581.SZ	无锡威孚高科技集团股份有限公司	江苏	地方国有企业	是	14.16	34.13	15.94	64.24
5	600282.SH	南京钢铁股份有限公司	江苏	民营企业	是	11.08	34.18	16.90	62.15
6	300284.SZ	苏交科集团股份有限公司	江苏	民营企业	是	13.10	32.43	15.59	61.12
7	601608.SH	中信重工机械股份有限公司	河南	中央国有企业	是	15.54	29.02	16.49	61.05

续表

排名	证券代码	公司中文名称	省市	组织形式	是否高企	A创新投入能力	B创新产出能力	C创新保障能力	指数得分
8	600582.SH	天地科技股份有限公司	北京	中央国有企业	是	14.27	30.03	16.63	60.94
9	002080.SZ	中材科技股份有限公司	江苏	中央国有企业	是	13.08	31.18	16.14	60.40
10	601369.SH	西安陕鼓动力股份有限公司	陕西	地方国有企业	是	14.56	29.01	15.86	59.44
11	600499.SH	科达制造股份有限公司	广东	公众企业	是	12.98	29.84	15.44	58.26
12	600100.SH	同方股份有限公司	北京	中央国有企业	是	15.83	25.68	16.57	58.08
13	300203.SZ	聚光科技（杭州）股份有限公司	浙江	民营企业	否	15.26	26.63	16.15	58.03
14	002573.SZ	北京清新环境技术股份有限公司	北京	地方国有企业	是	11.12	31.40	15.40	57.92
15	600459.SH	贵研铂业股份有限公司	云南	地方国有企业	是	15.34	27.28	15.24	57.86
16	002543.SZ	广东万和新电气股份有限公司	广东	民营企业	是	12.09	29.29	16.38	57.76
17	603588.SH	北京高能时代环境技术股份有限公司	北京	民营企业	是	11.11	30.97	15.16	57.24
18	002967.SZ	广州广电计量检测股份有限公司	广东	地方国有企业	否	13.24	28.43	15.38	57.05
19	300165.SZ	江苏天瑞仪器股份有限公司	云南	民营企业	是	13.07	29.31	14.52	56.90
20	600970.SH	中国中材国际工程股份有限公司	江苏	中央国有企业	是	14.07	27.35	15.40	56.82

3. 典型企业案例分析及借鉴

福建龙净环保股份有限公司（简称龙净环保），是中国环保行业领军企业，创建于1971年，2000年12月在上交所上市，股票代码600388.SH。龙净环保专注环保领域研发及应用50年，致力于为全球客户提供生态环境综合治理系统解决方案，业务涵盖大气污染治理、水污染治理、固危废处置、生态修复及保护等，产品及工程业绩遍布全国34个省（自治区、直辖市），并出口欧洲、亚洲、非洲、南美洲等40多个国家和地区。现列中国大气污染治理服务企业20强首位、中国环境企业50强第8位。本报告的创新评价体系评估显示，龙净环保在2020年的创新能力指数得分为66.93，位居国家高新区节能环保产业第三，创新产出能力表现仅次于潍柴动力。

近年来，龙净环保市场规模逐步扩大，营业收入已突破100亿元，创新人才不断集聚，2020年硕士学历及以上人员占企业员工比重达4.33%，研发经费持续上涨，2020年已接近5亿元，研发人员人均经费达30万元，研发经费占营业收入比重达4.74%，拥有核心技术专利607件。同时，企业股息率极高，近年来一直维持在200%左右，未来具有较大投资价值。

总结龙净环保的创新发展经验：①向欧美发达国家学习经验，龙净环保率先引进美国通用电气公司全套电除尘技术，在国内首先实现电除尘高压供电的多功能控制及微机控制，成功研制出填补国内空白的电除尘低压控制系统和脉冲供电装置。②上市后，借助资本的力量，龙净环保先后在全国数十座城市展开研发生产战略布局，逐步实现除尘、脱硫、脱硝、散料输送等大气治理的全领域发展。③龙净环保极为重视人才和科技创新方面的工作，公司科技人员超过1500人，占员工总数的20.46%。同时，公司在2004年提出了"技高一筹"的科技发展战略并一以贯之，多年来坚持在研发上进行上亿元的投入，研发条件处于行业领先水平。④龙净环保拥有全国环保行业首个国家级企业技术中心、国家地方联合工程研究中心等10多个国家级科技创新平台，承担了超100项国家和省市科技创新项目，开发的技术产品先后获国家科技奖4项、省(部)科技进步奖66项，获授权专利1415件，编制国家及行业标准121项，这些成为公司持续占领技术制高点的核心竞争力。⑤公司提出向生态环保全领域进军的发展战略，先后通过收购福建新大陆环保、德长环保，并购山东中滨环境保护固体废物综合处置中心，投资新建东营市陈庄工业园固废处置中心等一系列动作，在垃圾焚烧发电运营、危险废物处理处置、水污染治理、生态修复和保护、智慧环保等新业务方向都已取得实质性突破。

第五章

国家高新区上市公司区域创新能力分析

我国国土辽阔，各地区的要素资源禀赋差异较大，经济发展的自然条件和社会条件也不尽相同。尤其是最近各大城市群的兴起，更加带动周边地区的快速发展。因此，不同省（自治区、直辖市）[以下简称省（区、市）]、城市群之间国家高新区上市公司创新能力表现也可能存在较大差异。本章主要针对不同省（区、市）和主要城市群对国家高新区上市公司进行区域创新能力分析。

第一节 区域创新发展情况

一、省（区、市）分布

截至2020年底，分布在全国30个省（区、市）的169个国家高新区，共有1622家A股上市公司。其中，北京市、广东省、江苏省、上海市和浙江省的国家高新区上市公司数量居前5名，共1057家，占全国的65%，较2019年增长了3个百分点，头部聚集效应更加显著；山东省和湖北省的国家高新区上市公司数量在全国平均水平（54家）之上；其余省份的国家高新区上市公司数量都未达全国平均水平；新疆维吾尔自治区、云南省、黑龙江省、内蒙古自治区、山西省、海南省、宁夏回族自治区和青海省的国家高新区上市公司数量都未突破两位数。上市公司正加速向东部地区和一线城市的国家高新区集聚，地区之间的差距进一步拉大（图5-1）。

第五章 国家高新区上市公司区域创新能力分析

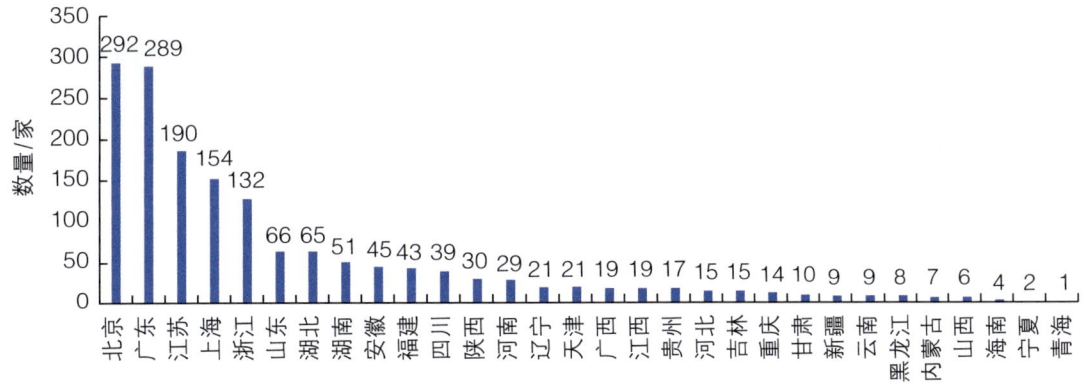

图 5-1　国家高新区上市公司在各省（区、市）分布（截至 2020 年底）

截至 2020 年底，国家高新区的上市公司中共有 1180 家高新技术企业（图 5-2），其中北京市、广东省、江苏省、浙江省和上海市的国家高新区上市公司中的高新技术企业数量居第一方阵，占到总量的 66%。其余 25 个省（区、市）的国家高新区上市公司中的高新技术企业数量都较少，这与其自身的上市公司数量少有关，也与上市公司的科技属性较弱有关。

从高新技术企业／上市公司数量的占比来看：海南省达到了国家高新区上市公司中的高新技术企业全覆盖；除青海省国家高新区上市公司中尚未有高新技术企业外，其余省（区、市）的国家高新区上市公司中高新技术企业占比均不低于 40%。

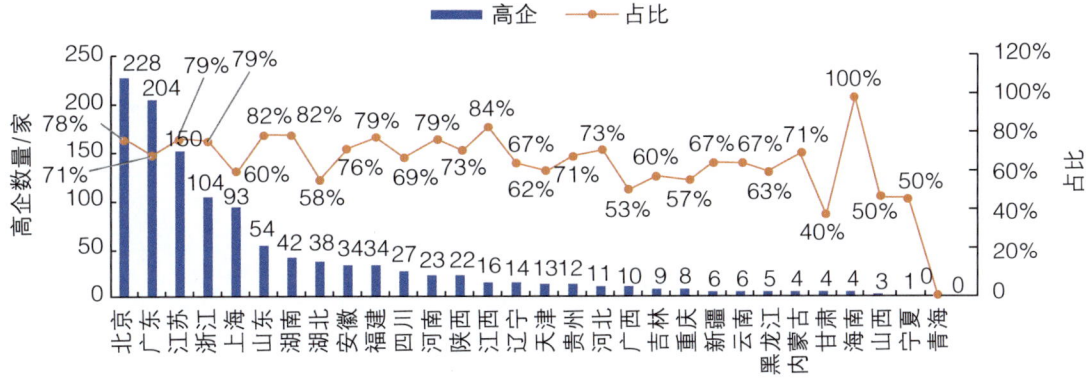

图 5-2　国家高新区上市公司中的高新技术企业在各省（区、市）分布（截至 2020 年底）

从板块分布来看，大部分省（区、市）的国家高新区拥有的上市公司是在主板，接着为创业板和港股，之后为科创板，拥有上市公司数量最少的板块为美股（表 5-1）。

表 5-1　各省（区、市）国家高新区上市公司板块分布　　单位：家

省（区、市）	创业板	科创板	主板	港股	美股
安徽	11	5	29	2	0
北京	105	34	153	87	77

续表

省（区、市）	创业板	科创板	主板	港股	美股
福建	17	2	24	3	0
甘肃	2	0	8	0	0
广东	107	22	160	19	4
广西	1	0	18	0	0
贵州	1	0	16	0	0
海南	1	0	3	1	0
河北	6	0	9	5	0
河南	10	1	18	2	0
黑龙江	1	1	6	1	0
湖北	18	4	43	2	0
湖南	17	3	31	3	0
吉林	1	1	13	0	0
江苏	53	29	108	13	0
江西	6	0	13	3	0
辽宁	9	2	10	1	0
内蒙古	1	0	6	1	0
宁夏	0	0	2	0	0
青海	0	0	1	0	0
山东	13	6	47	8	1
山西	0	0	6	1	0
陕西	9	2	19	4	2
上海	34	32	88	56	21
四川	13	2	24	4	0
天津	6	1	14	1	0
新疆	2	0	7	3	0
云南	1	0	8	1	0
浙江	38	10	84	4	3
重庆	1	0	13	1	0

2020年，169个国家高新区的上市公司税收收入共8220亿元。其中，北京市凭借中关村科技园区的强大实力独占鳌头，共计税收2581亿元，占比达到31%；上海市、广东省、四川省、江苏省和吉林省的国家高新区上市公司税收收入列第2~6名，前6名总计占比达到70%（图5-3）。

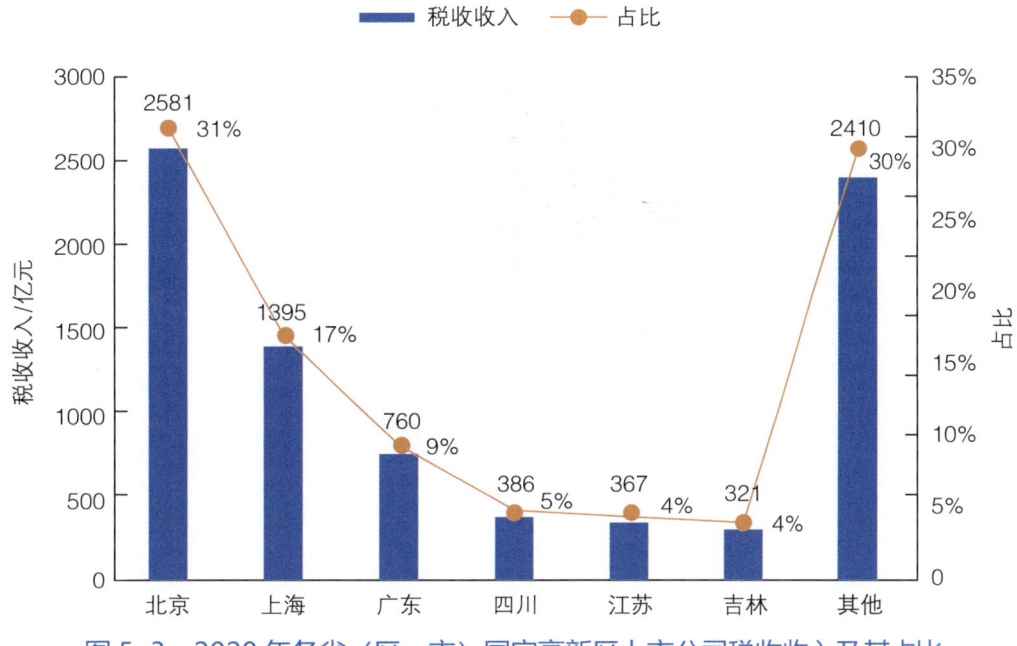

图 5-3 2020 年各省（区、市）国家高新区上市公司税收收入及其占比

2020 年，169 个国家高新区的上市公司共有研发人员 113.84 万人（图 5-4）。其中，北京市依托丰富的科教资源、独特的区位资源等共有研发人员 286 560 人，占到全国的 1/4；北京市、广东省和上海市总计占比超过了全国的一半；浙江省、江苏省和山东省的研发人员数量居第二梯队；其余省（区、市）的研发人员数量较少，总计占全国的 1/4。

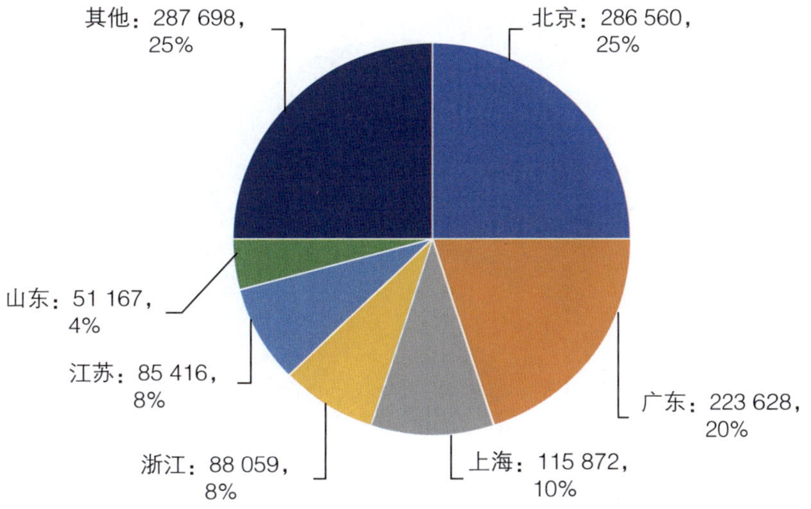

图 5-4 2020 年各省（区、市）国家高新区上市公司研发人员数量及其占比（单位：人）

2020 年，国家高新区 1622 家 A 股上市公司共投入研发费用 4357 亿元（图 5-5）。其中，北京市以 1345 亿元的投入将近占到了全国的 1/3；广东省、上海市、江苏省、浙江省和山东省的研发费用列第 2~6 名，研发投入较多；其余 24 个省（区、市）的研发费用投入较少，总计 853 亿元，仅占全国的 1/5。

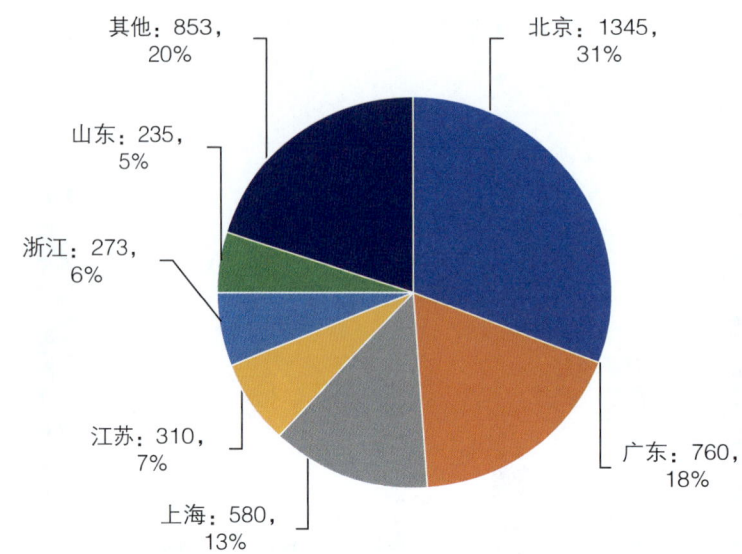

图 5-5　2020 年各省（区、市）国家高新区上市公司研发费用及其占比（单位：亿元）

2020 年，169 个国家高新区的上市公司共有硕士学历及以上人员 432 773 人（图 5-6）。其中，北京市具有绝对优势，共有硕士学历及以上人员 141 617 人，占到全国的 1/3；广东省和上海市的硕士学历及以上人员占全国的比重都超过了 10%；江苏省、浙江省和湖北省的硕士学历及以上人员也较多，从全国范围来看具有比较优势；其余 24 个省（区、市）的硕士学历及以上人员总计 95 815 人，仅占全国的 22%，说明高学历人才资源较为匮乏。

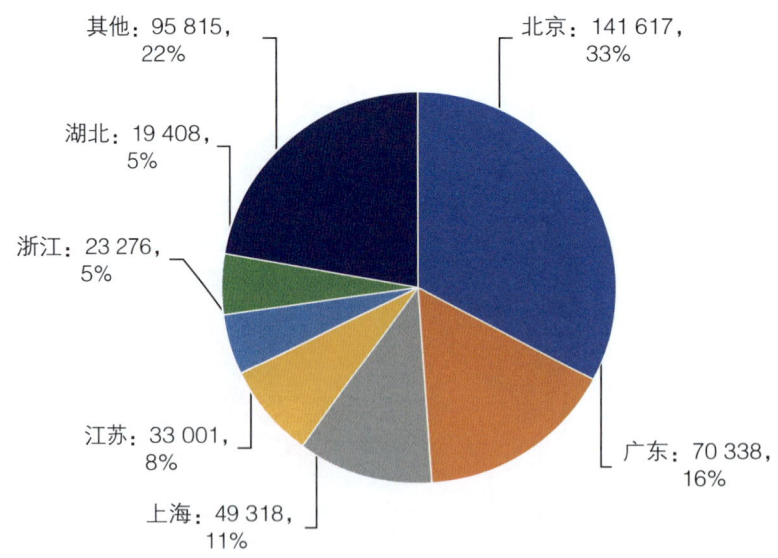

图 5-6　2020 年各省（区、市）国家高新区上市公司硕士学历及以上人员与其占比（单位：人）

2020 年，169 个国家高新区的上市公司共解决就业 7 462 079 人（图 5-7）。其中，北京市的国家高新区上市公司共有员工 1 871 371 人，占到全国的 1/4；广东省和上海市国家高新区上市公司的员工在全国的占比都超过了 10%；江苏省、浙江省和山东省的国家高新区上市公司员工也较多；其余 24 个省（区、市）的国家高新区上市公司受数量少和规模小等的影响，员工人数合计仅占全国的 30%。

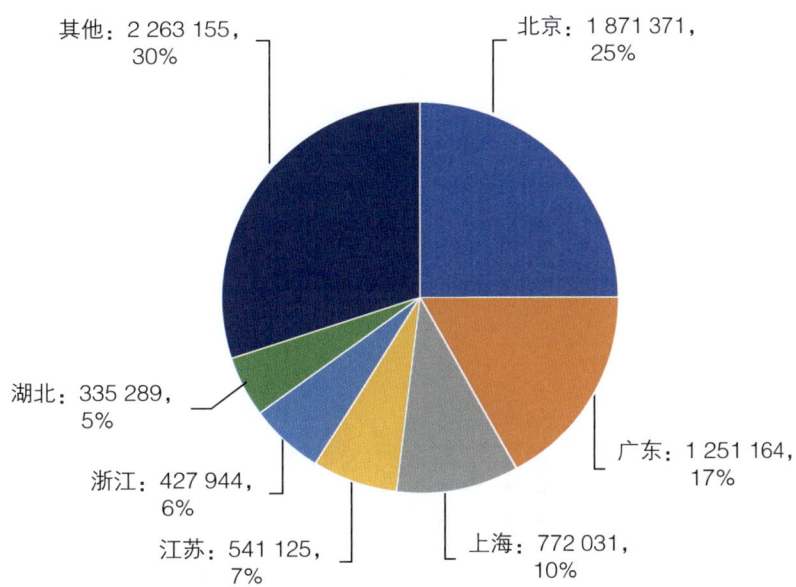

图 5-7 2020 年各省（区、市）国家高新区上市公司员工总数及其占比（单位：人）

2020 年，国家高新区 1622 家 A 股上市公司共获得政府创新补助 789 亿元（图 5-8）。其中，北京市的国家高新区上市公司共获得 155 亿元政府创新补助，是 30 个省（区、市）中最多的，占比达到 20%；广东省和上海市的国家高新区上市公司获得的政府创新补助接近，占全国的比重均为 18%；江苏省、浙江省和湖北省的国家高新区上市公司获得的政府创新补助列第 4 名、第 5 名、第 6 名，为 33 亿~52 亿元；其余省（区、市）国家高新区上市公司获得的政府创新补助整体较少，总计仅占全国的 29%，而宁夏回族自治区和青海省的国家高新区上市公司全年未获得政府创新补助。

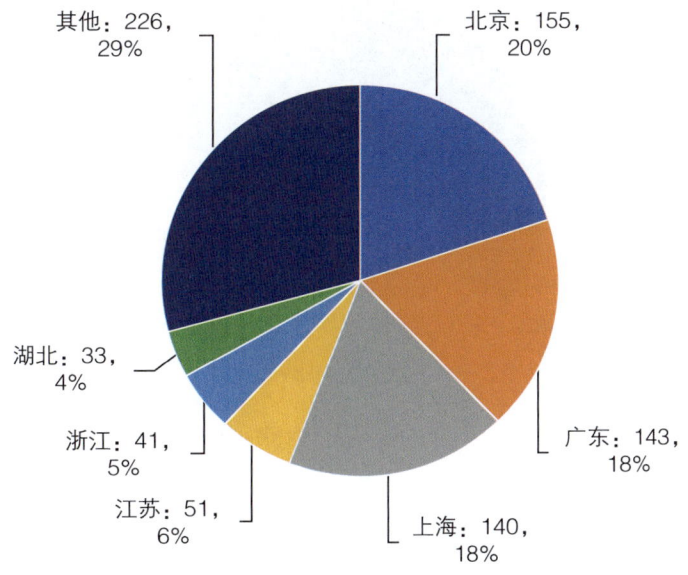

图 5-8 2020 年各省（区、市）国家高新区上市公司获得的政府创新补助及其占比（单位：亿元）

2020年，30个省（区、市）国家高新区上市公司净利润率情况为（图5-9）：黑龙江省国家高新区上市公司的净利润率为13.4%，全国最高，说明盈利能力最强；新疆维吾尔自治区、福建省和宁夏回族自治区国家高新区上市公司的净利润率表现良好，都超过了10%；在国家高新区上市公司创新能力较强的省市中，广东省盈利能力强，净利润率达到8.2%，上海市和北京市较弱，分别为4.1%，2.9%；辽宁省国家高新区上市公司净利润率为–0.2%，是30个省（区、市）中唯一一个为负的。

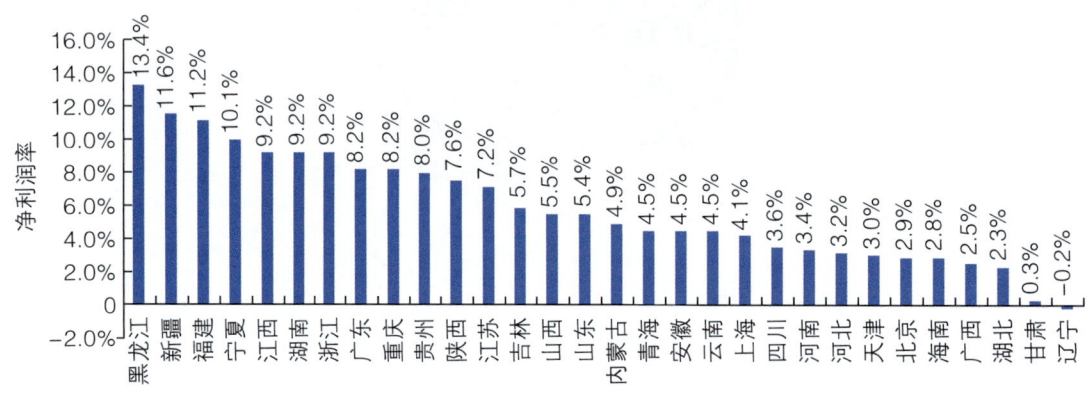

图5-9　2020年国家高新区上市公司净利润率在各省（区、市）分布

2020年，国家高新区1622家A股上市公司的总市值均值约为24.37万亿元（图5-10）。其中，北京市国家高新区上市公司总市值均值为50 876亿元，占全国的21%；广东省、上海市、江苏省、浙江省和山东省的国家高新区上市公司总市值均值列第2名~第6名；前三甲中，北京市、广东省和上海市的国家高新区上市公司总市值均值依次递减，差距较小。

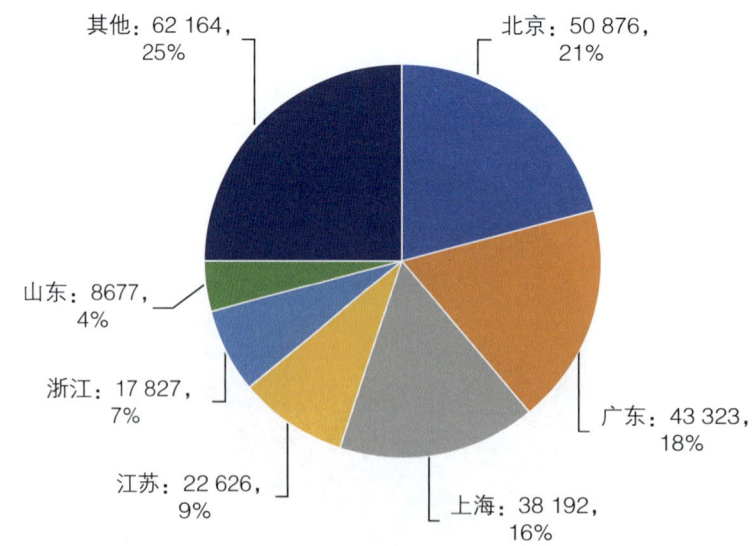

图5-10　2020年各省（区、市）国家高新区上市公司总市值均值及其占比（单位：亿元）

2020年，国家高新区上市公司营业收入共计约13.16万亿元（图5-11）。其中，北京市国家高新区上市公司营业收入占有绝对优势，为42 470亿元，达到全国的32%，比排第2名的上海市

和排第 3 名的广东省之和都要多；江苏省、山东省和浙江省国家高新区上市公司的营业收入在全国各省（区、市）中居第三梯队，占比较大，但均不足万亿元；海南省、宁夏回族自治区和青海省国家高新区上市公司的营业收入最少，列最后 3 名。

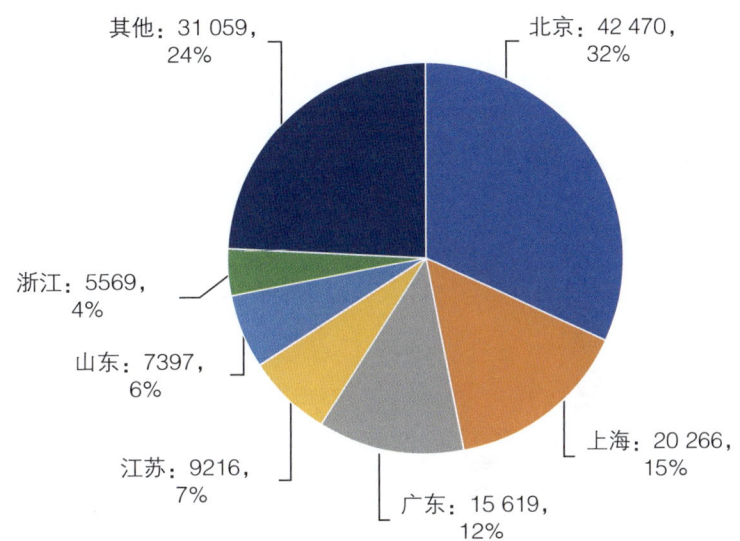

图 5-11 2020 年各省（区、市）国家高新区上市公司营业收入及其占比（单位：亿元）

2020 年，在拥有上市公司的国家高新区分布的 30 个省（区、市）中（图 5-12），上海市国家高新区商品房均价位列榜首，为 5.6 万元/米^2；广东省和北京市旗鼓相当，都是 3.8 万元/米^2；广西壮族自治区、吉林省、江西省、河南省、甘肃省、湖南省、内蒙古自治区和新疆维吾尔自治区的国家高新区商品房均价较低，都在 1 万元/米^2 以下。

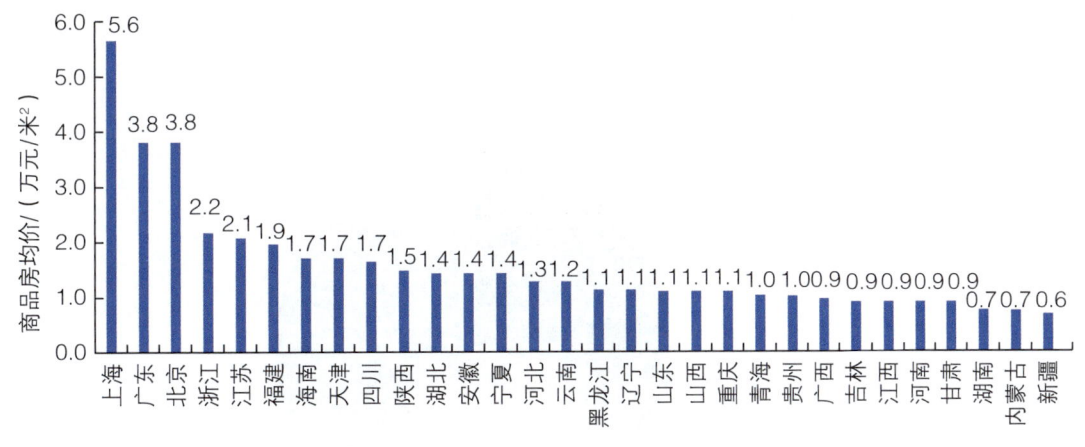

图 5-12 2020 年国家高新区商品房均价在各省（区、市）分布

2020 年，国家高新区上市公司当年新增专利数量 108 551 件（图 5-13）。其中，广东省凭借格力电器和中兴通讯等企业在专利方面的优势，共新增了 40 429 件专利，占全国的 37%，远超第 2 名北京市的 21 921 件专利，处于绝对优势的位置；上海市的国家高新区上市公司当年新增专利

数量较少，且落后于浙江省、江苏省和山东省，从全国范围来看，仅排第六；青海省国家高新区上市公司无当年新增专利。从研发投入强度来看，2020年上海市的研发投入强度仅有2.86%，是当年新增专利数量前6名中研发投入强度最低的。

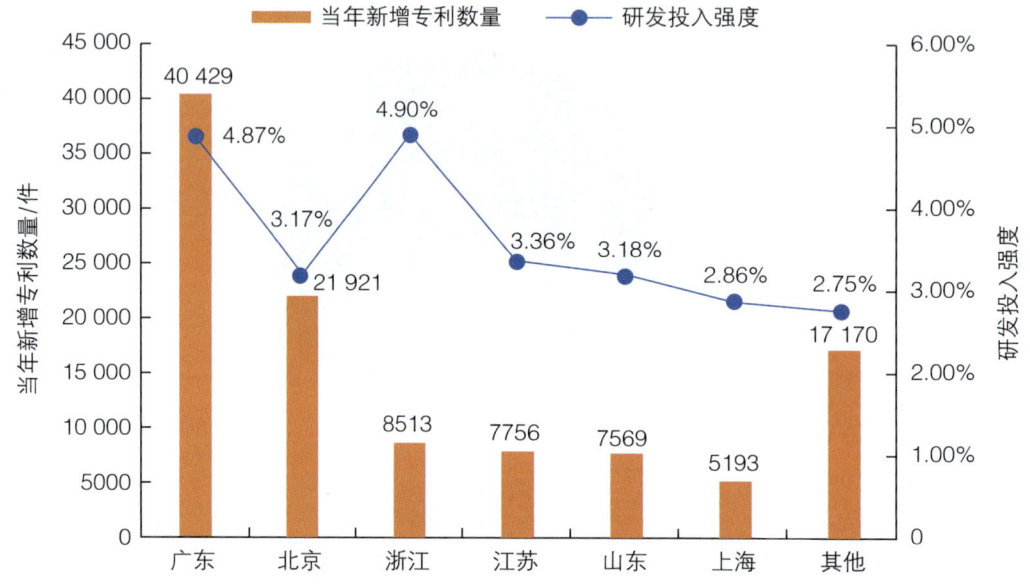

图5-13　2020年各省（区、市）国家高新区上市公司当年新增专利数量及研发投入强度

2020年，国家高新区1622家A股上市公司共投入工会经费及职工教育经费158.4亿元（图5-14）。其中，北京市国家高新区上市公司投入58.8亿元，占全国的37%，处于绝对领先的位置，几乎相当于第2名～第6名之和；广东省、上海市、山东省、浙江省和江苏省国家高新区上市公司工会经费及职工教育经费列全国的第2~6名；海南省、宁夏回族自治区和青海省国家高新区上市公司的工会经费及职工教育经费都不足1000万元。

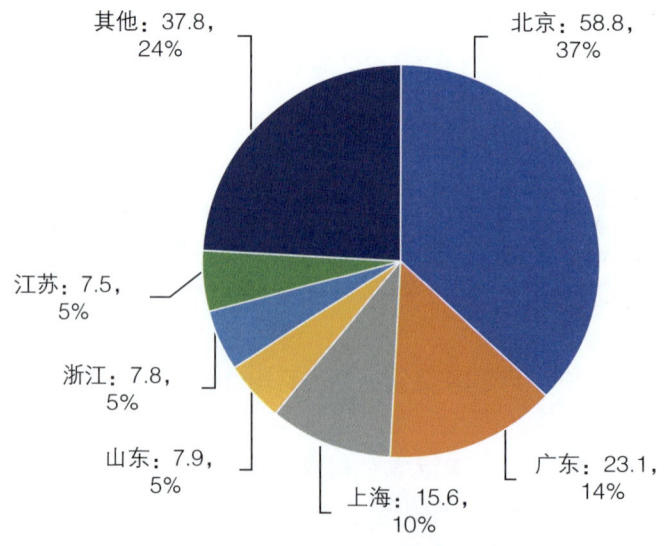

图5-14　2020年各省（区、市）国家高新区上市公司工会经费及职工教育经费与其占比（单位：亿元）

前 6 名省市占比极大。30 个省（区、市）的国家高新区中：对于上市公司的数量（包括其中的高新技术企业数量）等总量指标，研发人员数量、硕士及以上学历人数和员工总数等人力资源指标，研发费用、政府创新补助、工会经费及职工教育经费等创新投入类指标，营业收入、总市值均值等反映经济体量的指标，当年新增专利数量等创新产出类指标，前 6 名主要集中在北京市、上海市、广东省、江苏省、浙江省和山东省 / 湖北省中，其中前 5 个省市的集聚效应非常显著，山东省和湖北省的部分指标不相上下、互有"胜负"，而山东省占优势的居多。

大省会战略对税收收入影响较大。从税收收入来看，排在前 6 名的省市为：北京市、上海市、广东省、四川省、江苏省和吉林省。四川省和吉林省之所以能力压浙江省和山东省，进入前 6 名，主要是得益于长春高新区和成都高新区的税收收入较多，其中长春高新区为 574 亿元，列所有国家高新区第 6 名，成都高新区为 497 亿元，列第 8 名。

净利润率表现出乎预料。净利润率是指经营所得的净利润占销货净额的百分比，能够综合反映一个企业或一个行业的经营效率。上市公司作为各行业中的龙头企业，应表现出更强的盈利能力。辽宁省"亏损前行"：国家高新区的上市公司净利润率为 –0.2%，是 30 个省（区、市）中净利润率为负的唯一省份，主要是由于辽宁省的 7 个国家高新区的 21 个上市公司中，有 1/3 的上市公司 2020 年处于亏损状态，尤以美吉姆、德尔股份等亏损最为严重，同时也反映出实现盈利的上市公司盈利能力也较弱，2/3 盈利公司的利润弥补不了 1/3 亏损公司的损失。北京市盈利能力较弱：中关村科技园区作为中国第一个国家自主创新示范区，正加快建设成世界领先的科技园区，中关村科技园区在所有国家高新区中，拥有最多的上市公司、研发人员、研发经费、硕士及以上学历人数、总市值均值及营业收入，获得了最多的政府创新补助，但核心指标净利润率仅为 2.9%，位列 30 个省（区、市）的倒数第六，被广东省和江苏省等发达省份拉开了较大差距。黑龙江省脱颖而出：黑龙江省国家高新区上市公司大部分指标排名都较为靠后，唯独以 13.4% 的净利润率在该项指标中拔得头筹。

二、城市群分布

2020 年，成渝、京津冀、长江中游、长三角、珠三角和黄河流域六大城市群国家高新区共有 A 股上市公司 1477 家，占全国的 91%（图 5-15）。六大城市群中，国家高新区上市公司又主要集中在长三角、京津冀和珠三角中，占比达到 77%，其中长三角国家高新区整体实力最强，拥有 521 家 A 股上市公司。

2020 年，六大城市群国家高新区都拥有境外（包括美国和中国香港）上市公司，其中成渝和长江中游国家高新区境外上市公司中，仅有港股无美股，而其余 4 个城市群国家高新区境外上市公司中，既有美股也有港股（图 5-16）。京津冀在香港和美国上市的企业都是最多的，分别为 87 家和 76 家；珠三角虽距离香港最近，但是在香港上市的公司仅有 22 家；长三角在美国上市的公司数量与京津冀相比差距较大，但在香港上市的公司数量与京津冀相差无几。

截至 2020 年底，44 个国家高新区拥有 330 家在香港和美国上市的公司。其中，中关村科技园区、上海张江高新区、深圳高新区和苏州工业园占据了前 4 名，占比达到 79%。中关村科技园区一枝独秀，共有 162 家，占比 49%；上海张江高新区位列次席，共有 74 家，占比 23%；深圳高新区和苏州工业园数量基本相当。

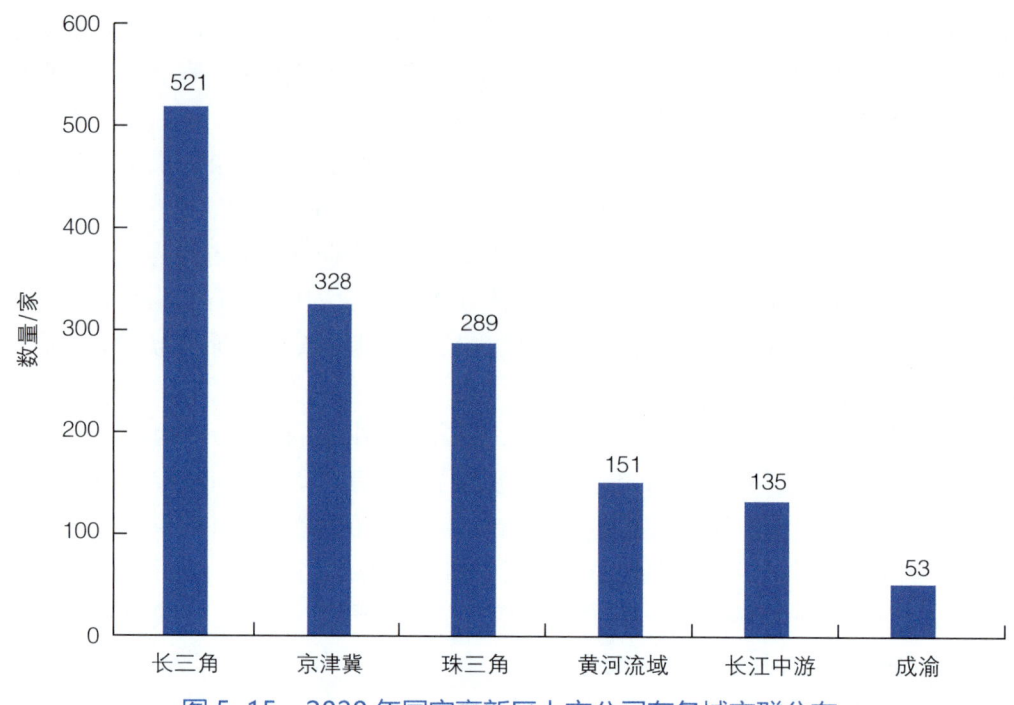

图 5-15　2020 年国家高新区上市公司在各城市群分布

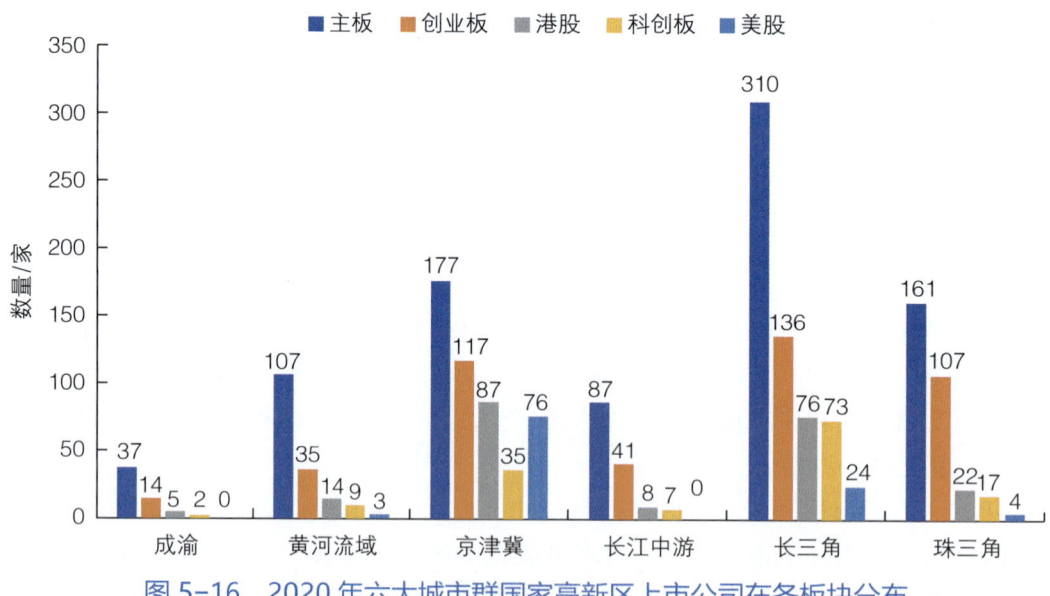

图 5-16　2020 年六大城市群国家高新区上市公司在各板块分布

2020 年，六大城市群国家高新区上市公司共有研发人员 1 057 897 人（图 5-17）。其中，京津冀和长三角的研发人员数量基本相当，遥遥领先于其他城市群；珠三角的研发人员为 223 628 人，位于六大城市群的第二梯队；黄河流域和长江中游的研发人员数量处于同一水平，位于六大城市群的第三梯队；成渝的研发人员最少，仅为 23 796 人。

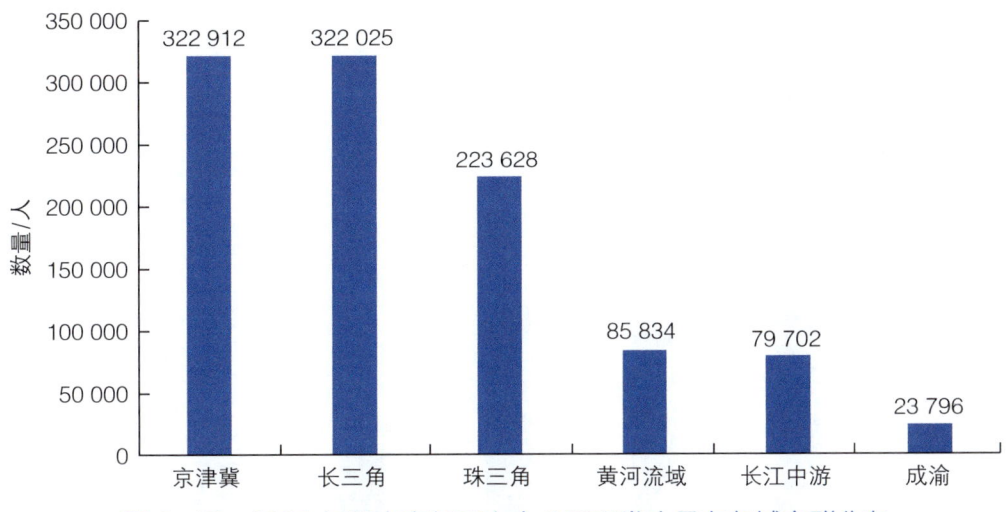

图 5-17　2020 年国家高新区上市公司研发人员在各城市群分布

2020 年，长三角国家高新区上市公司中高新技术企业数量为 381 家，居六大城市群之首；紧接着是京津冀和珠三角；黄河流域和长江中游的数量基本相当；成渝国家高新区上市公司中的高新技术企业最少，仅有 35 家（图 5-18）。

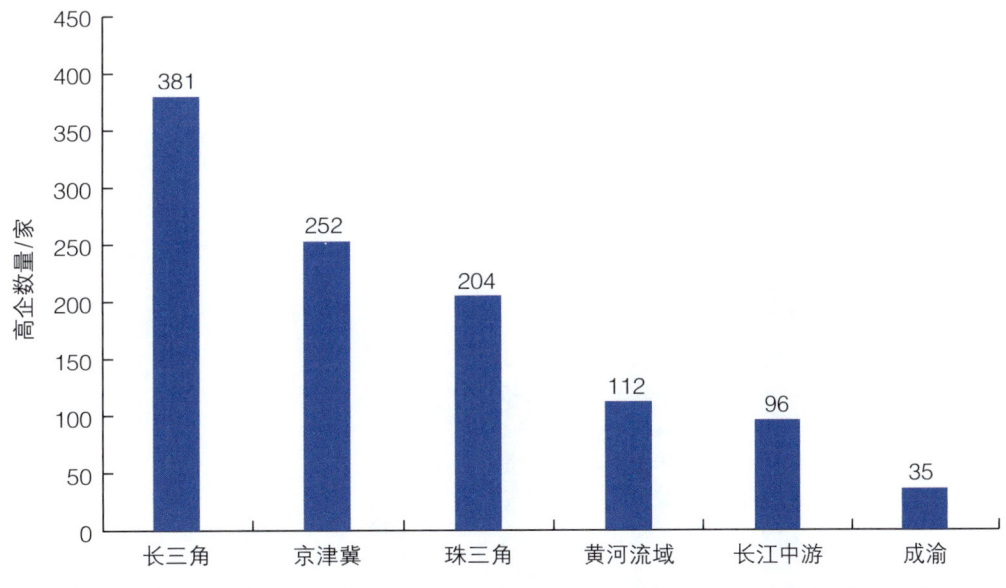

图 5-18　2020 年国家高新区上市公司中的高新技术企业在各城市群分布

2020 年，长三角国家高新区上市公司以 83 995 亿元的总市值均值居六大城市群之首，较排名第二的京津冀优势明显；珠三角虽与长三角和京津冀差距显著，但和黄河流域相比还是优势明显；长江中游与黄河流域基本相当；成渝国家高新区上市公司的总市值均值最少，仅为 4352 亿元（图 5-19）。

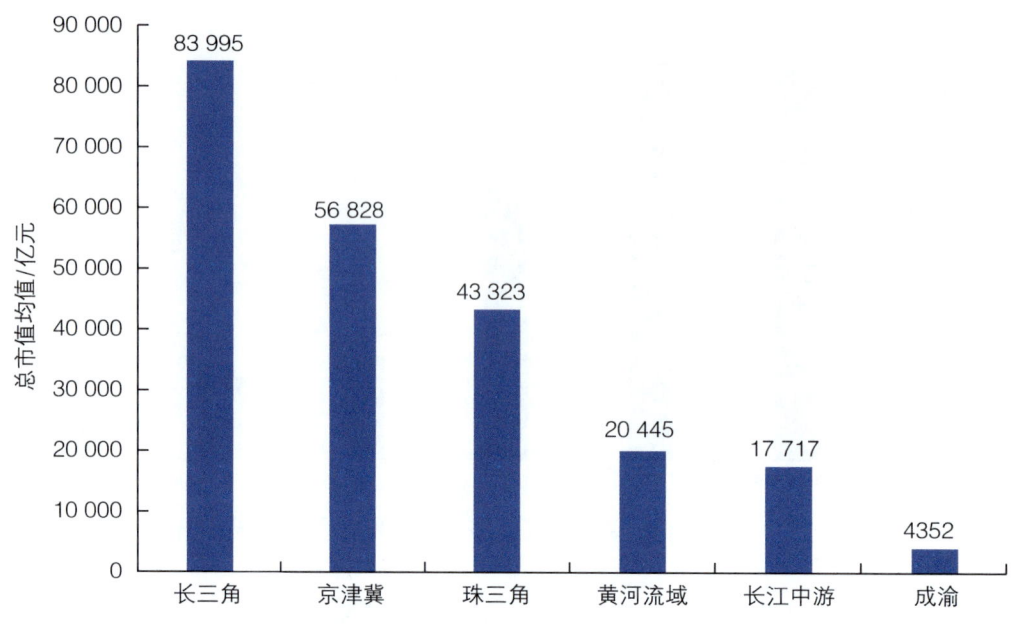

图 5-19 2020 年国家高新区上市公司总市值均值在各城市群分布

2020 年，长三角国家高新区上市公司从政府渠道获得的创新补助为 261 亿元，居六大城市群之首，较第 2 名的京津冀优势明显；京津冀和珠三角此指标基本相当；黄河流域和长江中游位于第三梯队；成渝国家高新区上市公司获得的政府创新补助最少，仅为 20 亿元（图 5-20）。

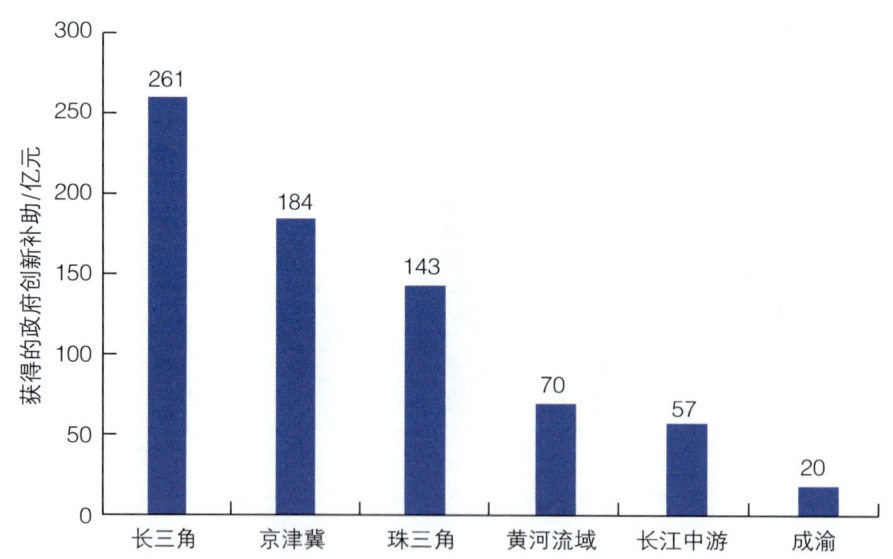

图 5-20 2020 年国家高新区上市公司获得的政府创新补助在各城市群分布

2020 年，京津冀国家高新区上市公司投入的研发费用为 1439 亿元，以微弱优势领先于长三角，这主要是得益于北京市的中关村科技园区上市公司在研发方面的大量投入；长三角国家高新区上市公司投入的研发费用为 1276 亿元，较排在第 3 名的珠三角优势明显；珠三角基本处于第三梯队，虽仅有京津冀的一半左右，但却大于后 3 个城市群之和（图 5-21）。

从研发投入强度来看，珠三角国家高新区上市公司研发投入强度达到 4.87%，在六大城市群中是最高的；成渝虽研发费用最少但研发投入强度位居第二；京津冀、长三角和长江中游属于同一水平；黄河流域国家高新区上市公司的研发投入强度最低，仅为 2.46%。

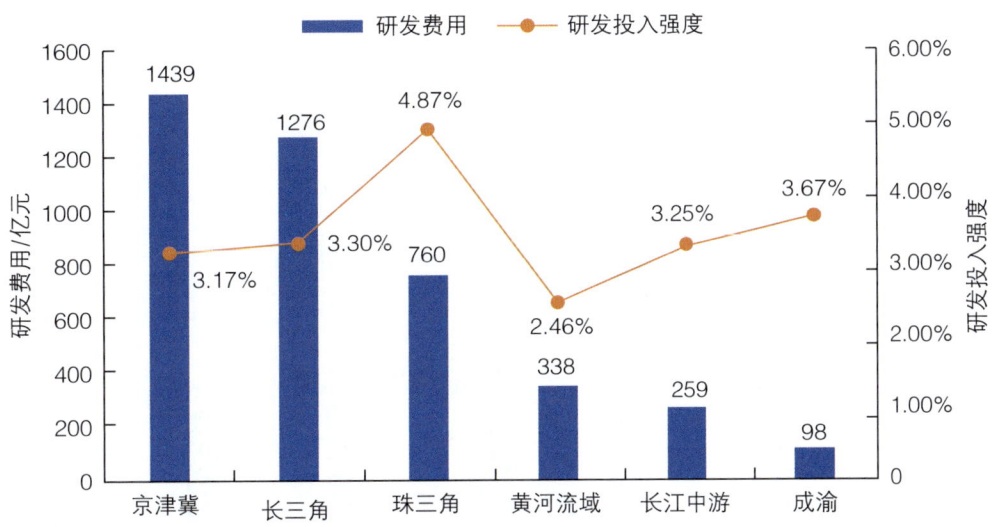

图 5-21　2020 年国家高新区上市公司研发费用及研发投入强度在各城市群分布

2020 年，京津冀国家高新区上市公司共有硕士学历及以上人员 149 866 人，较其他城市群优势显著，在京津冀中，硕士学历及以上人员最多的国家高新区为中关村科技园区，主要是由于北京市拥有全国数量最多的高等院校资源及良好的创新创业环境等；长三角和珠三角也是集聚硕士学历及以上人员的主要地区；成渝国家高新区上市公司硕士学历及以上人员最少，仅为 9781 人，尚未突破万人（图 5-22）。

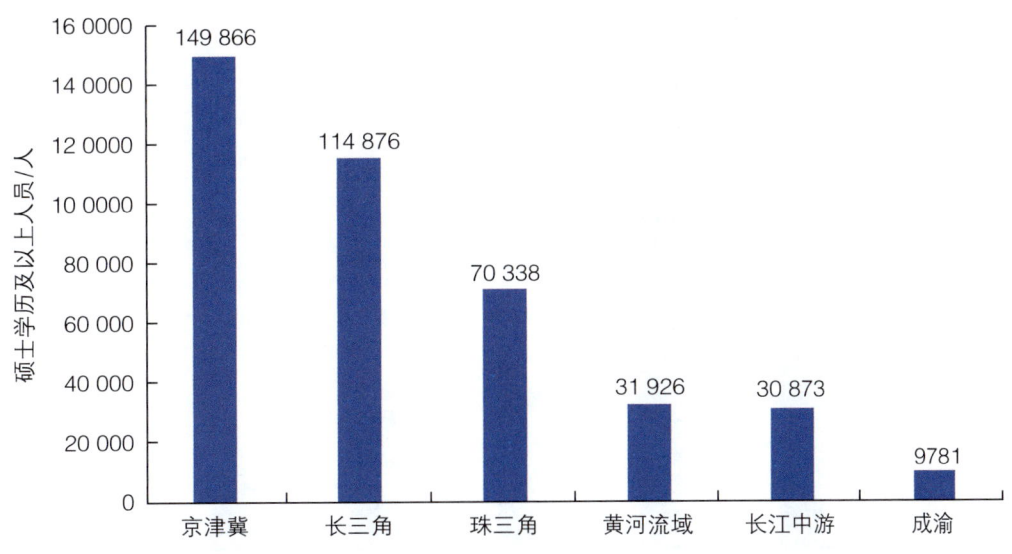

图 5-22　2020 年国家高新区上市公司硕士学历及以上人员在各城市群分布

2020年，从带动就业来看，京津冀和长三角国家高新区的上市公司表现最好，合计共解决400多万人的就业问题，也体现了区域发展活力和潜力；珠三角也是人才集聚的重要区域，仅凭一省之力就带动1 251 164人的就业；黄河流域和长江中游此指标表现相当；成渝国家高新区上市公司仅有员工216 588人，说明在人才集聚和解决就业问题方面仍需进一步强化（图5-23）。

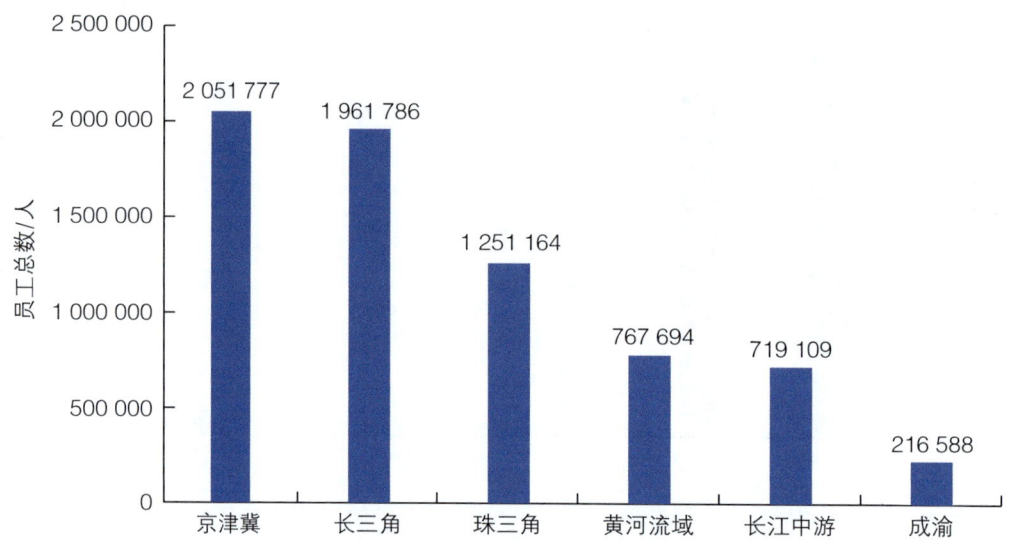

图5-23　2020年国家高新区上市公司员工总数在各城市群分布

营业收入是经济规模的主要衡量指标之一。2020年，京津冀国家高新区上市公司的营业收入共计45 371亿元，是六大城市群中最高的；长三角与京津冀相比略有差距，但较其他城市群优势明显；黄河流域与珠三角旗鼓相当，都在万亿元以上，此指标也是黄河流域能够与珠三角媲美的为数不多的指标之一（图5-24）。

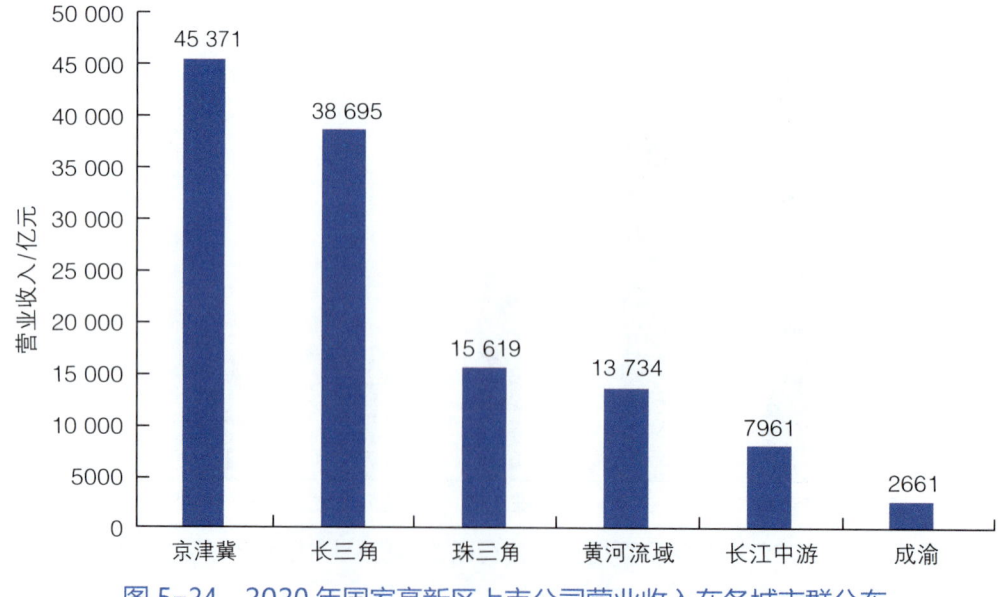

图5-24　2020年国家高新区上市公司营业收入在各城市群分布

2020年，六大城市群中，珠三角国家高新区的平均房价是最高的，为 3.81 万元/米²；京津冀和长三角分列第 2 名、第 3 名，都在 3 万元/米² 以上；黄河流域和长江中游国家高新区的平均房价最低，均仅为 1.10 万元/米²（图 5-25）。

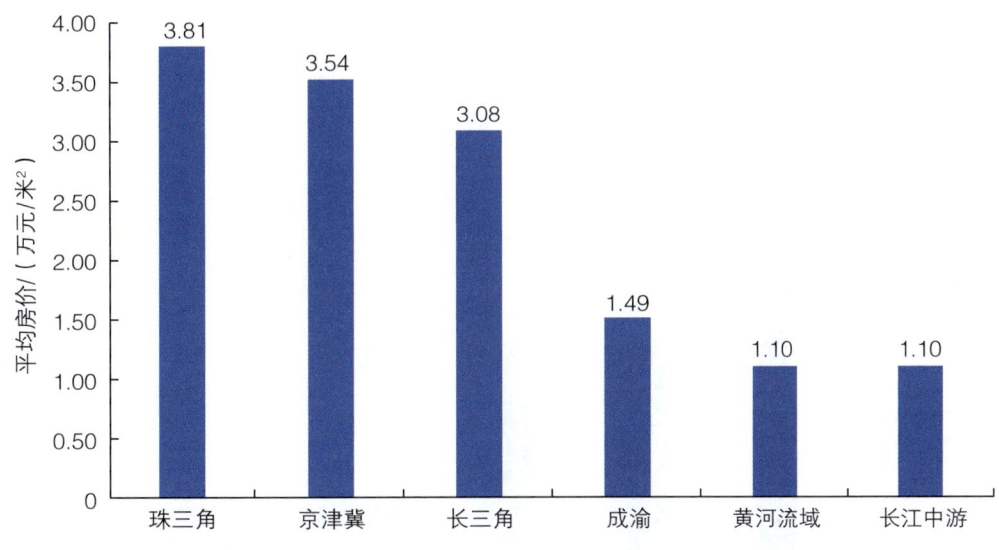

图 5-25　2020 年国家高新区平均房价在各城市群分布

2020 年，长三角国家高新区的上市公司共计支付工资薪酬 690.95 亿元，在六大城市群中位列榜首且遥遥领先，说明长三角的用工成本最高；京津冀和珠三角此指标表现基本相当，位于第二梯队；成渝国家高新区上市公司的工资薪酬为 57.99 亿元，是最少的（图 5-26）。

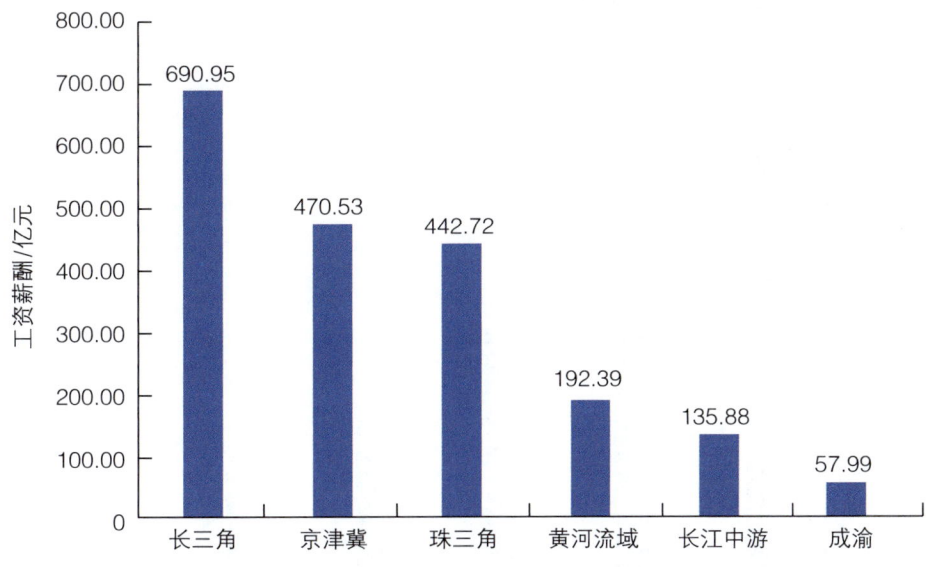

图 5-26　2020 年国家高新区上市公司工资薪酬在各城市群分布

2020年，从创新产出来看，珠三角国家高新区上市公司的当年新增专利数量为40 429件，在六大城市群中处于一枝独秀的位置，表现突出；长三角和京津冀此指标处于同一重量级，整体为第二梯队；黄河流域是长江中游的2倍之多，在大多数指标与长江中游相差无几的背景下，此指标明显优于长江中游；成渝国家高新区上市公司当年新增专利数量仅为1691件，数量偏少，亟待加强创新产出能力（图5-27）。

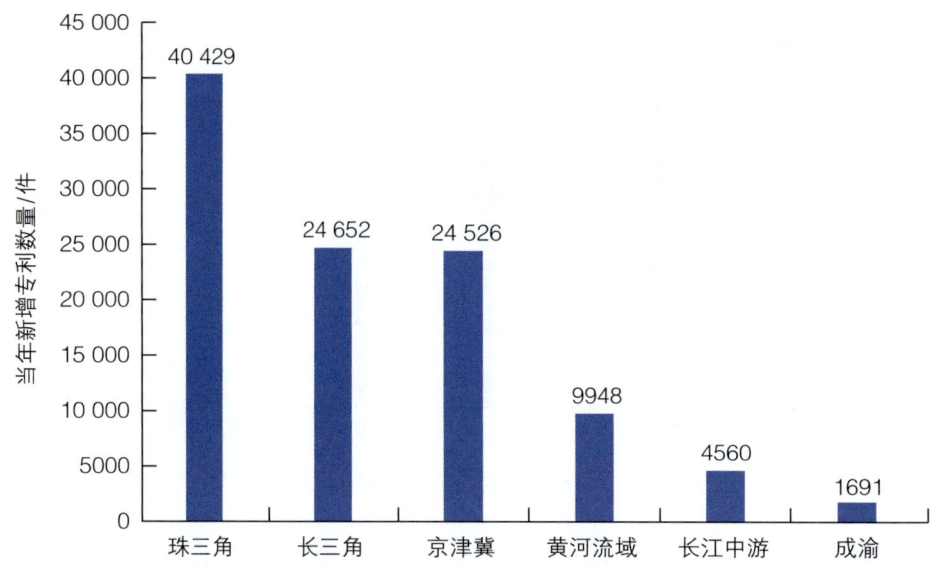

图5-27　2020年国家高新区上市公司当年新增专利数量在各城市群分布

2020年，长三角国家高新区上市公司共实现2177亿元净利润，在六大城市群中优势显著；京津冀和珠三角此指标表现基本相当；成渝国家高新区上市公司仅实现113亿元净利润，是六大城市群中实现净利润最少的城市群（图5-28）。

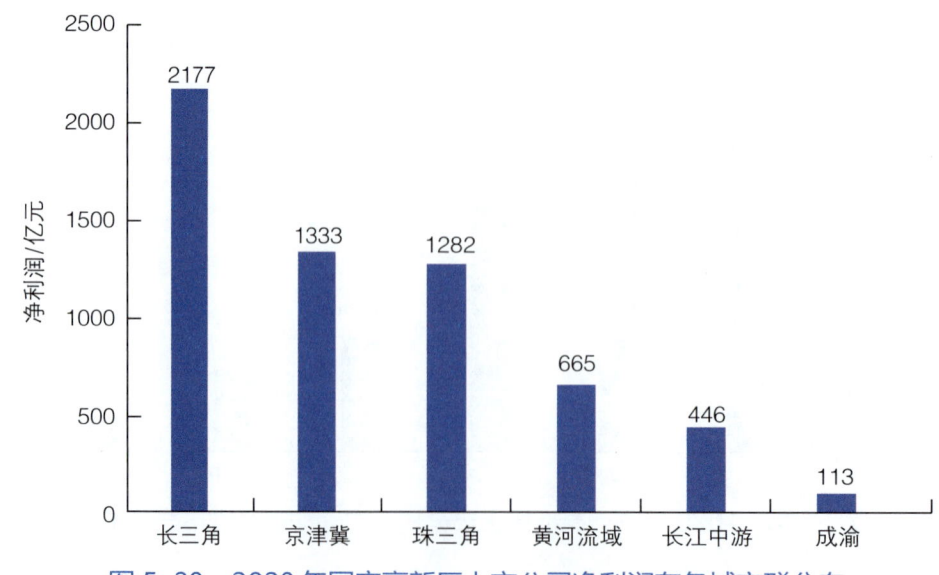

图5-28　2020年国家高新区上市公司净利润在各城市群分布

从盈利能力来看，2020年，珠三角国家高新区上市公司的净利润率是最高的，为8.21%，较其他城市群优势显著；长三角和长江中游此指标表现基本相当，处于第二梯队；黄河流域和成渝此指标处于第三梯队；京津冀国家高新区上市公司净利润率仅为2.94%，在六大城市群中排名垫底且与其他城市群相比差距较大，还有较大提升空间（图5-29）。

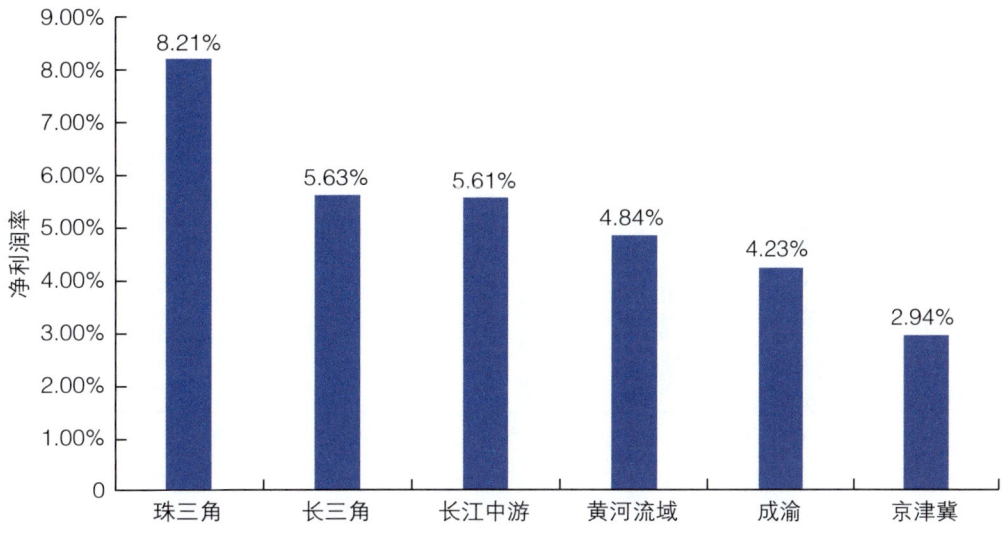

图5-29　2020年国家高新区上市公司净利润率在各城市群分布

2020年，京津冀国家高新区上市公司董事长受高等教育年限是最长的，为6.40年，主要是由于中关村科技园区汇集了以互联网、人工智能等为主的大量新兴产业；黄河流域此指标表现良好，力压长三角和珠三角，位列次席；长三角国家高新区上市公司董事长受高等教育年限是最短的，仅为5.78年（图5-30）。

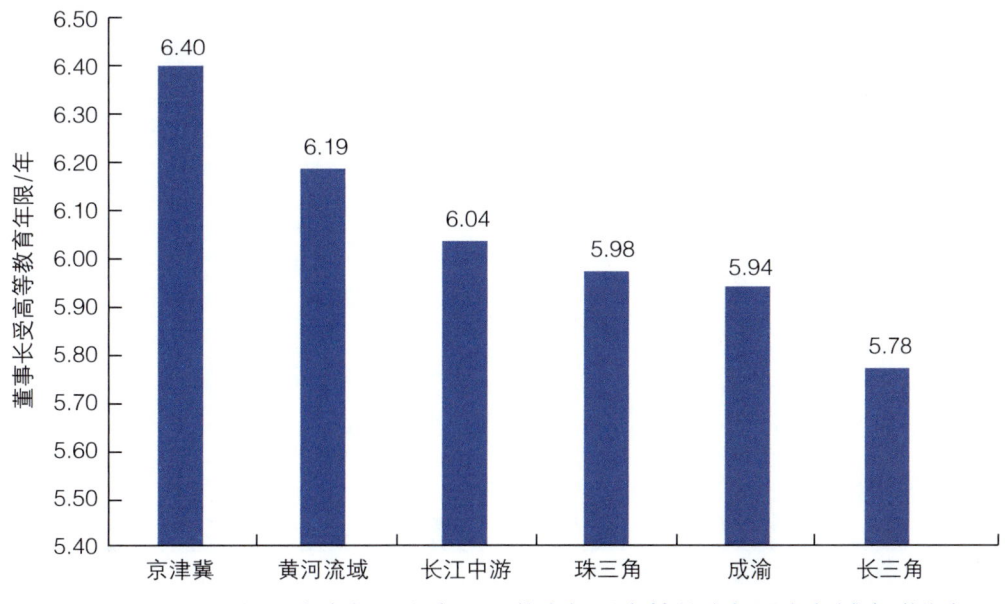

图5-30　2020年国家高新区上市公司董事长受高等教育年限在各城市群分布

2020 年，京津冀国家高新区上市公司共投入 60.81 亿元的工会经费及职工教育经费，比列第 2 名、第 3 名的长三角和珠三角之和都要多，说明京津冀对职工权利和职工深造较为重视；成渝国家高新区上市公司仅投入 3.64 亿元的工会经费及职工教育经费，投入金额最少（图 5-31）。

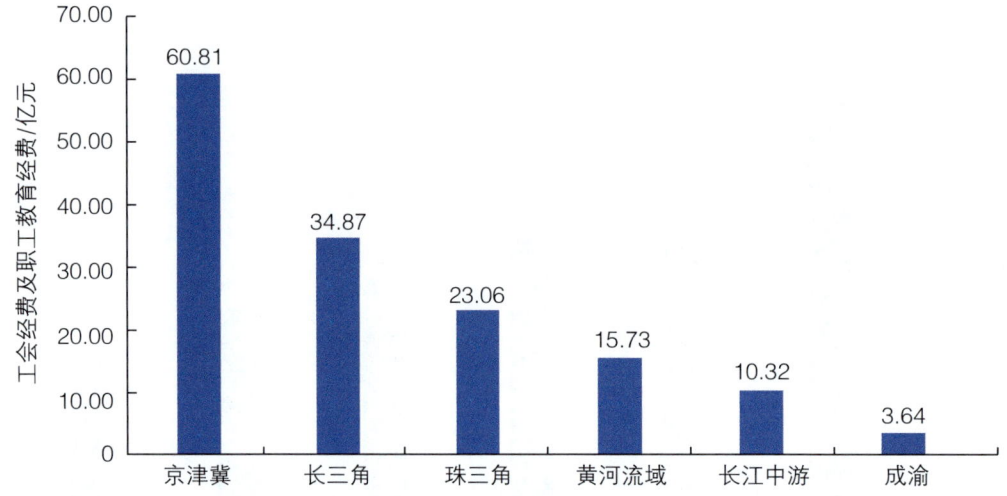

图 5-31　2020 年国家高新区上市公司工会经费及职工教育经费在各城市群分布

2020 年，长三角国家高新区拥有的民营企业和外资企业上市公司数量最多，分别为 303 家和 21 家，表明长三角区域民营经济充满活力、对外开放成绩斐然；京津冀国家高新区拥有的中央国有企业上市公司数量最多，为 44 家，主要是由于北京市作为首都，集聚了大量的企业总部；黄河流域国家高新区拥有的地方国有企业上市公司数量最多，为 30 家，表明黄河流域地方政府控股的国有龙头企业对经济的影响极大（图 5-32）。

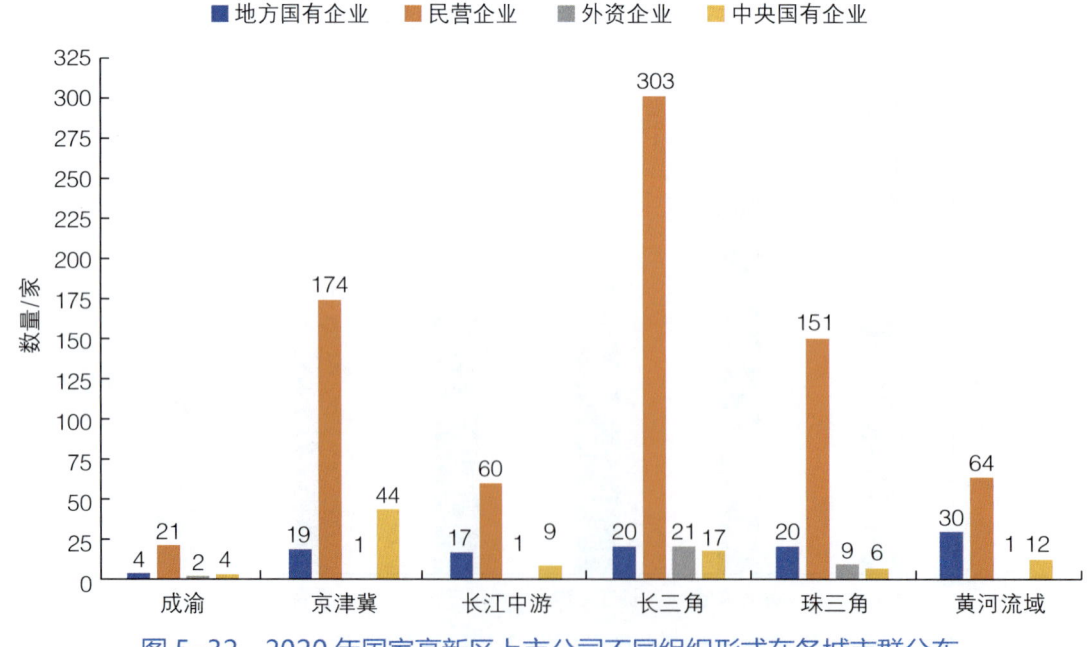

图 5-32　2020 年国家高新区上市公司不同组织形式在各城市群分布

京津冀人才资源优势明显。京津冀国家高新区上市公司拥有最多的硕士学历及以上人员，研发人员和员工总数也处于首位，董事长受高等教育年限也是最长的。从投入来看，京津冀国家高新区上市公司工会经费及职工教育经费也是最多的，投入巨大的职工教育经费也是引才、育才、用才的重要保障。

成渝整体实力较弱。成渝是西部大开发的重要平台，是长江经济带的战略支撑，也是国家推进新型城镇化的重要示范区，但从整体来看，成渝国家高新区上市公司与其他城市群相比偏弱，绝对量指标排名基本都处于末尾位置。

长三角进入良性循环。长三角国家高新区拥有数量最多的上市公司（包括上市公司中的高新技术企业），总市值均值、工资薪酬和净利润都是最高的，说明长三角国家高新区的上市公司发展步入良性循环，总市值均值代表了较高的市场认可度，较高的净利润代表了上市公司产品能够更好地获得消费者的认可，支付较高的工资薪酬表明了员工的个人价值得到了更好的实现，构建了市场价值—公司利润—员工福利的良性循环。

平均房价两极分化。从六大城市群国家高新区的平均房价来看，一线城市的房价依然高挺，珠三角、京津冀和长三角的平均房价都在 3 万元/米^2 以上，而黄河流域、长江中游和成渝的平均房价每平方米都在 1 万~1.5 万元，分界明显。

开放合作北上平分秋色。从"走出去"来看，在 330 家赴美国和香港上市的公司中，中关村科技园区就占据了 49%；从"引进来"来看，上海张江高新区拥有 21 家外资性质的上市公司，比其余 5 个城市群的总和还要多。

第二节　区域创新能力评估

一、创新总指数

从省份来看，北京市国家高新区上市公司创新能力得分为 83.95 分，居第 1 位；广东、江苏、上海分别位居第 2 至第 4 位，得分也都在 80 分以上；新疆和吉林的国家高新区虽上市公司数量不多，但创新能力得分排名却靠前；海南、宁夏和青海创新能力得分居后 3 位，且与其他省份差距明显（表 5-2）。

表 5-2　2020 年国家高新区上市公司创新能力——省份得分、排名

省份	2020 年得分	2020 年排名	省份	2020 年得分	2020 年排名
安徽	79.47	5	广西	68.72	21
北京	83.95	1	贵州	68.18	22
福建	76.06	11	海南	53.97	28
甘肃	57.19	27	河北	70.57	17
广东	82.72	2	河南	71.56	16

续表

省份	2020年得分	2020年排名	省份	2020年得分	2020年排名
黑龙江	66.55	24	山东	76.39	10
湖北	76.47	9	山西	67.20	23
湖南	73.73	13	陕西	72.36	15
吉林	77.63	7	上海	80.93	4
江苏	81.38	3	四川	72.60	14
江西	69.49	19	天津	68.94	20
辽宁	62.62	26	新疆	77.67	6
内蒙古	69.99	18	云南	74.27	12
宁夏	36.64	29	浙江	77.32	8
青海	34.74	30	重庆	65.74	25

数据来源：中国高新区研究中心整理，2021年8月。

从城市群来看：长三角得分为83.06分，位居榜首。长三角、珠三角和京津冀彼此间基本属于同一梯队，即第一梯队；长江中游和黄河流域属于第二梯队；成渝城市群的创新得分最低且与第二梯队有明显差距（表5-3）。

表5-3　国家高新区上市公司创新能力——城市群得分、排名

城市群	2020年得分	2020年排名
成渝	23.31	6
京津冀	77.13	3
长江中游	71.43	4
长三角	83.06	1
珠三角	80.97	2
黄河流域	68.65	5

数据来源：中国高新区研究中心整理，2021年8月。

二、创新分指数

从省份来看，北京创新投入居第4位，其余两个指标均居榜首，是各省份中表现最好的；新疆创新投入居第1位、创新产出居第9位，说明新疆非常重视创新投入；安徽创新投入居第13位、创新产出居第2位，说明创新产出的效率较高；辽宁和天津等省份都是创新投入较高，创新产出却较低，说明亟待加强创新的效率；宁夏、海南和青海的3项分项指标也多排名靠后，说明这3个省份国家高新区上市公司的创新能力是全方位落后的（表5-4）。

表 5-4 2020 年国家高新区上市公司创新投入、产出和保障能力——省份得分、排名

省份	创新投入得分	创新投入排名	创新产出得分	创新产出排名	创新保障得分	创新保障排名
安徽	20.74	13	41.02	2	17.71	9
北京	22.97	4	41.16	1	19.81	1
福建	20.65	15	38.22	8	17.19	13
甘肃	13.89	28	27.69	26	15.61	24
广东	22.99	3	40.10	4	19.64	2
广西	19.03	20	33.88	19	15.81	22
贵州	18.33	21	33.79	20	16.05	19
海南	14.60	27	26.03	27	13.34	28
河北	19.88	16	34.81	15	15.87	21
河南	20.66	14	33.62	22	17.28	11
黑龙江	18.28	22	33.52	23	14.74	26
湖北	19.35	18	39.32	5	17.81	8
湖南	21.81	9	33.96	18	17.96	7
吉林	24.12	2	37.37	10	16.15	18
江苏	22.48	6	40.32	3	18.58	5
江西	16.42	26	36.68	11	16.40	17
辽宁	21.64	11	24.97	28	16.02	20
内蒙古	19.04	19	33.73	21	17.22	12
宁夏	8.68	30	16.90	30	11.06	29
青海	9.10	29	21.31	29	4.32	30
山东	22.21	8	35.75	14	18.44	6
山西	17.38	24	34.78	16	15.04	25
陕西	19.74	17	36.00	13	16.62	16
上海	22.43	7	39.31	6	19.19	3
四川	21.03	12	34.23	17	17.34	10
天津	21.65	10	30.37	25	16.92	14
新疆	25.11	1	37.87	9	14.70	27
云南	18.22	23	39.28	7	16.77	15
浙江	22.59	5	36.01	12	18.72	4
重庆	17.38	25	32.73	24	15.62	23

数据来源：中国高新区研究中心整理，2021 年 8 月。

从城市群来看，长三角的 3 个分项指标整体表现是最好的；珠三角和京津冀基本相当；成渝的 3 个分项指标都居末位（表 5-5）。

表 5-5 2020 年国家高新区上市公司创新投入、产出和保障能力——城市群得分、排名

城市群	创新投入得分	创新投入排名	创新产出得分	创新产出排名	创新保障得分	创新保障排名
成渝	9.39	6	10.06	6	3.85	6
京津冀	22.45	2	36.01	4	18.67	3
长江中游	18.07	5	37.33	3	16.03	5
长三角	23.10	1	41.25	1	18.70	2
珠三角	21.66	3	39.58	2	19.74	1
黄河流域	20.44	4	30.33	5	17.88	4

数据来源：中国高新区研究中心整理，2021 年 8 月。

第三节 区域创新能力分析

一、京津冀城市群

1. 发展现状

经济规模遥遥领先。总市值均值从 2016 年的 43 372 亿元增长至 2020 年的 56 828 亿元，年均增长率达 6.99%（图 5-33），2020 年的总市值已经占到六大城市群的 25%。2016—2020 年，营业收入逐年增长，2020 年达到 45 371 亿元，在六大城市群中排名居第 1 位，较排在次位席的长三角城市群高出 6677 亿元，年均增长率达 12.27%，尤其近两年增长幅度较大，说明京津冀城市群国家高新区上市公司经济规模态势发展良好。

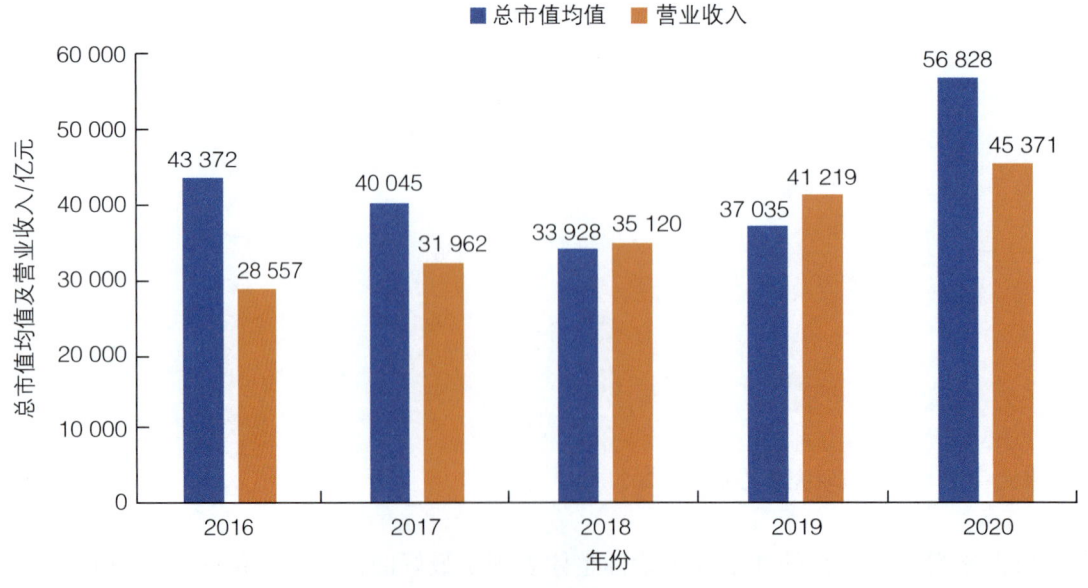

图 5-33 2016—2020 年京津冀城市群国家高新区上市公司总市值均值及营业收入

创新产出成效明显。2016—2019年当年新增专利数量逐年递增，其中2019年新增专利数量是最多的，达35 288件（图5-34），2020年有所下降，跌至24 526件，但在六大城市群中仍处于领先位置。2020年PCT专利申请量达到1199件，比其他4个城市群（除珠三角城市群）的总和还要多，与珠三角城市群PCT专利申请量共同领跑。

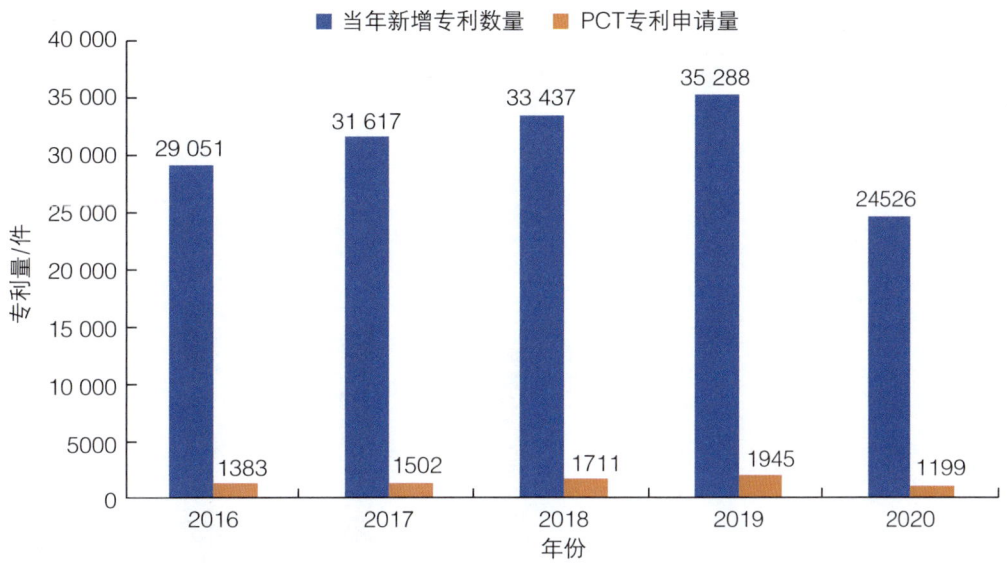

图5-34　2016—2020年京津冀城市群国家高新区上市公司当年新增专利量及PCT专利申请量

政府对创新的重视程度越来越高。2016—2020年京津冀城市群国家高新区上市公司获得的政府创新补助稳步增长，由2016年的110.77亿元增长至2020年的183.85亿元（图5-35），年均增长率达13.5%，尤其近两年政府创新补助增长迅速，在六大城市群中仅落后于长三角城市群。

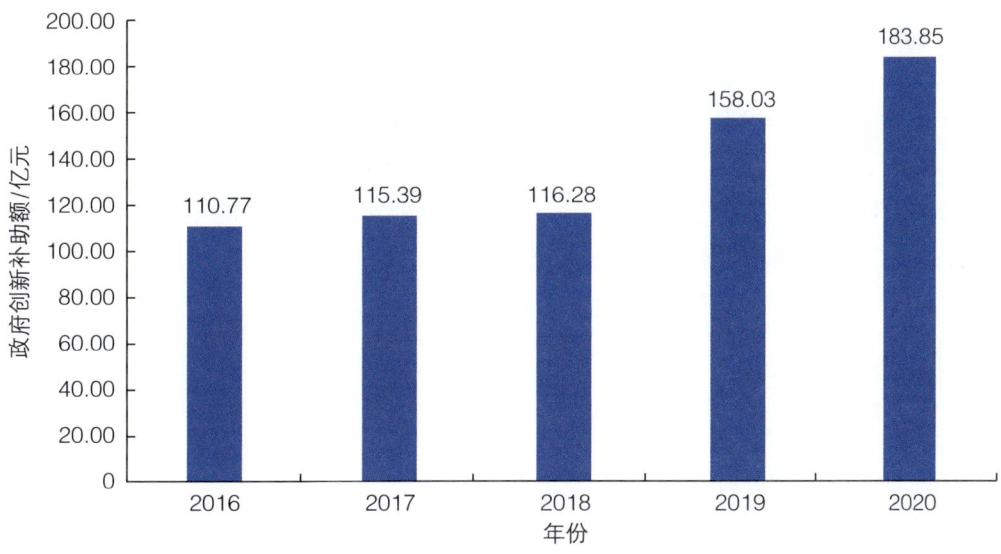

图5-35　2016—2020年京津冀城市群国家高新区上市公司获得的政府创新补助

人力资源优势显著。2016—2020 年硕士及以上学历人数实现跨越式发展，由 2016 年的 85 299 人增长至 2020 年的 149 866 人（图 5-36），年均增长率达 15.13%，硕士及以上学历人数在六大城市群中居首位，比排在第 2 位的长三角城市群多 34 990 人，是排在第 3 位珠三角城市群的 2 倍之多。员工总数也在稳步增长，由 2016 年的 1 606 042 人增长至 2020 年的 2 051 777 人，年均增长率达 6.31%，员工总数在六大城市群中也是居首位，说明京津冀城市群的上市公司解决了较多的就业人数，同时充沛的人力资源也保证了上市公司的持续高质量发展。2017 年研发人员数量增长幅度最大，增长率达 21.42%，2020 年研发人员数量达到 322 912 人，力压长三角城市群依然位居六大城市群榜首。

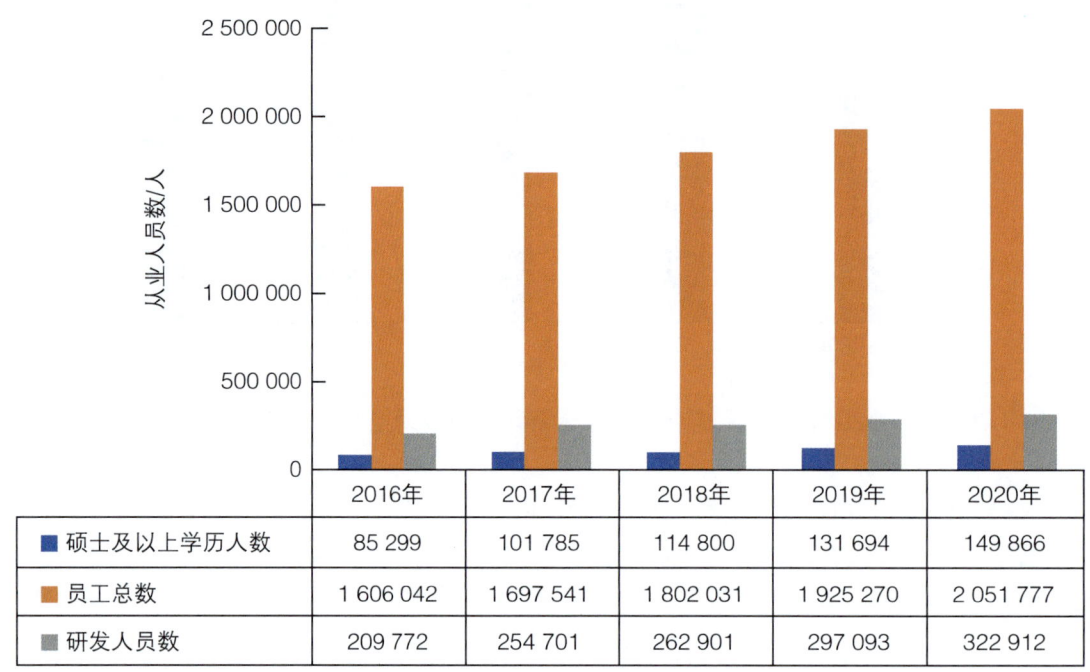

图 5-36　2016—2020 年京津冀城市群国家高新区上市公司从业人员

盈利能力有待于进一步提升。2016—2020 年，京津冀城市群国家高新区上市公司净利润率持续走低，从 3.82% 下降到了 2.94%（图 5-37），2020 年净利润率在六大城市群中也居末位，且与排在第 5 位的成渝城市群都有较大差距，作为考核上市公司经营成果的重要指标，京津冀城市群高新区上市公司的净利润率表现有待于进一步提升。

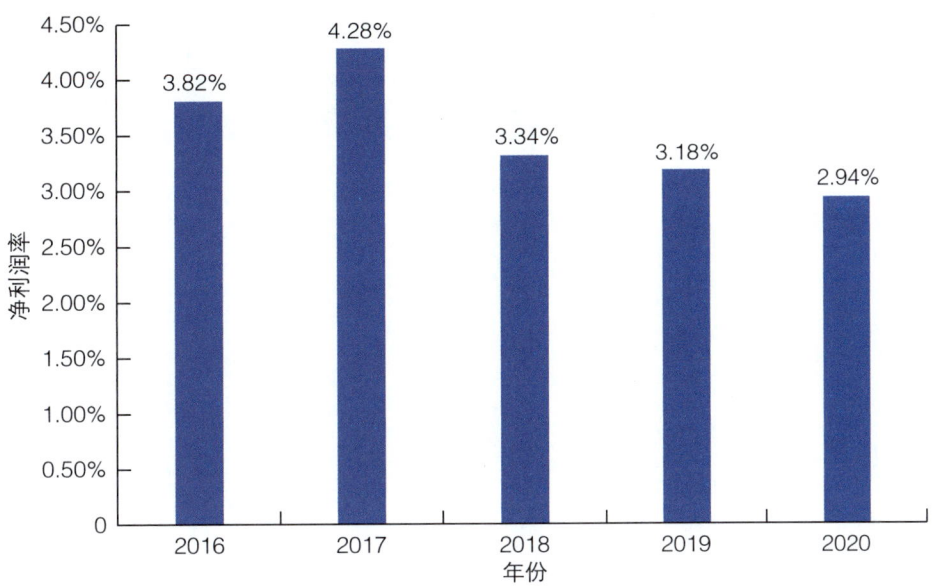

图 5-37　2016—2020 年京津冀城市群国家高新区上市公司净利润率

2. 高新区排名

从创新能力来看，中关村科技园区位居第 1 位且领先优势明显；天津滨海高新区、保定高新区和石家庄高新区位于第二梯队；其余 3 个高新区创新能力得分较少且与第二梯队有较大差距（表 5-6）。

表 5-6　2020 年京津冀高新区上市公司创新能力得分、排名

国家高新区	得分	排名
中关村科技园区	85.19	1
天津滨海高新区	73.16	2
保定高新区	68.69	3
石家庄高新区	66.61	4
唐山高新区	54.87	5
承德高新区	52.90	6
燕郊高新区	49.32	7

数据来源：中国高新区研究中心整理，2021 年 8 月。

从创新投入来看，整体排名与创新能力相同，但是位于第二梯队的高新区与中关村科技园区的差距还是较为显著。从创新产出来看，整体排名与创新能力排名次序相同，说明中关村科技园区创新产出的效率较高，相比较与创新投入的差额，创新产出效果更明显。从创新保障来看，整体排名与创新能力排名次序也相同（表 5-7）。

表 5-7 2020年京津冀高新区上市公司创新投入、产出和保障能力排名

国家高新区	创新投入得分	创新投入排名	创新产出得分	创新产出排名	创新保障得分	创新保障排名
中关村科技园区	20.80	1	43.71	1	20.68	1
天津滨海高新区	19.37	2	36.23	2	17.55	2
保定高新区	17.61	3	34.21	3	16.86	3
石家庄高新区	17.01	4	33.32	4	16.28	4
唐山高新区	15.38	5	27.53	5	11.96	6
承德高新区	13.09	6	27.47	6	12.34	5
燕郊高新区	10.73	7	26.99	7	11.59	7

数据来源：中国高新区研究中心整理，2021年8月。

3. 典型高新区

（1）中关村科技园区

1）高新区简介

中关村科技园区始建于1988年，目前已形成"一区十六园"的发展格局。在京津冀城市群高新区上市公司创新指数排名总得分中居第1位，较排在第2位的天津滨海高新区优势明显，创新投入、创新产出和创新保障3个分项指标也都居第1位。截至2020年底，中关村科技园区拥有A股上市公司291个，境外上市公司163个，硕士及以上学历140 519人，研发人员284 484人，营业收入42 228.8亿元，当年新增专利数21 822件。

2）政策支撑

北京市政府印发《关于进一步推动提高北京上市公司质量的若干措施》，聚焦提高治理水平、推动做优做强、健全退出机制、解决突出问题、依法打击违法违规行为、形成提高质量的工作合力等6个方面，推出16条措施。完善上市公司知识产权保护，依法落实侵权惩罚性赔偿制度，优化科技成果分享机制。探索开展适合科技型上市公司的个性化融资服务，推进知识产权保险试点，引导保险机构为上市公司定制个性化保险产品，为企业融资提供便利化服务。支持北京境内上市公司发行股份购买境外优质资产，允许更多符合条件的外国投资者对北京境内上市公司进行战略投资，提升上市公司国际竞争力。引导上市公司合理利用资本市场各类产品业务工具，理性融资。

北京市地方金融监督管理局等四部门联合印发《金融支持北京市制造业转型升级的指导意见》，积极支持辖区内符合条件的优质、成熟制造业企业上市融资，促进重点领域制造业企业做优做强；对上市融资企业储备库里创新能力强、成长性好的制造业企业重点扶持；支持制造业企业在境外上市融资，增强中国制造业企业的国际竞争力；鼓励制造业企业通过资本市场并购重组，实现行业整合和布局调整优化。

3）资金奖励

北京市支持企业挂牌或上市。对获准在全国中小企业股份转让系统挂牌的企业，一次性给予 60 万元资金支持；对在境内交易所首次公开发行股票并上市的企业，奖励 300 万元，奖励分阶段拨付。对在境内上市的企业，完成企业股份制改造并列入北京市上市后备库的奖励 30 万元，在北京市证监局办理辅导登记备案手续的奖励 60 万元，经证监会正式受理申请材料并进行公布的奖励 90 万元，获得证监会核准并在沪深交易所成功发行的奖励 120 万元。对在境外上市的企业一次性奖励 300 万元。

北京市积极引进优质上市（挂牌）企业资源。鼓励优质上市公司和挂牌企业在本市发展，对上市公司提供"一企一策"专项服务。对指导推动企业成功上市或者挂牌的中介服务机构，给予最高 60 万元的一次性资金奖励。企业申请上市前经园区科企服务部备案但未能成功上市的，对所发生的上市财务费用，同样给予一定比例的资金补助，最高不超过 150 万元。

北京市大力拓展拟上市企业融资渠道。为拟上市企业提供长期、及时、低成本的融资支持，鼓励企业通过投贷联动、发行债券等途径融资。对取得纯信用贷款的本市拟上市企业给予最高 50 万元的贷款贴息补助，对运用直接债务工具融资的本市拟上市企业给予最高 100 万元的中介费用补贴。

4）组织培训

市相关部门调整支持企业上市政策、积极开展上市培训辅导、启动提高上市公司发展质量系列培训等措施，加大对企业上市的服务力度。金融办会同中关村科学城管委会、上海证券交易所和中介机构联合举办"提高上市公司质量"系列培训，对科创板财务指标审核规则及要点进行解读，吸引多家拟上市企业高管参会。在精准提供上市协调服务方面，金融办已接待近 70 家拟上市和已上市企业来访，为企业协调解决问题近 50 件次。

5）加强合作

海淀区不断加强与证监会、沪深交易所、全国股转系统、北京股权交易中心等部门的对接与合作，深挖潜在上市企业资源，加强企业上市筛选、挖掘、培育和服务体系建设，支持大中型、稳定发展型企业登陆主板，创新型、创业型企业登陆创业板，"硬科技"企业登陆科创板，成长型中小微企业申报精选层并适时转板上市，不断提升上市公司"海淀板块"含金量。

6）多层次培育

北京市依托"钻石工程"行动计划，构建以企业上市综合服务平台、外商投资企业境内上市服务平台为基础的企业上市综合服务体系，引导拟上市公司聚焦主业、提升规范运作水平。继续落实北京市企业上市挂牌补贴相关政策，推动落实高端人才奖励、研发费用奖补、科技信贷支持、科技补助等精准激励措施，丰富上市挂牌后备企业资源储备。支持证券交易所、全国中小企业股份转让系统开展拟上市挂牌公司的培育工作，大力发展天使投资、创业投资、股权投资，激发市场活力，打造掌握关键核心技术、彰显北京国际科技创新中心实力的上市公司集群。北京市紧抓科创板、注册制改革及"两区"建设机遇，扩大上市挂牌后备资源发掘范围，加大科技型、创新型后备企业培育力度，重点关注市内独角兽企业、瞪羚企业、制造业单项冠军、专精特新"小巨人"企业和高新技术企业，动态挖掘更新上市储备库。

北京市开展"3+1"梯队化管理，实现上市企业后备队伍的良性可持续发展。针对入库企业，配备上市服务管家团队，提供上市辅导培育、管家式服务、市级上市奖励申报、上市企业潜在风险实时监测等服务，持续更新拟上市企业储备库、中介机构资源库，关注并服务已上市库内企业创新发展，提升上市服务信息化水平，进一步完善经开区上市服务体系。采用"一企一策"，针对不同企业的发展瓶颈，量身定制"服务包"，并安排服务管家"一对一"服务，畅通企业上市之路。全方位支持"种子"企业进入资本市场，在税收、土地等要素保障、行政服务等方面都给予诸多优惠。同时，加大资金支持、加强与两大交易所对接、完善中介服务体系、定期开展上市辅导、利用投融资服务平台开展路演等方式，加快拟上市企业的培育与引导，支持企业利用资本市场做大做强。

（2）石家庄高新区

1）高新区简介

石家庄高新区是1991年3月经国务院批准设立的首批国家级高新区，在科技部火炬中心综合评价考核中，连续7年位居国家高新区第一方阵，2020年度在全国169个国家级高新区中，综合排名居第22位。在京津冀城市群高新区上市公司创新指数排名总得分中居第4位，创新投入、创新产出和创新保障3个分项指标也都居第4位。截至2020年底，石家庄高新区共有8家上市公司，共有员工总数28 418人，研发人员3998人，当年新增专利319件。

2）政策支撑

石家庄高新区已建立完善的企业上市挂牌扶持政策，切实有效分担、降低企业上市挂牌成本及费用支出，建立了上市挂牌后备企业库，做好拟上市挂牌企业的后期培育。对有上市挂牌意愿、但尚不具备上市挂牌条件的企业，高新区指导其制定发展规划，实施产权重组和股份制改造，健全公司法人治理机构，规范公司财务制度和管理制度，为其上市挂牌奠定坚实基础。对已初具上市挂牌条件的企业，引导其尽快启动上市挂牌计划，积极帮助企业引入优质的中介机构，建立健全服务协调机制。支持该区企业到境内外多层次资本市场挂牌上市融资，提高资金使用效益，防范资金使用风险。

3）平台推动

石家庄高新区科技金融服务中心是河北省首家一站式综合科技金融服务平台，该中心是一站式科技金融服务平台的线下服务窗口，总面积1800 m^2，包括办公区、展示区、交流活动区、培训区、综合服务区，配套齐全、设施先进，为金融机构和中介机构提供免费的物理场所、丰富的融资项目资源，为科技型企业提供全方位的融资服务和路演展示平台。目前已有20多家大型金融机构、中介机构、金融传媒机构入驻。科技金融服务中心主要向科技型企业、金融机构及中介机构提供基础功能服务和特色服务。基础功能服务包括债权融资服务、股权融资服务及增值服务，服务对象为科技型企业。同时为企业提供包括法律服务、财务服务、工商、专利类代理服务、教育培训服务、改制上市服务及其他企业咨询类服务等多方面专业咨询服务，帮助中小企业解决成长过程中遇到的各种问题。特色服务包括大数据建模应用、科技金融平台母基金、天使投资风险补偿资金、战略性新兴企业一站式申报及线上+线下路演孵化平台五大模块，服务对象为金融机构、中介服务机构及科技型企业。通过整合政府、企业、机构等各方优势资源，科技金融服务中心构建和完善天使投资、创业投资、私募股权投资相结合的股权投资体系，丰富和深化商业银行、小额贷款公司、区域性融资机构结合的债权投资体系，建立和健全战略咨询、管理咨询、教育培训相结合的服务体系，为企业提供多元化、全方位的一站式服务，助力科技型中小企业发展壮大，打造良好的创新创业生态环境。

二、长三角城市群

1. 发展现状

经济规模快速增长。2016—2020 年长三角城市群国家高新区上市公司总市值均值整体呈现增长趋势，仅在 2018 年出现短暂下滑，其中 2020 年增长幅度最大，增长率达 78.37%（图 5-38），体现出长三角城市群国家高新区上市公司越来越受到资本市场的重视，也吸引了国内外更多的资金。2016—2020 年长三角城市群国家高新区上市公司营业收入稳步增长，由 2016 年的 21 678 亿元增长至 2020 年的 38 695 亿元，年均增长率达 15.59%。

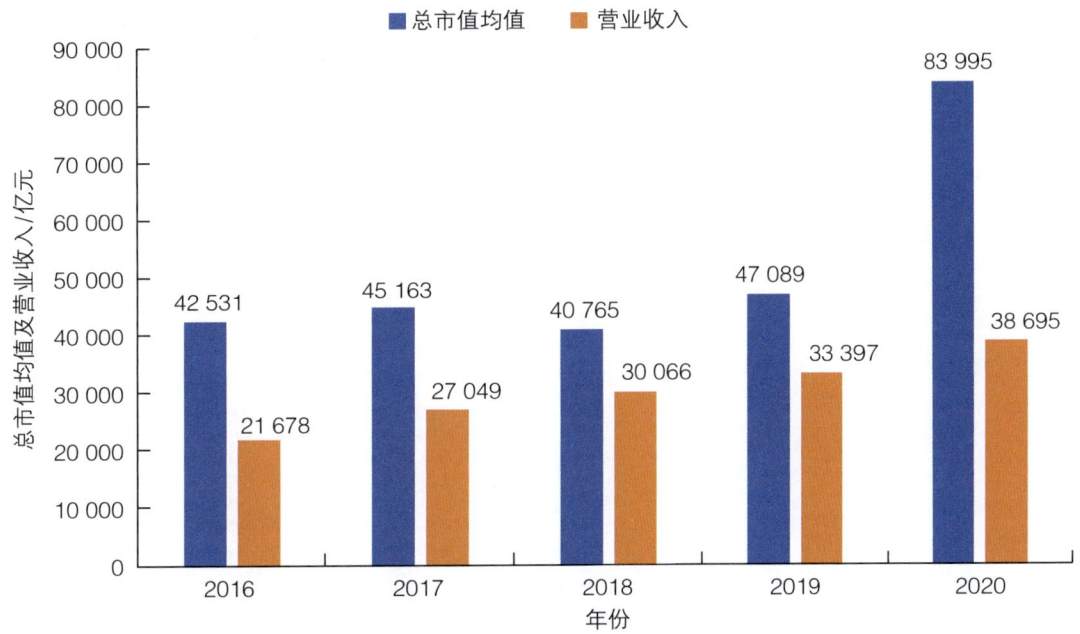

图 5-38　2016—2020 年长三角城市群国家高新区上市公司总市值均值及营业收入

政府创新补助力度投入巨大。2016—2020 年长三角城市群国家高新区上市公司获得的政府创新补助连年上涨，由 2016 年的 115.41 亿元增长到 2020 年的 260.53 亿元，在六大城市群中位居榜首，比排在次席的京津冀城市群多出将近 80 亿元，年均增长率达 22.58%，其中 2020 年政府创新补助增长最多，较 2019 年增长了 50.77 亿元（图 5-39）。

招才纳智工作实绩显著。2016—2020 年长三角城市群国家高新区上市公司硕士及以上学历人数实现翻倍增长，由 2016 年的 49 036 人增长至 2020 年的 114 876 人（图 5-40）；2016—2020 年员工总数也是稳步增长，由 2016 年的 1 222 079 人增长至 2020 年的 1 961 786 人，年均增长率达 12.56%；研发人员数量在 2020 年实现快速增长，增长率达 15.91%。在高等院校和研发机构远没有京津冀城市群数量多的情况下，长三角城市群国家高新区上市公司的硕士及以上学历人数、员工总数和研发人员数量基本与京津冀城市群相当，与京津冀城市群在六大城市群中处于并行领跑地位。

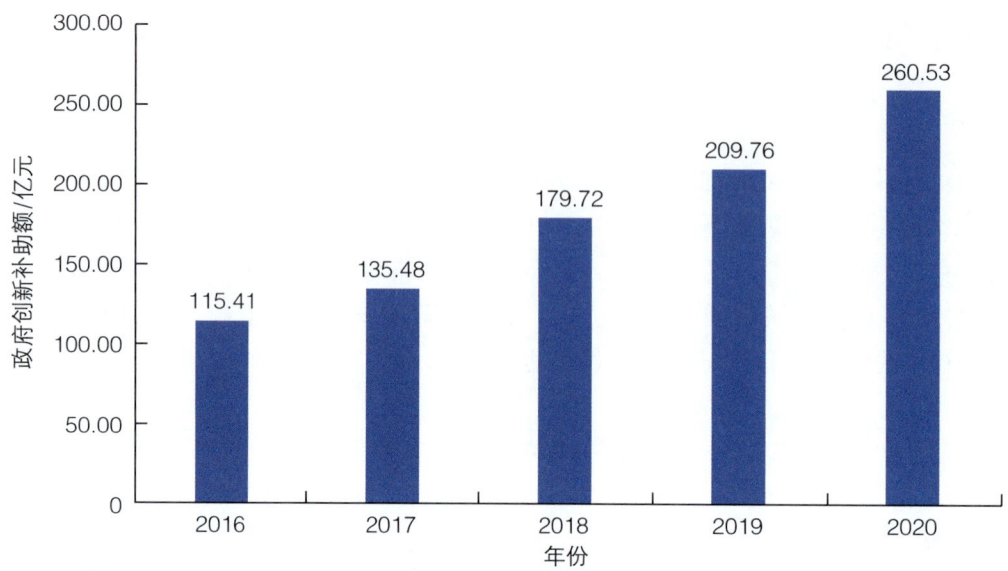

图 5-39　2016—2020 年长三角城市群国家高新区上市公司获得的政府创新补助

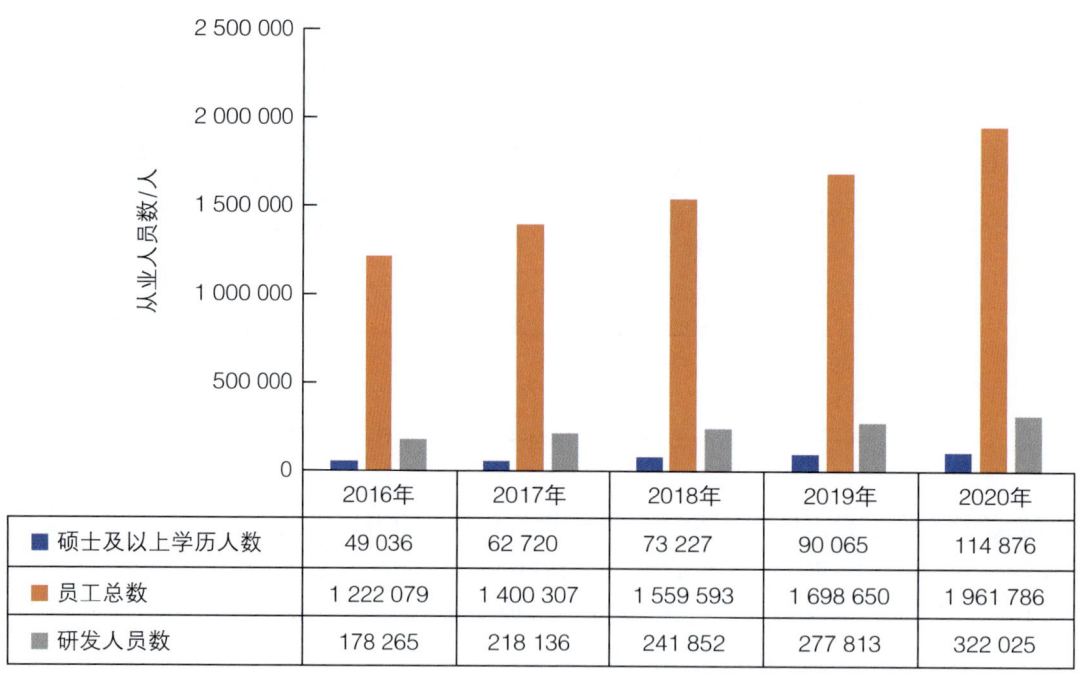

图 5-40　2016—2020 年长三角城市群国家高新区上市公司从业人员

创新产出能力有待于进一步提高。2016—2019 年长三角城市群国家高新区上市公司当年新增专利数量逐年递增，2019 年达到最大值，为 27 737 件（图 5-41）；2020 年略有下滑，为 24 652 件，基本与京津冀城市群国家高新区上市公司相当，但是与珠三角城市群国家高新区上市公司相比差距明显。PCT 专利申请量不及京津冀和珠三角国家高新区上市公司的一半。

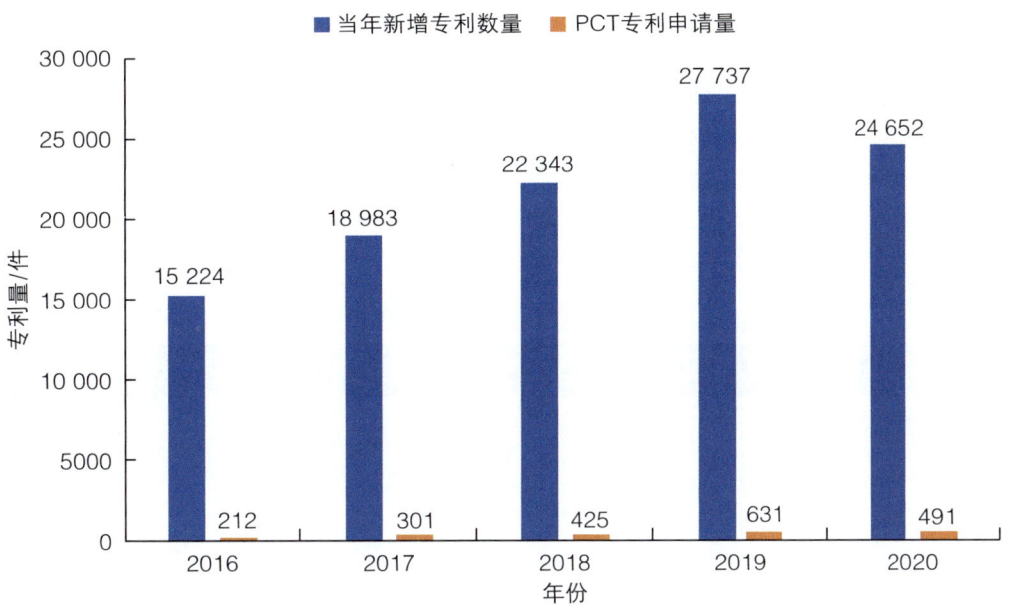

图 5-41　2016—2020 年长三角城市群国家高新区上市公司当年新增专利数量及 PCT 专利申请量

上市公司还需进一步加大研发投入力度。2016—2020 年长三角城市群国家高新区上市公司研发投入占营业收入的比例越来越大，由 2016 年的 2.43% 上升到 2020 年的 3.30%（图 5-42），但与珠三角城市群国家高新区上市公司相比，这一指标还是明显落后。2020 年低了 1.5 个百分点之多，这对长三角城市国家高新区上市公司的专利产出量较少产生了一定的影响。

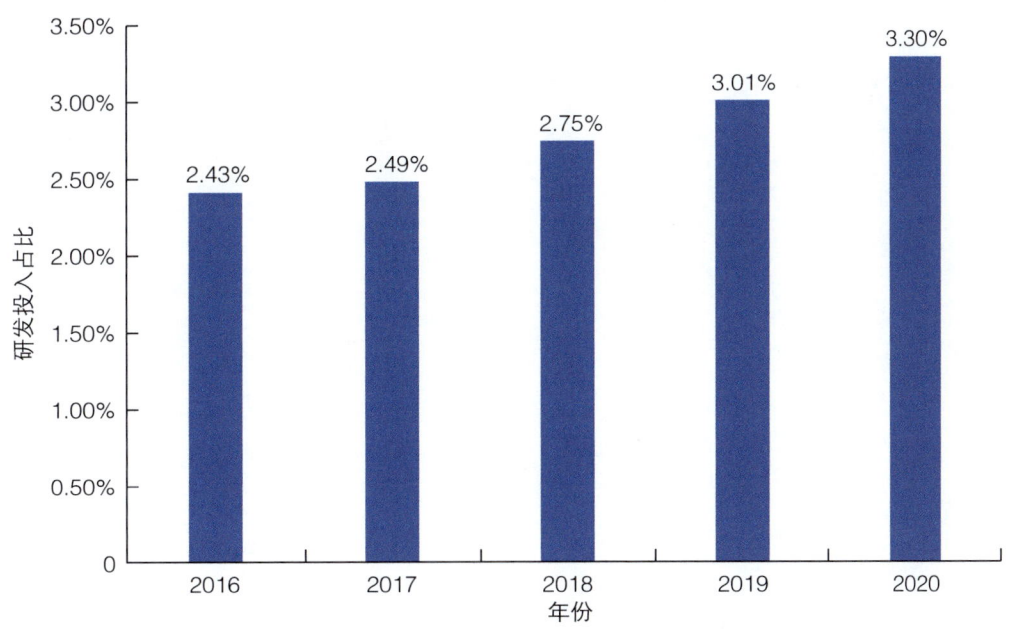

图 5-42　2016—2020 年长三角城市群国家高新区上市公司研发投入占比

2. 高新区排名

从创新能力来看，上海张江高新区以 80.88 分居第 1 位，杭州高新区、南京高新区分居第 2、第 3 位；苏州工业园、宁波高新区和温州高新区之间的得分非常接近；淮南高新区得分最低，且与排在倒数第 2 位的铜陵狮子山高新区差距较大。整体来看，上海张江高新区和杭州高新区的领先优势较为明显（表 5-8）。

表 5-8 长三角城市群高新区上市公司创新能力得分、排名

国家高新区	得分	排名
上海张江高新区	80.88	1
杭州高新区	78.12	2
南京高新区	74.69	3
合肥高新区	73.51	4
苏州工业园	72.68	5
宁波高新区	72.61	6
温州高新区	72.51	7
连云港高新区	70.59	8
无锡高新区	70.08	9
武进高新区	69.16	10
马鞍山慈湖高新区	68.54	11
苏州高新区	68.09	12
常州高新区	67.01	13
芜湖高新区	66.66	14
绍兴高新区	65.81	15
萧山临江高新区	65.68	16
昆山高新区	63.37	17
江阴高新区	63.22	18
湖州莫干山高新区	62.88	19
嘉兴秀洲高新区	62.46	20
扬州高新区	61.65	21
泰州高新区	61.60	22
蚌埠高新区	60.52	23
上海紫竹高新区	57.62	24

续表

国家高新区	得分	排名
常熟高新区	57.53	25
衢州高新区	57.22	26
宿迁高新区	56.98	27
南通高新区	56.81	28
镇江高新区	56.39	29
徐州高新区	55.48	30
铜陵狮子山高新区	55.21	31
淮南高新区	48.98	33

数据来源：中国高新区研究中心整理，2021年8月。

上海张江高新区的创新产出和创新保障都是排在首位的，只有创新投入居第3位，同南京高新区一样，都属于创新投入少但创新产出高的类型；杭州高新区创新产出较弱；连云港高新区创新产出和创新保障虽表现平平，但创新投入却力压创新能力强的高新区排在榜首，应提升创新产出能力；淮南高新区创新投入最少、排在末位，与其他高新区在创新投入方面差距较大，对创新能力得分较低有直接作用，淮南高新区尤其要注重创新投入（表5-9）。

表5-9 长三角城市群高新区上市公司创新投入、产出和保障能力排名

国家高新区	创新投入得分	创新投入排名	创新产出得分	创新产出排名	创新保障得分	创新保障排名
上海张江高新区	20.29	3	40.84	1	19.75	1
杭州高新区	21.62	2	37.83	5	18.67	2
南京高新区	17.29	7	38.86	2	18.54	3
合肥高新区	19.25	5	36.23	8	18.03	4
苏州工业园	18.56	6	36.88	7	17.24	7
宁波高新区	16.59	12	38.17	4	17.86	5
温州高新区	16.77	11	38.86	3	16.88	8
连云港高新区	22.92	1	31.60	18	16.07	13
无锡高新区	17.20	9	35.62	9	17.26	6
武进高新区	16.29	14	37.14	6	15.73	18
马鞍山慈湖高新区	17.27	8	35.45	10	15.82	15
苏州高新区	17.01	10	34.23	15	16.85	9
常州高新区	15.76	16	34.47	12	16.78	10

续表

国家高新区	创新投入得分	创新投入排名	创新产出得分	创新产出排名	创新保障得分	创新保障排名
芜湖高新区	15.77	15	34.57	11	16.32	12
绍兴高新区	15.73	17	34.26	14	15.81	17
萧山临江高新区	14.64	24	34.43	13	16.61	11
昆山高新区	15.41	20	32.34	17	15.62	19
江阴高新区	14.10	29	33.06	16	16.06	14
莫干山高新区	16.48	13	31.23	19	15.18	21
嘉兴秀洲高新区	15.73	18	30.90	22	15.82	16
扬州高新区	15.25	22	31.12	20	15.27	20
泰州高新区	20.06	4	28.92	24	12.61	32
蚌埠高新区	15.09	23	30.27	23	15.16	22
上海紫竹高新区	15.40	21	27.68	29	14.54	24
常熟高新区	14.44	25	28.29	27	14.80	23
衢州高新区	14.37	27	28.43	26	14.42	26
宿迁高新区	13.97	30	28.83	25	14.17	27
南通高新区	14.42	26	27.87	28	14.52	25
镇江高新区	15.46	19	27.26	31	13.67	30
徐州高新区	13.75	31	27.66	30	14.07	28
铜陵狮子山高新区	14.31	28	27.17	32	13.73	29
湖州高新区	11.69	32	25.69	33	12.32	33
淮南高新区	4.76	33	31.12	21	13.10	31

数据来源：中国高新区研究中心整理，2021年8月。

3. 典型高新区

南京高新区

1）高新区简介

2020年8月，南京高新区管委会总部揭牌，整合15个园区、实行1+N架构，全面启动"世界一流高科技园区"建设。在长三角城市群高新区上市公司创新指数排名总得分中居第3位，仅次于上海张江高新区和杭州高新区，创新投入排名居第7位，创新产出居第2位，创新保障排名居第3位。截至2020年底，南京高新区共有58个A股上市公司，硕士及以上学历人员15 900人，研发人员30 037人，实现营业收入2884.6亿元，当年新增专利数2794件，平均市值为4806.7亿元。

2）市级政策支撑

近年来，南京市地方金融监管局着力提升资本市场服务水平，推进多层次资本市场建设。先后制定出台了《推动南京企业上市"宁航行动"计划》《金融支持产业链高质量发展工作方案》《推动企业上市"千百十"工作方案》等，建立市推进企业上市联席会议、上市服务专员制度等6项工作机制，搭建南京资本市场学院、南京科技金融路演中心、科创板企业培育中心（南京）等平台，为近千家拟上市企业提供资本市场培训咨询服务。2021年5月，南京市政府印发《关于进一步提高上市公司质量 促进资本市场健康发展的实施意见》（简称《意见》），在《意见》中结合南京市资本市场发展的实际情况提出了利用大数据技术建设南京企业培育信息系统、强化拟上市企业培育服务专员制度和"一站式服务"制度、多渠道规范引进优质上市公司、设立资本市场学院南京分院、支持上市公司与产业链企业协同发展等南京特色10点。

3）良好营商环境

在支持和推动更多优质企业上市方面，南京高新区形成了"建立一个滚动培育库，设立一个内部服务专班，组建一个外部专家团队，定制一个专有政策服务机制"的"四个一工程"的工作机制，对拟上市企业要做到"不叫不到""随叫随到""服务周到""说到做到"。对企业上市过程中出现的各类问题，在不违反法律法规的前提下实施"一企一策"和"特事特办"，为企业上市开通绿色通道。通过全媒体推广手段把政策送到企业家手里，打通政策落地的"最后一公里"，已形成压茬推进、滚动发展的良性循环。

南京高新区为加快推动南京"硬科技"企业登陆科创板，邀请上交所"科创沙龙"，向拟上市科技企业传递资本市场监管形势，进行全面政策解读、开展问诊答疑及申报前辅导等，以更好地推动资本与科技结合，服务创新驱动发展战略。

4）建立完善拟上市企业库

南京市结合各区、各部门及市场机构报送推荐等方式，充分运用信息技术筛选，建设企业培育信息系统，建立完善全市拟上市企业库，加快推进创新型领军企业、独角兽、瞪羚企业、专精特新"小巨人"、高新技术企业、八大产业链重点企业、新研机构及孵化企业、政府引导基金投资企业入库。优先支持符合国家战略、突破关键核心技术、市场认可度高的优质企业入库，形成分行业、分板块、分梯队的储备资源。对入库拟上市企业实行动态管理、逐月更新，分类指导、重点突破，提供全流程服务。

5）培育成功案例

在冠石科技上市筹备过程中，园区多部门全力配合，深入落实"你上市我服务"的陪伴服务理念，为其量身定制上市服务专班，提供精准服务。不仅前期快速兑现上市奖补资金140万元，还通过专项研究会解决企业用地需求、合规证明等一系列问题。

三、珠三角城市群

1. 发展现状

创新产出能力全国领先。2016—2019年当年新增专利数量基本稳定，2020年有一定滑坡，为40 429件（图5-43）。2016—2020年PCT专利申请量逐年走低，到2020年仅为1436件。与其余5个城市群相比，珠三角城市群国家高新区上市公司的当年新增专利数量和PCT专利申请量都处于绝对领先的位置，当年新增专利数量是排在第 2 位的长三角城市群的 164%，PCT 专利申请量是排在第 2 位的京津冀城市群的 120%。

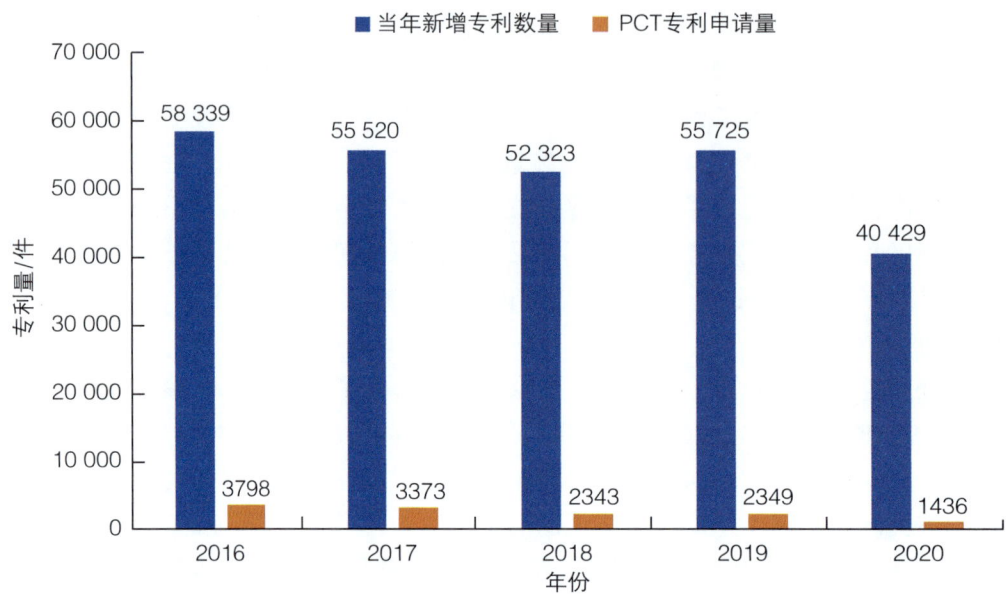

图 5-43　2016—2020 年珠三角城市群国家高新区上市公司当年新增专利量及 PCT 专利申请量

研发投入力度国内首屈一指。2016—2020 年，珠三角城市群国家高新区上市公司研发投入占比都在 4% 以上，2020 年达到峰值 4.87%（图 5-44）。其余 5 个城市群在 2016—2020 年中，研发投入占比均未突破 4%，此项指标珠三角城市群表现极优。

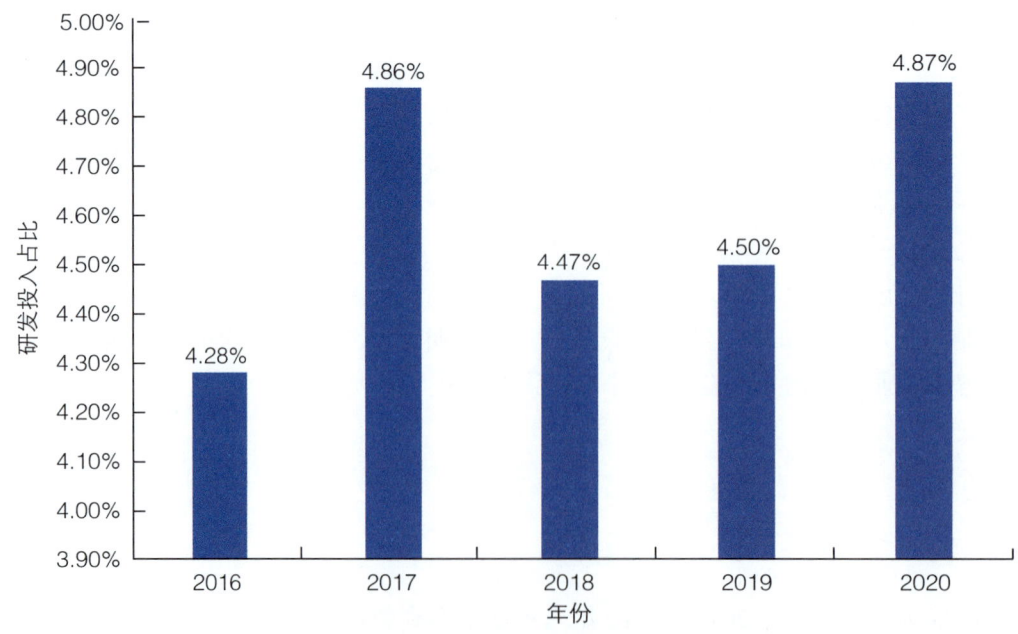

图 5-44　2016—2020 年珠三角城市群国家高新区上市公司研发投入占比

政府创新补助稳中有进。2016—2020 年政府创新补助呈阶梯式稳步上涨，由 2016 年的 68.98 亿元增长到 2020 年的 143.11 亿元（图 5-45），年均增长率达 20.02%。在六大城市群中，珠三角城市群仅包含了广东省，因此，2020 年的 143.11 亿元的政府创新补助较其他包含多个省份的城市群来看，政府对国家高新区上市公司的支持力度已然很大。

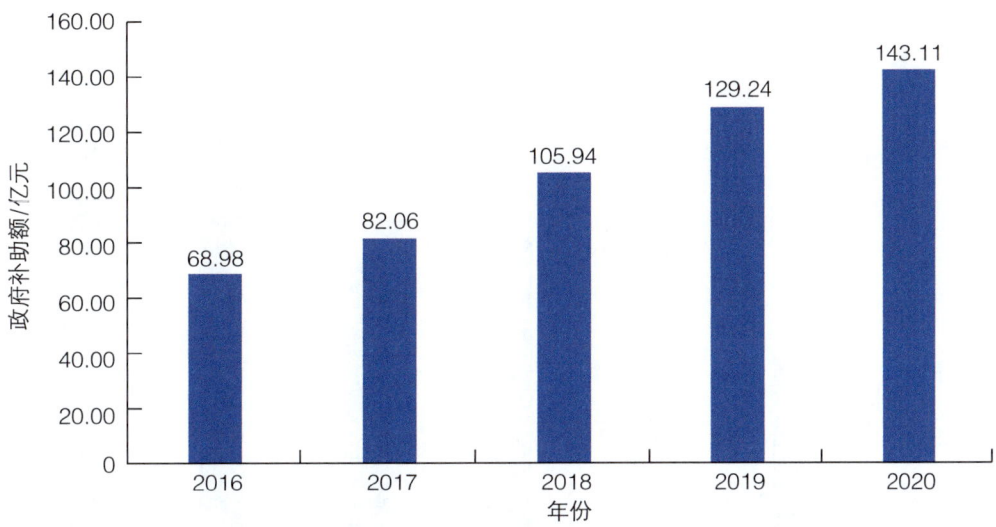

图 5-45　2016—2020 年珠三角城市群国家高新区上市公司获得的政府创新补助

上市公司盈利能力表现优异。2016—2020 年，珠三角城市群国家高新区上市公司净利润率呈波动式上涨，由 2016 年的 6.64% 增长到 2020 年的 8.21%（图 5-46）。2020 年 8.21% 的净利润率，在六大城市群中位居榜首，比位列次席的长三角城市群高出了 2.58 个百分点。

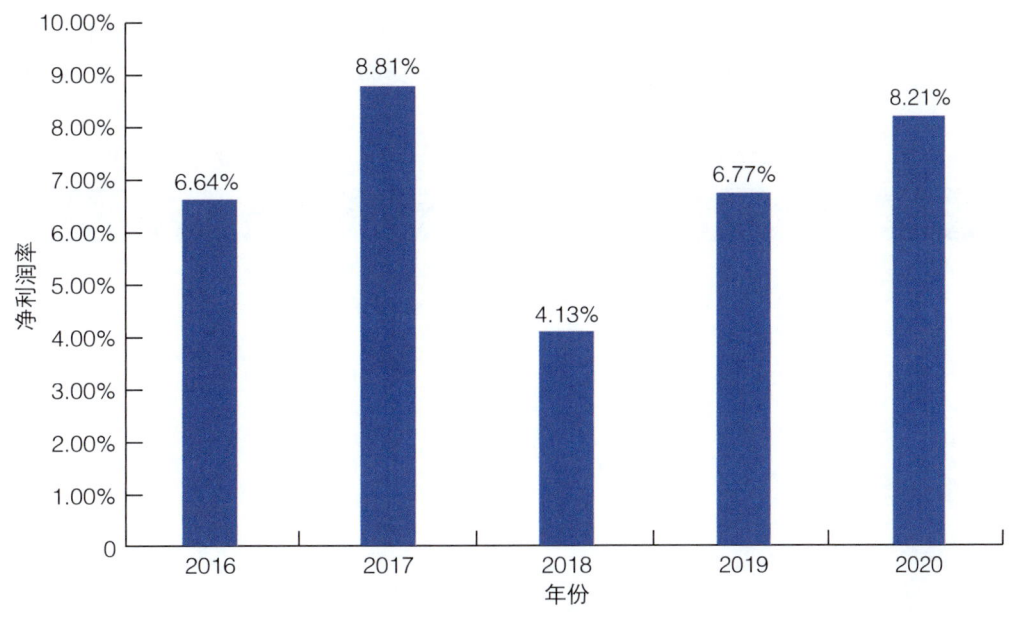

图 5-46　2016—2020 年珠三角城市群国家高新区上市公司净利润率

中小股东利益保障度较高。截至 2020 年底，珠三角城市群国家高新区上市公司的独立董事人数占比达到了 61.42%（图 5-47），在六大城市群中排在第 1 位。独立董事能够有限遏制控制股东、管理层对公司的内部控制和整体利益的损害，因此，独立董事人数占比较高反映出珠三角国家高新区上市公司更加注重保障中小股东的利益，非常看重公司的长远发展。

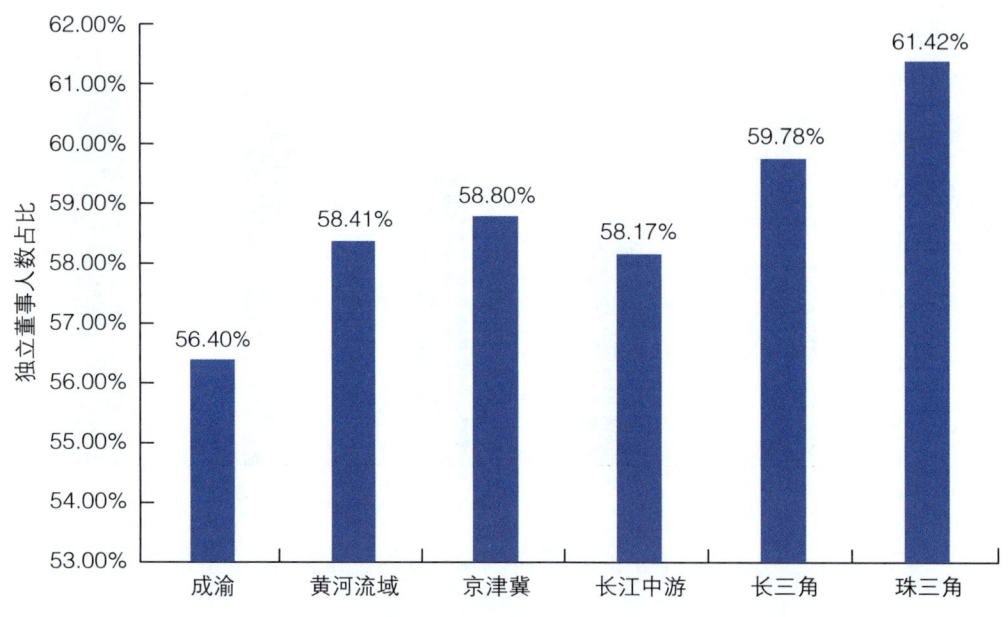

图 5-47　2020 年六大城市群国家高新区上市公司独立董事人数占比

2. 高新区排名

从创新能力来看，深圳高新区以 80.31 位列榜首，珠海高新区力压省会的广州高新区居第 2 位，茂名高新区居末位，且与排在倒数第 2 位的湛江高新区也有一定的差距。整体来看，珠三角城市群高新区上市公司创新能力得分差距基本均衡，相邻排名之间一般相差 2~3 分（表 5-10）。

表 5-10　2020 年珠三角城市群高新区上市公司创新能力得分、排名

国家高新区	得分	排名
深圳高新区	80.31	1
珠海高新区	78.32	2
广州高新区	75.91	3
惠州仲恺高新区	73.50	4
佛山高新区	70.89	5
中山高新区	68.19	6
汕头高新区	66.32	7
江门高新区	64.12	8

续表

国家高新区	得分	排名
东莞松山湖高新区	61.95	9
清远高新区	59.54	10
肇庆高新区	55.42	11
湛江高新区	53.63	12
茂名高新区	44.39	13

数据来源：中国高新区研究中心整理，2021年8月。

深圳高新区虽创新能力总得分居第1位，但从分项指标来看，创新产出却被珠海高新区超出；广州高新区3个分项指标整体表现不及珠海高新区；肇庆、湛江和茂名3个高新区在珠三角城市群中，上市公司整体创新能力较弱，与其他高新区差距较大，尤其茂名高新区，3个分项指标全部表现不佳（表5-11）。

表5-11　珠三角城市群高新区上市公司创新投入、创新产出和创新保障能力排名、得分

国家高新区	创新投入得分	创新投入排名	创新产出得分	创新产出排名	创新保障得分	创新保障排名
深圳高新区	19.88	1	40.40	2	20.04	1
珠海高新区	18.31	4	41.21	1	18.81	2
广州高新区	19.29	2	37.98	3	18.63	3
惠州仲恺高新区	19.23	3	37.85	4	16.42	6
佛山高新区	16.70	6	37.01	5	17.18	4
中山高新区	17.25	5	33.80	7	17.14	5
汕头高新区	16.32	7	34.27	6	15.73	9
江门高新区	15.90	8	32.44	8	15.78	8
东莞松山湖高新区	13.38	12	32.20	9	16.37	7
清远高新区	14.36	9	30.43	10	14.75	10
肇庆高新区	14.24	10	26.70	11	14.49	11
湛江高新区	13.44	11	26.46	12	13.74	12
茂名高新区	11.78	13	20.93	13	11.69	13

数据来源：中国高新区研究中心整理，2021年8月。

3. 典型高新区

（1）广州高新区
1）高新区简介

广州高新区是1991年3月经国务院批准成立的首批国家级高新区之一，实行独具特色的"四区合一"管理模式。在珠三角城市群高新区上市公司创新指数排名总得分中居第3位，仅次于深圳高新区和珠海高新区，创新投入排名居第2位，创新产出排名居第3位，创新保障排名居第3位。截至2020年底，广州高新区共有A股上市公司57家，硕士及以上学历人员10 614人，研发人员26 479人，实现营业收入1985.5亿元，当年新增专利3388件，实现总市值均值8141.3亿元。

2）政策支撑

广州高新区先后出台"金融10条""绿色金融10条""风投10条"等政策，集聚各类金融要素和资源，增强金融服务实体经济能力。同时，在IAB专项政策、"民营18条""美玉10条"等系列产业政策中专设金融扶持条款，促进金融与产业深度融合发展。2021年8月，广州高新区在全国首推"专精特新10条"专项政策，加大上市扶持力度，从落户投资、金融扶持等7个维度对专精特新企业给予支持，将专精特新企业优先纳入企业上市苗圃培育工程，在境内外资本市场上市分阶段给予总额800万元奖励，推动"中小企业能办大事"。

3）全链条培育

近年来，广州高新区启动实施企业上市苗圃培育工程，抢抓股票发行注册制改革、北京证券交易所设立的重大机遇，遴选出"金穗层""青苗层""种子层"等近250家上市苗圃企业进行重点培育，搭建"上市苗圃企业综合服务平台"，举办苗圃企业特训营，开展专属金融服务方案深度对接和苗圃企业"投早投小"专项路演，推出了苗圃企业特训营，携手沪深交易所、区域监管机构、行业专家等专家导师，根据金穗层、青苗层、种子层企业不同阶段发展需求，专门定制上市培育课程体系，打通企业上市"理论＋实战"融合的各个环节，引导券商、银行、风投等机构围绕苗圃企业开展个性化上市辅导和综合金融服务。从产业孵化、科技赋能至上市辅导的各个环节，包括获得信贷、引入投资、股改规范、"新三板"分层奖励、上市辅导、成功上市、上市再融资、发行债券、并购重组，乃至上市后的企业发展都实施了全方位的扶持政策，已形成"初创期企业投融资对接－成长期企业发展伴随－成熟期企业培育上市"的全链条服务。

4）畅通联系渠道

广州高新区建立健全省、市、区、证监部门纵向和区属部门横向联动体系，通过签订战略合作协议等形式，与我国的上海、深圳、香港，以及新加坡等证券交易所建立沟通联动机制，增强交易所与企业双向走访互动，提供坚实组织保障，助力企业精准对接资本市场。广州高新区全力构建"天使—VC—PE—IPO"金融生态链，打造"政策引领扶持—直接融资支撑—间接融资保障—服务平台对接"综合金融服务体系，满足企业上市全生命周期多样化融资需求，为科创企业开展全生命周期融资对接服务，实现创新链、产业链、资金链、服务链"四链合一"，破解融资难题。

5）风投保障

广州高新区强化上市资本支撑，打造中国风险投资科学城大厦，设立"风险投资一站式服务中心"，先后引进百度风投、创新工场、IDG资本等知名风投机构，以"风投10条"1.0版为基准，完善"风投10条"2.0版，加大力度推动风投机构联合银行等金融机构做好企业投后服务，强化了鼓励缓解科技型中小企业融资难、融资贵问题的政策导向，提高了对风投机构"大脑"——风险投资管理企业的吸引力度，提升了风投核心资源聚集度。截至2021年2月底，广州高新区风投机构已达517家，管理资金规模约1211亿元；已设立了10亿元黄埔人才引导基金，撬动社会资本56亿元，总计为战略性新兴产业领域创新创业企业提供20亿元股权融资。

（2）中山高新区

1）高新区简介

中山火炬高新区由科技部、广东省政府和中山市政府于1990年共同创办。目前，正凭借着珠江西岸综合交通枢纽、粤港澳大湾区几何中心的区位优势，走向了国家战略竞争的大舞台。截至2020年底，中山火炬高新区共有12家上市公司，员工总数65 253人，研发人员9853人，当年新增专利数量1973个，实现营业收入658亿元，总市值均值1383亿元。

2）推动企业上市挂牌工作

支持符合条件的企业在主板、科创板、创业板、新三板及区域性股权交易市场等上市挂牌，并打造广东省股权交易中心"火炬高新板"，扩大企业融资规模。定期对区内上市企业和上市后备企业进行走访和调研，及时了解企业经营情况、业务需求、上市进程，以及过程中遇到的问题，并给予支持和指导，截至目前，中山火炬高新区境内上市企业13家，境外上市企业4家，新三板挂牌企业11家，火炬高新板挂牌企业39家，展示企业231家。2021年，推动完成中山华利实业集团股份有限公司在深圳证券交易所创业板上市，IPO募集资金38.87亿元，上市当天收盘成为中山市首家市值超过千亿元的企业。

3）对企业上市给予财政支持

为进一步激发企业上市热情和财政扶持，2021年1月中山区对之前的科技金融扶持政策进行修订，出台《中山火炬开发区科技金融专项资金管理办法》，对企业上市符合对应条件的予以财政支持，经中国证券监督管理委员会广东监管局辅导备案每家市扶持500万元，高新区扶持200万元，首次公开发行股票并上市的申请经正式受理每家市扶持100万元，高新区扶持50万元，在交易所成功上市每家市扶持100万元，高新区扶持50万元，科创板上市的每家市给予一次性补助500万元，改制为股份有限公司并成功新三板挂牌每家市扶持100万元，高新区扶持20万元，广东股权交易中心首次挂牌每家5万元。对融资、增发按融资金额市给予100万～500万元扶持。今年共拟扶持上市、挂牌等资金扶持申请金额合计690万元。经对比，中山高新支持上市扶持政策力度在广东省各市中处于中等水平。

四、成渝城市群

1. 发展现状

重视研发投入程度较高。2016—2020年，成渝城市群国家高新区上市公司研发投入占比稳步增长，由2016年的3.09%增长到2020年的3.67%（图5-48），2020年的研发投入占比居六大城市群次席，仅落后于珠三角城市群。

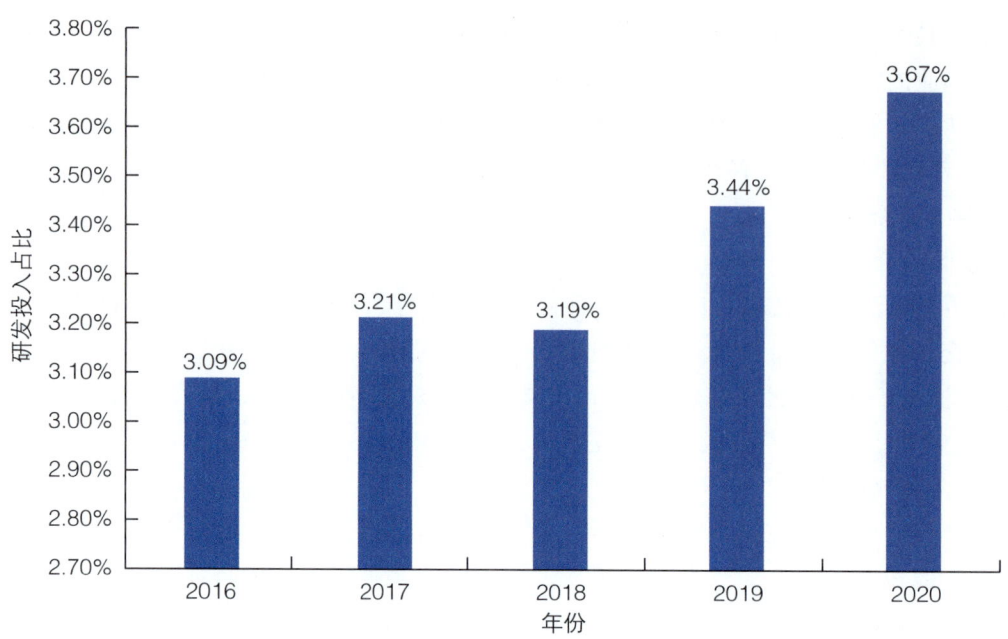

图 5-48　2016—2020 年成渝城市群国家高新区上市公司研发投入占比

政府创新补助稳中有进。2016—2020 年获得的政府创新补助稳步增长，由 2016 年的 9.84 亿元增长到 2020 年的 19.57 亿元（图 5-49），年均增长率达 18.75%，说明高新区管委会对上市公司的创新越来越重视，资金支持的力度也越来越大。

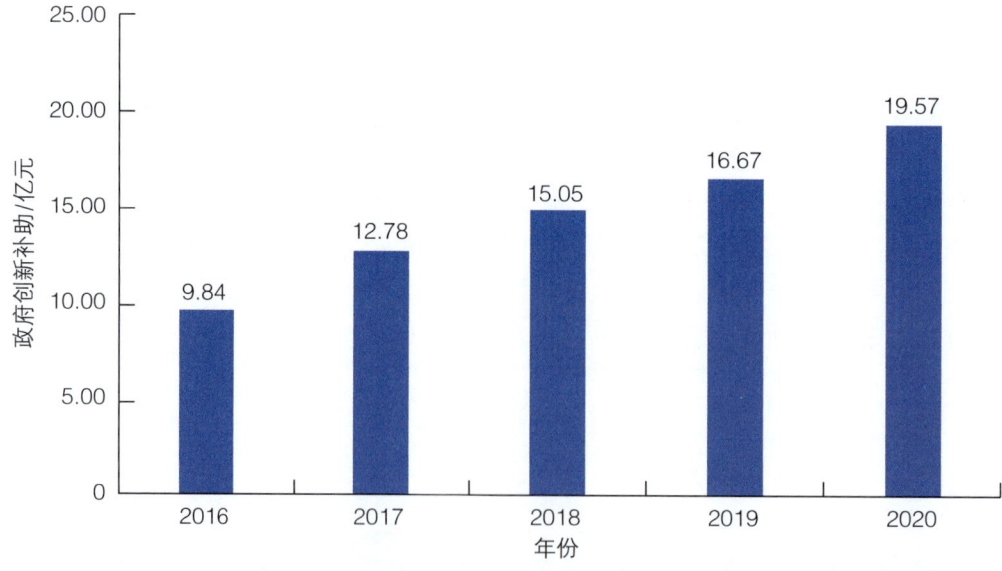

图 5-49　2016—2020 年成渝城市群国家高新区上市公司获得的政府创新补助

上市公司整体经济规模偏小。2016—2020 年总市值均值呈现"V"形趋势，2016—2019 年连年下降，2020 年基本恢复至 2016 年的水平（图 5-50），但在六大城市群中依然落后，不及排在第 5 位的长江中游城市群的 1/3。2016—2020 年，营业收入呈现稳中有进的增长态势，每年增长 200

亿元左右，年均增长率达 9.89%，但与排在第 5 位的长江中游城市群相比，依然有 5300 亿元的差距。

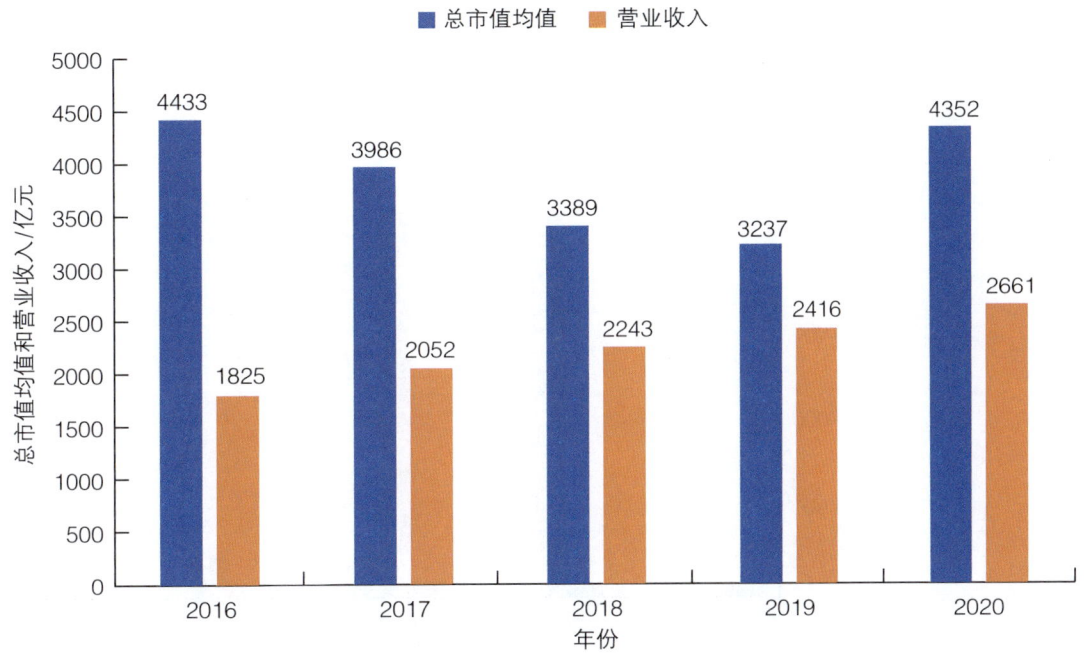

图 5-50　2016—2020 年成渝城市群国家高新区上市公司总市值均值及营业收入

创新产出能力有待提高。2016—2020 年当年新增专利数量呈现倒 "V" 态势，近两年新增专利数量较少，需要引起各高新区的重视（图 5-51）。2016—2019 年 PCT 专利申请量都未突破两位数，2020 年快速增长达到 16 件，但与其他 5 个城市群相比，依然差距较大。

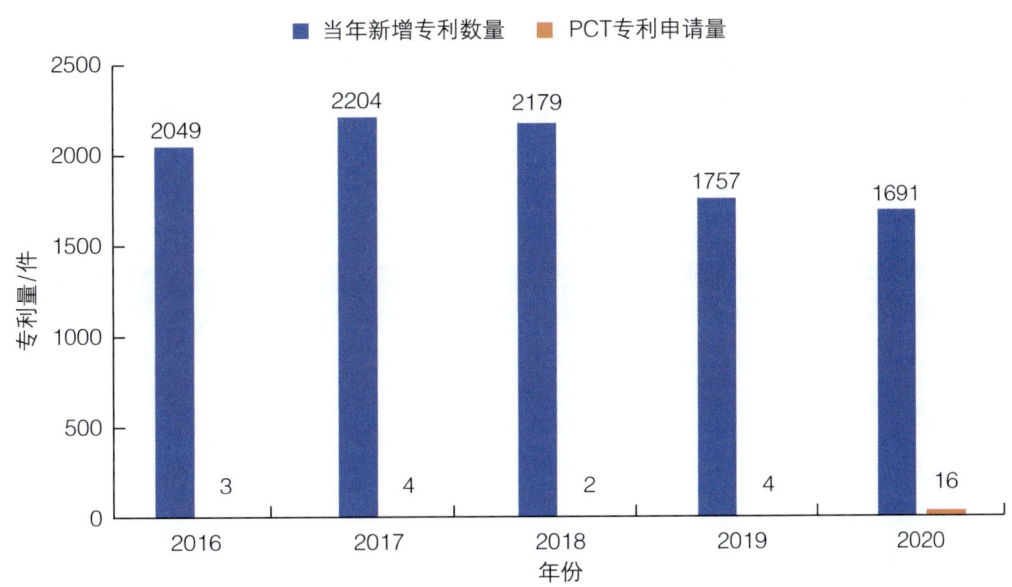

图 5-51　2016—2020 年成渝城市群国家高新区上市公司当年新增专利量及 PCT 专利申请量

人力资源配置仍需继续加强。2016—2020年，硕士及以上学历人数稳步增长，由2016年的5969人增长至2020年的9781人，年均增长率达13.14%（图5-52）；员工总数呈现波动式下滑，2020年还不及2016年的水平；研发人员数量增长缓慢，2020年与2016年基本持平。与其他5个城市群相比，成渝城市群国家高新区上市公司的硕士及以上学历人数、员工总数和研发人员数量的总体体量都较小，不利于上市公司创新驱动的持续发展。

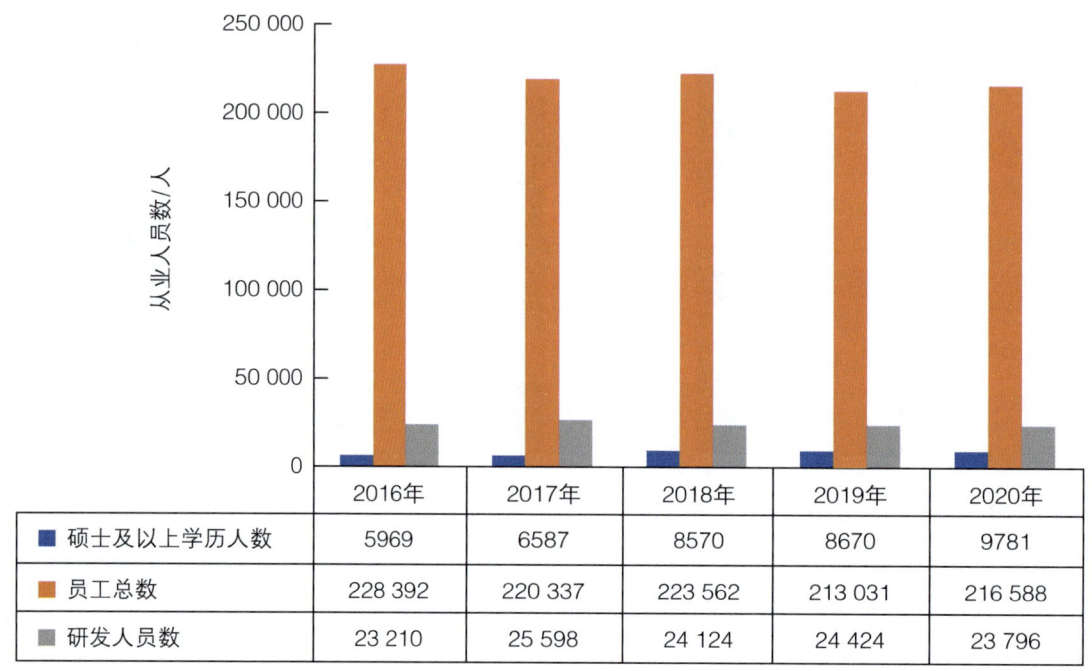

图5-52　2016—2020年成渝城市群国家高新区上市公司从业人员

2. 高新区排名

从创新能力来看，成都高新区一枝独秀，比排在次席的绵阳高新区还要高将近7分；绵阳高新区较除成都高新区的其他高新区外同样优势显著；重庆市的3家高新区整体表现不佳，亟待提高上市公司的创新能力（表5-12）。

表5-12　成渝城市群高新区上市公司创新能力得分、排名

国家高新区	得分	排名
成都高新区	72.42	1
绵阳高新区	65.60	2
重庆高新区	62.30	3
自贡高新区	57.28	4
荣昌高新区	55.59	5

续表

国家高新区	得分	排名
乐山高新区	54.82	6
泸州高新区	46.07	7
璧山高新区	45.55	8

数据来源：中国高新区研究中心整理，2021年8月。

成都高新区3个分项指标同样都居第1位且优势明显；绵阳高新区在创新保障方面落后于重庆高新区；泸州高新区和璧山高新区整体实力较弱（表5-13）。

表5-13 成渝城市群高新区上市公司创新投入、产出和保障能力排名

国家高新区	创新投入得分	创新投入排名	创新产出得分	创新产出排名	创新保障得分	创新保障排名
成都高新区	19.18	1	35.61	1	17.64	1
绵阳高新区	16.91	2	33.01	2	15.69	3
重庆高新区	15.40	4	30.44	3	16.45	2
自贡高新区	13.80	5	29.34	4	14.14	5
荣昌高新区	16.36	3	26.25	6	12.98	7
乐山高新区	13.41	6	27.04	5	14.37	4
泸州高新区	10.44	8	22.51	7	13.11	6
璧山高新区	11.21	7	21.40	8	12.95	8

数据来源：中国高新区研究中心整理，2021年8月。

3. 典型高新区

成都高新区

1）高新区简介

1991年，成都高新区经国务院批准为全国首批国家级高新区；2006年获批成为全国首批"创建世界一流高科技园区"试点，现有面积234.4 km^2。在成渝城市群高新区上市公司创新指数排名总得分中居榜首，创新投入、创新产出和创新保障3个分项排名也都居第1位。截至2020年底，成都高新区共有A股上市公司29个，硕士及以上学历人员8474人，员工总数111 603人，研发人员18 420人，实现营业收入1298.4亿元，投入研发费用70.4亿元，当年新增专利590件。

2）大力推行政策"一窗式"申报

高新区科技人才局通过查阅沪深交易所官方网站等公开资料，并通过"高新通"企业服务平台，对项目单位的主体资格进行确认，以"免申即享"的形式兑现上市奖励政策，由"企业找政策"转变为"政策找企业"。

3）加强与证券交易所的沟通力度

成都高新区设立上交所科创板企业培育中心（西部），邀请上交所和深交所专家和相关机构专家，讲授板块选择、财务审核、股东核查、创业板最新发审动态、债券融资实务与案例分析、重点财务问题、法律问题、私募股权融资等上市相关实操课程，进一步激发了拟上市企业上市意愿，从而提速区内企业上市进程。

4）构建系统性人才培训体系

成都高新区针对拟上市公司和上市公司人才需求特征，按照分层、分类、分梯度的原则，全面实施上市公司人才提升工程。具体来说，针对公司决策层，组织走进沪深交易所活动，激发上市和资本市场运作积极性；针对公司管理层，开展体系化专题培训，提高上市管理能力；针对公司实操层，加大专业人才招培力度，提升上市实操水平。

5）建立"金熊猫"特色培育渠道

成都高新区设立"金熊猫融资课堂"进阶培训，分层分类定制实用课程。针对种子轮、初创期企业，培养股权融资意识和提升企业内部治理能力；针对成长期企业，辅导企业进行融资估值和机构筛选；针对成熟期企业，布局链接多层次资本市场，助力企业高质量发展。同时，高新区围绕电子信息、生物医药、新经济三大主导产业，策划开展"金熊猫路演汇"，搭建科技企业与创新资本之间的桥梁纽带，发现和挖掘产业链高端企业和代表未来产业布局企业，从而不断壮大五级上市后备企业梯队。

6）打造"五化"服务体系

成都高新区建设上市后备企业一站式综合服务平台，已构建起"储备、股改、辅导、申报、上市"五级上市后备企业梯度培育体系和"上市培育梯度化、上市服务标准化、问题解决个性化、扶持政策链条化、上市培训体系化"的上市工作"五化"服务体系，助推区域内企业发展。在上市服务方面，高新区不断完善上市后备企业培育服务机制，围绕五大产业功能区、三大主导产业生态圈和科技创新生态链，已构建形成了"基金—信贷—保险"三位一体特色产业金融体系，助推企业上市，赋能产业发展。

7）培育辅导案例

中自科技是成都高新区致力培育本土科创企业、助力企业实现"PI—IP—IPO"发展的一个缩影。在中自科技业务爆发式增长的时候，面临大量订单却没有足够流动资金投入生产的困境。成都高新区得知后，立即组织区域内多家金融机构召开专场融资对接会，最终帮助中自科技通过供应链融资的方式在短时间内获得银行贷款1亿元。

五、黄河流域城市群

1. 发展现状

经济规模稳健增长。2016—2020年，总市值均值整体呈"N"形上涨趋势，由2016年的15 605亿元增长至2020年的20 445亿元（图5-53），年均增长率达6.99%。2016—2020年，营业收入呈稳步增长趋势，其中2017年增长最快，较上一年增长42.82%，之后增幅放缓。

图 5-53　2016—2020 年黄河流域城市群国家高新区上市公司总市值均值及营业收入

覆盖区域最为广泛。黄河流域城市群国家高新区上市公司分布在河南、甘肃、内蒙古、山东和山西等 8 个省和自治区，分别为安阳、白银、包头稀土、宝鸡、德州等 29 个国家高新区。在六大城市群中，黄河流域城市群国家高新区上市公司是涉及省份和国家高新区最多的。

政府创新补助力度略显不足。2016—2020 年，获得的政府创新补助呈现波动式上涨趋势，由 2016 年的 50.16 亿元增长到 2020 年的 69.89 亿元（图 5-54），但是 2020 年较 2019 年还是略有下降。与其他 5 个城市群相比，黄河流域城市群国家高新区上市公司的政府创新补助仅比成渝城市群和长江中游城市群高，但考虑到黄河流域城市群包括 8 个省和自治区的 29 个国家高新区，因此，整体来看，单个高新区对上市公司的创新补助就相对较少。

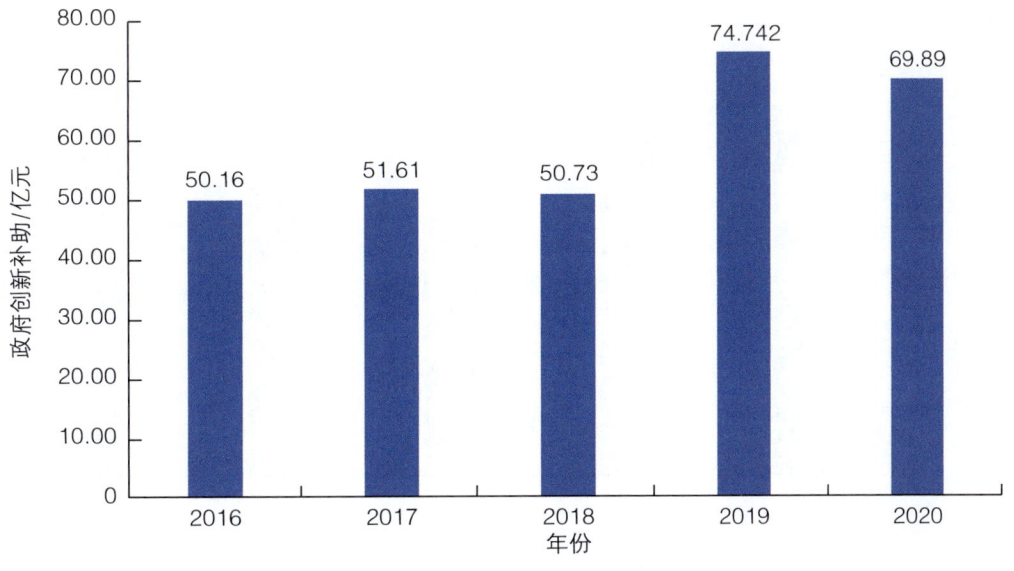

图 5-54　2016—2020 年黄河流域城市群国家高新区上市公司获得的政府创新补助

带动社会就业方面仍有较大进步空间。2016—2020年，硕士及以上学历人数、员工总数和研发人员数都呈现上涨态势，年均增长率分别为21.24%、3.74%和11.07%（图5-55）。其中，员工总数增长速度相对来说最慢，这不仅会影响高新区的发展活力，而且也从侧面反映其没有很好地起到对所在区域的就业带动作用。

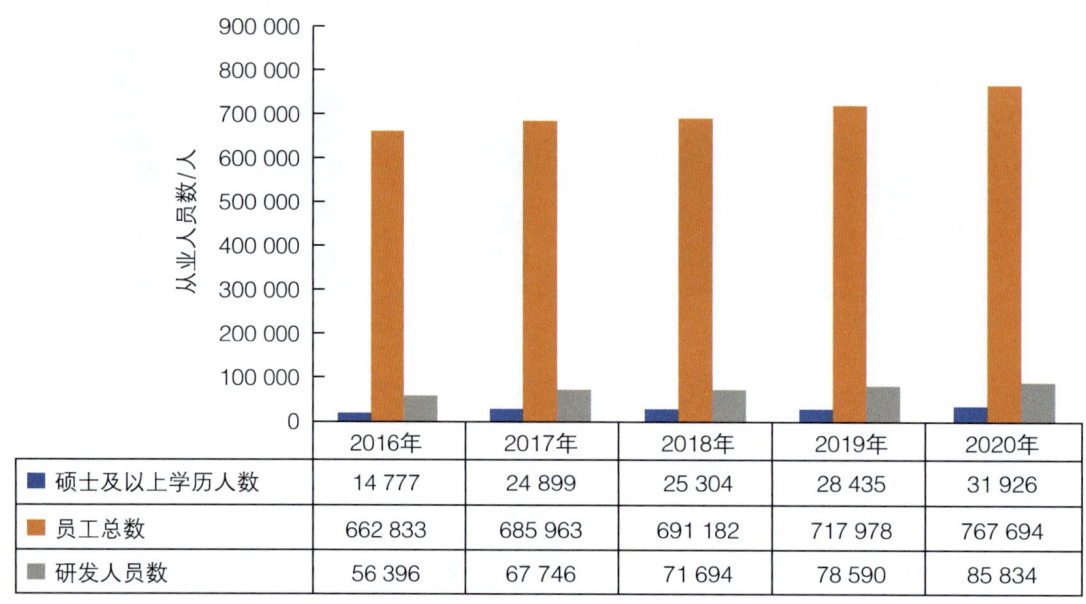

图5-55　2016—2020年黄河流域城市群国家高新区上市公司从业人员

研发投入占比明显不足。2016—2020年，黄河流域城市群国家高新区上市公司研发投入占比持续徘徊不前，呈现"V"形发展趋势，2016年为峰值2.59%（图5-56），2020年较前两年有所恢复，但仍未达到2016年的水平。与其他5个城市群相比，黄河流域城市群此项指标表现不佳，比排在第5位的京津冀城市群低0.7个百分点。

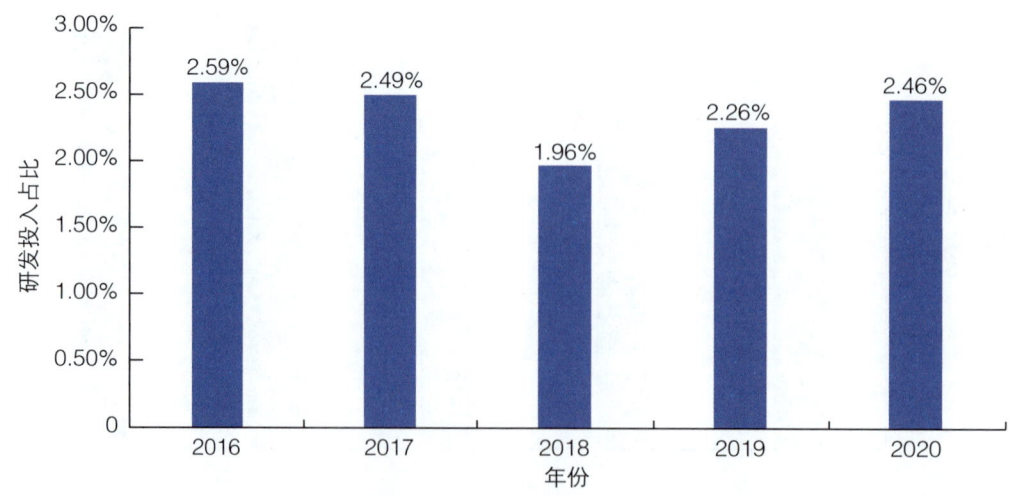

图5-56　2016—2020年黄河流域城市群国家高新区上市公司研发投入占比

2. 高新区排名

从创新能力来看，黄河流域城市群中，山东省的高新区整体优势明显，占据了排名的前4位，其中，潍坊高新区位居榜首；宁夏和青海的高新区明显处于劣势位置，上市公司创新能力偏弱；山西的2家高新区处于中游位置；陕西和内蒙古都是省会和首府的高新区上市公司创新能力最强（表5-14）。

表5-14　2020年黄河流域高新区上市公司创新能力得分、排名

国家高新区	得分	排名	国家高新区	得分	排名
潍坊高新区	75.31	1	太原高新区	60.05	16
青岛高新区	73.63	2	长治高新区	59.32	17
济南高新区	70.54	3	烟台高新区	59.20	18
淄博高新区	69.91	4	包头稀土高新区	58.94	19
西安高新区	68.19	5	德州高新区	57.22	20
洛阳高新区	67.76	6	安阳高新区	57.14	21
呼和浩特金山高新区	67.45	7	新乡高新区	56.44	22
威海火炬高新区	66.57	8	莱芜高新区	54.00	23
郑州高新区	65.41	9	杨凌高新区	53.70	24
兰州高新区	62.62	10	南阳高新区	50.24	25
鄂尔多斯高新区	62.61	11	白银高新区	50.03	26
济宁高新区	62.43	12	泰安高新区	48.58	27
宝鸡高新区	61.79	13	石嘴山高新区	45.09	28
平顶山高新区	61.24	14	青海高新区	40.75	29
咸阳高新区	60.07	15	银川高新区	39.94	30

数据来源：中国高新区研究中心整理，2021年8月。

潍坊高新区创新指标的创新保障不如济南高新区，其余两个分项指标依然排在第1位；淄博高新区创新投入相对不足，但是创新产出能力却很强势；郑州高新区创新投入较多，创新产出却不理想，今后亟待提升创新产出能力；包头稀土高新区创新保障能力虽然表现良好，但其他两个分项指标均表现不佳；石嘴山、青海和银川高新区3个分项指标表现都较差，上市公司创新方面需要全面升级（表5-15）。

表 5-15 2020 年黄河流域高新区上市公司创新投入、产出和保障能力排名

国家高新区	创新投入得分	创新投入排名	创新产出得分	创新产出排名	创新保障得分	创新保障排名
潍坊高新区	19.19	1	38.79	1	17.33	2
青岛高新区	18.88	3	37.62	2	17.13	4
济南高新区	17.91	5	35.02	4	17.61	1
淄博高新区	17.56	7	35.60	3	16.75	6
西安高新区	17.30	9	34.08	5	16.81	5
洛阳高新区	17.44	8	33.13	9	17.18	3
呼和浩特金山高新区	17.61	6	33.40	7	16.44	8
威海火炬高新区	16.69	11	33.53	6	16.35	10
郑州高新区	18.96	2	30.02	14	16.42	9
兰州高新区	14.70	18	32.97	10	14.96	15
鄂尔多斯高新区	15.45	14	33.34	8	13.82	20
济宁高新区	18.62	4	28.23	20	15.59	11
宝鸡高新区	15.07	15	31.60	12	15.12	14
平顶山高新区	17.01	10	29.58	16	14.64	16
咸阳高新区	15.95	13	29.59	15	14.53	17
太原高新区	16.23	12	28.23	19	15.59	12
长治高新区	14.57	20	31.55	13	13.20	22
烟台高新区	13.65	25	32.04	11	13.50	21
包头稀土高新区	13.77	24	28.56	18	16.61	7
德州高新区	15.01	16	28.02	22	14.19	19
安阳高新区	14.71	17	28.14	21	14.29	18
新乡高新区	14.32	22	28.94	17	13.18	23
莱芜高新区	13.63	26	27.60	23	12.77	24
杨凌高新区	14.61	19	27.58	24	11.51	27
南阳高新区	14.51	21	23.80	25	11.92	26
白银高新区	11.57	28	23.22	28	15.24	13
泰安高新区	14.07	23	23.53	27	10.98	29

续表

国家高新区	创新投入得分	创新投入排名	创新产出得分	创新产出排名	创新保障得分	创新保障排名
石嘴山高新区	9.26	29	23.68	26	12.16	25
青海高新区	11.65	27	17.97	30	11.12	28
银川高新区	9.22	30	21.69	29	9.04	30

数据来源：中国高新区研究中心整理，2021年8月。

3. 典型高新区

（1）青岛高新区

1）高新区简介

青岛高新区是1992年5月经国务院批准设立的国家级高新区，2000年被认定为国家高新技术产品出口基地，2001年被评为国家级先进高新技术产业开发区。在黄河流域城市群高新区上市公司创新指数排名总得分中居第2位，创新投入居第3位、创新产出居第2位、创新保障居第4位。截至2020年底，青岛高新区共有A股上市公司13家，硕士及以上学历人员2700人，研发人员8034人，实现营业收入848.4亿元，当年新增专利2596件。

2）政策支撑

青岛高新区先后出台《青岛高新区加快推进企业上市工作意见》和《青岛高新区关于聚焦创新引领加快企业雁阵培育 推动高质量发展的试行意见》等政策措施，从建立上市培育企业"白名单"、开辟企业上市"绿色通道"、强化募投项目用地支持、加大融资支持力度等9个方面制定服务措施，加大"真金白银"奖补力度，全方面优化企业上市服务，支持企业利用资本市场做大做强。奖补政策主要内容是：

——注重"雪中送炭"，减轻企业上市前资金压力。企业上市前，产生的税务成本、规范成本、中介成本较大，造成企业资金紧张，本次政策注重"雪中送炭"，将奖补资金兑现的节点前移，减轻企业资金压力。一是对"四上"企业改制成规范化股份公司的给予40万元补助；二是对拟上市企业在银行贷款实际支付的利息按照30%的贴息给予年度最高30万元补助；三是对拟在境内外首发上市的企业上市前分阶段给予700万元补助；四是对获得创投风投股权投资的拟上市企业给予累计最高100万元补助；五是对在上市过程中因股改等产生的个人所得税给予100%奖励。

——重奖企业管理团队，激发企业管理团队干事创业积极性。一是企业成功上市后奖励企业管理团队300万元；二是上市公司实现再融资按照年度再融资额的0.2%给予企业管理团队最高200万元奖励。

——鼓励企业三板四板挂牌融资，健全多层次资本市场。一是对新三板挂牌的企业按照实际发生的相关中介机构费用给予最高150万元的补助，挂牌后进入精选层的企业再给予50万元的奖励；二是对新三板挂牌企业在银行贷款实际支付的利息按照15%的贴息给予年度最高15万元的补助；三是对获得创投风投股权投资的新三板挂牌企业给予累计最高100万元补助；四是对在蓝海股权交易中心、齐鲁股权交易中心挂牌的企业给予10万元的一次性补助；四板挂牌并实现直接融资的企业给予年度累计直接融资最高20万元的奖补。

——积极构建科技型企业全生命周期雁阵培育体系，对纳入青岛市上市培育库的企业，每年给予最高600万元的研发费用奖励。对被正式纳入高企上市培育库的企业将获得年度最高300万元研发费用奖励以及20万元市科技计划项目支持。

3）举办培训

青岛高新区财政金融部联合经济发展部、科技创新部开展了企业上市专题培训会，组织区内有上市潜力和意向的企业30余家、企业网格员60余人参加培训。对新出台的《青岛高新区加快推进企业上市工作意见》及细则进行了详细的解读，中信建投证券的上市专家对科创板及创业板改革动态进行了最新的分析，上海锦天城律师事务所的上市专家讲解了上市筹划与法律风险，帮扶企业用好用活资本市场。通过培训，参会人员加深了对新上市政策的理解与把握，对上市形势有了更加准确的认识，对上市规划有了更加清晰的思路，区内企业上市工作进程进一步加快。

4）引入专业孵化器

青岛高新区已与浙江一亿中流信息科技有限公司签约，浙江一亿中流信息科技有限公司在青岛高新区注册成立全资子公司，独立运营高新区计世产业园6718 m^2 载体，打造一亿中流上市加速器，力争起到标杆和示范作用，为高新区引进营收或估值介于千万元级至亿元级的企业，同时将本土企业培育壮大，共同加速区域经济建设。

5）已取得成绩及展望

2020年以来，青岛高新区加快推进企业上市工作，全面发起企业上市攻势，加大企业上市工作支持力度，按照"一企一账"原则，建立10余家上市进展较快的重点拟上市企业台账，筛选出30余家有上市意愿及潜力的企业纳入上市后备企业库；协调上交所等机构对中科英泰、海纳光电等拟上市企业进行"一对一"辅导，实地调研中科英泰、盘古智能等企业20余家，为拟上市企业解决疑难问题10余项。目前，青岛高新区已有软控股份、高测股份2家上市公司，其中，高测股份2020年8月7日登陆科创板，成为高新区本土培育的第一家上市公司；中科英泰处于上交所问询阶段；盘古智能、科捷智能在青岛证监局辅导备案登记；盘古智能、科捷智能已向证券交易所提报首发上市材料，目前处于上市问询审核阶段；瑞思德生物、斯坦德检测、海大生物等10余家企业正在进行上市辅导；10家企业入选山东省重点上市后备企业名单，居全市第3位；瑞思德生物、海大生物、鑫嘉星电子等10余家企业正在进行上市辅导；康立泰药业、创捷中云、慧拓智能等30余家企业处于上市培育阶段，上市企业梯队已初步形成。下一步，青岛高新区将按照"培育一批、改制一批、辅导一批、申报一批、上市一批"梯次推进模式，持续打好培育企业上市攻坚战，以上市培训为抓手提升企业上市能力，以企业网格员为媒介优化企业上市服务，引导企业"想上市、敢上市、会上市"，从经营企业加快向经营资本转变，助力企业通过资本市场做大做强。力争到2023年底，全区境内外上市公司不少于8家，不断实现园区企业上市工作的新突破。

（2）郑州高新区

1）高新区简介

郑州高新区是 1991 年国务院批准的第一批国家级高新区，是 2016 年国务院批准建设的郑洛新国家自主创新示范区核心区。区域管辖面积 99 km^2，下辖 5 个办事处，总人口 35 万，拥有各类市场主体 4 万余家，已经成为中国中部颇具竞争力的高新技术产业高地。截至 2020 年底，郑州高新区共有 12 家上市公司，共有员工总数 17 317 人，研发人员 5101 人，实现营业收入 149 亿元，总市值均值 514 亿元，当年新增专利数量 304 件。

2）多措并举助力企业上市

郑州高新区加快推进全市优秀企业上市，形成了鼓励上市、支持上市、服务上市的良好氛围。涵盖天使投资、创业投资、私募股权基金、产业投资基金等在内的股权投资体系初步形成，全年累计引导社会资本进行股权投资超 15 亿元，增速 50%。开启百企上市 3 年行动计划，筛选上市后备企业，出台相关支持政策，在国家和地方各类项目申报、办理项目备案、安排土地使用指标等方面对重点上市或挂牌培育企业进行政策倾斜。同时给予分层次资金奖励支持。

为完善"金融链"，高新区在供需两端发力，从总量与结构入手，着力搭建支撑科技创新的股、资、债、担结合的金融生态体系。在政策性金融供给端，高新区设立了 7 支国有基金、1 亿元风险补偿资金池、1.5 亿元应急转贷资金、3 亿规模的科技融资担保公司、1 亿元天健商业保理公司及挂牌服务协会等支持企业发展。打造高新区科技金融广场，注册创投机构 106 家，管理基金规模达 500 亿元，服务百余家科创企业完成直接融资、间接融资达 20 余亿元，并在此基础上，构建多层次银行服务体系，鼓励金融产品创新，推出科创贷、补贴贷、云税贷等金融产品。在金融需求端，高新区围绕"中原中小企业成长指数服务平台"，精准服务金融需求侧。目前，指数平台认证企业达 3700 余家，累计支持企业股权、债权融资约 50 亿元。特别是近年来，高新区将"资本力量 1+6"打造为全国资本市场路演高端品牌，"资本力量"活动已累计支持企业融资约 10 亿元。结合郑州高新区利用科技创新资源、孵化培育体系、科技金融服务等方面的优势，继上海证券交易所河南基地落户郑州后，设立了深圳证券交易所河南基地，欲打造深交所服务河南的高新示范样本。

六、长江中游城市群

1. 发展现状

经济规模逐步扩大。2016—2019 年总市值均值基本无变化，2020 年实现突飞猛进的增长，增长率达 56.95%，增长至 17 717 亿元（图 5-57）。2016—2020 年营业收入呈阶梯式增长趋势，由 2016 年的 4941 亿元增长至 2020 年的 7961 亿元，年均增长率达 12.66%。

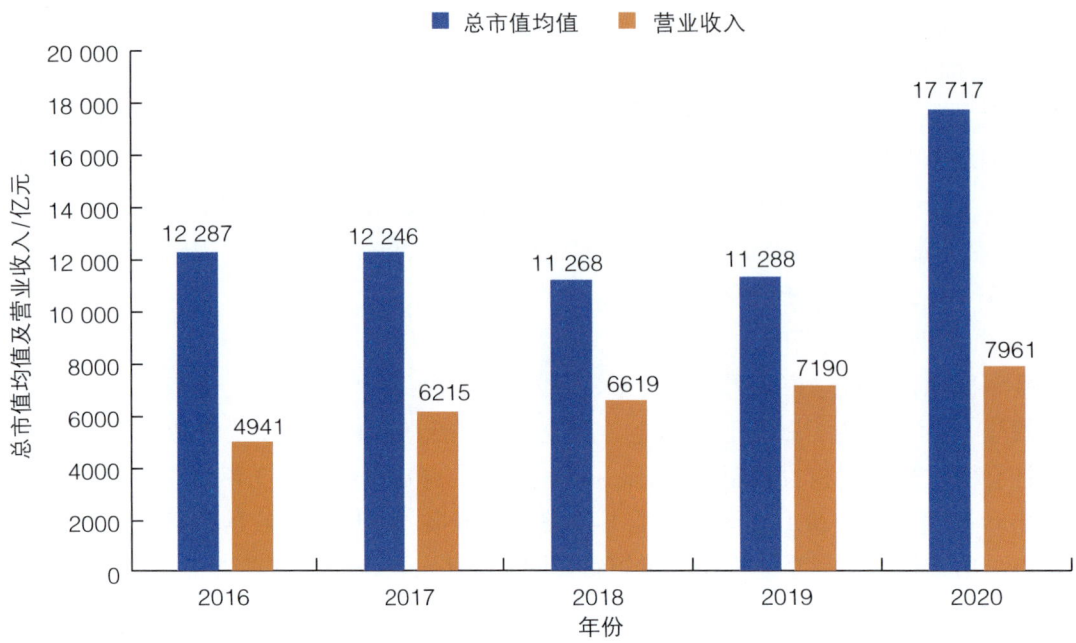

图 5-57　2016—2020 年长江中游城市群国家高新区上市公司总市值均值及营业收入

员工学历水平提升速度加快。2016—2020 年硕士及以上学历人数、员工总数和研发人员数都呈增长趋势，增长率分别为 13.28%、9.09% 和 8.76%（图 5-58）。相比而言，硕士及以上学历人数增长率是最快的，说明长江中游城市群国家高新区上市公司越来越重视员工的学历水平。

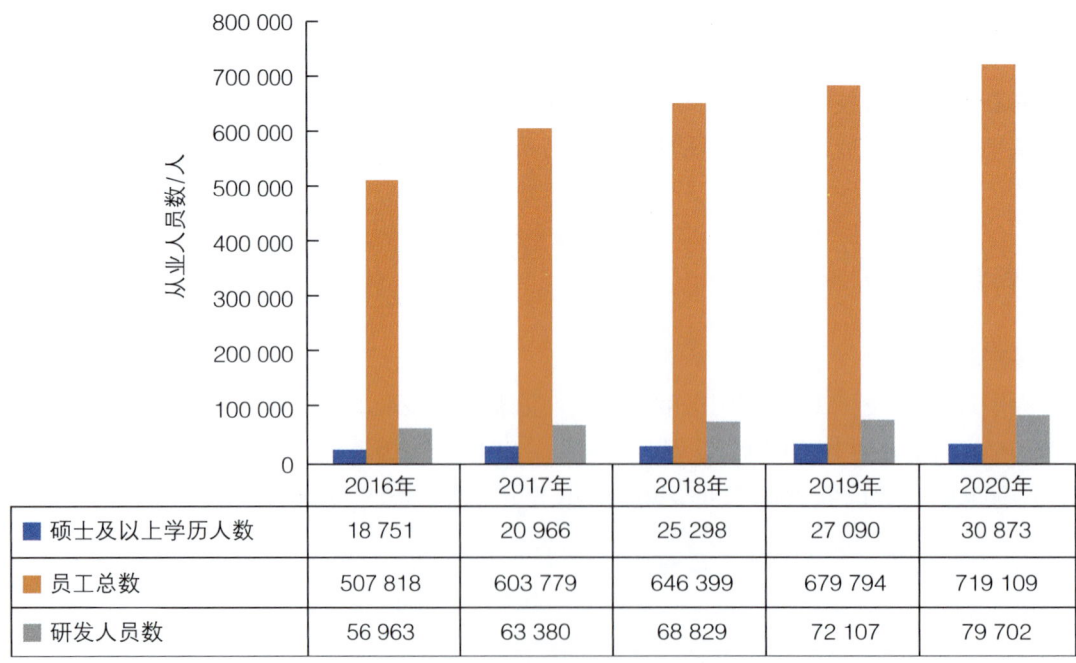

图 5-58　2016—2020 年长江中游城市群国家高新区上市公司从业人员

创新产出能力有待加强。2016—2019年当年新增专利数量连年增加，创新产出能力不断提高，但2020年出现一定程度的下滑（图5-59）。2016—2020年，PCT专利申请量呈现倒"V"形发展趋势。与其他5个城市群相比，长江中游城市群国家高新区上市公司当年新增专利数量和PCT申请专利量两个指标都相对落后，均排在第5位。

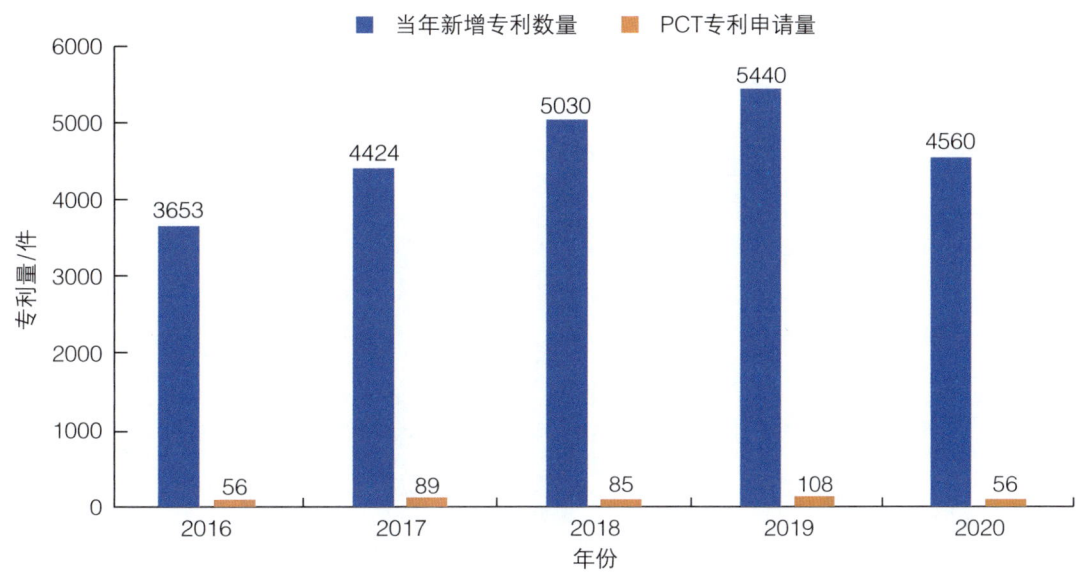

图5-59　2016—2020年长江中游城市群国家高新区上市公司当年新增专利量及PCT专利申请量

政府创新补助投入仍需不断追加。纵向来看，2016—2020年长江中游城市群国家高新区上市公司获得的政府创新补助为上涨态势，其中2018年投入增长最多，较上一年增长28.34%，继续增长至2020年的57.22亿元（图5-60）。横向来看，与其他5个城市群相比，此项指标仅排在第5位，今后长江中游城市群国家高新区应该继续加大向所属区域的上市公司提供创新补助的力度。

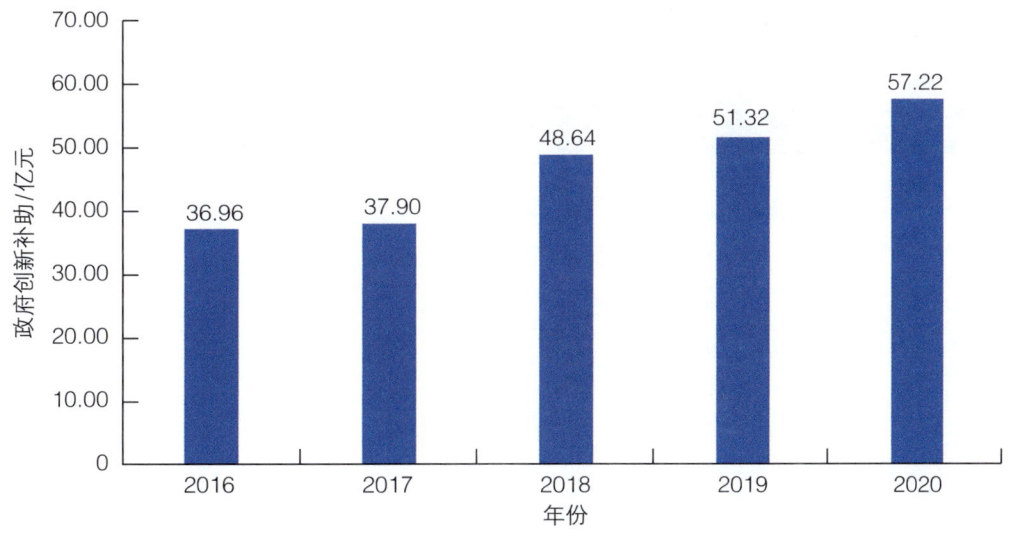

图5-60　2016—2020年长江中游城市群国家高新区上市公司获得的政府创新补助

独立董事占比相对偏低。2020年，长江中游城市群国家高新区上市公司独立董事占比为58.17%（图5-61），在六大城市群中仅排在第5位。此项指标较低，说明长江中游城市群国家高新区上市公司在外部监督方面还不够，不利于上市公司保护中小股东的利益，也不利于长远发展。

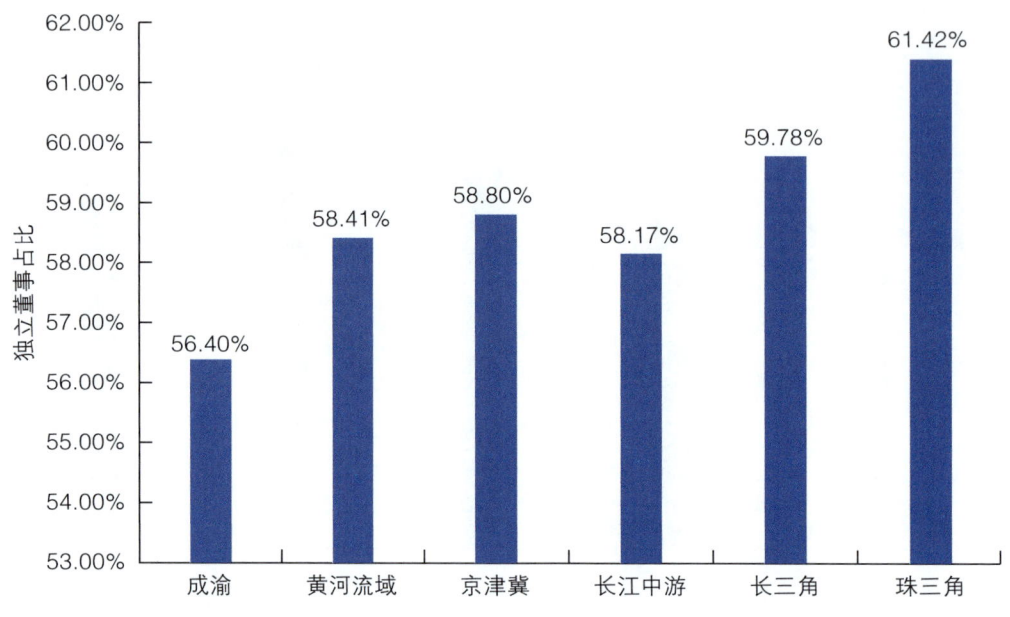

图5-61　2020年六大城市群国家高新区上市公司独立董事占比

2. 高新区排名

从创新能力来看，长沙高新区居长江中游城市群榜首，与武汉东湖高新区一并处于明显领先的地位，呈现两强相争的局面；居第3至第9位的株洲、南昌、宜昌、襄阳、荆门、益阳和新余高新区处于第二梯队；景德镇、抚州、孝感、鹰潭、宜春丰城和湘潭高新区创新能力处于第三梯队；黄冈、潜江等高新区上市公司创新能力得分均不足50分，处于第四梯队（表5-16）。

表5-16　长江中游高新区上市公司创新能力得分、排名

国家高新区	得分	排名
长沙高新区	77.31	1
武汉东湖高新区	74.91	2
株洲高新区	66.33	3
南昌高新区	65.37	4
宜昌高新区	62.77	5
襄阳高新区	61.49	6
荆门高新区	61.40	7

续表

国家高新区	得分	排名
益阳高新区	60.64	8
新余高新区	60.44	9
景德镇高新区	56.34	10
抚州高新区	54.95	11
孝感高新区	52.89	12
鹰潭高新区	52.39	13
宜春丰城高新区	52.35	14
湘潭高新区	52.23	15
黄冈高新区	49.06	16
潜江高新区	48.77	17
随州高新区	48.59	18
咸宁高新区	46.92	19
黄石大冶湖高新区	44.12	20
郴州高新区	43.77	21
衡阳高新区	42.72	22

数据来源：中国高新区研究中心整理，2021年8月。

长沙高新区和武汉东湖高新区的3个分项指标占据了长江中游城市群的前2位，说明这两个省会城市的高新区上市公司整体优势明显；南昌高新区略显投入不足，今后如果能够补足创新投入的短板，有望跻身长江中游城市群的前三甲；新余高新区与南昌高新区面临同样的问题，也需要加强创新投入建设；抚州高新区创新投入充足，但却没有带来相对应的创新产出，需要提升创新产出能力（表5-17）。

表5-17 2020年长江中游高新区上市公司创新投入、产出和保障能力排名

国家高新区	创新投入得分	创新投入排名	创新产出得分	创新产出排名	创新保障得分	创新保障排名
长沙高新区	18.89	2	40.13	1	18.29	1
武汉东湖高新区	19.42	1	37.26	2	18.23	2
株洲高新区	17.22	3	33.05	5	16.06	4
南昌高新区	14.87	7	34.07	3	16.43	3

续表

国家高新区	创新投入得分	创新投入排名	创新产出得分	创新产出排名	创新保障得分	创新保障排名
宜昌高新区	13.66	11	33.92	4	15.18	6
襄阳高新区	16.26	4	29.49	9	15.74	5
荆门高新区	15.06	6	31.38	7	14.96	8
益阳高新区	14.74	8	30.81	8	15.09	7
新余高新区	13.01	16	32.51	6	14.91	9
景德镇高新区	13.57	12	28.64	10	14.14	11
抚州高新区	15.08	5	26.31	13	13.56	12
孝感高新区	13.20	14	26.64	12	13.05	14
鹰潭高新区	12.48	18	27.61	11	12.30	17
宜春丰城高新区	13.97	9	25.30	16	13.08	13
湘潭高新区	12.59	17	25.25	17	14.39	10
黄冈高新区	13.04	15	23.96	18	12.07	19
潜江高新区	11.48	19	25.59	14	11.70	20
随州高新区	10.87	21	25.40	15	12.32	16
咸宁高新区	11.45	20	23.38	19	12.09	18
黄石大冶湖高新区	13.43	13	20.08	21	10.61	22
郴州高新区	13.74	10	17.40	22	12.63	15
衡阳高新区	10.02	22	21.14	20	11.56	21

数据来源：中国高新区研究中心整理，2021年8月。

3. 典型高新区

长沙高新区

1）高新区简介

长沙高新区1991年获批首批国家级高新技术产业开发区，现有企业32 000家，其中高新技术企业1800家，占全市的44%；上市企业47家，占全市的61%。"一区四园"2020年实现企业总收入近2820亿元。在长江中游城市群高新区上市公司创新指数排名总得分中居第1位，创新投入排名居第2位、创新产出排名居第1位、创新保障排名居第1位。截至2020年底，长沙高新区共有A股上市公司36家，硕士及以上学历8404人，研发人员30 630人，实现营业收入2766亿元，高新区商品房均价仅为0.8万元/m^2，当年新增专利1487件。

2）培育上市公司主要举措及取得成绩

① 以梯队建设铸"基"，精挑细选变"自然生长"为"逐级成长"。

选优预备队。结合"雏鹰企业—瞪羚企业（小巨人）—冠军企业"梯度培育体系，从孵化阶段开始培育有意向的企业进入资本市场，重点聚焦具有高成长性潜力的独角兽企业、瞪羚企业及细分领域隐形冠军企业，以科技金融赋能企业推动个转企、企升规、规转股、股上市。独角兽企业御家汇（水羊股份）成为从园区本土成长起来的"IPO电商第一股"。选准后备库。搭建"信用麓谷"信息化平台，运用多维度大数据为园区科技型企业"建档立户""精准画像"。将企业划分为12类，把企业信用评级与获取上市培育、融资服务、政策扶持等匹配结合，为上百家投融资机构出具"企业信用报告"5000余份，为后续金融资本的精准跟进扶持提供精确参考依据，更进一步筛选出市级拟上市后备企业61家。选强生力军。对未来2~3年有实力冲击上市的企业予以重点关注、重点跟踪，针对企业所处前期股改、辅导报备、上会在审、过会待发等不同阶段，实时对接企业需求和推进动态，为企业"量体裁衣""量身定制"培育方案，确保加快上市进度。

目前已获成绩：爱威科技、长远锂科顺利登陆科创板，艾布鲁环保已过会待发，创研科技已顺利进入新三板创新层，天济草堂正接受新三板精选层挂牌审查，麒麟信安、世邦通信已报湖南省证监局进行辅导。截至8月末，高新区上市企业总数已达50家，占全市68%、全省41%，持续领跑全省各县（市）区。

② 用创新服务解"难"，精准施策变"大水漫灌"为"精准滴灌"。

创新模式。建立科技风补、贷款贴息、转贷支持等融资支持体系，支持债券融资机构"敢贷宽贷"，企业"想贷能贷"。在全省首创信贷风险补偿模式，承担科技型中小微企业的信贷逾期风险，已为园区近千家中小企业发放无抵押纯信用贷款，融资总额超过30亿元，已连续5年未发生代偿。设立全省首家转贷引导基金，解决企业资金周转问题。搭建平台。针对高速成长科技型企业上市过程中对股权投资的需求，与上交所合作建立全省首个上市服务工作站，与深交所建立全市科技金融路演中心，全面深化与资本市场的联系合作，打造企业与资本无缝对接平台，累计已联合科技部火炬中心、上交所、深交所及各类一线投资机构举办路演、沙龙、培训等投融资活动200余场。"我要投资"品牌活动已启动第三季海选，将为科技型成长企业提供高品质资本对接平台。加强扶持。打造"1+X"政策体系，出台企业上市高质量发展计划，形成了涵盖企业发展全周期的产业扶持链条，针对改制上市、并购重组、贷款贴息、股权融资等重点事项给予支持，引导和鼓励企业运用多层次资本市场规范经营、成长壮大。

目前已获成绩：创星科技、华诚生物等拟上市公司通过路演获得资本青睐，加速上市进程。景嘉微、三诺生物、方盛制药等众多优质上市公司从园区孵化，成为"蝶变"上市的典范。

③ 将特色机制用"实"，精细服务变"日常照看"为"经常管护"。

"一企一策"抓指导促上市。对接省金融局、证监会，联合上交、深交、港交三大交易所加大企业上市指导培训力度，打造金牌董秘工程、资本下午茶、约见投资人等活动，通过专题培训、案例分析、专家答疑、面谈交流等方式为企业上市答疑解惑。针对主板、科创板、创业板、新三板及区域性股权市场对企业上市挂牌有不同标准，指导企业选择合适板块和交易所上市。"一事一议"抓帮扶推上市。建立上市企业联席会议和绿色通道制度，搭建政企沟通桥梁，由主要领导任总召集人，分管领导任第一召集人亲自坐镇、靠前指挥，"一事一议"研究、审议上市企业相关问题。区金融部门每月对拟上市重点企业IPO进度进行问题汇总和工作调度，牵头协调解决有关问题。"一岗一责"抓服务保上市。联合行政审批局建立拟上市企业行政审批优化机制，对进入上市后备库的企业办理证明开具、核准备案、用地审批、环境评价、工商登记等手续开辟快车道。协调税务局实地上门服务，限时为企业解决涉税难题。配合宣传和网信部门及时监控处置舆情，消除企业上市负面影响。推动市场监管等执法部门对上市、拟上市企业实行包容审慎监管，行政处罚报告制，为企业上市营造最有利环境。

目前已获成绩：后备企业中拟主板上市2家，科创板上市24家，创业板上市26家，新三板上市企业7家，境外上市企业4家。针对圣湘生物、长远锂科在IPO材料申报前期出现的重点问题，由金融办牵头，住建、规划、消防等部门组成帮扶小组，一周内便完成各项准备工作。

④ 把营商环境建"优"，精耕生态变"上市盆景"为"产业风景"。

在资本市场发展上助力。引进设立百亿规模的"独角兽"公司专项投资基金，以及智能制造产业基金等投资规模达30亿左右的基金，积极发挥社会资本杠杆撬动作用助力产业、企业跨越式发展。在金融生态营造上聚力。依托麓谷基金广场，通过"一站式""一条龙""一揽子"服务模式实现投融资机构注册落户高效闭环，汇聚各类投融资机构973家，管理规模突破1200亿元，引导成立金融投资协会，促进行业健康发展。在政务环境优化上给力。实行"一门""一窗""一网"审批服务，打造1天企业开办、1天工规领证、10天施工许可"1110工程"和无费园区，整合市场监管、税务、消防、安监等部门力量，帮助企业及时掌握政策、开具证明、办理手续，助力企业跑出上市"加速度"。

目前已获成绩：天际汽车已启动上市筹备阶段并将拟上市主体转移至长沙。已实现投资超过230亿元，有效支持华凯创意、御家汇、远大住工等一批企业成功上市或正在改制上市。对力合科技上市前涉及诉讼问题，航天环宇涉及的股东投资问题等，通过优质法律服务为企业专业指导、精准化解。

第六章

点评与总结

第一节 国家高新区上市公司创新点评

一、北京市

中关村科技园区

自2018年以来,中关村深入实施"中关村创新100上市培育工程""中关村科创新蓝筹行动"等拟上市企业培育计划,支持发起设立"中关村龙门基金""中关村龙门加速器"等,大力推动科技型企业上市融资,先后培育上市公司27家、44家、61家,呈加速增长态势。

截至2020年底,中关村科技园区共有上市公司454家(A股291家、港股87家、美股76家),其中高企占比达55.5%,在2020年国家高新区上市公司创新能力排名居第1位,在创新产出和创新保障方面表现极为优秀,而创新投入方面仅居第6位。从具体指标看,中关村科技园区上市公司在员工薪酬激励、研发投入力度、可投资性等方面表现一般,有待进一步提升。从企业表现来看,金山办公、奇安信两家新上市企业表现出较强的创新发展活力,在国家高新区A股上市公司100强中居第49位、第54位。

在未来的发展中,中关村科技园区要在维持现有上市公司培育力度的基础上,重点引导已上市企业加大研发投入,提升整体的高质量发展水平;适当提高公司年度分红,提升投资者持股信心;积极引导企业多手段增加员工福利待遇,切实增强员工的城市归属感。

二、上海市

1. 上海张江高新区

2019年，上海市发起"浦江之光"行动，通过完善一套部门联动、市区协同的协调推进机制，搭建科创企业和政策工具两个资源库，服务企业孵化培育、改制上市、并购重组3个关键环节，集聚金融市场、股权投资、长期资金、中介机构4类资本要素，加大科创企业培育力度。在此背景下，张江高新区先后培育科创板上市公司30家，且多集中于生物医药产业，发展潜力巨大。

截至2020年底，张江高新区共有上市公司227家（A股152家、港股55家、美股20家），创新能力指数得分80.88，在2020年国家高新区上市公司创新能力排名中居第2位，其中创新投入能力居第10位，表现相对薄弱，创新产出能力和创新保障能力均居第3位。从企业表现来看，上汽集团、复星医药、环旭电子、上海医药等老牌企业表现强势，同时也涌现出韦尔股份、澜起科技等新生力量，未来成长空间广阔。同时也应该注意到，张江高新区上市公司存在着专利产出效率偏低、薪酬和房价比不占优势、净资产收益率呈下降趋势等问题，如不能得到妥善解决，未来可能会导致企业在资本市场竞争力下滑。

未来发展中，张江高新区要继续强化知识产权保护，探索建立高标准专利价值评估体系，引导区内上市公司高价值专利产出，提升专利产出效率；加强对上市公司管理层在经营管理、资金运作等方面的公共培训，提升上市公司的经营能力；积极引导企业多手段增加员工福利待遇，切实增强员工的城市归属感。

2. 上海紫竹高新区

近年来，上海紫竹高新区通过各种政策扶持企业上市。在上市政策方面，鼓励企业进一步对接多层次资本市场，促进区内企业实现资本、科技、人才与产业的融合发展；在基金方面，采取"天使＋创投＋股权"投资服务链，形成对初创期、成长期、成熟期企业资金支持的全覆盖。

2020年，上海紫竹高新区上市公司创新能力得分为57.62，在142家拥有上市公司的国家高新区中排在第86位，截至2020年底，拥有上市公司3家。从上海紫竹高新区上市公司创新能力评估情况来看，上海紫竹高新区上市公司在创新投入上表现较好，创新投入能力在142家拥有上市公司的国家高新区中排在第69位；创新产出能力相对较弱，排在第98位；创新保障能力排在第81位。从具体指标来看，上海紫竹高新区上市公司在研发投入强度、人均产出方面表现突出，在员工激励、知识产出方面相对不足。

基于本次报告评估结果，上海紫竹高新区要采取梯度培育模式，按照"上市一批、培育一批、改制一批"的政策方针助力企业成功登陆资本市场，将企业塑造成为上海产业转型升级的生力军和主力军。

三、天津市

天津滨海高新区

近年来，天津滨海高新区强化科技金融服务，建立高新区银政通科技金融服务平台，着力解决企业融资难融资贵问题，完善高新区上市后备企业信息库，建立一体化上市服务体系，支持优质企业挂牌上市，发挥天津科技金融中心等载体平台作用，举办各类路演、论坛、培训等活动，助力企业融资发展，研究制定《关于支持企业在上海证券交易所科创板上市的若干政策措施》，加速科创板上市。截至2020年底，累计培育上市公司22家（A股21家、港股1家），2020年新增3家创业板企业，创新发展潜力逐步释放。

2020年，天津滨海高新区上市公司创新指数得分为73.16，在国家高新区上市公司创新能力排名中居第14位，创新投入能力、创新产出能力、创新保障能力表现均衡。从具体指标来看，滨海高新区上市公司在知识产权产出等方面表现良好，在研发投入力度、总资产收益率、管理决策专业度等方面表现较差，还有较大提升空间。从企业表现来看，有3家企业入选创新百强企业榜单，其中有中海油服、天力士等老牌企业表现突出，又有中科曙光等新兴企业后继发力，但整体仍以地方国有企业、中央国有企业为主要力量，民营企业表现差强人意，仍需重点关注。

在未来发展中，滨海高新区要积极引进一批全国乃至全球知名的公募基金、证券投资基金和股权投资机构，促进其投资区内上市及拟上市企业，引导上市公司持续优化股权结构和管理架构，全方位激发企业创新活力，提升企业产出效能；重点引导和支持上市公司加大研发投入，引领带动本地产业转型升级发展。

四、重庆市

1. 重庆高新区

重庆高新区上市公司创新能力得分为62.30，在142家拥有上市公司的国家高新区中排在第64位，与2015年相比，创新能力整体呈下降态势，截至2020年底拥有上市公司13家。从重庆高新区上市公司创新能力评估情况来看，重庆高新区上市公司在创新保障上表现较好，创新保障能力在142家拥有上市公司的国家高新区中排在第33位，其中，在开放创新及数字化转型和知识储备方面表现突出；创新产出能力相对较弱，排在第70位，其中，在研发经费投入和人均产出方面表现不好，有较大提升空间；创新投入能力排在第68位。

重庆高新区多举措助推企业上市，成立挂牌上市领导小组和办公室，建立企业挂牌上市"绿色通道"，举办挂牌上市培训会，引导企业积极进入资本市场。2018年出台《关于推进自创区自贸区科技金融建设试行办法》，随后又在"渝新券"中增设"上市挂牌服务券"，真正实现了"企业挂牌""政府买单"，坚定了企业挂牌上市信心。2020年，隆鑫通用、正川股份成功在上交所主板上市。

基于本次报告评估结果，重庆高新区要加快引进股权融资机构，进一步提高资本市场活力，促进科技与资本的深度融合；鼓励上市公司加大技术研发，提升发展质量和效益；深度落实相关政策，推动上市公司数量实现新突破、市值迈上新台阶，使高新区品牌更加闪亮。

2. 璧山高新区

近年来，璧山高新区通过"八大资金池"支持企业451家，新增企业融资40亿元，普惠小微贷、民营企业贷分别增长26%、18%。与渝富集团、四川发展发起设立100亿元的成渝双城基金，与中石化资本发起设立50亿元新源基金、15亿元朝阳子基金。新梳理拟上市重点企业28家。

璧山高新区上市公司创新能力综合得分45.56，排在第134位，较国家高新区总体排名下降45名，包括创新投入能力得分11.21，创新产出能力得分21.40，创新保障能力得分12.95。表现较好的指标有研发投入强度，园区企业对研发和技术创新的重视程度及投入能力处于较高水平。企业高学历人才占比较低，引导企业进一步提升从业人员综合素质，研发创新的能力较弱。企业所得税区域贡献度还有较大的提升空间。

未来，璧山高新区应继续主动作为，锚定发展目标，扎实推进高新区各类企业上市融资，多措并举加大人才引进力度，引导高端创新资源向企业集聚，切实增强企业的创新发展实力。

3. 荣昌高新区

荣昌高新区举办财税研讨及拟上市挂牌企业培训交流会，从全国金融政策解读、地方政策实施到企业股改挂牌、企业规范性提升、企业税务风险管控及资本运作，进一步深化企业管理者对市场的认识，更好地促进企业挂牌上市，推进多渠道、多元化融资。在华森制药筹备上市的过程中，荣昌高新区及荣昌区级相关部门的工作人员背着公章，与公司的人员一起跑市级相关部门和国家相关部门，办好了各种证明材料，各种公章盖了100多个，创造了公司上市的"华森速度"。

2020年，荣昌高新区上市公司创新能力得分为55.59，在142家拥有上市公司的国家高新区中排在第101位，排名有所上升，截至2020年底，拥有上市公司1家。从荣昌高新区上市公司创新能力评估情况来看，荣昌高新区上市公司在创新投入上表现较好，创新投入能力在142家拥有上市公司的国家高新区中排在第53位；创新产出能力相对较弱，排在第118位；创新保障能力排在第116位。从具体指标来看，荣昌高新区上市公司在员工激励、人才结构方面表现突出，在人员培训、营业收入方面相对不足。

基于本次报告评估结果，荣昌高新区要围绕有潜力、有意愿上市的企业，根据各企业推进上市方案分别制定帮扶专案，从科技研发支持、人才支持、融资支持、品牌创建支持等各个方面制定精准帮扶方案，推动一批企业上市，打造成渝城市群新兴战略支点。

五、河北省

1. 石家庄高新区

近年来，石家庄高新区按照"政府推动、企业自主、政策支持、市场运作"的思路，紧紧围绕培育发展资本市场主体，引导优势企业制定上市发展规划，加大政策扶持力度，积极推进科技型中小企业上市培育，初步搭建起涵盖了主板、创业板、中小板、新三板、新四板的多层次资本市场平台。先后出台《关于进一步增强自主创新能力的实施意见》《加快培育和发展战略性新兴产业十条政策》等一系列政策，分别给予公开交易市场、"新三板"及石交所上市挂牌企业150万元、100万元和50万元补贴，有效调动了各类金融主体参与上市挂牌的积极性。出台的《石家庄高新区企业挂牌上市奖励资金管理办法》规定，每年区级财政安排资金对符合条件的挂牌上市企业给予一次性奖励，支持区内企业到境内外多层次资本市场挂牌上市融资。先后邀请上交所、深交所、全国股份转让公司、石家庄股交所，以及宝泽金融集团、国泰君安、首创证券等机构为企业进行上市辅导。

在本评价报告中，石家庄高新区上市公司创新能力排在第38位，较2020年排名（第44位）上升6位。从一级指标来看，创新投入排在第41位；创新产出排在第44位；创新保障排在第43位。从二级指标来看，研发投入强度、员工薪酬激励是优势指标；从业人员人均教育经费、董事长受高等教育年限和营业收入是短板指标。

今后，石家庄高新区要着力打造开放性、公益性、综合性多层次资本市场对接平台，建立"金融超市"，聚集国内证券公司投行部、会计师事务所、律师事务所、资产评估机构、上市培训机构、投资机构、信用担保等机构，组成非营利的、开放式的合作组织，整合各方机构相关资源，为企业上市提供一条龙的上市服务和综合解决方案，提升企业上市服务水平。

2. 保定高新区

近年来，保定市政府为引导金融机构将更多资金投向实体经济，促进经济高质量发展，研究制定了《关于保定市加快推进企业挂牌上市工作的实施意见》等多个文件，强化辅导培育，开展挂牌上市辅导专家"进县入企"宣讲培训活动，运用政府、专家和企业三方对接机制，为后备企业进行更加优质的培训辅导和政策服务，发挥市企业挂牌上市工作联席会议办公室作用，建立企业挂牌上市问题交办单制度，对问题交办单实行挂牌督办，推动企业土地、税收、环保等相关问题得到依法妥善解决，增强企业上市的主动性和积极性。同时，积极协调各金融机构对拟上市企业给予支持，协调降低上市费用，减轻企业负担。保定高新区目前有立中集团、*ST乐材、乐凯胶片、保变电气和长城汽车共5家上市公司，其中3家主板、2家创业板，3家中央国有企业、2家民营企业，在2015年以后再无新增上市公司。

在本评价报告中，保定高新区上市公司创新能力排在第27位，较2020年排名（第13位）下降14位。从一级指标来看，创新投入排在第28位；创新产出排在第36位；创新保障排在第25位，相比而言，创新产出较弱。从二级指标来看，研发人员数量、企业获得的政府创新补助、当年新增专利数量和企业所得税区域贡献度是优势指标，其中企业所得税区域贡献度居前10位，是表现最好的二级指标。研发人员人均经费、员工薪酬激励和从业人员人均教育经费是短板指标，排名都在100名以外。说明保定高新区上市公司绝对量指标占优，相对量指标不足。

今后，保定高新区要支持有实力的优质中小企业发行股票，鼓励和培育优秀企业到海外创业及上市融资，鼓励中小企业进行股份制改造，吸纳民间资本，同时要继续筛选行业主导性、支柱性企业作为后备上市企业进行重点培育，从而形成"培育一批、储备一批、上市一批"的上市梯次推进格局。

3. 唐山高新区

近年来，唐山高新区始终瞄准科技创新前沿趋势进行超前布局，抢占科技竞争的制高点，打出一系列组合拳，研究制定了《高新区关于企业上市挂牌的奖励办法》等一系列鼓励扶持政策，实施高新技术企业"育苗造林"计划，让一个个"优质树苗"成长为"参天大树"。

唐山高新区上市公司创新能力综合得分54.87，排在第106位，较高新区总体排名提升了15位，包括创新投入能力得分15.38，创新产出能力得分27.53，创新保障能力得分11.96。总资产收益率和股息率表现亮眼，说明唐山高新区上市公司竞争实力和发展能力较强，具有投资价值。营业收入、总市值均值和管理决策专业度表现较弱。营业收入的实现关系到企业再生产活动的正常进行，加强营业收入管理，可以使企业的各种耗费得到合理补偿，有利于再生产活动的顺利进行。另外，管理决策专业度较弱说明企业管理层的决策管理能力还有较大提升空间。

下一步，唐山高新区要完整、准确、全面贯彻新发展理念，积极服务构建新发展格局，持续优化监管与服务水平，激发市场主体活力，提高上市公司质量，助力资本市场高质量发展，全力服务"十四五"开好局、起好步。

4. 燕郊高新区

近年来，燕郊高新区陆续出台《鼓励科技创新奖励办法》《企业研发投入和科技企业孵化器扶持奖励办法》《加快推进科技创新的若干措施》《瞪羚企业认定管理办法》等23项惠企政策，对创新主体培育、平台建设、成果转化等展开全方位支持，积极引导科技型企业在多层次资本市场上市。

燕郊高新区上市公司创新能力综合得分49.31，排在第124位，较国家高新区总体排名上升8名，包括创新投入能力得分10.73，创新产出能力得分26.99，创新保障能力得分11.59。股息率指标表现突出，企业具有投资价值。指标创新激励和开放创新及数字转型重视度表现相对较低，表明国家高新区对企业创新的支持力度不足，企业开展创新活动的积极性较低，企业的开放创新能力和数字化转型程度还有较大提升空间。

未来，燕郊高新区要鼓励企业在强化创新引领，不断增强市场竞争力的同时，抢抓机遇，主动对接资本市场，通过股改上市实现高效融资、规范管理和裂变扩张；要完善政策服务、加强对接支持，加快推动优质企业股改上市，推动企业做强做优。

5. 承德高新区

承德高新区始终将企业培育与扶持放在发展第一位，全面落实"1+9+N"系列科技创新政策，相继制定实施了《关于支持重大战略新兴产业发展意见》《关于加快推进科技创新的十条措施（试行）》等政策措施，设立重大战略性产业发展专项基金、科技政策性引导奖励资金和科技贴息贷款，突出"专精特新"人才引进培育，全方位激发创新创业活力。

承德高新区上市公司创新能力综合得分52.90，排名居第116位，较高新区总体排名上升15名，包括创新投入能力得分13.09，创新产出能力得分27.47，创新保障能力得分12.34。股息率指标表现突出，企业具有投资价值。员工薪酬激励表现良好，说明企业从业人员在所在城市的住房压力较小，能够吸引人才、留住人才，也反映了企业对于人才的重视度较高。短板指标企业获得的政府创新补助，说明国家高新区对企业创新的支持力度和企业开展创新活动的积极性偏弱。开放创新及数字转型重视度较低，说明园区企业的开放创新能力和数字化转型程度较弱。

为了支持园区企业积极向资本市场借力借势，下一步，承德高新区要推进企业上市纳入园区经济发展战略，通过强化领导机制、加强梯次培育、落实奖补政策及提升服务质量，多措并举鼓励企业上市，扶持企业做大做强。

六、山西省

1. 太原高新区

"十三五"期间,太原高新区持续提升金融服务水平,建立健全科技投融资体系,加快促进市场主体快速成长,引导更多企业走向区域性股权交易市场。2020年,新认定国家级专精特新"小巨人"企业11家、省级15家,目前已有30家新三板挂牌企业,"晋兴板"挂牌企业94家,科达自控搭乘北交所首班"列车"上市。

2020年,太原高新区上市公司创新能力得分60.05,在142家拥有上市公司的国家高新区中排在第80位,截至2020年底,拥有上市公司6家。从太原高新区上市公司创新能力评估情况来看,太原高新区上市公司在创新投入和创新保障上表现较好,在142家拥有上市公司的国家高新区中排在第58位;创新产出能力相对较弱,排在第91位。从具体指标来看,太原高新区上市公司在人员培训、高层学历方面表现突出,在研发投入强度、资产收益方面相对不足。

基于本次报告评估结果,太原高新区要更大力度推进企业加快上市,借助资本市场的力量,进一步激发经济活力,促进经济高质量高速度转型发展。

2. 长治高新区

2020年以来,长治高新区完善创新金融政策体系,创新市场化融资模式,发行债券、组建基金,为区内基础设施建设及产业发展提供融资服务和资金支持,出台了《长治高新区推动企业上市挂牌十条措施》《推动企业上市挂牌十条措施》《发展科技支行开展"创新贷"工作的实施方案(试行)》,全力推动在区企业上市。

2020年,长治高新区上市公司创新能力得分59.32,在142家拥有上市公司的国家高新区中排在第82位,截至2020年底拥有上市公司1家。从长治高新区上市公司创新能力评估情况来看,长治高新区上市公司在创新产出上表现较好,创新产出能力在142家拥有上市公司的国家高新区中排在第58位;创新保障能力相对较弱,排在第109位;创新投入能力排在第86位。从具体指标来看,长治高新区上市公司在高层学历、研发活动集中方面表现突出,在员工激励、人员培训方面相对不足。

基于本次报告评估结果,长治高新区要充分发挥资本市场作用,进一步增强创新财税金融支撑,发挥市场化作用,扩大上市公司数量,推动科技与金融深度融合。

七、内蒙古自治区

1. 包头稀土高新区

近几年,包头稀土高新区积极推动金融业务和产品创新,引导金融机构扩大制造业、小微企业、科创企业信贷规模,让企业融资更加便利、成本更低,加大上市企业培育力度,支持更多企业登陆科创板。

2020年,包头稀土高新区上市公司创新能力得分58.94,在142家拥有上市公司的国家高新区中排在第84位,与2015年相比下降3位,截至2020年底,拥有上市公司5家。从包头稀土高新区上市公司创新能力评估情况来看，包头稀土高新区上市公司在创新保障上表现较好，创新保障能力在142家拥有上市公司的国家高新区中排在第32位；创新投入能力相对较弱，排在第105位；创新产出能力排在第87位。从具体指标来看，包头稀土高新区上市公司在高层学历、知识产出方面表现突出，在员工激励、研发投入强度方面相对不足。

基于本次报告评估结果，包头稀土高新区要积极打造创新创业服务基地，引进创新创业服务平台，发挥"互联网+"服务、培训、第三方服务和多媒体展示推广发布四大功能，形成"科技型服务"新模式，建立企业改制上市和挂牌"绿色通道"，推动新一批企业上市挂牌。

2. 呼和浩特金山高新区

近年来，内蒙古自治区制定《推进企业上市挂牌三年实施计划（2018—2020年）》《内蒙古自治区进一步提高上市公司质量实施方案》等政策措施，从推动上市公司进一步规范发展、提升资本市场对实体经济的支持、加快上市公司存量风险化解、凝聚提高上市公司质量合力等4个方面，提出15项具体内容，并责成相关单位贯彻落实。对区内企业实现首发上市的，自治区本级财政按照最高不超过800万元给予奖补。自治区金融办建立了证券公司、银行、股权投资、政策性担保及相关中介机构在内的综合服务平台，为入库企业提供优质优价服务。同时，要求各盟市要制定本地区3年具体工作计划，定期召开资本市场推进会、企业上市座谈会。建立"重本地、靠改革、请进来、走出去"的企业上市资源配套管理体系。大力培育地区龙头企业、核心企业，各盟市每年要培育3家以上本地区上市资源。自治区将对各盟市推进企业上市挂牌工作情况进行定期通报并开展年度综合评价，对推进不力的地区将进行重点督查督办。呼和浩特金山高新区连续8年没有新上市公司，上市公司中科技型、创新型企业少，科创板、创业板实施注册制以来，无1家企业申报上述两个板块，总体看优质上市后备资源依然不足，发展后劲仍需加力。

在本评价报告中，呼和浩特金山高新区上市公司创新能力排在第35位，较2020年排名（第57位）上升22位。从一级指标来看，创新投入排在第29位，是表现最好的；创新产出排在第42位；创新保障排在第34位。从二级指标来看，研发人员人均经费、员工薪酬激励、企业所得税区域贡献度和董事长受高等教育年限是优势指标。其中董事长受高等教育年限排名居第1位，是表现最好的；研发人员数量、研发投入强度和硕士学历及以上人员占企业员工比重是短板指标。

今后，呼和浩特金山高新区要加快补齐短板，坚持在提高上市公司质量上下功夫、坚持在资本市场支持实体经济高质量发展中用狠劲、坚持在扶持上市龙头企业工作中见力道，从而让高新区的上市公司乘风破浪、进而有为。

3. 鄂尔多斯高新区

近年来，鄂尔多斯市高度重视企业上市工作，出台了《鄂尔多斯市人民政府关于促进多层次资本市场发展的实施意见》《关于推进企业上市工作指导意见》，明确建立多层次资本市场发展的扶持培育机制、长效机制和联动协调机制，设立推进企业挂牌上市专项扶持资金，对在新三板挂牌和沪、深证券交易所主板、创业板、科创板上市的企业，给予100万~1000万元的一次性奖励，为上市后备企业在改制、资产重组、上市申报等过程中涉及审批、查询等事项开通"绿色通道"，有力调动了企业上市积极性。鄂尔多斯高新区出台《招商引资十条政策》，对在上海、深圳证券交易所主板、创业板、科创板和中小企业板上市的科技型企业，在享受自治区和市级奖励之外，高新区再给予一次性奖励 300 万元；对在新三板上市的企业，再给予一次性奖励 100 万元。

在本评价报告中，鄂尔多斯高新区上市公司创新能力排在第 60 位，较 2020 年排名（第 99 位）上升 39 位。从一级指标来看，创新投入排在第 66 位；创新产出排在第 43 位，是表现最好的；创新保障排在第 98 位。从二级指标来看，研发人员人均经费、企业所得税区域贡献度和董事长受高等教育年限是优势指标；总市值均值、硕士学历及以上人员占企业员工比重和研发人员数量是短板指标。

今后，鄂尔多斯高新区要把握"培育一个上市企业、带动一个产业链、逐步形成一个产业集群"的方向，针对培育上市企业涉及的生产要素配置需要，在依法合规的基础上，结合区内生产要素禀赋结构，先行先试，探索实施综合配套改革措施。

八、辽宁省

1. 沈阳高新区

近年来，沈阳高新区立足产业发展实际，不断加大对科技企业融资服务力度，扎实开展金融创新，积极发展多层次资本市场，持续提升服务水平，制定出台了《沈阳高新区关于支持企业上市发展的政策措施》，致力于打造一套贯穿科技企业全生命周期的融资服务体系，为企业发展提供充沛动力。该政策措施主要包括加大企业上市扶持力度；支持股权投资机构、基金管理机构发展，鼓励投资机构投资上市后备企业；鼓励上市企业到高新区发展；加大对上市后备企业的融资支持力度等 6 个方面 23 条内容，扶持对象主要为沈阳高新区上市后备企业、上市企业及股权投资机构、基金管理机构。推出了"园区集合贷"金融产品，贯彻落实党中央、国务院关于金融支持实体经济发展、全面振兴东北等老工业基地的战略部署，解决当地科技型企业融资需求。

在本评价报告中，沈阳高新区上市公司创新能力排在第 54 位，较 2020 年排名（第 28 位）下降 26 位。从一级指标来看，创新投入排在第 7 位，是表现最好的；创新产出排在第 116 位；创新保障排在第 38 位。从二级指标来看，硕士学历及以上人员占企业员工比重、研发投入强度和企业获得的政府创新补助是优势指标，其中硕士学历及以上人员占企业员工比重、研发投入强度都居前 5 位，表现突出；研发人员人均经费、企业所得税区域贡献度和营业收入是短板指标。说明沈阳高新区非常重视创新投入，创新保障也较为充足，但是创新产出能力有待于提高。

今后，沈阳高新区要按照"储备培育一批、辅导备案一批、申报待审一批、上市挂牌一批"的梯队培育总体思路，以推动企业上市为目标，稳步推进企业股份制改造、规范培育、挂牌转板、上市辅导，形成一大批经济结构优、带动能力强、对经济增长贡献度大的上市龙头企业。

2. 大连高新区

2020 年以来，大连高新区与深圳证券交易所联合主办高新区企业上市培训会，对拟上市后备企业进行创业板市场体系、创业板注册制改革政策、发行审核制度变革等方面的讲解和问题的梳理，坚定了企业通过资本市场壮大发展企业的信心。

大连高新区 2020 年上市公司创新能力得分为 56.61，在 142 家拥有上市公司的国家高新区中排在第 96 位，排名有所下降，截至 2020 年底拥有上市公司 5 家。从大连高新区上市公司创新能力评估情况来看，大连高新区上市公司在创新产出上表现较好，创新产出能力在 142 家拥有上市公司的国家高新区中排在第 65 位；创新投入能力相对较弱，排在第 134 位；创新保障能力排在第 87 位。从具体指标来看，大连高新区上市公司在商誉增值、人员培训方面表现良好，在研发活动集中、研发投入强度方面相对不足。

基于本次报告评估结果，大连高新区要以科创板、创业板注册制改革为契机，多措并举，持续推进开展资本市场业务培训、深入走访调研拟上市企业等方式，加大资本市场政策、上市业务指导，对拟上市企业进行重点扶持，全力支持企业上市融资。

3. 鞍山高新区

近年来，鞍山高新区制订出台了培育新兴产业发展、培育上市企业、培育高新技术企业、科技创新平台建设等政策文件，加强配套服务功能，做大产业规模，推动企业发展从做大做强向做精做优转变，产业层次从低端向中高端迈进，实现高新区发展新飞跃。

鞍山高新区 2020 年上市公司创新能力得分为 56.68，在 142 家拥有上市公司的国家高新区中排在第 95 位，截至 2020 年底拥有上市公司 5 家。从鞍山高新区上市公司创新能力评估情况来看，鞍山高新区上市公司在创新保障上表现较好，创新保障能力在 142 家拥有上市公司的国家高新区中排在第 78 位；创新产出能力相对较弱，排在第 108 位；创新投入能力排在第 81 位。从具体指标来看，鞍山高新区上市公司在商誉增值、员工激励方面表现突出，在设备采购及营销推广、研发经费支撑方面相对不足。

基于本次报告评估结果，鞍山高新区要积极培育上市后备企业，对接基金和风投公司，加强对企业上市辅导，提升企业进行资本化运作能力，做好荣信汇科等重点企业上市跟踪服务，加速企业上市进程。

4. 营口高新区

营口高新区设立具备独立法人资格的投融资平台，探索多样化的融资模式，引导社会资本参与公共服务领域项目的建设和运营。鼓励设立各类产业引导基金和土地整理基金。支持符合条件的国家级开发区建设主体申请首次公开发行股票。支持开发区（园区）企业进入资本市场，鼓励企业上市，上市公司在传统产业转型升级与集聚发展方面发挥龙头示范作用。

营口高新区上市公司创新能力综合得分 52.94，排在第 115 位，较高新区总体排名下落 8 位，包括创新投入能力得分 14.55，创新产出能力得分 25.33，创新保障能力得分 13.06。员工薪酬激励表现良好，说明企业从业人员在所在城市的住房压力较小，能够吸引人才、留住人才，也反映了企业对于人才的重视度较高。短板指标企业获得的政府创新补助，说明国家高新区对企业创新的支持力度和企业开展创新活动的积极性偏弱。另外，管理决策专业度较弱说明企业管理层的决策管理能力还有巨大的成长空间。

下一步，营口国家高新区要积极协调和引导各金融机构创新金融服务，提供灵活、便利的金融产品，对列入培育的重点企业给予金融倾斜支持。引入政府性引导基金、私募股权投资机构等战略投资者参股上市（挂牌）后备企业，进一步增强企业实力。落实好企业上市（挂牌）资金扶持政策，减轻企业上市（挂牌）财务负担，调动企业上市的积极性。因应现在各层次资本市场各项改革，为鼓励更多企业充分利用各层次资本市场，在财力许可的情况下，适时调整完善上市（挂牌）奖补政策。

5. 辽阳高新区

辽阳高新区自 1992 年成立以来，坚持以创新为第一动力，发展质量和效益不断提升，培育了奥克、科隆 2 家上市公司，成为全市经济发展重要支撑和增长极。

辽阳高新区上市公司创新能力综合得分 54.39，排在第 109 位，较高新区总体排名下降 16 位，包括创新投入能力得分 14.55，创新产出能力得分 26.12，创新保障能力得分 13.72。人均增加值和股息率表现较好，说明企业价值创造效能，园区企业员工的单位生产效率较高，具有较高的投资价值；管理决策专业度表现较差，说明辽阳高新区上市公司管理层的决策管理能力一般。商业变革力度表现一般，表明园区企业为推进创新成果转化而新设子公司的资金投入力度不强。

为了支持园区企业积极向资本市场借力借势，下一步，辽阳高新区要推进企业上市纳入园区经济发展战略，通过强化领导机制、加强梯次培育、落实奖补政策以及提升服务质量，多措并举鼓励企业上市，扶持企业做大做强。

6. 锦州高新区

为进一步加快推进企业上市和上市企业规范、稳定、高质量发展，鼓励和支持企业通过资本市场直接融资，推动产业升级、结构调整和规范发展，锦州高新区通过加大企业上市扶持力度，优化企业上市服务环境，完善上市工作保障机制进一步加快推进企业上市工作。通过助力上市企业做优做强，妥善化解上市企业存量风险，形成提高上市企业质量合力来推动上市企业规范、高质量发展。

锦州高新区上市公司创新能力综合得分 49.69，排在第 123 位，包括创新投入能力得分 13.62，创新产出能力得分 25.11，创新保障能力得分 10.96。研发强度表现突出，说明企业研发投入较强，园区企业对研发和技术创新的重视程度及投入能力较强。同时，人均增加值和总资产收益率也为优势指标，表明园区企业员工的单位生产效率、公司的竞争实力和发展能力突出。短板指标包括研发人员数量、营业收入和资本结构合理度。

未来，锦州高新区要建立完善股改上市推进机制，聚焦重点、形成合力，全力以赴加快企业上市步伐，积极推动更多具有发展潜力和竞争力的优质锦州企业增强利用资本市场的能力和水平。各级各部门要树立加快企业上市的强烈意识和责任担当，切实加强引导和支持力度，及时研究解决企业股改上市过程中遇到的具体困难和问题，提高服务的针对性和实效性，为企业股改上市添薪加力；要大力培育后备资源，为企业持续健康发展提供更优质、更便捷和更高效的政务服务，引导企业进一步深化科技创新、加快转型升级，为上市打牢基础；要加大政策激励力度，营造鼓励上市、支持上市、竞相上市的浓厚氛围。

7. 阜新高新区

阜新高新区加快推进企业上市和上市企业规范、稳定、高质量发展，鼓励和支持企业通过资本市场直接融资，推动产业升级、结构调整和规范发展，助推企业上市和上市企业发展。阜新德尔汽车部件股份有限公司正式亮相深圳证券交易所，成为阜新市上市公司中的新兵。

基于本次报告评估结果，阜新高新区要积极鼓励和扶持企业在主板、创业板、新三板上市，充分利用政策性银行和省、市投资引导资金等融资渠道，完善科技金融服务平台，以金融服务业的发展助推高新区的科技创新和经济方式的转变；积极举办银企合作洽谈会，推进银企对接，强化与银行、保险、证券、创投、担保、小额贷款等金融机构的联系，积极开展中小企业融资贷款，加快促进科技金融发展，为阜新高新区的高质量跨越式发展提供强大引擎和支撑。

九、吉林省

1. 长春高新区

近年来，长春市高度重视企业上市工作，为加快推进企业上市、挂牌，鼓励和扶持企业利用多层次资本市场做大做强，促进该市经济转型升级，制定出台《吉林省人民政府关于进一步促进资本市场健康发展的实施意见》《吉林省支持企业在全国中小企业股份转让系统挂牌培育行动计划（2016—2020年）》《关于建立省级拟上市（挂牌）企业后备资源库的通知》等政策措施。2018年长春市人民政府出台《关于印发加快推进企业上市、挂牌实施办法的通知》，为企业上市融资提供了财政补助、税费减免、资金支持等一系列扶持政策。上交所在长春新区设立服务基地，为长春市企业提供从股改、辅导、备案到发行的全链条指导服务。长春高新区成立金融上市工作办公室，统筹负责建立区域金融服务体系，制定金融政策法规，指导企业上市挂牌筹备工作，并制定出台了《长春高新区关于鼓励投融资发展暂行办法（试行）》。

据评价报告显示，长春高新区上市公司创新能力排在第47位，较2020年排名（第32位）下降15位。从一级指标来看：创新投入能力排在第8位，是表现最好的；创新产出能力排在第80位；创新保障排在第44位。从三级指标来看：研发人员人均经费、从业人员人均教育经费、硕士学历及以上人员占企业员工比重、员工薪酬激励和董事长受高等教育年限是优势指标；研发投入强度、企业所得税区域贡献度是短板指标。

今后，长春高新区要进一步完善区内企业上市扶持政策，要继续深化与各交易所的对接合作，拓展企业上市服务的维度，促进科技与金融相融合，帮助企业快速成长壮大，使更多企业进入资本市场，助推长春新区企业加快上市步伐，让资本市场改革的红利惠泽新区企业，助力企业插上腾飞的翅膀，努力打造全省金融创新的服务高地，共同绘就高质量发展的华美篇章。

2. 长春净月高新区

2020年以来，长春净月高新区积极组织企业融资上市对接会，为重点企业对接科技金融资源；开展拟上市科技企业培育储备工作，储备资本市场后备企业27家。与吉林股权交易所开展合作，加大企业上市挂牌力度，有效发挥资本市场对高新区经济发展的支持作用。目前，长春净月高新区内高新技术企业突破300户，"小巨人"企业近百户，在生物医药、光电子、无人驾驶、汽车电子等领域涌现出一大批"隐形冠军"企业和创新型企业，具有丰富的上市挂牌储备。

长春净月高新区2020年上市公司创新能力得分为61.96，在142家拥有上市公司的国家高新区中排在第67位，比2019年上升9位，截至2020年底，拥有上市公司3家。从创新能力的评估情况来看，长春净月高新区上市公司在创新投入上表现较好，创新投入能力在142家拥有上市公司的国家高新区中排在第12位；创新产出能力相对较弱，排在第106位；创新保障能力排在第

80位。从具体指标来看，长春净月高新区上市公司在人才结构、员工激励方面表现突出，在研发经费支持、专利储备方面相对不足。

基于本次报告评估结果，长春净月高新区要密切联系银行、券商、担保等金融主体，针对企业需求开展银行借款、债券融资、股权融资、可转债融资、融资租赁等不同主题的金融培训活动，进一步将服务企业及优化营商环境工作落到实处，扩大上市公司数量，提升发展质量。

3. 吉林高新区

近年来，吉林高新区推行挂牌上市奖励。对首次"新三板"挂牌企业，给予一次性50万元的奖励，对"新三板"转板企业，给予一次性100万元的奖励，对于高新区内在境内主板、中小板、创业板、科创板及境外主流资本市场上市的企业，分阶段给予企业150万元的奖励；对于区外已上市（挂牌）公司将其工商、税务关系迁至高新区的，按新挂牌上市标准享受同等奖励。

吉林高新区上市公司创新能力综合得分为53.98，排在第112位，较高新区总体排名下降2位，包括创新投入能力得分为12.97，创新产出能力得分为27.72，创新保障能力得分为13.28。企业所得税区域贡献度表现较好，企业对于所在高新区的税收贡献度较大。人均增加值表现较差，园区企业员工的单位生产效率不高。

未来，吉林高新区要不断完善服务机制，畅通企业上市全流程。针对不同类别产业、不同发展阶段企业和不同功能产业平台，采取差异化培育政策——提供房租补贴、联系银行融资、给予政策支持，开展上市辅导和培训，精准帮助企业发展壮大。由政府组织的上市（拟上市）企业专题研讨和培训促进企业与资本无缝对接，帮助企业了解专业知识并提前按照资本市场的要求对各类业务进行规范。

4. 通化医药高新区

近年来，通化市制定了"股上市"的详细政策措施，建立拟上市挂牌企业"金种子库"制度。达到或接近上市挂牌条件的企业，经各县（市、区）政府、通化医药高新区管委会和吉林通化国际内陆港务区管委会或市级相关部门推荐认定，纳入上市挂牌企业"金种子库"开展重点帮扶管理，"金种子库"名单每半年更新一次，常态化保持30家以上。建立领导联系企业制度并成立帮办小组，对入库企业实行一对一帮扶，按"只跑一次"的要求，定人、定时，统筹包干办理行政审批事项和上市挂牌相关证明事项。提供资本市场人才支撑，联合高校、交易所（中心）、专业中介等机构，通过短期培训、中长期研修班、挂职学习、举办与中介机构对接交流、各类协会活动等开展资本市场人才培育，提升上市挂牌企业、拟上市挂牌企业的企业家和管理团队、后备干部素质。建立上市挂牌工作指导联络制度，从中介机构和股权投资机构聘请专业骨干组建指导组，按县（市、区）配备，帮助指导企业上市挂牌工作。按自愿及优选原则，从中介机构选派专业人员，担任拟上市挂牌企业的联络员。

在《国家高新区上市公司创新能力评价报告2021》中，通化医药高新区上市公司创新能力排在第52位，较2020年排名（第86位）上升34位。从一级指标来看：创新投入能力排在第2位，是表现最好的；创新产出能力排在第84位；创新保障能力排在第103位。从三级指标来看：硕士学历及以上人员占企业员工比重、员工薪酬激励和董事长受高等教育年限是优势指标；从业人员人均教育经费、营业收入和当年新增专利数量是短板指标。

今后，通化医药高新区要争取深交所支持已上市公司通过并购重组、增发等方式，改善治理结构，提高市场竞争力，推动区内符合条件的企业通过发行公司债、企业债或资产证券化产品等方式融资，从而促进地方资本市场建设、推动区域企业利用资本市场做大做强。

十、黑龙江省

1. 哈尔滨高新区

近几年，哈尔滨高新区密集出台"助企上市十条"等金融扶持政策，聚拢投融资机构，积极与金融机构破题"知识产权质押融资""股权抵押融资"，助力科技企业腾飞发展。开展投融资培训辅导，全方位保姆式服务推动企业挂牌上市，惠达科技、海邻科等一批企业已开启上市进程，2022年即将在科创板上市。

哈尔滨高新区2020年上市公司创新能力得分为62.18，在142家拥有上市公司的国家高新区中排在第65位，与2015年相比，创新能力连年下降。截至2020年底，哈尔滨高新区拥有上市公司8家。从哈尔滨高新区上市公司创新能力评估情况来看，哈尔滨高新区上市公司在创新投入上表现较好，创新投入能力在142家拥有上市公司的国家高新区中排在第51位；创新产出能力相对较弱，排在第69位；创新保障能力排在第61位。从具体指标来看，哈尔滨高新区上市公司在人才结构和设备采购及营销推广方面具有相对优势，在员工薪酬激励和知识价值增加方面表现相对不足，有较大提升空间。

基于本次报告评估结果，哈尔滨高新区要深入落实黑龙江省"新一轮科技型企业三年行动计划"和哈尔滨市"雏鹰计划"，实施科技型中小企业成长计划、高新技术企业培育计划和创新型领军企业发展计划，构建多层次、分阶段、递进式的科技型企业成长体系，支持园区企业借助资本市场做优做强。

2. 大庆高新区

近年来，大庆高新区企业上市的势头一浪高过一浪。2000年以来，先后有14家高新技术企业在国内外证券市场挂牌上市。其中，2家在国内上市，12家在境外上市，累计融资额超过100亿元。2021年，还有1家企业在澳大利亚证交所上市。此外，8家企业与券商签订了上市服务协议，预计未来两三年内将陆续在境内外资本市场上市；20余家企业正在与券商进行上市洽谈，已形成优选一批、培育一批、上市一批的上市运作良好格局。

大庆高新区上市公司创新能力综合得分为46.57，排在第132位，较国家高新区总体排名下降1位，包括创新投入能力得分为10.6，创新产出能力得分为24.28，创新保障能力得分为11.69。优势指标有管理决策专业度和从业人员人均教育经费，表明企业管理层的决策管理能力和对员工的培养能力也处于领先水平。劣势指标包括研发活动区域集中度和总市值均值，说明高新区内企业创新基础保障，对国家高新区的创新引领力较弱。

未来，需要高新区引导企业适当地加大研发投入，全面提高自主创新能力，形成自己的核心技术能力。企业加大研发投入，形成更多专利技术，运用到产品当中，使企业真正成为一个技术创新活动的主体和创新成果应用的主体。

十一、江苏省

1. 南京高新区

2020 年以来，南京市积极打造创新型领军企业库，优选一批创新能力强、成长速度快、市场前景好、引领作用大的科技创新企业，围绕企业进入高成长阶段的独特发展需求，以资本嫁接为纽带、市场机制为动力、精准服务为保障，推动一批优质企业在"科创板"等板块上市。截至 2020 年底，南京高新区累计培育上市公司 61 家，其中 A 股 58 家，港股 3 家，其中 2020 年新增 7 家，发展势头迅猛。

2020 年，南京高新区上市公司创新指数得分为 74.69，在国家高新区上市公司创新能力中排在第 10 位，创新产出能力和创新保障能力排名靠前，创新投入能力表现较差，仍需重点加强。从数据表现来看，南京高新区上市公司人才学历结构逐步优化，研发投入强度一直维持在高位，但近年来千名研发人员每年专利产出数量连续下滑，企业员工的人均薪酬虽呈现持续上涨趋势，但薪酬水平仍旧较低，再考虑房价因素的话，更不具备竞争优势，不利于高新区上市企业长期可持续发展。从企业表现来看，国电南瑞、南钢股份、中材科技等老牌企业表现极为强势，分别位于企业百强榜的第 19、第 53、第 90 位，华设集团、苏交科、苏博特等新兴企业争相涌现，创新发展潜力十足。

在未来发展中，南京高新区要积极引导区内上市公司提高知识产权管理水平，整体、长远谋划核心技术领域的知识产权布局，打造独属的专利护城河，切实增强企业的市场竞争力；重点打造富有市场竞争力的薪酬福利体系，提升员工满意度和工作效率，努力构建稳定的企业人才队伍。

2. 苏州高新区

近年来，苏州高新区依靠区位优势，抓住多层次资本市场改革机遇，陆续与全国股转系统合作共建了"太湖金谷"，与深交所、科技部火炬中心共同发起了"苏南科技金融路演中心"，与上交所合作设立了"上交所战略新兴产业培育基地"，与中欧国际交易所签约共建了"一带一路国际合作推进基地"。制订了上市企业倍增 3 年行动计划，将上市后备企业分为拟上市企业、重点推进企业、广泛培育企业，对不同梯队的上市后备企业同步跟进，分类指导，精准施策。与招商局金融集团联合举办"拥抱资本市场创新 服务长三角一体化"论坛暨苏州金融小镇第二届基金峰会。建立的新三板企业大数据平台，集聚了全球主流资本市场数据，对一万多家新三板企业进行聚类和个性研究，为政府招商引资和企业投资提供重要的决策参考。

在《国家高新区上市公司创新能力评价报告 2021》中，苏州高新区上市公司创新能力排在第 33 位，较 2020 年排名（第 26 位）下降 7 位。从一级指标来看：创新投入排在第 43 位；创新产出排在第 35 位；创新保障排在第 26 位，是表现最好的。从三级指标来看：研发人员数量、研发投入强度、当年新增专利数量是优势指标；研发人员人均经费、员工薪酬激励、企业所得税区域贡献度和从业人员人均教育经费是短板指标。

今后，苏州高新区要进一步融入国家战略、聚焦市场新趋势，以推进供给侧结构性改革为主线，加大金融创新力度，提高金融供给能力，完善金融服务平台，持续增加区内上市公司总量，打造上市公司聚集高地，为推动高新区高质量发展引入更多"金融活水"。

3. 昆山高新区

2007年，昆山市制定实施了《关于鼓励扶持企业上市的若干意见》，鼓励引导企业通过资本市场实现资源优化配置和制度创新。此后，昆山市每年不断完善相关政策，持续优化企业借力资本市场转型升级的环境，加大企业上市挂牌工作的扶持力度。目前，昆山市已建立拟上市挂牌企业数据库，并明确上市工作机制，动态跟踪服务企业，同时还通过区镇互动、部门联动及召开各类专项协调会等共同解决企业后顾之忧，为企业的上市之路保驾护航。近年来，昆山高新区围绕"培育一批、股改一批、申报一批"的工作要求，通过企业走访，挖掘项目源，充实后备库，举办上市挂牌政策解读、银政企互动沙龙，全程指导推动企业上市挂牌进程。与此同时，高新区还充分发挥国资集聚效应，释放国资发展潜能，筹建运作昆山高新区基金投资管理公司，撬动社会资本与区内优质项目链接，形成资本围绕产业深度融合的生态系统。通过举办上市挂牌政策解读、银政企互动沙龙，开展企业走访、多方考察等形式，构建"线上+线下""标准化+个性化"的全方位特色服务体系，对有良好发展前景的优质企业进行上市培育指导，推动企业加快上市步伐，帮助企业挖潜力、促创新、提效益。

在《国家高新区上市公司创新能力评价报告2021》中，昆山高新区上市公司创新能力排在第55位，较2020年排名（第73位）上升18位。从一级指标来看：创新投入排在第67位；创新产出排在第53位；创新保障排在第56位。从三级指标来看：研发投入强度、当年新增专利数量和总市值均值是优势指标；从业人员人均教育经费、员工薪酬激励和硕士学历及以上人员占企业员工比重是短板指标。

今后，昆山高新区要切实发挥企业上市服务工作组"服务队"作用，在企业发展的各个阶段，通过起步期辅导、成长期服务和成熟期引导的"精准滴灌"，为企业上市提供了有力支撑，为企业提供全链条、全周期、全维度的上市工作服务。要把企业上市作为推动经济高质量发展的重要引擎，强化政策扶持引导、上市梯队建设、资源要素支撑，为企业腾飞插上金融"翅膀"，打造资本市场昆山板块，助力经济高质量发展。

4. 无锡高新区

近年来，无锡高新区发布了《关于更大力度推动企业上市挂牌的实施意见》《关于建立无锡高新区（新吴区）企业上市服务联动机制的意见》等政策文件，通过"上市公司董秘联盟"，承担上市挂牌企业信息汇聚、交流与整合的功能，有效调度政府、上市公司、拟上市公司、金融机构等各方资源，切实解决上市公司在政策、项目、资金、要素方面的信息不对称，不断提升上市公司的行业影响力和区域贡献度。同时，高新区超前谋划、统筹准备、全面动员，金融服务"步履不停"，全力助推科技企业在科创板上市，2020年，新增科创板上市企业3家，位居无锡市第一。

在《国家高新区上市公司创新能力评价报告2021》中，无锡高新区上市公司创新能力排在第23位，较2020年排名（第20位）下降3位。从一级指标来看：创新投入排在第38位；创新产出排在第21位；创新保障排在第17位，是表现最好的。从三级指标来看：当年新增专利数量、研发人员数量和总市值均值是优势指标；研发人员人均经费、员工薪酬激励、企业所得税区域贡献度和从业人员人均教育经费是短板指标，员工薪酬激励仅排在第117位，是表现最差的指标。说明无锡高新区创新投入不足，但创新产出效率较高，创新保障也做得较好。

今后，无锡高新区要紧密围绕"在高质量产业发展、高效益科技创新、高层次对外开放、高水平产城融合上走在全市前列"的发展要求，进一步加大存量企业培育和增量企业招引力度，着力构建"储备一批、辅导一批、报会一批、上市一批"的上市企业培育体系，形成梯次上市的良好态势，推动企业上市挂牌工作在全国高新区阵营中继续争先进位，为"强富美高"高新区实现"四个走在前列"及区域经济高质量发展提供源源不断的动力！

5. 江阴高新区

近年来，江阴市建立了以市长为组长的企业上市领导小组，成立上市办公室，具体负责全市企业上市的协调、服务和考核工作,将企业上市工作和对各镇、园区的考核直接挂钩,通过强化领导、营造氛围、政策激励、搭建平台、考核驱动、加强协调等手段，不断加大上市后备企业培育力度，扎实推进资本市场发展，实现了产业结构的优化升级，一大批优质企业脱颖而出。出台《关于全力重塑"江阴板块"新优势的若干政策意见》。新政形成更为系统的优惠政策，提供上市全过程的服务链条。新政还明确后备企业实现首发上市将累计获得300万元的资金补助，后备企业实现新三板挂牌将累计获得180万元资金补助。另外，在用地指标、项目建设、规划、科技、人才及对上争取等方面，向拟上市企业进行政策倾斜，解决好企业上市过程的迫切问题，帮助企业早日上市。

在《国家高新区上市公司创新能力评价报告2021》中，江阴高新区上市公司创新能力排在第56位，较2020年排名（第62位）上升6位。从一级指标来看：创新投入能力排在第99位；创新产出能力排在第47位；创新保障能力排在第47位。从三级指标来看：研发人员数量和总市值均值是优势指标；硕士学历及以上人员占企业员工比重、研发人员人均经费、员工薪酬激励和从业人员人均教育经费是短板指标。

今后，江阴高新区要按照"上市挂牌一批，辅导申报一批，培育储备一批"的方针，一手抓挂牌上市，一手抓培育储备。对有志于资本市场的小微企业，明确"从娃娃抓起"，在理念灌输、人员培训、企业规范等方面给予大力支持，努力把苏南国家自主创新示范区这块"金字招牌"打得更响、擦得更亮，争当江阴乃至江苏高质量发展的示范者、领跑者。

6. 常州高新区

近年来，常州高新区制定出台了《关于加快推进企业上市挂牌实现高质量发展若干政策意见》，强化了企业股改上市全方位支持、全流程支持、全要素支持的措施,激励奖励力度更大、方式更精准,已累计兑现股改上市奖励资金1.2亿元。通过"一企一档、一月一讲、一事一议"等举措，优化后备企业服务机制,强化企业股改上市全方位支持、全流程支持、全要素支持，真金白银支持企业上市，不断提升区域发展的整体实力和内生活力。成立了总规模25亿元的产业引导基金，重点投资区域战略性新兴产业项目、IPO后备企业和新三板挂牌企业，支持企业加快做大做强。已先后投资了天合光能、澳弘电子、聚和新材料等10余家上市后备企业，助推天合光能成为全市首家科创板企业。

在《国家高新区上市公司创新能力评价报告2021》中，常州高新区上市公司创新能力排在第36位，较2020年排名（第30位）下降6位。从一级指标来看：创新投入能力排在第62位，是表现最差的；创新产出能力排在第30位；创新保障能力排在第29位。从三级指标来看：董事长受高等教育年限、营业收入是优势指标；研发投入强度、从业人员人均教育经费和员工薪酬激励是短板指标。

今后，常州高新区要进一步落实责任、凝聚合力，健全全区企业上市工作领导机制，持续推进上市服务链条向前延伸、往后拓展，加强对政策动向、产业方向的跟踪研判，用思路创新破解发展难题，形成齐抓共管、推进有力的工作新格局。继续围绕"双百行动计划"上市后备企业、"苗圃计划"上市培育企业，做好"赛伯乐"，培育"千里马"，全力推进企业股改上市工作，为常州高新区高质量发展走在更前列做出更大贡献。

7. 武进高新区

武进是江苏省唯一的中央农村土地制度改革试点地区，在确保"土地公有制性质不改变、耕地红线不突破、粮食生产能力不减弱、农民利益不受损"4条底线的前提下，积极探索建立"同权同价、流转顺畅、收益共享"的农村集体经营性建设用地入市制度。武进高新区充分利用这一政策优势，改变传统集体土地转国有土地流程，再造土地入市流程，加快拟上市公司获得土地使用权的速度，对拟上市公司提供大力支持。将主业突出、管理水平高、产品竞争力强、发展潜力大的企业纳入上市（挂牌）后备企业培育库，辅导制订工作计划，妥善解决财务、税收、环保、知识产权等问题，开辟企业上市审批事项"绿色通道"，并在拨付政策性资金方面给予优先支持、融资方面实行政策倾斜。深挖规上企业、税收超千万元企业、高新技术企业、龙城英才创新创业企业等科技型、创新型、成长型企业资源，参照企业上市条件，将符合条件的企业分类纳入培育名单，持续跟踪、动态管理。积极会同各镇举办企业上市挂牌宣讲会和推进会，对多家企业进行宣传动员和业务培训。

在《国家高新区上市公司创新能力评价报告2021》中，武进高新区上市公司创新能力排在第26位，较2020年排名（第33位）上升7位。从一级指标来看：创新投入能力和创新保障能力都在50位以外；创新产出能力排在第15位，是表现最好的。从三级指标来看：企业所得税区域贡献度、营业收入和总市值均值是优势指标，其中企业所得税区域贡献度排名第六，是表现最好的三级指标；研发投入强度、董事长受高等教育年限、从业人员人均教育经费是短板指标。说明武进高新区上市公司整体规模较大，对当地的税收贡献明显，但在员工的继续教育等"软实力"方面，还有待于进一步加强。

今后，武进高新区要抓住资本市场扩容的机遇，完善股改上市、兼并重组激励政策，当好服务企业上市的"店小二""急郎中"，在构建上市公司高质量发展环境、营造上市氛围、服务市值管理、培育后备资源、推进上市工作机制、抢抓多层次资本市场深化改革机遇等方面进一步加大上市工作推进力度，不断壮大资本市场"武进板块"，争创全省高质量上市示范区。

8. 泰州医药高新区

近年来，泰州医药高新区出台《促进企业上市（挂牌）实施意见》等文件，开展金融业务知识培训，加强与港交所、上交所和深交所等交易所的对接联系，设立全国首家以深交所冠名的路演中心，搭建大健康股权投融撮合平台，通过线上线下手段解决不同生命周期阶段企业的金融需求，构建医药高新区金融资本服务体系。

泰州医药高新区2020年上市公司创新能力得分为61.60，在142家拥有上市公司的国家高新区中排在第72位，截至2020年底拥有上市公司1家。从泰州医药高新区上市公司创新能力评估情况来看，泰州医药高新区上市公司在创新投入上表现较好，创新投入能力在142家拥有上市公司的国家高新区中排在第11位；创新保障能力相对较弱，排在第121位；创新产出能力排在第82位。从具体指标来看，泰州医药高新区上市公司在资产收益、员工激励方面表现突出，在人均研发经费支撑、机构投融资方面相对不足。

基于本次报告评估结果，泰州医药高新区要加快上市公司培育，实现企业上市挂牌工作新跨越，形成主板、科创板、创业板和场外市场多渠道并举的格局。

9. 徐州高新区

2020年以来，徐州高新区设立深交所徐州路演中心，举办发布会、上市仪式、推介会、产业论坛、海内外金融大咖对接会及投融资路演等活动，依托国内各大证券交易所、机构中心等优势平台，着眼于项目孵化、培育、上市、并购全周期，着力打造线上线下投融资对接平台，为科技创新导入资本活水，为实体经济插上金融翅膀，推动实现创新资本有效聚集、后备企业加速上市。上市后备资源培育不断加强，截至2021年11月，进入徐州市上市后备企业库的企业有20家，其中目标企业8家，培育企业12家。

徐州高新区2020年上市公司创新能力得分为55.48，在142家拥有上市公司的国家高新区中排在第102位，与去年相比下降25位，截至2020年底拥有上市公司2家。从徐州高新区上市公司创新能力的评估情况来看，徐州高新区上市公司在创新保障上表现较好，创新保障能力在142家拥有上市公司的国家高新区中排在第97位；创新投入能力相对较弱，排在第106位；创新产出能力排在第99位。从具体指标来看，徐州高新区上市公司在研发投入强度、资产收益方面表现突出，在税收贡献、营业收入方面相对不足。

基于本次报告评估结果，徐州高新区要认真做好区内拟上市企业及项目的扶持和服务工作，营造良好的营商环境，培育数量充足、质量过硬、上市意愿强烈的上市后备企业，助力企业加快登陆资本市场的步伐。

10. 苏州工业园

近年来，苏州工业园全面加强企业上市精准服务，全面加强与上市公司产融合作，全面保障上市企业资源供给，积极推进生物医药、互联网、集成电路企业等赴香港及境外市场上市，深化与东沙湖基金小镇的合作，全面推进园区上市工作再上新台阶，上市培育工作取得亮眼成绩。截至2020年底，累计培育上市公司39家，其中A股29家、港股9家、美股1家，近两年新增19家，发展势头极为迅猛。

2020年，苏州工业园上市公司创新指数得分为72.68，在国家高新区上市公司创新能力中排在第15位，创新投入能力表现较差，仍需重点关注。从具体指标来看，苏州工业园上市公司在企业组织变革、市值等方面表现良好，在研发投入力度、总资产收益率、资本结构等方面表现较差，还有较大提升空间。从企业表现来看，仅有金螳螂1家老牌企业入选创新百强企业榜单，排在第100位，华兴源创、启迪设计、中衡设计等新兴企业表现突出，后续创新发展动力强劲。

在未来发展中，苏州工业园要大力帮扶上市公司缓解流动资金压力，改善可周转资金和盈利能力，持续优化资本结构；重点引导和支持上市公司加大研发投入，引领带动本地产业转型升级发展；重点加强对区内上市公司管理层在经营管理、资金运作等方面的公共培训，提升上市公司的经营能力。

11. 南通高新区

近年来，南通高新区设立新兴产业引导基金、科技担保基金，引进了科技小贷保险、GP资本管理等各类金融机构，构建涵盖创新创业初创期、成长期、成熟期等不同时期较为完整的金融支持链。积极落实南通市《关于加快推进企业上市挂牌的若干政策意见》，鼓励企业上市股改、上市挂牌、做大做强，有效解决企业在上市前期、推进过程中及上市后进一步发展的难点和堵点。

2020年，南通高新区上市公司创新能力得分为56.81，在142家拥有上市公司的国家高新区中排在第94位，排名大幅下滑，截至2020年底拥有上市公司5家。从南通高新区上市公司创新能力评估情况来看，南通高新区上市公司在创新保障上表现较好，创新保障能力在142家拥有上市公司的国家高新区中排在第83位；创新产出能力相对较弱，排在第96位；创新投入能力排在第91位。从具体指标来看，南通高新区上市公司在研发投入强度、高管受教育程度方面表现突出，在员工激励、税收贡献方面相对不足。

基于本次报告评估结果，南通高新区要强化创新主体梯队培育，大力实施高企培育工程，全面构建科技型企业、高新技术企业、瞪羚企业、独角兽企业培育梯队，重点推进科技型中小企业"小升高"，鼓励企业登陆多层次资本市场，助推园区上市企业量质齐升。

12. 镇江高新区

近几年，镇江高新区通过开展上市推进会、专题培训等形式加强上市挂牌后备企业培育，推动拟上市企业股份制改造。聚焦重点企业，加强分类指导，引导企业合理规划上市路径。推动已上市挂牌企业做大做强，支持企业开展并购重组，加快上下游产业链整合，优化产业布局，推动形成以上市公司为发展核心的产业集群。

镇江高新区2020年上市公司创新能力得分为56.39，在142家拥有上市公司的国家高新区中排在第98位，截至2020年底拥有上市公司2家。从镇江高新区上市公司创新能力评估情况来看，镇江高新区上市公司在创新投入上表现较好，创新投入能力在142家拥有上市公司的国家高新区中排在第65位；创新产出能力相对较弱，排在第107位；创新保障能力排在第104位。从具体指标来看，镇江高新区上市公司在研发经费支撑、商誉增值方面表现突出，在高管受教育程度、资产收益等方面表现相对不足。

基于本次报告评估结果，镇江高新区要健全企业上市培育服务机制，充分运用资本市场政策工具，积极引导、支持更多企业对接多层次资本市场，推动企业上市与促进产业转型升级相结合，做强产业链、做深价值链，助推镇江经济实现高质量发展。

13. 连云港高新区

近年来，连云港市高度重视企业上市和区域资本市场发展，大力实施企业上市挂牌三年行动计划，以建立健全现代企业制度推动企业转型发展和扩大直接融资为核心，全方位、多渠道推进企业上市挂牌。连云港高新区成立由区领导挂钩的企业服务办公室，积极推进上市企业培育工作，截至2020年底，高新区累计培育上市企业4家，全部为民营企业、高新技术企业，其中2019年新增 1 家科创板企业，上市企业培育工作仍需持续发力。

2020 年，连云港高新区上市公司创新指数得分为 70.59，在国家高新区上市公司创新能力中排在第 20 位，创新投入能力位居第一，表现极为出色，但创新产出能力和创新保障能力仍有较大提升空间。从具体指标来看，连云港高新区在研发投入力度、总资产收益率、管理决策专业度等方面表现优秀，在资本结构、员工教育支出、知识产权产出等方面表现较差，仍需保持重点关注。从企业表现来看，恒瑞医药实力强劲，在企业百强榜名单位居第九，康缘药业同样表现出较强的竞争力，但整体上市企业数量较少，创新发展潜力有待进一步释放。

在未来发展中，连云港高新区要大力帮扶上市公司缓解流动资金压力，改善可周转资金和盈利能力，持续优化资本结构；引导上市公司高度重视知识产权开发、运用与保护，抢占市场先机，稳固市场地位；强化员工教育培训，有效提升员工技能素养，为企业未来发展塑造核心竞争力。

14. 扬州高新区

2020 年以来，扬州高新区出台了《关于鼓励和加快扬州高新区企业上市的若干意见（试行）》，全方位推进企业上市工作，力争更多企业在境内境外上市或挂牌，多次到规模企业开展上市和新三板挂牌的专题推介，组织券商、会计师事务所等中介机构到企业开展尽调，组织拟挂牌企业参加各类培训和对接活动等。通过多渠道开展各类活动，扬州高新区上市和挂牌企业不断壮大。2020 年，扬州海昌新材股份有限公司成为扬州第一家通过注册制登陆创业板的上市公司，在深交所上市；江苏艾迪药业股份有限公司成为扬州市首家科创板上市公司登陆上交所；恒春电子、恒德模具、艾博白云电器等企业也在江苏省股权交易中心挂牌；中科金汇、金泉旅游获得 2020 年度科技企业上市培育计划入库企业。

扬州高新区 2020 年上市公司创新能力得分为 61.65，在 142 家拥有上市公司的国家高新区中排在第 71 位，截至 2020 年底拥有上市公司 6 家。从扬州高新区上市公司创新能力评估情况来看，扬州高新区上市公司在创新保障上表现较好，创新保障能力在 142 家拥有上市公司的国家高新区中排在第 62 位；创新投入能力相对较弱，排在第 72 位；创新保障能力排在第 63 位。从具体指标来看，扬州高新区上市公司在人员培训、研发投入强度方面表现突出，在人均研发经费支撑、机构投融资方面相对不足。

基于本次报告评估结果，扬州高新区要加快上市基地建设，进一步加大对企业上市挂牌工作的政策扶持力度，打造金融机构集聚的资本圈。

15. 常熟高新区

近年来，常熟高新区建立科技金融产业园和江苏省融资路演常熟高新区分中心，并设立"科贷通"等专项经费，设立平台基金，探索"一产业一基金"模式。组织举办路演活动及"科技助企金融赋能""投贷联动""创新领军企业贷""高企直通车"等融资对接活动，精准提供科技金融服务，强力助推科技型企业快速成长。

2020 年，常熟高新区上市公司创新能力得分为 57.53，在 142 家拥有上市公司的国家高新区中排在第 87 位，排名连年下降，截至 2020 年底拥有上市公司 4 家。从常熟高新区上市公司创新能力的评估情况来看，常熟高新区上市公司在创新保障上表现较好，创新保障能力在 142 家拥有上市公司的国家高新区中排在第 75 位；创新投入能力相对较弱，排在第 90 位；创新产出能力排在第 89 位。从具体指标来看，常熟高新区上市公司在商誉增值、独立董事占比方面表现突出，在人均产出、设备采购及营销推广方面相对不足。

基于本次报告评估结果，常熟高新区要充分发挥政府的作用，引进中介服务机构，加快培育高成长企业，制定支持企业上市的优惠政策，解决企业在上市过程遇到的问题，助力企业登陆资本市场。

16. 宿迁高新区

近年来，宿迁高新区实施企业上市"春笋计划"，建立技术改造、成果转化、规模发展、上市辅导"金字塔"式企业培育库，对园区企业进行股改上市。截至目前，已培育出 4 家 A 股主板上市企业，11 家企业列入上市培育库，上市关联企业突破 30 家。

宿迁高新区 2020 年上市公司创新能力得分为 56.98，在 142 家拥有上市公司的国家高新区中排在第 93 位，比 2019 年上升 12 位，截至 2020 年底拥有上市公司 4 家。从宿迁高新区上市公司创新能力评估情况来看，宿迁高新区上市公司在创新产出上表现较好，创新产出能力在 142 家拥有上市公司的国家高新区中排在第 83 位；创新投入能力相对较弱，排在第 101 位；创新保障能力排在第 93 位。从具体指标来看，宿迁高新区上市公司在人均增加值、研发经费支撑方面表现突出，在人员培训、人才结构方面相对不足。

基于本次报告评估结果，宿迁高新区要把对接多层次资本市场作为实现高质量发展的重要支撑，坚定不移支持企业进入资本市场，全面充实"后备库"，不断输送"生力军"。

十二、浙江省

1. 杭州高新区

近年来，杭州高新区努力构建企业上市生态圈，每年安排不低于 15% 的财政支出设立产业扶持资金，对企业研发投入按 20% 比例予以资金补助，针对不同类别、不同产业和企业发展的阶段，采取差异化培育政策，精准帮助企业度过"死亡增长曲线"，助力企业完成从"初创、雏鹰、瞪羚、鲲鹏"到上市的蝶变壮大。截至 2020 年底，共培育出上市公司 43 家，其中 A 股 39 家，港股和美股各 2 家。

2020 年，杭州高新区上市公司创新指数得分达 78.12，在国家高新区上市公司创新能力排名中居第五，创新投入能力和创新保障能力表现较好，但创新产出能力排在第 12 位，有待进一步增强。从具体指标来看，杭州高新区在研发人员配置、市值表现、数字化转型重视度等方面表现突出，在知识产权产出、可投资性等方面表现相对落后，仍需保持高度关注。从企业表现来看，海康威视、大华股份、恒生电子等老牌企业表现亮眼。此外，2019 年以来同样涌现出中控技术、虹软科技、迪普科技、安恒信息等一批新兴科技型企业，后续创新发展动能强劲。

在未来发展中，杭州高新区要引导区内上市公司建立正确的知识产权观，高度重视知识产权的开发、运用与保护，切实将其作为上市公司特别是科技型上市公司的核心竞争力；继续强化上市公司质量管理，警惕估值过高风险，积极引导和规范上市公司现金分红，培育长期投资理念，增强资本市场的吸引力。

2. 萧山临江高新区

近年来，萧山区委、区政府高度重视企业上市工作，深入实施"凤凰行动"计划，研究出台凤凰行动计划 2.0 实施意见，印发《萧山区上市后备企业认定管理办法》，明确目标任务，起草新一轮上市扶持政策，优化政策扶持，精准开展上市服务辅导，加快推进上市步伐，推动一批治理规范、发展健康的企业成功上市，积极助推萧山经济社会高质量发展。完善上市问题解决机制，加强属地和职能部门协同，畅通上市问题协调"绿色通道"。区级各有关部门就针对影响企业上市进程的用地审批、规划许可、补办权证、延长土地使用年限等历史遗留问题，积极牵头帮助企业开展协调对接服务，设法解决问题加快企业上市进程。

在《国家高新区上市公司创新能力评价报告 2021》中，萧山临江高新区上市公司创新能力排在第 45 位，较 2020 年排名（第 50 位）上升 5 位。从一级指标来看：创新投入能力排在第 84 位，是表现最差的；创新产出能力排在第 31 位；创新保障能力排在第 31 位。从三级指标来看：企业获得的政府创新补助、当年新增专利数量和总市值均值是优势指标；硕士学历及以上人员占企业员工比重、董事长受高等教育年限和企业所得税区域贡献度是短板指标。

今后，萧山临江高新区要抢抓机遇，以更加积极、主动的姿态，加快多层次资本市场建设步伐。在问题协调上，规划、国土、环保、城管、消防、市场监管等部门要通过开辟"绿色通道"、简化办事程序等方式，为企业上市扫清障碍，切实做好服务保障工作。在宣传造势上，要大力宣传股改上市、证券市场的基本知识和高新区企业上市政策，在高新区上下形成想上市、争上市的浓厚氛围。

3. 宁波高新区

近年来，宁波高新区按照"培育一批、股改一批、上市一批"的基本思路，加大上市企业后备资源培育力度，强化对区内优势资源和区外优质资源的整合利用，注重对成长型企业和战略性新兴产业创业企业的引导培育，建立拟挂牌上市企业清单，分层分类推动企业多渠道挂牌上市，同时，加大对上市企业及拟上市企业的扶持奖励力度，缓解企业上市前资金压力。截至 2020 年底，累计培育上市公司 46 家，其中主板 31 家、创业板 13 家、科创板 2 家，"十三五"期间新增 28 家，产业发展后劲不断增强。

2020 年，宁波高新区上市公司创新指数得分为 72.61，在国家高新区上市公司创新能力排名中居第 15 位，创新保障能力表现强势，创新产出能力表现较弱，仍需重点关注。从具体指标来看，宁波高新区上市公司在数字转型重视度、企业组织变革等方面表现优秀，在知识产权产出、员工教育支出、管理决策专业度等方面表现较差，还有较大提升空间。从企业表现来看，仅有三星医疗 1 家老牌企业入选创新百强企业榜单，位列第 64 位，东方日升、锦浪科技、东睦股份等企业表现出较强竞争力，但新生力量略显不足，上市培育工作仍需继续发力。

在未来发展中，宁波高新区要积极引导区内上市公司建立正确的知识产权观，高度重视知识产权开发、运用与保护，强化员工教育培训，有效提升员工技能素养，为企业未来发展塑造核心竞争力；重点引进一批全国乃至全球知名的公募基金、证券投资基金和股权投资机构，促进其投资区内上市及拟上市企业，引导上市公司持续优化股权结构和管理架构，全方位激发企业创新活力。

4. 绍兴高新区

近年来，浙江省以《浙江省新兴金融中心建设行动方案》，统筹推进上市公司引领转型升级等特色金融工作，形成多个新兴金融区域中心城市，为绍兴市示范区建设增添了强大动力。绍兴市按照"主攻境内外首发上市、新三板挂牌、区域股权市场上柜"的思路，积极深入实施上市公司"112"工程，加快推进企业上市工作，进一步拓展境内外资本市场融资，提高上市公司的整体实力和质量，引导企业通过资本市场实现转型升级。建立市县两级上市工作领导小组和部门联席会议制度，构建培训引导、服务指导、考核督导系列工作机制，基本形成从储备培育、改制辅导、挂牌上市至扩大融资、并购重组的梯次推进格局。制定出台上市公司扶持政策，针对企业上市、有效投资、人才引进、标准品牌、产业协同、技术创新等制定具体激励政策。绍兴高新区发布《关于加快推进高新区企业股改上市（挂牌）的政策意见》等措施，积极推进企业资产证券化，组织优质成长企业到多个层次资本市场融资，推动大型企业集团和政府融资平台类公司资产证券化。

在《国家高新区上市公司创新能力评价报告2021》中，绍兴高新区上市公司创新能力排在第44位，较2020年排名（第38位）下降6位。从一级指标来看：创新投入排在第63位；创新产出排在第34位；创新保障排在第50位。从三级指标来看：研发人员人均经费、当年新增专利数量是优势指标；董事长受高等教育年限、从业人员人均教育经费和硕士学历及以上人员占企业员工的比重是短板指标。

今后，绍兴高新区要紧紧围绕产业结构调整和经济转型升级，主动适应经济发展新常态，应时合势，抢抓机遇，把推进企业上市（挂牌）纳入全区经济社会发展中长期规划。坚持"政府引导、企业主体、政策扶持、协调推进"原则，上下联动，充分发挥政府的引导、培育和服务功能，着力培育优质上市（挂牌）资源，推动高新区实体经济向更高层次发展。

5. 温州高新区

近年来，温州高新区高度重视上市企业培育工作，出台企业上市10条政策，落实企业上市奖励，重点推动企业上市和并购重组"凤凰行动"计划，积极培育拟挂牌上市资源，动态化摸排、梳理在库企业"需求清单"，分层次、分行业、分梯队进行培育和服务，根据企业实际情况，实施多层次、多渠道上市公司倍增计划。同时，发挥财政资金的杠杆作用，撬动社会资本支持实体经济发展。截至2020年底，累计培育上市公司7家，其中主板5家、创业板2家，且全部为民营企业，2018年以来新增4家，上市企业培育成果显著。

2020年，温州高新区上市公司创新指数得分为72.51，在国家高新区上市公司创新能力排名中排在第17位，创新产出能力表现极为出色，创新投入能力和创新保障能力表现较弱，仍需进一步强化。从具体指标来看，温州高新区上市公司在资本结构、税收区域贡献等方面表现优秀，在人才结构、员工薪酬激励、管理决策专业度等方面表现较差，还有较大提升空间。从企业表现来看，温州高新区有正泰电器、金卡智能、华峰化学3家企业入选创新百强企业榜单，分别位列第6、第43、第62位，民营企业展现出较强的竞争力。

在未来发展中，温州高新区要积极引导区内民营上市企业持续优化股权结构和管理架构，开展持续资本运作，提升直接融资比重，全方位激发企业创新活力；重点探索人才集聚新模式，引导上市公司重视人才引进、培养工作，努力提升人才待遇及福利水平，提升人才市场竞争力。

6. 衢州高新区

"十三五"期间，衢州高新区聚焦服务企业和引领企业两个领域，围绕"众创业、个转企、小升规、规转股、股上市、育龙头、聚集群"重点工作，推进企业挂牌上市和并购重组，鼓励企业做大做强。

衢州高新区 2020 年上市公司创新能力得分为 57.22，在 142 家拥有上市公司的国家高新区中排在第 89 位，排名明显上升，截至 2020 年底拥有上市公司 4 家。从衢州高新区上市公司创新能力的评估情况来看，衢州高新区上市公司在创新保障上表现较好，创新保障能力在 142 家拥有上市公司的国家高新区中排在第 85 位；创新投入能力相对较弱，排在第 92 位；创新产出能力排在第 88 位。从具体指标来看，衢州高新区上市公司在研发经费支撑、研发活动集中方面表现突出，在高层学历、人才结构方面相对不足。

基于本次报告评估结果，衢州高新区要摸排一批有条件、有意愿的企业，推动企业开展股改，帮助其牵线搭桥、嫁接资本，促使企业在股权结构、公司治理、管理理念、经营机制等方面实现质的飞跃，推动企业向更高层次、更大规模、更快速度发展。

7. 湖州莫干山高新区

近年来，德清县紧扣金融支持实体经济和金融产业自身发展两条主线，深入推进金融领域供给侧结构性改革，加快省级金融创新示范县建设，积极助推企业股改上市、挂牌，通过资本市场发展讲座、资本市场推荐会、企业中介机构对接会等平台，推广多层次资本市场理念，出台《德清县人民政府办公室关于鼓励企业赴多层次资本市场挂牌上市的若干意见》等相关政策，提高企业进入资本市场的积极性，大力推进企业改制上市、新三板及场外交易市场挂牌，推动上市企业并购重组。专门设立的"拟挂牌上市重点培育企业库"已吸收上百家企业入库。县金融办每年组织多场培训，广泛宣传发动，同时邀请中介机构上门对企业进行"一对一"精准服务。结合自身职能积极推进"最多跑一次"改革，对"拟挂牌上市公司"开辟了服务"绿色通道"。成立税务专家团队，主动介入企业股改，针对性提供财务与税务辅导。在强化指导服务的同时，德清县还推出"真金白银"激励政策，政策覆盖股份制改造、辅导备案到成功挂牌上市的全过程。

在《国家高新区上市公司创新能力评价报告 2021》中，莫干山高新区上市公司创新能力排在第 57 位，较 2020 年排名（第 54 位）下降 3 位。从一级指标来看：创新投入能力排在第 50 位；创新产出能力排在第 62 位；创新保障能力排在第 66 位。从三级指标来看：研发人员人均经费、员工薪酬激励和总市值均值是优势指标。从业人员人均教育经费、董事长受高等教育年限和企业所得税区域贡献度是短板指标。

今后，莫干山高新区要继续实施"政银联动、金融稳企"攻坚行动，从而进一步扩大金融稳企服务覆盖面，为外贸企业增强应对挑战的信心，打造具有一定企业数量、产业特色、竞争优势的上市企业群"德清板块"。

8. 嘉兴秀洲高新区

近年来，嘉兴秀洲高新区加大了股改的宣传力度，通过手机短信、微信群、QQ 群、分发宣传资料等方式，向众多企业负责人积极宣传市、区两级政府推动企业股改工作的有关补助奖励政策等，并对有意愿股改的企业开展上门指导服务。针对部分企业对股改上市流程不熟悉等情况，高新区邀请了多家中介单位，先后举办了8场小范围的企业股改动员会，邀请100家次有股改意向的企业参加了股改业务培训。对于部分股改意愿较大的企业，邀请业务能力强的中介单位，共同进行上门服务，与企业投资人进行面对面交流，努力消除企业股改的各种顾虑，推进企业股改签约。对区外上市公司注册地及纳税登记地迁入高新区的，给予一定比例的奖励；对上市（挂牌）公司实现再融资的（包括但不限于配股、增发、公司债、可转债等），按募集资金投资在高新区的实际投资额（包括补充流动资金）给予奖励。

在《国家高新区上市公司创新能力评价报告2021》中，嘉兴秀洲高新区上市公司创新能力排在第61位，较2020年排名（第68位）上升7位。从一级指标来看：创新投入能力排在第64位；创新产出能力排在第67位；创新保障能力排在第49位。从三级指标来看：研发人员人均经费、总市值均值和企业所得税区域贡献度是优势指标；硕士学历及以上人员占企业员工比重、董事长受高等教育年限和员工薪酬激励是短板指标。

今后，嘉兴秀洲高新区要进一步完善企业股改上市计划、强化领导联系企业制度、提升营商环境、发挥平台优势，一如既往全力推进企业股改上市工作，推动股份公司和上市公司的制度优势转化为现实生产力，加快推进区域经济高质量发展步伐。

十三、安徽省

1. 合肥高新区

2019年，上交所资本市场服务安徽基地在合肥高新区正式授牌成立。同时，为了推进企业股改上市，高新区针对不同企业特点实施"一企一策"，推动符合条件的企业对接相应层次的资本市场，鼓励已上市挂牌企业充分利用资本市场，通过股权加债券进行产业转型升级。截至2020年底，累计培育上市公司27家，其中A股26家，港股1家，2020年新增5家（4家科创板企业），创新发展势头迅猛。

2020年，合肥高新区上市公司创新指数得分为73.51，在国家高新区上市公司创新能力排名中排在第12位，创新投入能力和创新产出能力表现较为薄弱，仍需进一步加强。从数据表现来看，合肥高新区上市企业研发人员配置力度较大、研发经费持续上涨、创新成果产出效率极高，但在知识产权产出、区域纳税贡献等方面表现一般，还有较大提升空间。从企业表现来看，有科大讯飞、阳光电源、安徽合力等3家老牌龙头企业入选创新百强企业榜单，而设计总院、志邦家居等新兴企业略显薄弱，仍需重点提升。

在未来发展中，合肥高新区要积极引导区内上市公司高度重视知识产权开发、运用与保护，抢占市场先机，稳固市场地位，增强企业的核心竞争力；充分发挥上市公司示范引领作用，在科技创新领域展现大谋略、大格局，在社会民生领域展现大担当、大作为。

2. 蚌埠高新区

近年来，蚌埠高新区从"丰富产业构成、延长产业链条、壮大产业集群、集聚产业生态"4个方面"招商选资"，尤其注重将"总部经济"作为招商引资的重要抓手。专门出台了《蚌埠高新区鼓励科技创新 促进高新技术产业发展暂行办法》和《蚌埠高新区鼓励科技创新 促进高新技术产业发展暂行办法实施细则》，设立1亿元"科技创新产业化专项资金"，鼓励总部经济发展，并在项目推进、人才引进等方面提供全方位支持。针对企业融资需求提供快速服务，在商标抵押、专利抵押等方面为企业和金融机构之间搭建快速通道，并安排专人实施专班跟踪包保服务。

蚌埠高新区2020年上市公司创新能力得分为60.52，在142家拥有上市公司的国家高新区中排在第77位，较2019年下降29位，截至2020年底拥有上市公司5家。从蚌埠高新区上市公司创新能力评估情况来看，蚌埠高新区上市公司在创新保障上表现较好，创新保障能力在142家拥有上市公司的国家高新区中排在第68位；创新投入和产出能力相对较弱，均排在第73位。从具体指标来看，蚌埠高新区上市公司在研发活动集中、营业收入方面表现突出，在人才结构、人员研发经费支撑方面相对不足。

基于本次报告评估结果，蚌埠高新区要抢抓资本市场改革机遇，积极扩大区内中小企业融资渠道，建立企业上市服务专班，引进中介机构辅导企业上市挂牌，加快推进企业上市融资。

3. 芜湖高新区

近年来，芜湖市出台《关于全面推进企业上市五年行动计划的实施意见》等政策措施，专门成立市推进企业上市工作领导小组，同时建立规模3.2亿元的上市奖补专项资金把推进企业上市作为深化金融供给侧结构性改革、推进经济高质量发展的重要抓手，着力培育上市后备企业、扩大上市公司数量、提升上市公司发展质量。引进众环海华专业服务集团安徽分所，充实了各专业服务机构业务力量，填补了芜湖市没有上市公司资产评估中介机构的空白。目前，芜湖市政策体系不断健全，板块规模不断壮大，首发上市取得突破，直接融资保持高位发展，资本市场服务实体经济的能力不断增强。

在《国家高新区上市公司创新能力评价报告2021》中，芜湖高新区上市公司创新能力排在第37位，较2020年排名（第34位）下降3位。从一级指标来看：创新投入能力排在第61位，是表现最差的；创新产出能力排在第29位；创新保障能力排在第42位。从三级指标来看：研发人员数量、企业获得的政府创新补助是优势指标；硕士学历及以上人员占企业员工比重、从业人员人均教育经费和研发投入强度是短板指标。

今后，芜湖高新区要组织上市公司及拟上市企业主要负责人进行学习深造，着力打造一支优秀企业家队伍。要动态建立上市后备企业资源库，对入库企业进行重点扶持；要支持上市公司通过配股、增发及可转换债券、优先股等再融资方式，扩大直接融资规模；要加强政府性股权投资基金对拟上市重点后备企业的支持。

4. 马鞍山慈湖高新区

近年来，马鞍山市出台一系列政策，从财政补贴、完善上市后备资源库、建立服务专员制度和实施企业家培育工程等方面扶持企业上市挂牌。马鞍山慈湖高新区成立了由管委会主要领导为组长，分管领导为副组长，成员包含财政、金融、经发、招商、科技、税务等多个相关部门负责同志的上市（挂牌）工作专班，高度重视并积极发挥高新技术企业资源丰富的优势，重点加强对高新技术企业的摸排，综合分析企业多方面经营表现，努力挖掘有巨大发展潜力的优质企业，并与企业耐心沟通，鼓励其确立上市的奋斗目标。经过多轮摸排与发展确立上市（挂牌）后备企业，并根据企业的不同发展阶段进行梯度培育，完善了促进企业上市（挂牌）奖励暂行办法，真金白银支持企业上市（挂牌）工作；对有贷款需求的企业，园区根据企业融资期限和融资用途的不同，结合企业自身经营特点，联系合适的银行机构与企业对接，并努力促成双方达成授信协议。

在《国家高新区上市公司创新能力评价报告2021》中，马鞍山慈湖高新区上市公司创新能力排在第28位，较2020年排名（第40位）上升12位。从一级指标来看：创新投入能力排在第35位；创新产出能力排在第25位，是表现最好的；创新保障能力排在第48位，是表现最差的。从三级指标来看：研发人员人均经费、企业所得税区域贡献度和企业获得的政府创新补助是优势指标，其中研发人员人均经费排在第九，是表现最好的三级指标；研发投入强度、员工薪酬激励和董事长受高等教育年限是短板指标。

今后，马鞍山慈湖高新区要继续鼓励园区国有投资公司和市场化引导基金加大对上市后备企业投资力度，抢抓资本市场改革重大政策机遇，加大对拟上市企业的激励、扶持和服务力度，全力加快企业上市挂牌工作，助力企业早日实现上市目标，为全力打造马鞍山"生态福地 智造名诚"提供金融支撑。

5. 铜陵狮子山高新区

2020年以来，铜陵狮子山高新区紧紧围绕高质量发展的目标定位，在常态化开展疫情防控工作的同时，狠抓创新驱动，园区发展呈现出"一个扭转、五个突破"的良好局面，即扭转了经济下行态势，实现了企业上市有突破。推进企业对接多层次资本市场，促进园区优质企业集聚成链、优势产业集群发展。蓝盾光电子在科创板敲钟上市，实现自2013年来全市资本市场的"再次破冰"；2021年洁雅股份登陆深交所，全市上市公司已达9家，铜都流体辅导备案，天海流体、小菜园餐饮2家企业加速培育。

铜陵狮子山高新区上市公司创新能力综合得分为55.21，排在第104位，较高新区总体排名上升21位，包括创新投入能力得分为14.30，创新产出能力得分为27.16，创新保障能力得分为13.73。其中总资产收益率表现较好，说明企业收益能力较好，公司的竞争实力和发展能力较强，但设备采购及营销推广经费和从业人员人均教育经费表现较弱，说明铜陵狮子山高新区上市企业在研发设备上的投入力度和产品推广力度和对员工的培养能力较弱。

上市企业数量是衡量城市能级和核心竞争力的重要指标。未来，铜陵狮子山高新区要提升科技创新能力，加大科技企业扶持培育力度，打造一流的营商环境，推动更多具有国际竞争力的企业上市，把高新区打造成为科技创新发展高地和创新发展先行区。

6. 淮南高新区

近年来，淮南高新区大力发展大数据百亿产业，建成了江淮云、智慧谷、科技企业孵化器等科研孵化平台。发展装备智造产业，推动万泰电子上市，推进中车瑞达淮南电机研发和生产基地项目建设。但对上市公司培育的重视程度仍然不够。

淮南高新区上市公司创新能力综合得分为48.98，排在第126位，较国家高新区总体排名上升7位，包括创新投入能力得分为4.75，创新产出能力得分为31.12，创新保障能力得分为13.09。优势指标有从业人员人均教育经费，企业所得税区域贡献度，说明企业对员工的培养能力表现突出，企业对于所在高新区的税收贡献度高。劣势指标有研发人员数量、研发强度和研发活动区域集中度，说明高新区企业研发投入能力较弱。

淮南高新区要以战略高度、全局视野来认识推进企业上市工作的重要意义，进一步加大工作力度，聚焦短板精准发力，在支持企业加快发展、推动优质企业上市上取得更大成效，为园区高质量跨越式发展集聚更多资源、增添更强动力。

十四、福建省

1. 福州高新区

福州市出台《关于扶持企业上市的五条措施》，从金融机构信贷支持、上市奖励、"一企一议"等方面服务企业。其中"一企一议"为企业开辟了"绿色通道"，若上市后备企业在上市中遇到困难和问题，可以由市里协调解决。将上市后补助改为上市前支持，同时给予信贷支持和分期缴税等支持。举办多场专业培训，邀请证券业专家现场解说，让更多企业熟悉资本市场。推动企业在多层次资本市场上市、挂牌，按照"股改一批、辅导一批、挂牌一批、上市一批"的工作思路，建立了重点上市后备企业库。

在《国家高新区上市公司创新能力评价报告2021》中，福州高新区上市公司创新能力排第22位，较2020年排名（第29位）上升5位。从一级指标来看：创新投入能力排第九，是表现最好的指标；创新产出能力排第46位，是最靠后的指标；创新保障排第28位，略低于总排名。从三级指标来看：硕士学历及以上人员占企业员工比重、研发人员数量和研发强度是优势指标，其中研发强度位列第三，是表现最好的指标；研发人员人均经费、企业所得税区域贡献度、营业收入、董事长受高等教育年限和从业人员人均教育经费是短板指标，研发人员人均经费和董事长受高等教育年限都排在第97位，是表现最差的指标。

今后，福州高新区要抢抓机遇、坚定信心，提升行政服务效率，对重点上市后备企业在募集资金投资项目核准或备案、用地审批、环境评价、工商登记等审批事项，开辟"直通车"，简化审批程序，特事特办、限时办结。同时要进一步强化要素保障，打造良好的营商环境，为企业创造最优的投资软环境，共创美好未来。

2. 厦门火炬高新区

近年来，厦门火炬高新区成立企业上市工作领导小组，引导、协调和推动高新区企业改制上市工作，印发《厦门火炬高新区支持企业改制上市管理办法》，将以往的"后奖"改为"前补"，把推动企业上市作为优化园区产业结构、推动企业做大做强的重要抓手，通过政策引导和扶持，重点培育了一批盈利能力强、成长性高、发展前景好的上市后备企业，从而倒逼企业加快制度、技术、管理创新，促进产业转型升级。

在《国家高新区上市公司创新能力评价报告2021》中，厦门火炬高新区上市公司创新能力排在第24位，较2020年排名（第17位）下降7位。从一级指标来看：创新投入能力排在第40位，表现最差；创新产出能力排在第22位；创新保障能力排在第15位，是表现最好的。从三级指标来看：研发人员数量、研发投入强度是优势指标；研发人员人均经费、员工薪酬激励和董事长受高等教育年限是短板指标，研发人员人均经费和员工薪酬激励都排在100位之外。

今后，厦门火炬高新区要把握科创板推出和创业板改革的机遇，坚持优中选优，着重挖潜上市后备企业资源，通过建立上市企业后备库，筛选出符合产业发展导向、科技含量高、发展势头好的上市"潜力股"企业重点培育，持续为产业转型升级、高质量发展提供支撑，为资本市场发展增添后劲。

3. 泉州高新区

为加快企业挂牌上市步伐，扩大直接融资规模，促进经济转型升级，助推区域经济实现高质量发展超越，泉州高新区从产业发展实际情况出发，综合考虑企业规模实力和发展潜力，建立上市及场外挂牌后备企业资源库。资源库实行滚动管理，每年调整一次。

泉州高新区上市公司创新能力综合得分为54.78，排在第108位，较高新区总体排名下降24位，包括创新投入能力得分为13.78，创新产出能力得分为28.02，创新保障能力得分为12.96。人均增加值和总资产收益率表现较好，说明企业价值创造效能，园区企业员工的单位生产效率较高；同时，企业收益能力、公司的竞争实力和发展能力较强。管理决策专业度表现较差，说明泉州高新区上市公司管理层的决策管理能力一般。研发人员数量处于较低水平，企业研发人员的实际投入力度，引导企业强化自主创新人力的投入不强。

下一步，泉州高新区要招聘人才，培育人才，争取获得"引进一个高端人才，带来一个创新团队，提升一个产业"的链式效应。要牢固树立人力资本优于财务资本理念，实施人才强企战略，积极吸纳海内外高层次人才，完善高层次人才激励机制。持续优化人才发展环境，用好人才激励政策组合拳，建立多元化激励体系，统筹推进企业家队伍和经营管理、专业技术、高级技能人才队伍建设。

4. 漳州高新区

近年来，漳州市出台《加大扶持企业上市十条措施的通知》《关于加快扶持企业上市的若干意见》《扶持企业上市实现高质量发展若干措施》等政策文件，从支持企业上市融资、鼓励企业挂牌交易等方面提出具体措施，助力企业把握科创板、创业板改革并试点注册制等契机，为企业顺利进入多层次资本市场，做大做强提供强有力支持。对重点上市后备企业与中介机构签订改制辅导相关协议并完成改制的，地方财政将对中介费用的80%给予补贴。开辟企业上市"绿色通道"，简化审批、特事特办、限时办结，及时为符合国家政策、法律法规的上市、挂牌后备企业办理行政审批或备案、行政许可手续和出具相关守法证明等。企业在上市推进过程中遇到因历史原因造成的产权不清晰、用地手续不全、企业账物不符、财务报表不实、劳动用工不规范等困难和问题，在不违反国家法律法规的前提下，按"一企一议"原则，积极予以协调解决。

在《国家高新区上市公司创新能力评价报告2021》中，漳州高新区上市公司创新能力排在第51位，较2020年排名（第52位）上升1位。从一级指标来看：创新投入能力排在第93位；创新产出能力排在第26位，是表现最好的；创新保障能力排在第67位。从三级指标来看：研发人员人均经费、企业所得税区域贡献度和总市值均值是优势指标；董事长受高等教育年限、研发投入强度和硕士学历及以上人员占企业员工比重是短板指标。

今后，漳州高新区要设立、充实相应机构，上下联动，共同推进企业上市、挂牌工作。同时要支持在证券公司对接上市、挂牌后备企业。鼓励银行业金融机构对上市、挂牌后备企业优先予以信贷支持。引导创业投资基金、股权投资基金、产业投资基金等机构设立分支机构，参与企业改制上市。

5. 三明高新区

三明高新区大力发展石墨和石墨烯产业，充分利用石墨矿产资源优势，大力推动石墨和石墨稀产业发展，按照"市县联动、联合攻关、差异发展"的思路，依托资源优势、突出项目建设、强化创新研发，不断夯实产业基础，打造工业发展的新引擎。未来需要重视企业上市和上市企业发展的工作。

三明高新区上市公司创新能力综合得分43.64，排在第139位，较国家高新区总体排名下降10位，包括创新投入能力得分10.54，创新产出能力得分22.94，创新保障能力得分10.15。员工薪酬激励表现突出，说明企业从业人员在所在城市的住房压力较小，能够吸引人才、留住人才，也反映了企业对于人才的重视度较高。短板指标有硕士及以上人员占企业员工比重和总市值均值，说明企业高学历人才占比，引导企业从业人员综合素质，研发创新能力需要进一步提升，以及创新基础保障能力较弱。

未来，三明高新区将着力解决上市企业创新资源短缺问题。在制定政策时应积极争取更高层级政府的政策支持，应面向不同的人才类型，设计和建立整套的识才、爱才、用才、重才、敬才的人才政策体系。

6. 龙岩高新区

近年来，龙岩市出台《关于进一步推进企业上市挂牌工作的实施意见》，从培育后备企业、完善服务机制、加大资金奖励等方面出台具体政策，鼓励和支持企业抢抓资本市场新机遇，积极利用资本市场融资发展，加速增强综合实力和核心竞争力。以"企业自愿、市场主导、政府推动"为原则，按照"择优培育一批、改制辅导一批、申报上市一批"的工作思路，坚持企业改制上市挂牌与推动投融资体制改革相结合、与推进产业结构优化升级相结合，加大服务创新，强化要素保障，加大政策扶持，努力促成一批优质企业上市挂牌。定期对企业上市挂牌工作进行督查，对工作推进情况、存在问题等进行每季度通报，推动企业上市挂牌加快进程。市、县财政每年在年度预算中安排专项扶持资金，落实推进企业上市挂牌的各项扶持措施。政府性股权投资引导基金优先支持符合条件的重点后备企业。

在《国家高新区上市公司创新能力评价报告2021》中，龙岩高新区上市公司创新能力排在第50位，较2020年排名（第66位）上升16位。从一级指标来看：创新投入能力排在第98位；创新产出能力排在第20位，是表现最好的；创新保障能力排在第71位。从三级指标来看：企业所得税区域贡献度、董事长受高等教育年限是优势指标；硕士学历及以上人员占企业员工比重、研发人员人均经费、员工薪酬激励和从业人员人均教育经费是短板指标。

今后，龙岩高新区各部门要主动服务，加大服务创新，为企业上市挂牌提供高效、通畅、便捷的服务。对企业改制上市挂牌过程中涉及审批事项或者出具相关证明且符合规定的，法院、发改、经信、规划等有关部门要特事特办，限时办结；对企业改制上市挂牌过程中遇到产权不清、手续不全、增值补税等问题的，财政、国土、规划等有关部门结合实际积极研究、及时解决，为企业上市挂牌创造条件，同时也要利用资本市场融资发展，增强企业核心竞争力，调整优化产业结构，

十五、江西省

1. 南昌高新区

近年来，南昌高新区加速推动企业股份制改造及上市工作，在上市后备企业中，突出航空制造、电子信息、医药健康、新材料等优势产业和重点领域，同时结合"转企升规"工作及独角兽企业和瞪羚企业培育行动，深挖优秀拟上市企业，将136家企业纳入高新区重点拟上市培育库，实行动态管理。在培育服务上，采取"券商+机构+投资基金"三位一体的工作模式，按照职能部门遴选培育、各部门分类跟进、专业机构市场运作的工作思路，做好资本市场对接服务。积极对接IDG资本、金沙江资本等国内外知名投资机构，借助投资机构的力量帮助企业做大做强。会同上交所、深交所、省股交所多次走访企业，根据各企业的实际情况，与企业就资本市场最新政策和企业上市的可行性与实施途径进行深度交流。出台了《南昌高新区加快推进企业股份制改造、上市三年行动计划（2020—2022年）》，修订完善了《南昌高新区进一步推动企业利用资本市场加快发展的若干扶持政策》，用真金白银扶持企业上市。

在《国家高新区上市公司创新能力评价报告2021》中，南昌高新区上市公司创新能力排在第49位，较2020年排名（第53位）上升4位。从一级指标来看：创新投入能力排在第79位；创新产出能力排在第38位；创新保障能力排在第35位。从三级指标来看：研发人员数量、企业获得的政府创新补助是优势指标；研发人员人均经费、研发投入强度和从业人员人均教育经费是短板指标。

今后，南昌高新区要在新经济形势下快速转变思想，跟上资本市场改革的步伐，加快股改、上市进程，按照"培育一批、辅导一批、申报一批、上市一批"的梯次推进格局，不断推进企业上市工作，全力以赴加快区内企业与资本市场对接的步伐，通过资本市场直接融资，推动企业高质量发展，助力高新区经济工作再上新的台阶。

2. 新余高新区

近年来，新余高新区出台《积极响应"映山红"行动大力利用资本市场推动高质量跨越发展暂行办法》，建立企业上市工作联席会议制度，坚持梯度发展培育模式，开辟绿色通道，深入培育帮扶，形成上下联动、横向协作、共同推进的多层次企业上市组织服务体系。

2020年，新余高新区上市公司创新能力得分为60.44，在142家拥有上市公司的国家高新区中排在第78位，截至2020年底拥有上市公司3家。从新余高新区上市公司创新能力评估情况来看，新余高新区上市公司在创新产出上表现较好，创新产出能力在142家拥有上市公司的国家高新区中排在第51位；创新投入能力较弱，排在第121位；创新投入能力排在第74位。从具体指标来看，新余高新区上市公司在资产收益、市值方面表现突出，在员工激励、研发活动集中方面相对不足。

基于本次报告评估结果，新余高新区要与券商及江西股权交易中心深入合作，深入帮扶区内重点拟上市企业，精准培育拟上市后备力量，全力协调拟上市企业困难，加快推进亿铂电子、天欣源等一批上市步伐。

3. 景德镇高新区

近年来,景德镇高新区出台一系列优惠政策,支持企业增加科技创新研发投入,鼓励上市企业加快技改步伐,实施企业上市"映山红行动",帮助企业了解资本市场、走进资本市场,推动地方实体经济发展。

景德镇高新区2020年上市公司创新能力得分为56.34,在142家拥有上市公司的国家高新区中排在第99位,截至2020年底拥有上市公司3家。从景德镇高新区上市公司创新能力评估情况来看,景德镇高新区上市公司在创新产出上表现较好,创新产出能力在142家拥有上市公司的国家高新区中排在第85位;创新投入能力相对较弱,排在第112位;创新保障能力排在第95位。从具体指标来看,景德镇高新区上市公司在研发经费支撑、税收贡献方面表现突出,在员工激励、知识产出方面相对不足。

基于本次报告评估结果,景德镇高新区要建立上市后备企业库,对不同阶段、不同规模的企业实施差别化培育,进一步加大企业上市扶持力度,壮大上市企业队伍,加快推进高新区高质量发展。

4. 鹰潭高新区

近年来,鹰潭高新区要践行新发展理念,落实高质量发展要求,以更高站位、更大力度、更实举措,培育更多优质市场主体,加快推动企业股改上市,为全市经济高质量跨越式发展提供有力支撑。

鹰潭高新区上市公司创新能力综合得分为52.39,排在第118位,较高新区总体排名下降20位,包括创新投入能力得分为12.48,创新产出能力得分为27.60,创新保障能力得分为12.29。指标员工薪酬激励表现突出,说明企业从业人员在所在城市的住房压力较小,能够吸引人才、留住人才,也反映了企业对于人才的重视度较高。营业收入、总市值均值和管理决策专业度表现较弱。营业收入的实现关系到企业再生产活动的正常进行,加强营业收入管理,可以使企业的各种耗费得到合理补偿,有利于再生产活动的顺利进行。另外,管理决策专业度较弱说明企业管理层的决策管理能力还有较大提升空间。

未来,鹰潭高新区要加大上市后备企业培育力度,重点培育"专精特新""单项冠军""小巨人""硬科技""瞪羚"等企业上市;对于入库的上市后备企业,高新区国有资本优先参与其增资股改和并购重组。促进上市公司提质增效升级,培育一批市值规模大、提速快的上市公司;鼓励传统行业上市公司加快智能化、绿色化、数字化改造提升;鼓励企业加大研发投入。

5. 抚州高新区

为加快推动企业改制上市步伐,充分利用资本市场加快发展,抚州高新区认真听取了企业的发展经营情况和上市整体规划,就企业当前存在的问题进行了现场解答,鼓励企业坚定企业上市的信心,指导其规范财务管理和法人治理,进一步为企业上市工作厘清了思路。

下一步,抚州高新区将动态更新上市培育企业"白名单",建立精准、动态、分层的上市后备资源库,推动重点企业尽快上市。同时,抢抓北交所设立机遇,推动更多创新型中小企业赴北交所上市。此外,根据企业所处的上市梯队进行个性化的精准指导和服务,创新工作方法,为企

6. 宜春丰城高新区

近年来，宜春丰城高新区在推动企业上市进行了一系列工作，根据企业类型和经济规模分类梳理，有针对性地推荐科贷通、信贷通、应急性倒贷资金、知识产权质押贷款等。此外，对有上市融资需求的企业园区精准滴灌：对发展初期的企业，指导企业进入上市培育库；对较成熟企业，加快进行股改，进入辅导期。同时，宜春丰城高新区引荐各专业机构密切深入企业指导，并不定期举办专题培训会等。近期，宜春市经发科技局陪同君安证券、创东方投资和浦发银行等机构与恒顶食品财务部会商，规范企业财务报表和税务报表等资料，辅导企业尽快上市。

宜春丰城高新区上市公司创新能力综合得分为52.35，排在第119位，较高新区总体排名下降19位，包括创新投入能力得分为13.96，创新产出能力得分为25.30，创新保障能力得分为13.07。资本结构合理度表现较好，反映出企业偿还长期负债、流动负债的实际能力较好。总市值均值表现较弱，企业获得的政府创新补助表现较弱，说明国家高新区对企业创新的支持力度和企业开展创新活动的积极性还有较大提升空间。

下一步，宜春丰城高新区要积极协调和引导各金融机构创新金融服务，提供灵活、便利的金融产品，对列入培育的重点企业给予金融倾斜支持。引入政府性引导基金、私募股权投资机构等战略投资者参股上市（挂牌）后备企业，进一步增强企业实力。落实好企业上市（挂牌）资金扶持政策，减轻企业上市（挂牌）财务负担，调动企业上市的积极性。因应现在各层次资本市场各项改革，为鼓励更多企业充分利用各层次资本市场，在财力许可的情况下，适时调整完善上市（挂牌）奖补政策。

十六、山东省

1. 济南高新区

济南高新区自成立以来，将企业上市确立为"最大的对外开放、最好的发展平台、最有效的融资渠道"，按照建设全市"企业上市示范区"的工作要求，高度重视资本市场管理工作，不断创新工作方法，积极推动区内优质企业上市挂牌，多层次资本市场建设工作取得了长足发展，在后备资源梯队建设、企业上市数量等方面成果显著。2020年，济南高新区新增科创板公司2家、创业板公司1家，科创板上市工作已走在全省前列。其中，科创板公司恒誉环保是国际领先的高分子废弃物无害化、减量化、资源化技术及装备提供商，曾荣获国家科技进步二等奖，是目前所有行业内国家标准的主要起草单位，填补了国家标准的空白。

在《国家高新区上市公司创新能力评价报告2021》中，济南高新区上市公司创新能力排在第21位，较2020年排名（第24位）上升3位。从一级指标来看：创新投入能力和创新产出能力排名都在总排名之后；创新保障能力排在第13位，是表现最好的。从三级指标来看：研发人员人均经费、营业收入、总市值均值、当年新增专利和从业人员人均教育经费是优势指标，其中从业人员人均教育经费是表现最好的指标，在所有高新区中位列第三；研发投入强度是短板指标，仅排在第111位。说明济南高新区的上市公司注重员工培养，经济规模也较大。

今后，济南高新区要继续以高质量发展为统领，从产业金融中心建设入手，创新多层次资本市场体系，引进各类资本市场要素，积极推进区内优秀企业融资上市，为济南市打造区域性金融中心贡献更大力量。

2. 威海火炬高新区

近年来，威海市出台《关于加快金融创新发展的意见》《关于加快推进企业利用资本市场直接融资的意见》，鼓励和引导企业利用多层次资本市场直接融资，缓解企业融资难、融资贵、杠杆率高等难题。加强保障服务力度，开辟服务绿色通道、加强后备资源库建设，使每一个企业都能够及时全面的享受到优惠政策，为威海市金融改革创新画出"路线图"。威海火炬高新区与多家中介机构建立紧密合作关系，积极开展企业上市辅导，修订完善优惠政策，设立技术创新基金，成立总投资额为创业投资公司和小额贷款公司，为上市企业提供资金支持和增值服务。对首发上市及"新三板"挂牌的企业给予扶持和奖励，并在项目立项、税费、土地供应等方面给予优先扶持。

在《国家高新区上市公司创新能力评价报告 2021》中，威海火炬高新区上市公司创新能力排在第 39 位，较 2020 年排名（第 23 位）下降 16 位。从一级指标来看：创新投入能力排在第 47 位；创新产出能力排在第 41 位；创新保障能力排在第 41 位。从三级指标来看：研发投入强度、当年新增专利数量和研发人员数量是优势指标；硕士学历及以上人员占企业员工比重、员工薪酬激励和董事长受高等教育年限是短板指标。

今后，威海火炬高新区要充分发挥科技型中小企业重要聚集区的先天优势，积极借力资本市场，主板、创业板、科创板多板齐上，助推高新技术产业抢占产业之巅。

3. 青岛高新区

近年来，青岛高新区加快推进企业上市工作，陆续出台《青岛高新区推进 2020 年企业上市行动计划》《青岛高新区加快推进企业上市工作的实施意见》，加大企业上市工作支持力度，不断完善工作机制，构建上市后备企业梯度培育体系，为企业发展创造优渥的环境，引导企业从经营资产向经营资本转变，助力企业上市驶入"快车道"。截至 2020 年底，共培育上市公司 14 家，其中 A 股 13 家，港股 1 家，"十三五"期间新增 6 家，上市公司培育成效极为显著。

2020 年，青岛高新区上市公司创新指数得分为 73.63，在国家高新区上市公司创新能力中排在第 11 位，创新投入能力和创新保障能力表现较为薄弱，仍需进一步加强。从具体指标来看，青岛高新区上市公司在专利产出、企业组织变革等方面表现突出，在人均增加值、员工教育支出、管理决策专业度等方面表现较为薄弱，有待进一步提升。从企业表现来看，仅有海信视像一家老牌企业进入企业百强榜名单，新兴企业表现出色，涌现出海尔生物、鼎信通讯、华仁药业等一批科技型企业。

在未来发展中，青岛高新区要积极引进一批全国乃至全球知名的公募基金、证券投资基金和股权投资机构，促进其投资区内上市及拟上市企业，引导上市公司持续优化股权结构和管理架构，全方位激发企业创新活力，提升企业产出效能；引导上市公司强化员工教育培训，有效提升员工技能素养，为企业未来发展塑造核心竞争力。

4. 潍坊高新区

2019年5月，潍坊高新区出台《关于加快企业上市的实施意见》，对包括科创板在内的境内外上市企业，分阶段给予补助；搭建上市后备企业资源库，并在政府专项资金、税收优惠、土地供应及政策性融资等方面对库内企业优先给予支持；优化上市服务体系，实行领导包靠制度，对企业上市过程中的审批和服务事项建立绿色通道，积极稳妥为企业解决实际问题，为企业发展扫清障碍。截至2020年底，共培育上市公司6家，其中A股4家，港股和美股各1家，高企占比达83.33%。

2020年，潍坊高新区上市公司创新指数得分为75.31，在国家高新区上市公司创新能力中排在第8位，创新投入能力和创新保障能力表现较好，但创新产出能力排在第19位，仍需进一步加强。从具体指标来看，潍坊高新区上市公司在研发活动区域集中度、营业收入、企业组织变革等方面表现突出，在人才结构、资本结构、总资产收益率等方面表现较为薄弱，有待进一步提升。从企业表现来看，潍柴动力、歌尔股份等老牌企业表现极为强势，分别排在企业百强榜的第3位和第26位，但后继力量不足，仅有2020年新增一家上市企业，且表现一般，仍需加大培育力度。

在未来发展中，潍坊高新区要重点加强对区内上市公司管理层在经营管理、资金运作等方面的公共培训，提升上市公司的经营能力；大力帮扶上市公司缓解流动资金压力，改善可周转资金和盈利能力，持续优化资本结构；积极引导上市公司重视人才引进、培养工作，努力提升人才待遇及福利水平，探索人才集聚新模式。

5. 淄博高新区

近年来，淄博高新区始终将推动企业挂牌上市作为深化金融改革的重要内容，大力实施"金融赋能行动"，把金融科技作为主导产业之一重点发展，在淄博科学城高标准建设基金产业园，构建政府、银行、保险、企业等多元主体协同的全方位、多层次金融服务生态，以强有力的政策措施支持高成长性的创新创业企业到创业板上市、核心竞争力和科创属性强的企业到科创板上市。高新区财政金融局积极组织区内企业对接资本市场的培训、参观、学习活动，将推动全区符合条件的企业上市作为主要工作目标，积极把握深化金融改革及资本市场创新发展的机遇，大力支持和引导企业上市挂牌，取得明显成效。

在《国家高新区上市公司创新能力评价报告2021》中，淄博高新区上市公司创新能力排在第25位，较2020年排名（第27位）上升2位。从一级指标来看：创新投入和创新保障都排在第30位；创新产出排在第24位，是表现最好的。从三级指标来看：研发人员数量、当年新增专利数量和总市值均值是优势指标；研发投入强度、董事长受高等教育年限和从业人员人均教育经费是短板指标。说明淄博高新区上市公司对继续教育的重视程度不够，董事长的整体学历水平较低。

今后，淄博高新区要深入挖掘符合产业政策导向、主营业务突出的细分行业龙头企业，不断充实挂牌上市企业后备资源库，要以企业需求为标靶，推深做实重点企业上市股改服务，以更加优质的服务举措助力企业更好更强发展。要坚持"一企一策"，分类辅导，督促引导中介机构勤勉尽责，为企业挂牌上市提供优质服务。要着力形成企业主动、政府推动、上下联动、社会参与的工作合力，努力让高新区在资本市场跑出"加速度"，为高新区的发展注入新经济活力，为产业转型升级和经济发展提供重要支撑，全力打造鲁中科创金融中心。

6. 济宁高新区

2018年，济宁高新区管委会出台《关于扶持企业上市挂牌的若干意见》，积极推动济宁高新区企业上市挂牌工作，加快区内企业对接资本市场的步伐。近年来，济宁高新区稳步推进主板上市，大力推进中小板、创业板上市，突出推进新三板挂牌。截至目前，有新三板挂牌企业11家。同时，筛选30家高成长型企业作为上市企业培育后备军，加快推动海富电子、泰丰智能等企业上市。

济宁高新区2020年上市公司创新能力得分为62.43，在142家拥有上市公司的国家高新区中排在第62位，截至2020年底拥有上市公司4家。从济宁高新区上市公司创新能力评估情况来看，济宁高新区上市公司在创新投入上表现突出，创新投入能力在142家拥有上市公司的国家高新区中排在第24位；创新产出能力相对较弱，排在第92位，有较大提升空间；创新保障能力排在第57位。

基于本次报告评估结果，济宁高新区要积极落实山东省《关于进一步提高上市公司质量的实施意见》，支持国家高新区内高成长企业利用科创板等多层次资本市场挂牌上市。要建立上市企业后备库，筛选高成长型企业进行服务推动上市；开辟企业上市"绿色通道"，提高新三板挂牌企业整体创新能力，早日成为北交所上市公司，也可以转板在深交所和上交所实现上市；鼓励已上市公司加大研发创新，全方位提升自主创新能力，引领带动园区企业创新发展，进一步走向世界，扩大全球知名度和影响力；全方面优化企业上市服务，从对股权投资、企业改制、首发上市、上市公司再融资等多方面制定奖补政策，加大"真金白银"的奖补力度。

7. 烟台高新区

2020年以来，烟台高新区制定实施推动企业上市"三年行动计划"，助力博安生物完成战略融资8.8亿元，2020年新增国家科技型中小企业209家，净增高企36家，新增省级瞪羚企业3家，获批省级专精特新中小企业8家，创新活力十足。

烟台高新区2020年上市公司创新能力得分为59.20，在142家拥有上市公司的国家高新区中排在第83位，截至2020年底拥有上市公司2家。从烟台高新区上市公司创新能力评估情况来看，烟台高新区上市公司在创新产出上表现较好，创新产出能力在142家拥有上市公司的国家高新区中排在第55位；创新投入能力相对较弱，排在第109位；创新保障能力排在第106位。从具体指标来看，烟台高新区上市公司在员工激励、人员培训方面表现突出，在技术储备、研发投入强度方面相对不足。

基于本次报告评估结果，烟台高新区要加大企业上市挂牌推进力度，按照"储备一批、培育一批、改制一批、挂牌上市一批"的思路，加快瞪羚企业和"专精特新"中小企业培育，推动企业在主板、科创板、创业板、北交所上市，成长为引领经济高质量发展的主力军。

8. 泰安高新区

近年来，高新区财政财务部抢抓注册制改革和北交所成立的机遇，加大企业上市挂牌工作力度，着力提升为企业服务的水平。通过开展业务培训、走访调研等方式对企业"把诊问脉"，将各级扶持企业上市挂牌的政策递上门，将优质高效的服务送入户；按照行业类别及企业规模实施"梯次培育""一企一案"，帮助扶持企业熟悉、了解、进入资本市场。目前，高新区已逐步形成了"企业懂上市、想上市"的浓厚氛围，上市后备资源企业达20家，多家企业已进入券商尽调、股权改制、递交上市辅导材料等上市挂牌程序。

泰安高新区上市公司创新能力综合得分48.58，排在第129位，较国家高新区总体排名下降24位，包括创新投入能力得分14.06，创新产出能力得分23.53，创新保障能力得分10.97。研发强度和从业人员人均教育经费处于较高水平，说明园区企业对研发和技术创新的重视程度及投入能力强。劣势指标有企业获得的政府创新补助、核心技术储备，说明国家高新区对企业创新的支持力度和企业开展创新活动的积极性，企业创新底蕴不高。

未来，泰安高新区要支持园区企业积极向资本市场借力借势，推进企业上市纳入园区经济发展战略，通过强化领导机制、加强梯次培育、落实奖补政策及提升服务质量，多措并举鼓励企业上市，扶持企业做大做强。要认清优势、找准短板、积极作为，营造良好的外部环境，全面支持企业上市。未来将做到进一步浓厚氛围，提振上市信心；进一步集聚资源，提高上市能力；进一步加强培训，加快上市步伐；进一步创新举措，形成多方合力，大力推进企业上市工作。认真落实各项部署要求，进一步解放思想，攻坚克难，开拓创新，狠抓落实，为加快园区建设做出更大贡献。

9. 德州高新区

近年来，德州高新区贯彻落实《山东省科技型企业梯次培育三年行动计划（2019—2021年）》等文件精神，实施科技型企业上市培育计划，建立科创板上市企业培育库，加强对入库科技企业的专业辅导和培育扶持，推动符合条件的企业到科创板上市发展，借力资本市场实现爆发式发展。

德州高新区2020年上市公司创新能力得分为57.22，在142家拥有上市公司的国家高新区中排在第90位，截至2020年底拥有上市公司3家。从德州高新区上市公司创新能力评估情况来看，德州高新区上市公司在创新投入上表现较好，创新投入能力在142家拥有上市公司的国家高新区中排第在第77位；创新产出能力相对较弱，排在第95位；创新保障能力排在第92位。从具体指标来看，德州高新区上市公司在人员培训、税收贡献方面表现突出，在资产收益、知识产出方面相对不足。

基于本次报告评估结果，德州高新区要坚持骨干企业"龙头倍增"，加快培育瞪羚企业和潜在瞪羚企业，在引领新技术、新产业、新业态、新模式上做出新的突破，成长为引领经济高质量发展的主力军。

10. 莱芜高新区

莱芜高新区依托丰富的资源、产业优势，国内最大的果汁生产企业北京汇源集团、最大的生活用纸制造商维达纸业公司、最大的工程机械制造企业三一重工集团、最大的金刚石锯片生产企业中国冶金地质总局黑旋风公司等国内外知名企业相继落户，全区初步形成了以电子信息、新材料、精密装备制造、汽车及零部件、纺织服装、食品饮料六大产业为主的产业体系。截至目前，全区共有各类企业1417家，其中工业企业320多家，规模以上工业企业61家；省级以上高新技术企业27家，其中国家级4家，上市企业1家。

莱芜高新区上市公司创新能力综合得分54.00，排在第111位，较高新区总体排名上升12位，包括创新投入能力得分13.63，创新产出能力得分27.59，创新保障能力得分12.76。研发强度表现突出，说明企业研发投入较强，园区企业对研发和技术创新的重视程度及投入能力较强。营业收入、总市值均值表现较弱。说明企业再生产活动较弱，企业的各种耗费未能得到合理补偿，再生产活动未能顺利进行。

为了支持园区企业积极向资本市场借力借势，下一步，莱芜高新区要推进企业上市纳入园区经济发展战略，通过强化领导机制、加强梯次培育、落实奖补政策及提升服务质量，多措并举鼓励企业上市，扶持企业做大做强。

十七、河南省

1. 郑州高新区

近年来，郑州高新区坚持高质量发展，大力优化营商环境，全力发展实体经济，加快推进优秀企业上市，形成了鼓励上市、支持上市、服务上市的良好氛围。目前，郑州高新区涵盖天使投资、创业投资、私募股权基金、产业投资基金等在内的股权投资体系初步形成。在国家和地方各类项目申报、办理项目备案、安排土地使用指标等方面，对重点上市或挂牌培育企业进行政策倾斜，同时给予分层次资金奖励支持，将加大对后备企业的支持力度，打好政策、金融、资源三方面组合拳，助推企业上市。在政策及资源方面，大力支持企业上市和新三板挂牌，鼓励企业到资本市场冲浪，通过资本市场实现几何式发展，并构建了完善的企业上市和挂牌助推机制。

在《国家高新区上市公司创新能力评价报告2021》中，郑州高新区上市公司创新能力排在第48位，较2020年排名（第39位）下降9位。从一级指标来看：创新投入能力排在第21位，是表现最好的；创新产出能力排在第74位；创新保障能力排在第37位。从三级指标来看：硕士学历及以上人员占企业员工比重、研发投入强度和研发人员数量是优势指标；研发人员人均经费、董事长受高等教育年限是短板指标。

今后，郑州高新区要积极营造宽松的政务环境，积极构建服务于全方位的企业挂牌上市挂牌"绿色通道"，为企业的融资发展、上市挂牌、并购重组和做大做强创造最优的政务环境和条件。同时要高度重视企业上市后的发展与壮大，从政策上支持企业提升综合管理能力与水平，引入国际一流的企业管理咨询机构，帮助企业提升国际竞争力，实现持续快速发展。

2. 洛阳高新区

近年来，洛阳市出台《企业上市和挂牌工作五年行动计划（2019—2023年）》等政策措施，通过"二库（上市后备企业资源库和资本市场专家库）、一中心（融资路演中心）、三园区（洛龙区、高新区、伊滨区上市和挂牌孵化园）、四支撑（市、县、部门、园区政策支撑）"的建设，完善服务体系，优化发展环境，加大优质企业主体培育，推动资本市场更好地服务全市经济发展。对于在审核、在辅导以及部分重点上市后备企业，实行市级领导分包联系制，建立工作专班，"一企一策"加大对企业协调服务。洛阳双创科技园以智能装备制造、新材料和新能源为主导产业，重点引进相关高新技术企业进驻，并建立技术服务、金融服务（上市咨询）、培训展示服务、信息服务、综合管理服务五大服务平台，已成为全市高成长性中小科技企业的集聚地和上市企业的摇篮。

在《国家高新区上市公司创新能力评价报告2021》中，洛阳高新区上市公司创新能力排在第

34 位，较 2020 年排名（第 22 位）下降 12 位。从一级指标来看：创新投入能力排在第 42 位；创新产出能力排在第 45 位；创新保障能力排在第 19 位，是表现最好的。从三级指标来看：研发人员数量、硕士学历及以上人员占企业员工比重、总市值均值、从业人员人均教育经费是优势指标；研发投入强度、员工薪酬激励和董事长受高等教育年限是短板指标。

今后，洛阳高新区要不断探索建立科技创新创业的新政策、新机制、新模式，在股权激励、科技金融、知识产权运用与保护、人才引进与培养、科技成果转化等方面开展先行先试，同时结合产业优势，继续加大力度对高端装备等领域进行挖掘，会同专业机构筛选一批企业进行精准培育，做好科创板后备企业储备，加大对登陆科创板企业的奖励力度，不断强化政策引导，优化企业发展环境，推动资本市场发展取得新进展。

3. 安阳高新区

2021 年，安阳高新区成立"安阳总部经济港"，吸引安阳信产投等 70 余家金融、类金融企业扎堆落户，着力打造区域性金融中心，并做好企业培训、技术攻关、上市辅导等工作，切实帮助企业解决科技攻关难题。

安阳高新区 2020 年上市公司创新能力得分为 57.14，在 142 家拥有上市公司的国家高新区中排在第 92 位，排名显著上升，截至 2020 年底拥有上市公司 2 家。从安阳高新区上市公司创新能力评估情况来看，安阳高新区上市公司在创新投入上表现较好，创新投入能力在 142 家拥有上市公司的国家高新区中排在第 82 位；创新产出能力相对较弱，排在第 93 位；创新保障能力排在第 90 位。从具体指标来看，安阳高新区上市公司在研发经费支撑、高层学历方面表现突出，在员工激励、资产收益方面相对不足。

基于本次报告评估结果，安阳高新区要抓好企业培育、技术攻关、上市辅导，推进传统产业升级改造、项目嫁接引进，加速壮大新时代创新型市场主体；推介对接行业龙头、上市公司、科技领军企业，使一批高新技术中小企业成功与上市公司等优势企业实现资源整合，走出"技术 + 资本"的快速发展模式。

4. 南阳高新区

近年来，南阳高新区为抢抓党中央、国务院关于深化资本市场改革的重大政策机遇，充分发挥资本市场对区域经济发展的支撑引领作用，进一步加快推进园区企业上市挂牌工作，根据《南阳市人民政府关于印发南阳市企业上市倍增计划的通知》（宛政〔2021〕13 号）特制定了《高新区企业上市挂牌倍增计划》。

南阳高新区上市公司创新能力综合得分为 50.24，排在第 121 位，较高新区总体排名下降 27 位，包括创新投入能力得分为 14.51，创新产出能力得分为 23.80，创新保障能力得分为 11.91。研发强度表现良好，说明园区企业对研发和技术创新的重视程度及投入能力较好。但当年新增专利数量和核心技术储备表现偏弱，园区企业的高质量创新成果的产出效率，引导企业开展具有较高原创性的创新活动还有较大的进步空间。

未来，南阳高新区要加强科技创新，掌握行业关键技术，才能让企业赢得更多的市场份额。面对当前复杂严峻的国际经济形势，南阳高新区要培育和打造更多的科技创新企业，引导和鼓励企业持续加强技术研发，努力掌握具有自主知识产权的核心技术，如此才能实现技术突破，在市

5. 新乡高新区

近年来，新乡高新区抢抓《新乡市企业"新三板"挂牌工作3年行动计划》机遇，出台配套政策，鼓励企业上市，通过新三板，拓宽科技型企业融资渠道，制定《关于进一步推进企业上市挂牌的奖励办法》，鼓励企业利用多层次资本市场融资实现创新发展，推进区内企业尽快上市、挂牌。

新乡高新区2020年上市公司创新能力得分为56.44，在142家拥有上市公司的国家高新区中排在第97位，排名有所上升，截至2020年底拥有上市公司1家。从新乡高新区上市公司创新能力评估情况来看，新乡高新区上市公司在创新产出上表现较好，创新产出能力在142家拥有上市公司的国家高新区中排在第81位；创新保障能力相对较弱，排在第110位；创新投入能力排在第95位。从具体指标来看，新乡高新区上市公司在资产收益、人均产出方面表现突出，在开放创新及数字转型、技术储备方面相对不足。

基于本次报告评估结果，新乡高新区要高度重视企业上市，抢抓机遇，采取有效措施推动企业尽快上市，解决企业融资难、融资贵问题；优化营商环境，精准对接，积极营造企业上市的浓厚氛围。

6. 平顶山高新区

近年来，平顶山高新区加快实施企业上市"121"行动计划，鼓励企业扩大上市融资。支持金融机构增加制造业中长期融资，培育一批"专精特新"中小企业，积极培育科创板等上市后备企业，推动科技金融融合升级。

平顶山高新区2020年上市公司创新能力得分为61.24，在142家拥有上市公司的国家高新区中排在第75位，截至2020年底拥有上市公司2家。从平顶山高新区上市公司创新能力评估情况来看，平顶山高新区上市公司在创新投入上表现较好，创新投入能力在142家拥有上市公司的国家高新区中排在第42位；创新保障能力相对较弱，排在第79位；创新产出能力排在第77位。从具体指标来看，平顶山高新区上市公司在研发活动集中、研发经费支撑方面表现突出，在资产收益、人居产出方面相对不足。

基于本次报告评估结果，平顶山高新区要积极引进各类创投机构，探索与龙头企业联合设立成果转化基金；建立科技金融重点企业库，通过投贷联动提供综合金融服务；开展"科创板"后备企业摸底、筛选、培训等工作，提前布局企业上市。

十八、湖北省

1. 武汉东湖高新区

近年来，东湖高新区发布"创新十条"，打造梯次配置的上市后备企业库，精准、重点培育"金种子"企业，搭建企业上市"绿色通道"，积极协调解决企业上市面临的困难和问题，为企业上市保驾护航。截至2020年底，共培育上市公司43家，其中A股42家，港股1家，"十三五"期间新增15家，上市公司培育成效极为显著。

2020年，东湖高新区上市公司创新指数得分为74.91，在国家高新区上市公司创新能力排名中位居第九，创新投入能力和创新产出能力表现较为薄弱，仍需进一步加强。从具体指标来看，东湖高新区上市公司在营业收入、政府创新补助、研发人员配置等方面表现突出，在设备采购及营销推广、资本结构、总资产收益率等方面表现较为薄弱，有待进一步提升。从企业表现来看，烽火通信、葛洲坝等老牌企业表现极为强势，分别位于企业百强榜的第3位和第26位，精测电子、长飞光纤等新兴企业争相涌现，创新发展潜力十足。

在未来发展中，东湖高新区要积极引导区内上市公司开展营销创新、工艺创新，推进创新发展步入新台阶；重点加强对上市公司管理层在经营管理、资金运作等方面的公共培训，提升上市公司的经营能力；大力帮扶上市公司缓解流动资金压力，改善可周转资金和盈利能力，持续优化资本结构。

2. 襄阳高新区

近年来，襄阳高新区把企业上市作为推进经济高质量发展的重要手段，全力实施上市公司倍增计划，坚持将培育瞪羚企业作为一项基础性、长期性的重要工作，精心培育后备企业，加强上市梯队建设，培育了一批优质上市后备资源。

襄阳高新区2020年上市公司创新能力得分为61.49，在142家拥有上市公司的国家高新区中排在第73位，截至2020年底拥有上市公司6家。从襄阳高新区上市公司创新能力评估情况来看，襄阳高新区上市公司在创新保障上表现较好，创新保障能力在142家拥有上市公司的国家高新区中排在第52位；创新产出能力相对较弱，排在第78位；创新投入能力排在第56位。从具体指标来看，襄阳高新区上市公司在人员培训、税收贡献方面表现突出，在员工激励、人员研发经费支撑方面相对不足。

基于本次报告评估结果，襄阳高新区在瞪羚企业和潜在瞪羚企业发展过程中，要始终保持创新发展的定力、动力和活力，在引领新技术、新产业、新业态、新模式上做出新的突破，成长为引领经济高质量发展的主力军。

3. 宜昌高新区

近年来，宜昌市委市政府高度重视多层次资本市场建设，以推动科创板上市工作作为落实宜昌高质量发展的重大部署。宜昌市政府先后出台多个鼓励加快多层次资本市场建设相关政策文件，初步构建成市县两级上市工作体系，为企业在资本市场的运作保驾护航。宜昌高新区高度重视破解企业融资难、融资贵问题，推动政银企三方协同创新金融产品，为全区企业发展提供金融支撑，促进转型发展。近年来，高新区管委会引导多层次资本市场的平台对接，推动企业在不同层次市场间的挂牌、上市，进而构建企业运用多层次资本市场的"立交桥"。宜昌高新区税务局充分发挥税收职能作用，不断增强对拟上市企业服务管理工作的主动性与前瞻性，通过打造"容缺办""三免办"等服务项目，简化退税流程、减少退税资料，加强部门协作、提升退款速度，让省下来的钱尽快回到企业的"钱袋子"里，助力企业跑出上市"加速度"，为推动企业上市贡献税务力量。

在《国家高新区上市公司创新能力评价报告2021》中，宜昌高新区上市公司创新能力排在第58位，较2020年排名（第72位）上升14位。从一级指标来看：创新投入能力排在第108位；创新产出能力排在第 39 位，是表现最好的；创新保障能力排在第 65 位。从三级指标来看：研发人员人均经费、企业获得的政府创新补助和企业所得税区域贡献度是优势指标；硕士学历及以上人员占企业员工比重、董事长受高等教育年限和从业人员人均教育经费是短板指标。

今后，宜昌高新区要一如既往助力拟上市企业跑出创新发展加速度，继续优化税收营商环境，做好"店小二"，要全力做好上市的各项服务工作，定期组织专业团队对拟在"科创板"上市企业逐家上门会诊，帮助出谋划策。对于"科创板"重点上市后备企业，按照"一事一议，一企一策"的原则，积极协调解决企业上市进程中的困难和问题，保障"绿色通道"的畅通，以更大力度、更优服务助推企业尽快实现上市目标。

4. 孝感高新区

孝感高新区上市公司创新能力综合得分为 52.89，排在第 117 位，较高新区总体排名下降 3 位，包括创新投入能力得分为 13.20，创新产出能力得分为 26.63，创新保障能力得分为 13.04。研发强度表现较好，反映园区企业对研发和技术创新的重视程度及投入能力不错。商业变革力度表现一般，园区企业为推进创新成果转化而新设子公司的资金投入力度不强。总资产收益率表现较差，说明企业收益能力，公司的竞争实力和发展能力还有较大提升空间。

高新区支持高校院所、孵化器与众创空间等主体举办创业沙龙、项目路演、创业培训等各类活动 48 场；依托国家海智专家基地，组织高端装备制造、光电子信息等方面的海外专家对区内企业开展线上"一对一问诊"。电弧微风洞技术行业壁垒高，国内仅有 2 家体制内单位具备这项技术实力。依托实力雄厚的技术团队，航聚科技于 2018 年攻克该项技术，成为首家掌握该项技术的民营企业，先后被认定为湖北省高新技术企业，湖北省"瞪羚"创新物种企业及湖北省上市后备"金种子企业"。

积极推进规模以工业企业培育入库和招商引资工作每年新增规模上工业企业。加大对以隐形冠军企业培育力度，培育单项冠军领军企业。大力营造良好创业创新环境，积极培育主导产业龙头企业、战略性新兴产业企业、"新技术新产业、新模式新业态"企业，做大市场主体总量，厚植企业上市基础，培育更多优质上市后备资源。

5. 荆门高新区

2020 年，荆门高新区成立企业上市工作专班，逐一梳理拟上市企业情况，为企业上市添薪加力，在手续办理、政策支持等方面提供全方位服务，营造良好营商环境，打通企业上市的"绿色通道"，加快引进上市公司和行业领军企业，跑出企业上市"加速度"。

荆门高新区 2020 年上市公司创新能力得分为 61.40，在 142 家拥有上市公司的国家高新区中排在第 74 位，比 2019 年下降 28 位，截至 2020 年底拥有上市公司 4 家。从荆门高新区上市公司创新能力评估情况来看，荆门高新区上市公司在创新产出上表现较好，创新产出能力在 142 家拥有上市公司的国家高新区中排在第 60 位；创新投入能力相对较弱，排在第 76 位；创新投入能力排在第 73 位。从具体指标来看，荆门高新区上市公司在员工激励、知识新增方面表现突出，在人均产出、人员研发经费支撑方面相对不足。

基于本次报告评估结果，荆门高新区要精准施策，强力推进金融各项工作，进一步抓实优化金融营商环境工作，完善优化金融环境工作的运行机制；研究解决金融工作中遇到的突出问题，奋力创建全省优化金融环境先行区，要进一步抓实企业上市工作，加大企业上市支持力度，切实解决重点企业上市过程中遇到的困难和问题，切实推动企业上市步伐和发展质量。

6. 随州高新区

近年来，随州高新区搭桥，平台公司注资，推动产业与资本融合，加工企业与种植企业联合，开启强强联合、资源整合、农旅融合培育农业产业化龙头企业上市融资的新模式，以创新务实之举推动农业产业化龙头企业走集群式高质量发展之路。

随州高新区上市公司创新能力综合得分为48.59，排在第128位，较国家高新区总体排名下降9位，包括创新投入能力得分为10.86，创新产出能力得分为25.39，创新保障能力得分为12.32。劣势指标有研发活动区域集中度、从业人员人均教育经费，企业对国家高新区的创新引领力和对员工的培养能力较弱。

未来，随州要践行新发展理念，落实高质量发展要求，以更高站位、更大力度、更实举措，培育更多优质市场主体，加快推动企业上市，为高新区经济高质量跨越式发展提供有力支撑。

7. 黄冈高新区

为推进黄冈高新区企业上市工作，根据《黄冈市企业上市工作绿色通道制度（修订）》，黄冈高新区实施上市激励支持措施，确定上市工作规则，实行上市攻坚计划，研究部署阶段性上市工作，协调处理企业上市过程中重大问题。加强对上市工作组织领导，引导各地培育产业资源，厚植上市资源库。

黄冈高新区上市公司创新能力综合得分为49.06，排在第125位，较国家高新区总体排名上升3位，包括创新投入能力得分为13.03，创新产出能力得分为23.95，创新保障能力得分为12.06。当年新增专利数量、总市值均值和开放创新及数字转型重视度指标排名相对落后，说明园区企业的高质量创新成果的产出效率，引导企业开展具有较高原创性的创新活动能力，企业的开放创新能力和数字化转型程度较低。

未来，黄冈高新区要建立完善股改上市推进机制，聚焦重点、形成合力，全力以赴加快企业上市步伐，积极推动更多具有发展潜力和竞争力的优质黄冈企业增强利用资本市场的能力和水平。各级各部门要树立加快企业上市的强烈意识和责任担当，切实加强引导和支持力度，及时研究解决企业股改上市过程中遇到的具体困难和问题，提高服务的针对性和实效性，为企业股改上市添薪加力；要大力培育后备资源，为企业持续健康发展提供更优质、更便捷和更高效的政务服务，引导企业进一步深化科技创新、加快转型升级，为上市打牢基础；要加大政策激励力度，营造鼓励上市、支持上市、竞相上市的浓厚氛围。企业是上市的主体，要全力提升创新发展能力，规范管理、做强主业，真正把企业上市的过程变成企业优化管理机制、运行模式和转型升级的过程，不断提升发展核心竞争力，努力实现规模、效益双提升。

8. 咸宁高新区

咸宁高新区上市公司创新能力综合得分为46.92，排在第131位，较国家高新区总体排名下降28位，包括创新投入能力得分为11.44，创新产出能力得分为23.37，创新保障能力得分为12.09。研发强度指标表现较好，可以看出园区企业对研发和技术创新的重视程度及投入能力较强。短板指标有当年新增专利数量和管理决策专业度，由此可见，园区企业的高质量创新成果的产出效率，引导企业开展具有较高原创性的创新活动不强，企业管理层的决策管理能力较弱。

咸宁高新区通过强化政策引导，鼓励企业走进资本市场；优化营商环境，加快企业转型升级；坚持精准发力，一对一服务企业上市融资。目前，海威公司成功申报省级金种子企业，福人金身等4家成功申报省级银种子企业，力争尽快实现主板上市。

未来，需要咸宁高新区引导企业适当地加大研发投入，全面提高自主创新能力，形成自己的核心技术能力。企业加大研发投入，形成更多专利技术，运用到产品当中，使企业真正成为一个技术创新活动的主体和创新成果应用的主体。另外，高新区对于引进中高端研发人才进一步提高条件。如通过开辟绿色通道，简政放权，提高人才引进服务效率，为人才引进提供"只跑一遍"服务。同时可提高特殊津贴额度吸引人才，对于中高端人才实行购房补助，解决其的入户问题，统筹解决子女入学和配偶就业，大力引进和扶持创新科研团队和拓宽人才引进渠道。

9. 黄石大冶湖高新区

黄石大冶湖高新区设立促进企业上市专项资金，建立企业上市资源后备库，组织新三板对接会和动员会，支持科技型中小企业悬着券商进行上市培训，对企业从改制、挂牌上市到再融资，给予补贴和财政奖励。鼓励企业进入区域性股权交易市场。鼓励力康药业、迪峰、东贝铸造、徐风科技等通过发行债券等多种途径拓展融资渠道。

黄石大冶湖高新区上市公司创新能力综合得分为44.12，排在第137位，较国家高新区总体排名下降47位，包括创新投入能力得分为13.42，创新产出能力得分为20.08，创新保障能力得分为10.60。其中企业所得税区域贡献度和从业人员人均教育经费表现较差，企业对于所在高新区的税收贡献度和企业对员工的培养能力较低。

未来，黄石大冶湖高新区要构建立体学习培训宣传体系。充分发挥已上市挂牌企业的典型引领作用，多形式地开展咨询讲座、合作互访、经验交流等活动，组织学习培训证券业务、股票发行的相关知识，交流企业改制上市的经验和最新动态，分析编发典型案例。帮助企业经营者树立资本运作的观念和改制上市的信心，提高资本运作的能力和水平，通过各种宣传渠道，营造推动上市的文化环境。构建人才智力支持体系。培育企业家精神，实施企业家素质提升战略。引导和支持上市公司加强内部人力资源建设，设立并购投资部门，引入海外并购、产业链并购高端人才或者智囊团队，引进培育证券、财会、法律等方面专业人才。建立上市公司企业家咨询委员会，参与政府决策咨询，提高企业发展与产业发展的协同性和融合度。培育一批业务能力强、服务质量高的中介服务机构，提高关键领域、薄弱环节的服务能力。在改制辅导、上市申报、并购重组、管理层收购、项目融资、聘请具有证券从业资格的中介机构等方面进行配合支持。对上市挂牌培育对象实行分类指导和全过程跟踪服务。

10. 潜江高新区

潜江高新区聚焦原料药、高端制剂、生物研发等环节，培育了永安药业两家上市公司，是全国最大的眼科用药生产基地，拥有"潜半夏"这一国家农产品地理标志登记产品。建立潜江高新区上市后备企业资源库，联合券商、金融服务机构对入库企业进行上市培训辅导。

潜江高新区上市公司创新能力综合得分为48.77，排在第127位，较国家高新区总体排名下降

12位，包括创新投入能力得分为11.48，创新产出能力得分为25.58，创新保障能力得分为11.69。优势指标有从业人员人均教育经费和人均增加值，说明企业对员工的培养能力表现突出，反映园区企业员工的单位生产效率。劣势指标有总市值均值、核心技术储备和资本结构合理度，说明园区企业的创新保障能力较弱。

未来，潜江高新区要建立完善股改上市推进机制，聚焦重点、形成合力，全力以赴加快企业上市步伐，积极推动更多具有发展潜力和竞争力的优质潜江企业增强利用资本市场的能力和水平。要树立加快企业上市的强烈意识和责任担当，切实加强引导和支持力度，及时研究解决企业股改上市过程中遇到的具体困难和问题，提高服务的针对性和实效性，为企业股改上市添薪加力；要大力培育后备资源，为企业持续健康发展提供更优质、更便捷和更高效的政务服务，引导企业进一步深化科技创新、加快转型升级，为上市打牢基础；要加大政策激励力度，营造鼓励上市、支持上市、竞相上市的浓厚氛围。

十九、湖南省

1. 长沙高新区

近年来，长沙高新区围绕上市后备梯队建设，打造资本市场培育体系，聚集一批经验丰富的中介机构作为专家咨询团队，定期为上市企业提供专业咨询服务，建立拟上市企业行政审批优化机制，"一企一策""一事一议""一岗一责"精细服务上市企业。截至2020年底，共培育上市公司38家，其中A股36家，港股2家，高新技术企业占比高达78.95%。

2020年，长沙高新区上市公司创新指数得分为77.31，在国家高新区上市公司创新能力中排在第6位，创新产出能力和创新保障能力表现较好，但创新投入能力排在第22位，有待进一步增强。从具体指标来看，长沙高新区在企业组织变革、研发人员配置、设备采购及营销推广等方面表现突出，在研发投入力度、员工教育支出等方面表现较为薄弱，有待进一步提升。从企业表现来看，长沙高新区有5家企业进入企业百强榜名单，其中仅有中联重科1家老牌企业，位列第八，蓝思科技、安科创新、三诺生物、圣湘生物等一批创业板、科创板新兴企业强势崛起，未来可期。

在未来发展中，长沙高新区要鼓励区内上市公司强化员工教育培训，有效提升员工技能素养，为企业未来发展塑造核心竞争力；积极引导和支持上市公司加大研发投入，引领带动本地产业转型升级发展。

2. 株洲高新区

近年来，株洲市出台《关于支持企业上市（挂牌）的若干意见》，对上市（挂牌）企业给予每户最高补助1000万元。《意见》明确，对进入首发上市程序的企业按照"二三五"的比例，分阶段给予总额1000万元补助。其中，包括与券商等中介机构签订协议，完成股改并向省证监局辅导报备；申报上市材料且获受理；上市发行3个阶段。对在沪深交易所借壳上市和境外主板上市的企业，在上市成功后给予一次性1000万元补助。同时，在企业成功挂牌"新三板"即全国中小企业股份转让系统或湖南股权交易所股改板后，分别给予补助100万元、20万元。《意见》鼓励外地上市公司迁入株洲，凡是上市公司总部注册地迁入株洲并完成工商登记、纳税登记关系变更的，给予一次性1000万元补助，并享受株洲招商引资优惠政策。

在《国家高新区上市公司创新能力评价报告 2021》中，株洲高新区上市公司创新能力排在第 41 位，较 2020 年排名（第 43 位）上升 2 位。从一级指标来看：创新投入能力排在第 37 位；创新产出能力排在第 48 位；创新保障能力排在第 46 位。从三级指标来看：研发人员人均经费、员工薪酬激励和当年新增专利数量是优势指标；研发投入强度、总市值均值和企业所得税区域贡献度是短板指标。

今后，株洲高新区要积极落实"温暖企业"行动及企业上市"破零倍增"计划，营造优质金融服务环境，搭建投融资桥梁，做好金融服务工作。对重点拟上市、挂牌企业，在购地、项目申报等方面给予优先支持，大力实施企业上市培育工程，加快企业上市（挂牌）步伐，促推更多优质企业进入多层次资本市场做大做强。

3. 湘潭高新区

湘潭高新区上市公司创新能力综合得分为 52.23，排在第 120 位，较高新区总体排名下降 12 位，包括创新投入能力得分为 12.59，创新产出能力得分为 25.25，创新保障能力得分为 14.38。优势指标当年新增知识产权价值，说明园区企业知识产权产出的价值较好，企业的创新产出能力较强。设备采购及营销推广经费较弱，表明企业在研发设备上的投入力度和产品推广力度还有较大的提升空间。人均增加值表现一般，即园区企业员工的单位生产效率有很大进步空间。

园区参照市级标准，纷纷出台本地区加快推动资本市场发展的专门政策，形成了"到边到底"的支持体系。经过多年努力，重点支持华菱线缆等企业率先启动上市程序，提供全程保姆式跟踪服务，加快推动企业上市进程；同时，挑选了宏大真空、永达机械、威胜电气、桑顿新能源等一批重点拟上市企业作为第二梯队给予上市指导。以"上市 + 股改"同步联动的方式，把企业股改作为上市的基础工作抓实抓细，打造好上市（挂牌）梯队底基。湖南华菱线缆股份有限公司，该公司首次公开发行股票并在深交所主板上市申请通过证监会发审委审核，将成为湘潭市 13 年来首家新增 IPO 上市企业，也是湖南省实施 IPO 上市企业"破零倍增"计划后，首家过会的湖南省国资委下属国有控股企业。

未来，湘潭高新区要促进企业提升自主创新能力。支持企业与高等学校、科研院所开展产学研联合，进行产学研联合科技攻关；引导和培育企业建立国家级、省级和市级企业技术中心。鼓励企业开发新产品，推广、应用新技术、新工艺、新装备，推动技术创新和技术进步，优先向国家、省有关部门推荐、申报企业重大科技开发、技术创新项目。同时落实好人才奖励政策，为上市后备企业解决急需人才。

4. 益阳高新区

2020 年，益阳高新区健全企业上市工作机制，出台《益阳高新区培育推进企业上市培育行动计划》，引进华大基因、江河源控股等 500 强及上市企业合作项目 10 个，新增科创板上市企业 1 家（金博股份）。

益阳高新区 2020 年上市公司创新能力得分为 60.64，在 142 家拥有上市公司的国家高新区中排在第 76 位，排名明显上升，截至 2020 年底拥有上市公司 5 家。从益阳高新区上市公司创新能力评估情况来看，益阳高新区上市公司在创新产出上表现较好，创新产出能力在 142 家拥有上市公司的国家高新区中排第 68 位；创新投入能力相对较弱，排第 80 位；创新保障能力排在第 70 位。从具体指标来看，益阳高新区上市公司在资产收益、员工激励方面表现突出，在人才结构、高层学历方面相对不足。

基于本次报告评估结果,益阳高新区要有序推进上市培育工作,积极支持解决拟上市企业在上市过程中遇到的相关问题,进一步激发企业上市热情,进一步优化服务推动,为企业上市创造良好条件,形成企业加快发展、竞相上市的良好氛围。

5. 衡阳高新区

2020 年,衡阳高新区组建了一流的企业上市服务平台——衡阳企业上市辅导中心,为企业上市提供全方位、一站式的辅导培育服务,已筛选入库上市培育企业 100 余家。

衡阳高新区上市公司创新能力综合得分为 42.72,排在第 140 位,较国家高新区总体排名下降 13 位,包括创新投入能力得分为 10.02,创新产出能力得分为 21.13,创新保障能力得分为 11.56。管理决策专业度表现亮眼,说明企业管理层的决策管理能力很强。劣势指标有,核心技术储备和营业收入,说明企业的创新底蕴及再生产活动的能力较弱。

未来,衡阳高新区要着力培育优质上市后备资源,加快构建共生、互生、再生的产业生态和企业生态。要研究出台相关政策措施,充分调动企业上市积极性,鼓励和引导上市后备企业利用资本市场实现资源优化配置和制度创新,梯次培育一批能带动经济发展、主业突出、核心竞争力强的上市企业。要坚持创新驱动引领,推动科技创新和制度创新,加快实施高新技术企业倍增计划、科技型中小企业培育计划,不断激发市场主体创新活力。

6. 郴州高新区

目前,郴州高新区拥有省级以上研发平台 28 个,包括省级以上工程技术研究中心 5 家,国家级企业技术中心 1 家(湖南柿竹园有色金属有限责任公司企业技术中心),省级企业技术中心等科研平台 19 家,博士后工作站 3 个(包括湘能华磊光电的国家级博士后工作和郴州金贵银业的省级博士后工作站、湖南金旺铋业的省级博士后工作站),院士工作站 1 个(湖南柿竹园有色金属有限责任公司)。但未能将创新资源来助力企业上市。

郴州高新区上市公司创新能力综合得分为 43.77,排在第 138 位,较国家高新区总体排名下降 21 位,包括创新投入能力得分为 13.74,创新产出能力得分为 17.39,创新保障能力得分为 12.62。其中人均增加值、企业所得税区域贡献度和从业人员人均教育经费为短板指标,说明,企业对员工的培养能力较弱,员工的单位生产效率较低,企业对于所在高新区的税收贡献度还有较大的提升空间。

未来,郴州高新区着力应对上市企业人才短缺问题,要重视和发挥国家高新区创新人才集聚的主平台作用。要全方位优化人才总体发展环境,进一步加快人才高地建设,促进人才资源有效配置。打造园区人才服务平台,努力实现人才共享,统一实时更新管理整合人才信息数据库,多渠道多载体多层面构建人才、企业、政府三方沟通交流平台,突破传统用人机制的刚性约束,建立灵活个性化的人才使用机制;在人才引进和选拔、开发和培育、激励和保障等环节合理分配政策资源,在数字化转型时代,大力发展教育和培训事业,吸纳新知识人口不断为园区注入活力,放大和发挥已有创新人才吸附作用。

二十、广东省

1. 广州高新区

近年来,为进一步加快推进企业上市高质量发展,广州高新区启动实施企业上市苗圃培育工程,推出苗圃企业特训营,携手沪深交易所、区域监管机构、知名投研机构及券商研究所等专家导师,为上市苗圃企业集结顶级投研资源,组织具有实力、富有成效的资本市场知识培训,推动更多优质企业上市。截至2020年底,共培育上市公司60家,其中A股57家,港股3家。

2020年,广州高新区上市公司创新指数得分为75.91,在国家高新区上市公司创新能力中排在第7位,创新保障能力表现较好,但创新产出能力和创新投入能力分别位于第10位和第16位,仍需进一步加强。从具体指标来看,广州高新区在政府创新补贴、市值表现、核心技术储备等方面表现突出,在知识产权产出、可投资性等方面表现较为薄弱,有待进一步提升。从企业表现来看,广州高新区有3家企业进入企业百强榜名单,分别为视源股份、金发科技、海格通信,2010年以来上市企业达45家,占整体的75%,新生力量快速崛起。

在未来发展中,广州高新区要继续强化上市公司质量管理,警惕估值过高风险,积极引导和规范上市公司现金分红,培育长期投资理念,增强资本市场的吸引力;引导区内上市公司高度重视知识产权开发、运用与保护,抢占市场先机,稳固市场地位,增强企业的核心竞争力。

2. 深圳高新区

近年来,深圳市借助深圳高新投持续推进上市企业培育工作,首创"投保联动",利用创业投资、债券增信等多种业务组合,将自身的担保信用资源、金融机构的信贷资源、创投机构的直接投资及企业的市场资源与创新能力等进行多方位整合,帮助企业实现信息对接及渠道整合,扶持企业克服发展过程中的各种难题。此外,深圳高新区南山园、坪山园等纷纷启动上市培训基地,积极打造全方位科技金融服务支撑体系,先后培育出各类上市公司162家,其中A股147家、港股11家、美股4家。

2020年,深圳高新区上市公司创新能力表现优秀,创新能力得分为80.31,在国家高新区上市公司创新能力中排第二,创新投入能力排在第13位,表现较差,创新产出能力和创新保障能力分别为第四和第二。从具体指标来看,深圳高新区上市公司在员工薪酬激励、可投资性、区域纳税贡献等方面表现一般,还有较大提升空间。从企业表现来看,有6家企业入选创新百强企业榜单,其中中兴通讯、华润三九、大族激光为老牌龙头企业,而中国广核、光峰科技、传音控股均为2019年上市企业,发展前景看好。

在未来发展中,深圳高新区要积极引导企业多手段增加员工福利待遇,切实增强员工的城市归属感,减少流动性;加强对上市公司管理层在经营管理、资金运作等方面的公共培训,提升上市公司的经营能力;要充分发挥上市公司示范引领作用,在科技创新领域展现大谋略、大格局,在社会民生领域展现大担当、大作为。

3. 中山高新区

近年来,中山市出台《中山市人民政府关于进一步促进企业上市的意见》等政策措施,发放企业上市扶持资金5000万元，以真金白银支持企业上市；组建10亿元规模的民营上市公司发展专项基金；为企业改制上市相关审批、办证事项开辟绿色通道。完善推动企业上市联动机制，畅通与上市后备企业沟通机制，及时更新后备上市企业、后备新三板挂牌企业名单；协助企业理顺历史沿革、规范财务数据、完善治理架构、落实厂房用地等，促进后备企业加快改制进程。中山高新区举办多层次资本市场业务培训班，邀请深交所、知名证券中介机构等专家学者为企业专题授课，分析新政策、解读新形势，挖掘上市后备资源。同时，加强对资本市场政策法规和行业动态的宣传，普及企业改制上市知识，通过"组合拳"的方式，全方位提供企业上市上板扶持服务。

在《国家高新区上市公司创新能力评价报告2021》中，中山高新区上市公司创新能力排在第31位，较2020年排名（第41位）上升10位。从一级指标来看：创新投入能力排在第36位；创新产出能力排在第40位；创新保障能力排在第21位，是表现最好的。从三级指标来看：研发人员数量、企业获得的政府创新补助和当年新增专利数量是优势指标，其中当年新增专利数量排在第11位，是表现最好的；硕士学历及以上人员占企业员工比重、研发人员人均经费和从业人员人均教育经费是短板指标。

今后，中山高新区要以"企业自愿、市场主导、政府推动"原则，按照"储备一批、培育一批、辅导一批、申报一批、上市一批"工作思路，坚持企业改革上市与推动投融资体制改革、实现产业结构优化升级、促进建立现代企业制度相结合的工作思路及目标规划，不断推动更多的企业登陆资本市场。

4. 佛山高新区

近年来，为促进企业上市、增资扩产，佛山高新区围绕瞪羚企业、制造业单打冠军企业及独角兽企业的认定和扶持工作，通过走访发动、政策扶持等方式，促进佛山高新区企业对接资本市场服务，引导金融资源支持科技型企业的发展，发动瞪羚独角兽企业进入上市后备库、科技创新专板及培育库等，以科技金融深度融合支撑带动高新区高质量发展。截至2020年底，共培育上市公司24家，其中A股23家，港股1家，高企占比75%。

2020年，佛山高新区上市公司创新指数得分为70.89，在国家高新区上市公司创新能力中排在第19位，创新投入能力表现较差，仍需进一步强化。从具体指标来看，佛山高新区在知识产权产出、资本结构、企业组织变革等方面表现优秀，但在研发投入力度、人均增加值、员工教育支出等方面表现较差，仍需保持重点关注。从企业表现来看，佛山高新区没有企业进入企业百强榜名单，科达制造、万和电气等老牌企业表现出较强竞争力，新兴企业略微逊色，创新发展潜力有待进一步释放。

在未来发展中，佛山高新区要积极引导和支持上市公司加大研发投入，引领带动本地产业转型升级发展；强化上市公司员工教育培训，有效提升员工技能素养，全方位激发企业创新活力，有效提高产出效能。

5. 惠州仲恺高新区

近年来，仲恺高新区高度重视企业上市工作，积极宣传引导企业筹备上市，组建上市企业后备资源库，定期跟踪库内企业经营情况，建立上市企业工作专班，协调各职能部门在政策范围内，为企业提供绿色通道，在项目立项、优惠政策落实、税收、土地指标、合法证明等方面给予支持。

截至 2020 年底，累计培育上市公司 5 家，其中主板 3 家，创业板 1 家，"十三五"间新增 2 家，展现出较为出色的成长潜力。

2020 年，仲恺高新区上市公司创新指数得分为 73.50，在国家高新区上市公司创新能力中排在第 13 位，创新投入能力和创新保障能力表现较为薄弱，仍需进一步加强。从具体指标来看，受 TCL 等总部型企业影响，仲恺高新区上市公司在研发活动区域集中度、设备采购及营销推广、知识产权产出等方面表现极为优秀，在员工教育支出、总资产收益率、可投资性等方面表现一般，还有较大提升空间。从企业表现来看，仅有 TCL 科技 1 家企业入选创新百强企业榜单，位列第七，但德赛西威、亿纬锂能等企业同样展现出较强竞争力，创新发展活力十足。

在未来发展中，仲恺高新区要重点加强对区内上市公司管理层在经营管理、资金运作等方面的公共培训，提升上市公司的经营能力；继续引导上市公司切实履行社会责任，通过现金分红、股份回购等方式继续回报投资者；鼓励区内上市公司强化员工教育培训，有效提升员工技能素养，为企业未来发展塑造核心竞争力。

6. 珠海高新区

珠海高新区拥有政府天使投资基金、产业发展投资基金、政策性融资担保、"成长之翼"助贷、市首个企业创新及信用评估线上平台、上市培育服务等科技金融服务平台，全力助推区内符合条件的企业上市，截至 2020 年底，已培育出 24 家上市企业，其中 A 股 19 家、港股 4 家、美股 1 家。值得注意的是，高新区上市公司中高企占比高达 58.33%，创新发展活力十足。

据 2020 年国家高新区上市公司数据显示，珠海高新区上市公司发展态势极为迅猛，创新能力指数得分达 78.32，排在第 4 位，较 2019 年上升一个名次，创新产出能力表现仅次于中关村科技园区，但创新投入能力表现较弱，仍需重点关注。从具体指标来看，知识产权储备、专利产出等方面表现优秀，人才结构、可投资性等方面表现相对不足，有较大的提升空间。从企业表现来看，格力电器、纳思达等老牌企业表现强势，在企业百强榜中分别位列第 1 名和第 80 名，全志科技、汤臣倍健等新生力量亦在飞速崛起。

在未来发展中，珠海高新区要围绕产业发展需求，积极引导上市公司在人才招引方面下功夫，努力提升人才待遇及福利水平，大力集聚高精尖人才及高学历应届毕业生，为高新区创新发展储备核心力量；千方百计增强上市公司盈利能力，引导具备分红条件的公司实施中期分红，增加分红频率，逐步提高现金分红比例，增强投资者长期持股信心。

7. 东莞松山湖高新区

近年来，东莞松山湖高新区引进银行、投资、证券等各类金融机构近 180 多家，推出上市公司总部基地，完善中小企业上市培育机制，不断加大对小升规、规改股、股上市企业的支持，发布《东莞松山湖中小微企业融资风险补偿资金池管理实施办法》，目前拥有上市后备企业 25 家。此外，东莞松山湖高新区支持市属国有企业加快培育上市资源，打造优质上市公司，鼓励市属国有企业通过并购重组控股上市公司。

东莞松山湖高新区 2020 年上市公司创新能力得分为 61.95，在 142 家拥有上市公司的国家高新区中排在第 68 位，较 2019 年下降 21 位，截至 2020 年底拥有上市公司 4 家。从东莞松山湖高新区上市公司创新能力评估情况来看，东莞松山湖高新区上市公司在创新保障上表现较好，创新保障能力在142家拥有上市公司的国家高新区中排第40位；创新投入能力相对较弱，排第117位；创新产出能力排第54位。从具体指标来看，东莞松山湖高新区上市公司在核心技术储备、资产收益方面表现突出，在人才结构、研发活动集中方面相对不足。

基于本次报告评估结果，东莞松山湖高新区要加快推动松山湖天使投资基金落地，扶持一批科技型中小企业发展壮大，推动高企量质双升，提升上市增量、优化现有存量，把功能区打造为东莞培育企业上市的示范区和探索模式创新的引领区。

8. 肇庆高新区

近年来，肇庆高新区为加快推进区内企业对接多层次资本市场，实现多渠道直接融资，提高区内企业上市积极性，促进区内企业转型升级、实现企业做大做强，推动高新区高质量发展，管委会办公室印发《肇庆市支持企业利用资本市场优惠奖励办法》。肇庆高新区的金三江（肇庆）硅材料股份有限公司在深交所创业板成功上市，是深交所创业板改革并试行注册制以来，肇庆首家通过注册制成功上市的企业。金三江成为肇庆高新区本土培育的第一家上市企业，实现了"零的突破"，成为近年来高新区利用资本市场实现高质量发展的一个杰出代表。

肇庆高新区上市公司创新能力综合得分为55.42，排在第103位，较高新区总体排名下降21位，包括创新投入能力得分为14.24，创新产出能力得分为26.7，创新保障能力得分为14.49。其中总资产收益率表现较好，说明企业收益能力较好，公司的竞争实力和发展能力较强，但企业组织变革和股息率还有较大提升空间，园区企业为推进创新成果转化而新设子公司的资金投入力度不强，企业具有的投资价值一般。

未来，肇庆高新区需加大扶持培育力度，确保科技创新企业没有"后顾之忧"。一方面，充分发挥好各类政府投资基金的作用，与商业银行、创投机构等加强合作，对具有发展潜力的科技企业源源不断进行"输血"；另一方面，加快各类资本市场建设，大力拓宽企业融资渠道，努力为科技创新企业做大做强，提供全面的金融服务和资金支持。

9. 江门高新区

2013年，江门市政府印发了《江门市人民政府办公室关于进一步推动市区企业改制上市的实施意见》《关于对市区企业在全国中小企业股份转让系统、天交所和香港H股上市给予奖励的通知》，对企业的上市奖励政策进行了重新修订和调整，加大对企业改制上市的扶持力度。江门市分别与上交所、深交所、天交所和新三板等签订战略合作协议，积极推动企业利用资本市场做大做强。市金融局联合科技局、财政局、统计局和人民银行江门市中心支行出台了《支持上市企业、上市后备企业、股权挂牌企业和信用良好级企业开展研发融资的奖补办法》，为相关企业提供研发融资支持，已初步构建上市公司、报会企业、辅导企业、股改启动企业到跟踪培训企业的金字塔式上市梯队格局。近年来，江门高新区先后引入了广东金融高新区股权交易中心、深圳前海股权交易中心和广州股权交易中心在区域内设立江门分中心，加速区域性股权交易市场的引进；积极对接广东股权交易中心，在辖区设置分支机构。

在《国家高新区上市公司创新能力评价报告2021》中，江门高新区上市公司创新能力排在第53位，较2020年排名（第35位）下降18位。从一级指标来看：创新投入能力排在第60位；创新产出能力排在第52位；创新保障能力排在第51位。从三级指标来看：研发人员数量、研发投入强度和总市值均值是优势指标；研发人员人均经费、硕士学历及以上人员占企业员工比重和员工薪酬激励是短板指标。

今后，江门高新区要继续营造良好的市场环境，加大力度推动金融创新发展，促进经济产业转型升级，着力优化金融生态环境，大力发展普惠金融，鼓励广大企业积极进入资本市场，借力金融资本做强实体经济，打造境内外资本市场"江门板块"，为全区实现高质量发展提供了有力的支撑和保障。

10. 清远高新区

2020年，清远高新区积极引入社会资本，与粤科金融集团、广州力华投资、深圳诺亚信创投等投资公司合作成立了总规模超15亿元的4支产业基金，为粤东西北地区探索产业金融支撑创新发展的模式树立了典范。此外，引进猪八戒网等一批科技服务机构，成立知识产权对接转化中心、科研成果信息资源库等创新载体，建成广东省清远科技金融综合服务中心清远分中心，开展普惠性科技金融风险准备金试点，为创新型中小微企业发展提供有力支撑。

清远高新区2020年上市公司创新能力得分为59.54，在142家拥有上市公司的国家高新区中排在第81位，2020年豪美新材、东鹏控股2家公司在深交所主板实现上市，实现零的突破。从清远高新区上市公司创新能力评估情况来看，清远高新区上市公司在创新产出上表现较好，创新产出能力在142家拥有上市公司的国家高新区中排在第71位；创新投入能力相对较弱，排在第94位；创新保障能力排在第76位。从具体指标来看，清远高新区上市公司在资产收益、员工激励方面表现突出，在人才结构、高层学历方面相对不足。

基于本次报告评估结果，清远高新区要加快挖掘并培育拟上市企业，选出一批在行业内占据优势、有发展潜力的企业，按照"储备一批、培育一批、股改一批、上市一批"原则，分层次按阶段壮大上市培育企业库。

11. 汕头高新区

近年来，汕头市政府出台《关于进一步鼓励上市公司限售股股权转让交易的实施办法》等一系列扶持政策，鼓励上市公司加大对地方经济的贡献，支持通过转让上市公司限售股促进上市公司健康发展，提高上市公司质量，对自然人持有者或法人股持有者转让上市公司限售股并在我市依法纳税，达到约定财政贡献量的给予奖励，避免上市公司限售股股东到外地进行减持，鼓励企业利用资本市场上市融资，推动产业升级，吸引实力企业在汕投资。汕头高新区鼓励和引导大型骨干企业增强市场主体地位，并对其加强政策资源支持，实行用地优先保障，优先保障用电需求、提供义务教育学位、开通"绿色通道"服务，培育一批年销售收入超百亿元企业。同时，加强上市企业培育，鼓励企业借助资本市场发展壮大。

在《国家高新区上市公司创新能力评价报告2021》中，汕头高新区上市公司创新能力排在第42位，较2020年排名（第55位）上升13位。从一级指标来看：创新投入能力排在第54位；创新产出能力排在第33位；创新保障能力排在第53位。从三级指标来看：员工薪酬激励和企业所得税区域贡献度是优势指标；硕士学历及以上人员占企业员工比重、研发投入强度和从业人员人均教育经费是短板指标。

今后，汕头高新区要强化统筹协调，多渠道构建风险共济机制，充分发挥资金的引导作用和杠杆效应，鼓励证券机构、保险机构、商业银行、社会资本等积极参与，全力帮助上市企业纾解股权质押困难，促进其健康发展，不断筑牢高质量发展基础，推动实体经济发展壮大。

12. 湛江高新区

截至 2020 年底，湛江高新区累计拥有 1 家国家级研发机构、3 家省级重点实验室、3 家省级以上新型研发机构、28 家省级企业研发机构；拥有 5 个科技企业孵化器、4 个众创空间、2 个加速器，其中，湛江高新区科技创业服务中心在 2019 年度国家级科技企业孵化器评价中获评 A 级。大力支持和培育创新型企业，新增高新技术企业 20 家，新增科技型中小企业 30 家，积极搭建上市企业后备资源库，推动鸿智科技新三板转板上市，推动家用电器、聚鑫新能源上市筹备。

湛江高新区上市公司创新能力综合得分为 53.63，排在第 114 位，较高新区总体排名上升 5 位，包括创新投入能力得分为 13.44，创新产出能力得分为 26.45，创新保障能力得分为 13.73。管理决策专业度表现较好，说明湛江高新区上市公司管理层的决策管理能力较好。总资产收益率表现较差，说明企业收益能力，公司的竞争实力和发展能力较弱。人均增加值表现一般，园区企业员工的单位生产效率成长空间巨大。

未来，湛江国家高新区要面向国家战略和产业发展需求，通过支持设立分支机构、联合共建等方式，积极引入境内外高等学校、科研院所等创新资源。支持国家高新区以骨干企业为主体，联合高等学校、科研院所建设市场化运行的高水平实验设施、创新基地。积极培育新型研发机构等产业技术创新组织。对符合条件纳入国家重点实验室、国家技术创新中心的，给予优先支持。

13. 茂名高新区

近年来，茂名高新区作为茂名唯一的国家级高新区，一直高度重视工业立区、创新引领发展，从完善产业布局、提振科技金融等多方面支持科技型企业充分利用资本市场发展壮大。

茂名高新区上市公司创新能力综合得分为 44.39，排第 136 位，较国家高新区总体排名下降 11 位，包括创新投入能力得分为 11.77，创新产出能力得分为 20.92，创新保障能力得分为 11.68。短板指标有企业获得的政府创新补助和总市值均值，说明企业基本保障能力较弱，国家高新区对企业创新的支持力度较低，企业开展创新活动的积极性不高。

未来，高新区在安排各项政策性扶持资金和有关专项资金时同等条件下优先支持符合条件的上市后备企业。优先支持报会报辅和金种子银种子进入上市挂牌辅导期的上市后备企业申报国家高新技术产业化基金高新技术成果转化风险投资基金、中小企业发展专项资金国家重点研发计划国债项目财政贴息资金等项目资金。

二十一、广西壮族自治区

1. 南宁高新区

近年来，为了让更多的企业快速成长，南宁高新区精准服务壮大创新企业，出台促进企业创新创业的系列发展政策，鼓励企业加大研发投入，加强自主创新能力；依托开发区现有产业基础，为高企、瞪羚和瞪羚培育企业引进高层次技术、管理人才和职业技能人才；鼓励企业引入各类风险投资，加大对瞪羚和瞪羚培育企业在贷款贴息、融资担保、科技保险等方面的支持力度；对有用地需求的瞪羚企业予以优先支持，支持企业积极融入中国（广西）自贸试验区建设和面向东盟的国际开放合作，参与跨国并购及海外上市。

2020年，南宁高新区上市公司创新能力得分为62.06，在142家拥有上市公司的国家高新区中排在第66位，与2015年相比，创新能力整体呈下降态势，截至2020年底拥有上市公司9家。从南宁高新区上市公司创新能力评估情况来看，南宁高新区上市公司在创新产出上表现较好，创新产出能力在142家拥有上市公司的国家高新区中排在第59位；创新投入能力相对较弱，排在第71位；创新保障能力排在第60位。从具体指标来看，南宁高新区上市公司在知识产出、开放创新及数字化转型方面表现突出，在研发经费支撑、资产收益方面相对不足。

基于本次报告评估结果，南宁高新区要严格落实《关于金融支持实体经济发展暂行办法》，加强企业帮扶培育，注重服务好规上企业，关注培育中小企业，引导向"专精特新尖"方向发展，形成大中小企业金字塔培育体系；积极培育拟上市后备企业，全面推进上市企业梯队培育。

2. 桂林高新区

近年来，桂林高新区出台扶持和奖励企业上市暂行办法，鼓励区内企业积极改制上市，创新投融资强化资金保障，同时以开展"354560"提速行动和优化营商环境重点指标百日攻坚行动为突破口，持续打造良好营商环境，在扶持企业做大做强，促进产业和资本市场结合上取得了新进展。

桂林高新区2020年上市公司创新能力得分为62.33，在142家拥有上市公司的国家高新区中排在第63位（与2019年相比上升17位），截至2020年底拥有上市公司5家，4家为民营企业。从桂林高新区上市公司创新能力评估情况来看，桂林高新区上市公司在创新投入上表现较好，创新投入能力在142家拥有上市公司的国家高新区中排在第57位，其中，在员工薪酬激励和研发投入强度方面表现突出；创新保障能力相对较弱，排在第77位，其中，在营业收入和员工培训方面表现不好，有较大提升空间；创新产出能力排在第61位。

基于本次报告评估结果，桂林高新区要立足园区产业发展特色，加快瞪羚企业培育，培育更多的辖区企业上市，扩大上市公司数量；鼓励上市公司提高营业收入，扩大产品研发，打造企业知名品牌。在企业和政府共同努力下，未来会有更多园区企业成功上市，实现经济快速发展。

3. 柳州高新区

为助力企业在资本市场获得更好地发展，柳东新区始终致力于推动柳东新区企业上市（挂牌）工作，通过多种形式地鼓励、引导企业进行股份制改造，出台《关于推进企业上市融资发展暂行办法》，为企业在不同板块上市提供全流程扶持，拓宽企业融资渠道。多重"组合拳"提升了新区企业在资本市场的活跃度，有效地带动了各类型企业参与资本市场的积极性，企业整体竞争力显著提升。截至目前，柳东新区累计拨付企业上市扶持资金4020万元，2021年已拨付扶持资金330万元。

柳州高新区2020年上市公司创新能力得分为61.72，在142家拥有上市公司的国家高新区中排第70位，比去年下降6位，截至2020年底拥有上市公司3家。从柳州高新区上市公司创新能力评估情况来看，柳州高新区上市公司在创新投入上表现较好，创新投入能力在142家拥有上市公司的国家高新区中排在第52位；创新产出能力相对较弱，排在第75位；创新保障能力排在第59位。从具体指标来看，柳州高新区上市公司在员工激励、高层学历方面表现突出，在研发投入、知识产出方面相对不足。

基于本次报告评估结果，柳州高新区要运用税务、环保、土地、融资等数据信息，将政银企三方有效地衔接在一起，为企业提供全面、完善的综合金融服务，重点鼓励新区独角兽、瞪羚企业尽可能地向主板、创业板、科创板等板块发起冲击，进一步加大企业上市融资机会。

4. 北海高新区

北海高新区推进企业上市，天下秀公司于2020年6月份成功在上交所A股主板上市，去年已实现营业收入超23亿元、纳税超8300万元，占地600多亩的网红城市项目正在顺利推进，建成后将成为园区一张新名片，拉动北海市及周边经济文化发展。

北海高新区上市公司创新能力综合得分为48.41，排第130位，较国家高新区总体排名上升4位，包括创新投入能力得分为12.07，创新产出能力得分为23.88，创新保障能力得分为12.44。当年新增专利数量，核心技术储备和股息率表现一般，说明园区企业的高质量创新成果的产出效率，引导企业开展具有较高原创性的创新活动的能力较低，企业的创新底蕴不足，具有投资价值的能力差。

未来，北海高新区要支持企业与高等学校、科研院所开展产学研联合，进行产学研联合科技攻关；引导和培育企业建立国家级、省级和市级企业技术中心。鼓励企业开发新产品，推广、应用新技术、新工艺、新装备，推动技术创新和技术进步，优先向国家、省有关部门推荐、申报企业重大科技开发、技术创新项目。同时落实好人才奖励政策，为上市后备企业解决急需人才。

二十二、海南省

海口高新区

近年来，海口高新区出台系列金融政策，对金融机构落地、企业挂牌上市融资、企业成功发债融资、企业股改予以奖励，提供金融或上市辅导，积极吸引拟上市和上市企业落户园区。

海口高新区2020年上市公司创新能力得分为55.99，在142家拥有上市公司的国家高新区中排在第100位，排名有所下降，截至2020年底拥有上市公司5家。从海口高新区上市公司创新能力评估情况来看，海口高新区上市公司在创新产出上表现较好，创新产出能力在142家拥有上市公司的国家高新区中排在第90位；创新投入能力相对较弱，排在第113位；创新保障能力排在第91位。从具体指标来看，海口高新区上市公司在商誉增值、研发投入强度方面表现突出，在人才结构、税收贡献方面相对不足。

基于本次报告评估结果，海口高新区要继续推动园区企业深度对接资本市场，为上市后备企业提供更为优惠的政策和更加优质的服务，支持更多优质企业上市融资发展，打造支持实体经济发展的新兴金融业态。

二十三、四川省

1. 成都高新区

近年来，成都高新区不断完善上市后备企业培育服务机制围绕五大产业功能区、三大主导产业生态圈和科技创新生态链，构建起五级上市后备企业梯度培育体系和"五化"服务体系，深入实施创新资本链接计划，建立企业股权融资进阶培训体系和分类精准链接服务机制，开展早期诊断服务，帮助拟上市企业建立良好的公司治理结构，形成独立运营和持续发展的能力。截至 2020 年底，共培育上市公司 33 家，其中 A 股 29 家，港股 4 家，高企占比 75.76%，上市公司培育成效显著。

2020 年，成都高新区上市公司创新指数得分为 72.42，在国家高新区上市公司创新能力中排在第 18 位，创新保障能力表现极为亮眼。从数据表现来看，成都高新区人才结构正在向高学历化、重研究化方向演进，研发强度不断增强，但在人均增加值、总资产收益率、可投资性等方面表现较差，仍需保持重点关注。从企业表现来看，仅有成都先导 1 家新兴企业进入企业百强榜名单，排在第 95 位，运达科技、科伦药业等新兴企业同样表现出较强竞争力，老牌企业略微逊色，创新发展潜力有待进一步释放。

在未来发展中，成都高新区要重点加强对区内上市公司管理层在经营管理、资金运作等方面的公共培训，全方位激发企业创新活力，提升企业产出效能；继续引导上市公司切实履行社会责任，通过现金分红、股份回购等方式继续回报投资者。

2. 绵阳高新区

近年来，绵阳市印发《绵阳市推进企业上市"钻石工程"计划（2021—2025）》等文件，从构建奖补体系、支持募投项目用地、支持重大项目申报等方面提出一系列支持政策，有效促进全市企业通过多层次资本市场实现转型升级、做大做强。建立健全"入库引导＋股改推动＋过程激励＋上市奖补＋融资补助"等涵盖企业上市挂牌融资全过程的财政奖补政策体系，引导企业尽早启动规范化改制和股改上市挂牌进程，鼓励已上市挂牌企业积极开展并购重组和再融资，支持有关部门和机构深入开展上市挂牌培育辅导。绵阳高新区鼓励企业上市融资，对企业在上海证交所、深圳证交所上市的，按 IPO 募集资金额的 0.3% 奖励，最高不超过 300 万元，企业进入股份报价转让系统挂牌成功的，奖励 20 万元。

在《国家高新区上市公司创新能力评价报告 2021》中，绵阳高新区上市公司创新能力排第 46 位。从一级指标来看：创新投入能力排在第 44 位；创新产出能力排在第 49 位；创新保障能力排在第 55 位。从三级指标来看：研发人员人均经费、当年新增专利数量、企业所得税区域贡献度和董事长受高等教育年限是优势指标，其中研发人员人均经费排名第一；研发投入强度、研发人员数量和从业人员人均教育经费是短板指标。

今后，绵阳高新区要坚持"企业自愿、市场主导、政府引导"原则，按照"储备一批、培育一批、改制一批、上市一批"的工作思路，加大企业上市挂牌工作推进力度，形成企业梯次对接资本市场的良好格局。建成较为完善的覆盖企业发展全过程服务的孵化培育体系、政策支撑体系和投融资服务体系，着力培育一批主业突出、成长性好、带动力强、符合国家产业政策的上市挂牌后备企业，着力形成高新区间接融资、直接融资双轮驱动的融资格局。

3. 自贡高新区

2020 年以来，自贡高新区积极落实自贡市《关于加快企业上市培育提高上市公司质量的实施方案》，主动培育上市后备企业、促进上市公司健康发展，推进资本市场培育发展。

自贡高新区 2020 年上市公司创新能力得分为 57.28，在 142 家拥有上市公司的国家高新区中排第 88 位，比 2019 年上升 23 位，截至 2020 年底拥有上市公司 3 家。从自贡高新区上市公司创新能力评估情况来看，自贡高新区上市公司在创新产出上表现较好，创新产出能力在142家拥有上市公司的国家高新区中排在第79位；创新投入能力相对较弱，排在第103位；创新保障能力排在第94位。从具体指标来看，自贡高新区上市公司在商誉增值、人员培训方面表现突出，在税收贡献、资产收益方面相对不足。

基于本次报告评估结果，自贡高新区要紧抓国家科创板改革、注册制改革、创业板改革、新三板改革、北交所等重大机遇，充分发挥资本市场作用，推进企业境内外上市，助力企业利用资本市场做强做优、提质增效，促进园区经济高质量发展。

4. 乐山高新区

近年来，乐山高新区高质量打造四川省首批科技成果转移转化示范区，建成四川省科技金融示范区，实现科技引领从试点示范向创新高地转变。现有国家级科技企业孵化器1个、国家级小微企业创新创业示范基地1个、国家级农业科技园1个、国家级重点实验室2个，国家高新技术企业27家，科技型中小企业52家，上市、挂牌企业26家。

乐山高新区上市公司创新能力综合得分为54.82，排在第107位，较高新区总体排名下降28位，包括创新投入能力得分为13.40，创新产出能力得分为27.04，创新保障能力得分为14.37。管理决策专业度表现较好，说明乐山高新区上市公司管理层的决策管理能力较好。研发强度表现较弱，说明企业研发投入强度还有较大提升空间，园区企业对研发和技术创新的重视程度及投入能力有待加强。股息率表现较弱，说明企业投资价值较低。

未来，乐山高新区要支持企业与高等学校、科研院所开展产学研联合，进行产学研联合科技攻关；引导和培育企业建立国家级、省级和市级企业技术中心。鼓励企业开发新产品，推广、应用新技术、新工艺、新装备，推动技术创新和技术进步，优先向国家、省有关部门推荐、申报企业重大科技开发、技术创新项目。同时落实好人才奖励政策，为上市后备企业解决急需人才。

5. 泸州高新区

近年来，泸州高新区对在境内外挂牌上市和在天府（四川）股权交易中心挂牌的科技企业，给予8万~200万元的奖励。2020年，辅导国久大数据完成新三板挂牌申报工作，兑现18家企业上市挂牌奖补资金108万元。

泸州高新区上市公司创新能力综合得分为46.06，排在第133位，较国家高新区总体排名下降10位，包括创新投入能力得分为10.44，创新产出能力得分为22.51，创新保障能力得分为13.11。优势指标有管理决策专业度，企业管理层的决策管理能力表现良好。短板指标有研发强度和企业所得税区域贡献度，表明园区企业对研发和技术创新的重视程度及投入能力不足及对于所在高新区的税收贡献度不高。

未来，泸州高新区要为企业引进创新资源，助力企业上市。要面向国家战略和产业发展需求，通过支持设立分支机构、联合共建等方式，积极引入境内外高等学校、科研院所等创新资源。支持国家高新区以骨干企业为主体，联合高等学校、科研院所建设市场化运行的高水平实验设施、创新基地。积极培育新型研发机构等产业技术创新组织。对符合条件纳入国家重点实验室、国家技术创新中心的，给予优先支持。

二十四、贵州省

1. 贵阳高新区

近年来,贵州省制定出台"支持企业上市发展八条措施"等政策,对在贵州省登记注册的拟上市企业,要求简化提交申报材料。对纳入贵州省上市挂牌后备企业资源库的拟上市企业予以重点支持,并给予政策性资金扶持;拟上市企业在贵州省注册,主营业务和主营业务收入占比符合相关规定的,给予企业所得税税率优惠;纳入贵州省上市挂牌后备企业资源库的中小高新技术企业,以未分配利润、盈余公积、资本公积向个人股东转增股本的,符合税法规定的可向主管税务机关备案后,在5个公历年度内(含)分期缴纳个人所得税。证券、基金公司协助贵州省引入拟上市企业并纳入省级上市后备资源库的,对证券、基金公司相关团队给予奖励。此外,纳入贵州省省级上市后备资源库的拟上市企业的高管人才,在住房、科研、教育等方面可享受相关优惠政策。贵阳市人民政府制定《贵阳市推进企业科创板上市实施方案》,加快推动企业科创板上市,支持企业充分利用资本市场做大做强,更好地推进科技创新、产业升级,提高实体经济发展水平。

在《国家高新区上市公司创新能力评价报告2021》中,贵阳高新区上市公司创新能力排名第32位,较2020年排名(第37位)上升5位。从一级指标来看:创新投入能力排名第49位;创新产出能力排名第27位,表现最好;创新保障能力排名第39位。从三级指标来看:企业所得税区域贡献度是优势指标;研发投入强度、员工薪酬激励和董事长受高等教育年限是短板指标。说明贵阳高新区对地方经济的辐射带动作用很大。

今后,贵阳高新区要深入贯彻落实省委、省政府关于"大力实施企业上市培育行动"的工作部署,立足新发展阶段、贯彻新发展理念,围绕"四新"主攻"四化",加大企业上市政策扶持力度,大力推进企业上市,为全省、全市经济高质量发展提供支撑。

2. 安顺高新区

安顺高新区坚决按照创新驱动高质量发展的总体要求,聚焦聚力,抓创新、谋发展、促转型。不断优化营商环境,做优服务质量,坚持"问题导向、注重实效",建立干部联系企业常态化制度,及时了解企业发展状况,帮助企业解决问题。

安顺高新区上市公司创新能力综合得分为54.11,排名第110位,较高新区总体排名上升5名,包括创新投入能力得分为13.00,创新产出能力得分为26.79,创新保障能力得分为14.32。员工薪酬激励表现突出,说明企业从业人员所在城市的住房压力较小,能够吸引人才、留住人才,也反映了企业对于人才的重视度较高。商业变革力度表现一般,说明园区企业为推进创新成果转化而新设子公司的资金投入力度不强。硕士及以上人员占企业员工比重,说明企业高学历人才占比较低,企业从业人员综合素质需要进一步提升。

未来,安顺高新区要坚持"政府推动、企业为主、点面结合、长短结合"的原则,充分发挥政府的鼓励、支持和引导作用,广泛调动有关机构和企业的积极性。重点做好上市后备企业的上市培育,兼顾一般中小企业的规范化辅导,引导中小企业不断优化自身的管理体制和经营运作机制,充分利用各方面的市场资源寻求发展,夯实企业上市基础。坚持短期效应与长远发展相结合,做好后备梯队规划,实行滚动培育。

二十五、云南省

1. 昆明高新区

近年来，云南省将推进企业上市工作作为发展多层次资本市场、推进经济转型升级的重要突破口和着力点，针对企业上市的难点和痛点，对症下药，有针对性地制定出台政策措施，帮助和支持更多的企业上市发展。昆明市制定《推进企业上市三年行动方案（2019—2021年）》，对于科创板上市的企业，分阶段给予累计500万元的补助。昆明高新区加强与科技部、证监会和省市有关部门的沟通协调，积极推进企业上市融资工作，并成立由管委会主要领导任组长，各职能部门参加的金融工作领导小组，建立企业改制上市协调会等工作机制。昆明高新区正式出台《鼓励企业上市及投融资发展暂行办法》，由财政预算出资设立"投融资发展专项资金"，专项用于鼓励企业上市、扶持贷款担保、支持股权投资，以及鼓励金融机构和投融资机构入区发展。

在《国家高新区上市公司创新能力评价报告2021》中，昆明高新区上市公司创新能力排名第29位，较2020年排名（第31位）上升2位。从一级指标来看：创新投入能力排名第39位；创新产出能力排名第32位；创新保障能力排名第23位，表现最好。从三级指标来看：研发人员数量、企业获得的政府创新补助、企业所得税区域贡献度、总市值均值和从业人员人均教育经费是优势指标，其中企业所得税区域贡献度排第3名，表现最好；研发人员人均经费、研发投入强度是短板指标。

今后，昆明高新区要按照"储备一批、培育一批、申报一批、上市一批"路径，坚持"企业主动、政府推动、市场拉动、中介联动"思路，聚焦优势产业、优质企业，精准储备一批上市后备企业，强化政策、资源和服务支撑，加快推进企业上市进程。

2. 玉溪高新区

近年来，玉溪高新区实施高新技术企业上市培育工程，对主体在高新区成功上市的高新技术企业给予补助，支持企业上市融资；对主体在高新区、成功在国内主板及境外（含港、澳、台）资本市场上市的企业予以奖励，加快企业上市步伐。

玉溪高新区2020年上市公司创新能力得分为57.17，在142家拥有上市公司的国家高新区中排名第91位，排名明显上升，截至2020年底拥有上市公司1家。从玉溪高新区上市公司创新能力评估情况来看，玉溪高新区上市公司在创新投入上表现较好，创新投入能力在142家拥有上市公司的国家高新区中排名第78位；创新保障能力相对较弱，排名第102位；创新产出能力排名第86位。从具体指标来看，玉溪高新区上市公司在商誉增值、人均增加值方面表现突出，在员工薪酬激励、新增专利方面相对不足。

基于本次报告评估结果，玉溪高新区要按照"储备一批、培育一批、辅导一批、上市一批"的工作路径，坚持"企业主动、政府推动、市场拉动、中介联动"思路，大力推进企业上市工作；精准确定三年上市"金种子"企业，集中政策和资金等资源，予以重点扶持、重点推进、重点突破。

二十六、陕西省

1. 西安高新区

近年来，西安高新区先后出台《西安国家自主创新示范区关于支持企业上市发展若干政策》《西安高新区关于加快推进"硬科技"企业上市工作的实施意见》《西安高新区关于加快推进重点拟上市"硬科技"企业上市的专项政策》等政策，设立了"上市企业后备资源库"，根据企业经营指标、上市进度、引进融资情况、科研情况、企业估值等维度，将企业划分为"精选层""优质层""培育层"三个梯度进行培育和管理，实现精细化培育和服务。安排专人进行一对一服务，帮助企业分析上市过程中遇到的问题；帮助研判企业可能遇到的问题，提前做好应对预案；制定工作推进"作战图""时间表"，及时提供合理化建议，帮助企业扫清上市障碍。同时加大了对企业研发投入的奖励力度；鼓励券商直投科创板企业；设立"高新区龙门贡献奖"，对表现突出的中介机构予以鼓励，发挥典型引领作用。

在《国家高新区上市公司创新能力评价报告 2021》中，西安高新区上市公司创新能力排名第30位，较 2020 年排名（第 36 位）上升 6 位。从一级指标来看：创新投入能力排名第 33 位；创新产出能力排名第 37 位；创新保障能力排名第 27 位，表现最好。从三级指标来看：硕士及以上人员占企业员工比重、从业人员人均教育经费和总市值均值是优势指标，其中硕士及以上人员占企业员工比重排名第 3 位，表现最好；研发人员人均经费、研发投入强度、企业所得税区域贡献度是短板指标。说明西安高新区充分利用了当地优质科教资源。

今后，西安高新区要在现有支持企业上市发展的政策措施和配套制度基础上，继续优化体制机制，从加强空间要素保障、鼓励企业加快转型升级、拓宽直接融资渠道、鼓励企业开展产业链重组等方面推动上市公司高质量发展。

2. 宝鸡高新区

2020 年以来，宝鸡高新区制定出台《宝鸡高新区独角兽企业培育计划（2020—2025 年）》，加大企业创新主体培育，打造科技企业梯队，培育一批创新能力强、成长速度快、市场潜力大的独角兽企业，并密切关注资本市场对独角兽企业的政策动向，及时组织培训会，帮助企业及时、准确地理解政策，支持企业对接资本市场。

宝鸡高新区 2020 年上市公司创新能力得分为 61.79，在 142 家拥有上市公司的国家高新区中排名第 69 位，比 2019 年上升 20 位，截至 2020 年底拥有上市公司 4 家。从宝鸡高新区上市公司创新能力评估情况来看：宝鸡高新区上市公司在创新产出上表现较好，创新产出能力在 142 家拥有上市公司的国家高新区中排名第 56 位；创新投入能力相对较弱，排名第 75 位；创新保障能力排名第 69 位。从具体指标来看，宝鸡高新区上市公司在高层学历、人员培训方面表现突出，在经济产出效率、研发活动集中方面相对不足。

基于本次报告评估结果，宝鸡高新区要积极对接银行、券商、股权基金、信托等金融资源，提供企业融资的信息服务支持；推动设立知识产权风险担保运营基金，加大上市后备企业培育力度，加快高铁电气、陕西瑞科等企业主板上市，实现多年新上市公司数量为零的突破。

3. 杨凌高新区

杨凌高新区是我国唯一的农业高新技术产业示范区，区内的农业企业遍及农业产业链的上游、中游和下游，在全国农业领域有广泛的代表性。为了推动国内农业企业上市进程，建农业企业培育服务基地。

杨凌高新区上市公司创新能力综合得分为53.70，排名第113位，包括创新投入能力得分为14.61，创新产出能力得分为27.58，创新保障能力得分为11.51。研发活动区域集中度和总资产收益率表现较强，说明企业对国家高新区的创新引领力突出，公司的竞争实力和发展能力很强。但员工薪酬激励和资本结构合理度表现较差，说明企业从业人员所在城市的人才吸引力不足，企业对于人才的重视度不够。另外，企业偿还长期负债、流动负债的实际能力较弱。

下一步，杨凌高新区要加快建设重要人才中心和创新高地，深化人才发展体制机制改革，切实做到吸引人才、留住人才、用好人才。根据需要和实际向用人主体充分授权，发挥用人主体在人才培养、引进、使用中的积极作用。坚持破立并举，加快建立以创新价值、能力、贡献为导向的人才评价体系。坚定走好人才引进之路，重点引进更多的战略科学家，引进大批一流科技领军人才和创新团队，造就规模宏大的青年科技人才队伍、大批卓越工程师和大批哲学家、社会科学家、文学艺术家等各个方面人才，为园区上市公司提供坚实的人才支撑。

4. 咸阳高新区

2020年，咸阳高新区对于重大投资项目和带动效应大的项目，实行"一事一议""一企一策"，出台了"招商奖励十条"、《咸阳高新区引进高层次人才及团队暂行办法》《咸阳高新区中小微企业贷款贴息暂行管理办法》《咸阳高新区鼓励企业上市加快发展暂行办法》等针对人才、团队的优惠政策支持，并鼓励企业上市、贷款办理贴息，为高新区释放出更多的市场活力。

咸阳高新区2020年上市公司创新能力得分为60.07，在142家拥有上市公司的国家高新区中排名第79位，截至2020年底拥有上市公司3家。从咸阳高新区上市公司创新能力评估情况来看：咸阳高新区上市公司在创新投入上表现较好，创新投入能力在142家拥有上市公司的国家高新区中排名第59位；创新保障能力相对较弱，排名第82位；创新产出能力排名第76位。从具体指标来看，咸阳高新区上市公司在人员研发经费支撑、员工培训方面表现突出，在知识产出、资产收益上相对不足。

基于本次报告评估结果，咸阳高新区要不断完善科创企业成长培育机制和企业"全生命周期"服务链条，加速培育以种子期雏鹰企业、瞪羚企业、（潜在）独角兽企业、平台生态型龙头企业为代表的高成长性科技型企业，支持其利用科创板等多层次资本市场挂牌上市。

二十七、甘肃省

1. 兰州高新区

近年来，甘肃省支持符合条件的非金融企业通过发行绿色企业债、绿色公司债、绿色债务融资工具等绿色债券在交易所和银行间市场募集资金。支持纳入绿色项目库的企业上市和挂牌融资，助推绿色资源的定价、交易和融资，推动甘肃省绿色资源资本化。支持符合条件的绿色企业借助于多层次资本市场加快发展，组织金融机构对具有良好发展前景的绿色企业提供专业化服务，加快推动绿色企业到沪深证券交易所、全国中小企业股份转让系统、甘肃股权交易中心上市和挂牌融资。兰州市制定出台支持企业上市挂牌的扶持和奖补政策，对上市挂牌企业按政策分阶段给予奖励，优先支持绿色企业上市。兰州高新区管委会对拟上市企业的各个阶段都有不同的奖励。针对区内成长型企业扩大融资渠道，培育上市公司后备资源，帮助企业适应"新三板"改革要求，推动更多园区企业进入"新三板"精选层，鼓励更多企业掌握注册制下在科创板、创业板等上市融资的条件和流程，进一步推动科技型中小企业和高新技术企业发展。

在《国家高新区上市公司创新能力评价报告2021》中，兰州高新区上市公司创新能力排名第59位，较2020年排名（第58位）下降1位。从一级指标来看：创新投入能力排名第83位；创新产出能力排名第50位；创新保障能力排名第72位。从三级指标来看：从业人员人均教育经费、营业收入和员工薪酬激励是短板指标。

今后，兰州高新区要依托"一带一路"建设背景，借助香港多元化的融资渠道筹集资金，提升竞争力，从而引导企业更多、更好地借助于香港开拓海外市场，发挥陇港两地在资本市场等方面的互补性，继续支持区内企业拓宽各种融资渠道，进一步增强企业自主创新能力和核心竞争力，推动实体经济发展。

2. 白银高新区

白银高新区上市公司创新能力综合得分为50.03，排名第122位，包括创新投入能力得分为11.57，创新产出能力得分为23.22，创新保障能力得分为15.24。企业所得税区域贡献度表现较好，说明企业对于所在高新区的税收贡献度较大。员工薪酬激励表现一般，说明吸引人才、留住人才的能力不强，也反映了企业对于人才的重视度不够。当年新增知识产权价值还有较大提升空间，说明园区企业知识产权产出的价值小，企业的创新产出能力较弱。

国家高新区自身也需要全方位优化人才总体发展环境，进一步加快人才高地建设，促进人才资源有效配置。从人才吸引力角度来看：首先是"引进来"，制定高新区"普通人才评价指标体系"和"高层次创新人才评价管理办法"，分类指导和鼓励社会、企业和各级政府，有计划、有节奏、有目标地引进各类人才；其次是"留下来"，以产业链思维布局产业，加快落地更多高科技企业和配套型企业，形成具有竞争比较优势的产业集群，增加人才根植性，实施高层次人才"一条龙"服务计划，通过到位的创新政策、一流的服务配套和良好的发展环境等，助力创新人才转化、实现自身价值。

二十八、青海省

青海高新区

近年来，青海高新区积极构建园区创新体系，园区拥有市级以上研发机构82个，其中国家企业重点实验室1个、国家地方联合工程实验室3个，省部共建国家重点实验室3个，但在企业创新人才资源方面投入不足。

青海高新区上市公司创新能力综合得分为40.75，排名第141位，包括创新投入能力得分为11.65，创新产出能力得分为17.97，创新保障能力得分为11.12。管理决策专业度表现较好，说明青海高新区上市公司管理层的决策管理能力较好。短板指标有硕士及以上人员占企业员工比重和商业变革力度，说明企业高学历人才占比，引导企业从业人员综合素质，研发创新能力需要进一步提升，以及创新基础保障能力较弱，园区企业为推进创新成果转化而新设子公司的资金投入力度较低。

未来，青海高新区要始终把引导和鼓励企业借力资本市场、实现上市融资作为园区工作的重中之重，继续加大对科技型上市公司的激励力度，做好上市公司梯度培育工作，为企业上市融资、实现可持续发展提供良好的环境支撑。

二十九、宁夏回族自治区

1. 银川高新区

作为经济欠发达的西北省区，银川高新区近年来狠抓营商环境建设，为高质量发展创造了条件。在国务院第五次大督查中，宁夏营商环境综合排名全国中上水平。切实培育企业上市，优化产业结构、提高经济运行质量，积极鼓励企业利用资本市场扩大直接融资，提升企业实力和市场竞争力。

银川高新区上市公司创新能力综合得分为 39.94，排名第 142 位，包括创新投入能力得分为 9.22，创新产出能力得分为 21.69，创新保障能力得分为 9.04。硕士及以上人员占企业员工比重和人均增加值表现较突出，说明园区企业研发创新的能力较强，企业员工的单位生产效率较高。劣势指标有研发强度、研发活动区域集中度、企业获得的政府创新补助、营业收入、开放创新及数字转型重视度。园区企业对研发和技术创新的重视程度，以及投入能力、对国家高新区的创新引领力、国家高新区对企业创新的支持力度、企业再生产活动、企业的开放创新能力和数字化转型程度均有较大的提升空间。

未来，银川高新区要鼓励企业适当加大研发投入，全面提高自主创新能力，形成自己的核心技术能力。企业加大研发投入，形成更多专利技术，并运用到产品当中，使企业真正成为一个技术创新活动和创新成果应用的主体。加强财务人员培训。对于企业而言，可以通过企业内部培训，如购买培训服务或设置财务证书资格奖励，督促企业财务人员提高业务水平，使之能更好地为企业服务。对于政府管理部门而言，可以通过分期举办纳税说明会、咨询专窗、公益讲座、园区企业财务核算专项培训会等形式，提高园区企业内财务人员能力。总之，提升企业财务人员的核算水平及财务人员在企业发展中的决策能力对于企业的发展都是至关重要的。提高人才引进力度。推动高新技术企业上升发展的关键在研发人才、制约在研发人才，希望也在研发人才。企业组织人事部门必须把研发人才工作放在更加突出的位置。研发人才的薪资水平也需要进一步提高，进一步完善研发人员职位晋级机制。

2. 石嘴山高新区

石嘴山高新区优化创新创业服务生态。实施高新区"双创"升级工程，聚焦主导产业建设一批高水平、专业化科技企业孵化器和众创空间，实现高新区国家级科技企业孵化器和众创空间全覆盖。支持高新区内符合条件的企业在境内外多层次资本市场挂牌上市。

石嘴山高新区上市公司创新能力综合得分为 45.09，排名第 135 位，较国家高新区总体排名下降 9 位，包括创新投入能力得分为 9.26，创新产出能力得分为 23.68，创新保障能力得分为 12.16。短板指标有，研发活动区域集中度和管理决策专业度，说明企业研发经费在所在国家高新区的集中度不高，企业对国家高新区的创新引领力不强，以及园区企业管理层的决策管理能力较弱。

下一步，石嘴山高新区要建立完善股改上市推进机制，聚焦重点、形成合力，全力以赴加快企业上市步伐，积极推动更多具有发展潜力和竞争力的优质石嘴山企业增强利用资本市场的能力和水平。各级各部门要树立加快企业上市的强烈意识和责任担当，切实加强引导和支持力度，及时研究解决企业股改上市过程中遇到的具体困难和问题，提高服务的针对性和实效性，为企业股改上市添薪助力；要大力培育后备资源，为企业持续健康发展提供更优质、更便捷和更高效的政务服务，引导企业进一步深化科技创新、加快转型升级，为上市打牢基础；要加大政策激励力度，营造鼓励上市、支持上市、竞相上市的浓厚氛围。企业是上市的主体，要全力提升创新发展能力，规范管理、做强主业，真正把企业上市的过程，变成企业优化管理机制、运行模式和转型升级的过程，不断提升发展核心竞争力，努力实现规模、效益双提升。

三十、新疆维吾尔自治区

1. 乌鲁木齐高新区

近年来，乌鲁木齐高新区出台了《鼓励企业利用多层次资本市场发展暂行办法》，通过政府引导、政策扶持、企业自主、市场化运作的方式，进一步鼓励和支持高新区企业利用多层次资本市场做大做优做强。积极推进"中小企业公共服务云平台"的搭建和落地，针对中小企业融资难的瓶颈，提出创新项目融资运用方式，加快资本市场发展。通过推荐优质企业进入自治区重点培育后备企业资源库、引导优质企业申请自治区企业上市引导专项资金等多方面服务来支持企业发展，不断加强辖区资本市场建设。高度重视并鼓励园区中小企业通过多层次资本市场体系来扩大发展，与新疆股权交易中心推出全疆首家"政府＋区域性股权市场"的高新专板。不断发掘、培育上市企业资源，及时掌握企业动态，跟踪服务。分行业建立"上市后备企业库"，对后备企业进行政策、资金、人才、技术的倾斜和重点扶持，鼓励优化资源配置，优先培育一批发展速度快、经济效益好、带动作用明显的成长性较好的企业。

在《国家高新区上市公司创新能力评价报告2021》中，乌鲁木齐高新区上市公司创新能力排名第43位，较2020年排名（第61位）上升18位。从一级指标来看：创新投入能力排名第4位，表现最好；创新产出能力排名第66位；创新保障能力排名第96位。从三级指标来看：硕士及以上人员占企业员工比重、员工薪酬激励、企业所得税区域贡献度和从业人员人均教育经费是优势指标；研发人员人均经费、研发投入强度和营业收入是短板指标。说明乌鲁木齐高新区上市公司创新投入非常充足，但是创新产出效率偏低。

今后，乌鲁木齐高新区要将引进的各类基金及券商的资源、资金、理念输入到高新区，搭建更多的平台让高新区企业受益。同时要转变辖区企业观念，打开格局，不断夯实基础，练好内功，拓展市场能力，实现合作共赢。同时，也要继续完善建设，加大对北交所创新层挂牌企业、拟上市企业支持和服务力度，以"区外引进＋区内培育"相结合，推动新兴业态和产业成长，促进经济转型升级。

2. 昌吉高新区

2017年，证监会与自治区人民政府及新疆生产建设兵团签署《关于发挥资本市场作用进一步支持新疆经济社会发展的战略合作协议》，给予符合要求的企业适用"即报即审、审过即发"的政策。近年来，昌吉高新区推出多项措施和优惠政策推动企业上市，对获得新疆证券监管局辅导备案登记材料确认书的企业，给予60万元奖励；对取得证监会首次发行股票申请材料受理通知书的企业，给予100万元奖励；对取得证监会核准企业发行股票通知书的企业，给予100万元奖励；对在全国中小企业股份转让系统（新三板）成功挂牌的，给予50万元奖励。出台的《昌吉高新技术产业开发区支持入园企业加快发展暂行办法》，从支持企业融资上市等方面推出优惠政策，对在沪、深交易所和境外资本市场挂牌上市的企业，给予200万元一次性补贴；用于其他企业多方面的补贴最低为实际投入的8%，对实施信息化改造的企业给予的补贴高达20%。设立孵化"种子"资金和高新技术产业发展专项资金，并出台《支持中小微企业发展实施意见》，鼓励企业对现有生产线进行升级改造和新建生产线的扩能改造，实施标准化战略和品牌战略，兼并整合重组，创新销售模式，拓展国际市场，升规入库，改制上市，通过以奖代补的方式给予资金方面的扶持。

在《国家高新区上市公司创新能力评价报告2021》中，昌吉高新区上市公司创新能力排名第40位，较2020年排名（第45位）上升5位。从一级指标来看：创新投入能力排名第5位，表现最好；创新产出能力排名第72位；创新保障能力排名第64位。从三级指标来看：研发人员人均经费、硕士及以上人员占企业员工比重、员工薪酬激励、企业所得税区域贡献度和从业人员人均教育经费是优势指标；总市值均值、营业收入和当年新增专利数量是短板指标。说明昌吉高新区重视创新投入，但是创新产出的效率较低。

今后，昌吉高新区要全力支持特变电工等龙头企业加大产品研发投入力度，科学布置产业格局，推动产业集聚延伸，不断壮大产业规模，按照"龙头企业 + 孵化"的模式，推动产业向精细化和精深加工方向深度发展，以此带动上市后备企业的发展，同时也要不断优化营商环境，切实为企业提供高效优质的服务，促进更多的优质企业借助资本市场发展壮大。

第二节　国家高新区上市公司总结

国家高新区上市公司创新要素快速集聚，创新能力不断提升，产业集群效应凸显，融资能力逐步增强，企业的品牌价值和市场影响力明显提高，对于国家高新区乃至整个国家的贡献越来越大。国家高新区上市公司在创新发展方面既有明显的优势条件，也存在许多不足与挑战。在当前世界政治经济格局深刻调整、新技术革命方兴未艾、新冠肺炎疫情全球大流行的背景下，国家高新区上市公司未来创新发展将被赋予更加深远的时代内涵。基于此，国家高新区上市公司应聚焦于提升自主创新能力，巩固和发挥自身优势，有效补齐自身存在的劣势与短板，紧抓机遇，应对挑战，努力发展成为引领和带动高新区企业创新发展的先锋军和领头羊。发展方向主要集中在以下几个方面。

① 提升自主创新能力。加大研发投入，联合企业、高校、科研院所等创新主体和社会力量加强关键共性技术、前沿引领技术联合攻关和产业化应用，推动技术创新、标准化、知识产权和产业化深度融合，激发创新活力和动力。

② 开创新经济增长模式。加强战略前沿领域部署，广泛应用新技术、新工艺、新材料、新设备，推进互联网、大数据、人工智能同实体经济深度融合，促进产业向智能化、高端化、绿色化发展。

③ 积极参与产业组织变革。通过扩张、联合、兼并等多种形式主动参与全社会产业组织变革，抢抓世界第四次工业革命的先手棋。

④ 加快科技研发成果转化。加快建设科技成果中试工程化服务平台，积极承担国家和地方科技计划项目，促进重大创新成果落地转化并实现产品化、产业化。

⑤ 开放加入全球创新发展。面向未来发展和国际市场竞争，加快引进集聚国际高端创新资源，加强与国际创新产业高地的联动发展，深度融合国际产业链、供应链、价值链，积极参与国际标准和规则制定，拓展新兴市场。

附录 1

中国城市群分布

充分参考《中国自然地理》《中国地理》等教材，结合《中共中央 国务院关于建立更加有效的区域协调发展新机制的意见》，将各省份初步划分为成渝、京津冀、长三角、珠三角、黄河流域和长江中游六大城市群。

- **京津冀城市群**：北京、天津、河北
- **成渝城市群**：四川、重庆
- **珠三角城市群**：广东
- **长江中游城市群**：湖南、湖北、江西
- **长三角城市群**：安徽、江苏、浙江、上海
- **黄河流域城市群**：青海、甘肃、宁夏、陕西、山西、河南、山东、内蒙古

附录 2

2020年国家高新区新增的235家上市公司名单

序号	证券代码	证券名称	证券板块	所属国家高新区	组织形式	是否高企
1	002985.SZ	北摩高科	深交所主板	中关村科技园区	民营企业	是
2	002987.SZ	京北方	深交所主板	中关村科技园区	民营企业	是
3	002995.SZ	天地在线	深交所主板	中关村科技园区	民营企业	是
4	003001.SZ	中岩大地	深交所主板	中关村科技园区	民营企业	是
5	003004.SZ	声迅股份	深交所主板	中关村科技园区	民营企业	是
6	003005.SZ	竞业达	深交所主板	中关村科技园区	民营企业	是
7	003007.SZ	直真科技	深交所主板	中关村科技园区	民营企业	是
8	01601.HK	中关村科技租赁	香港交易所主板	中关村科技园区	地方国有企业	否
9	06978.HK	永泰生物-B	香港交易所主板	中关村科技园区	公众企业	否
10	06988.HK	乐享集团	香港交易所主板	中关村科技园区	民营企业	否
11	09618.HK	京东集团-SW	香港交易所主板	中关村科技园区	民营企业	否
12	09901.HK	新东方-S	香港交易所主板	中关村科技园区	民营企业	否
13	09969.HK	诺诚健华-B	香港交易所主板	中关村科技园区	公众企业	否
14	09992.HK	泡泡玛特	香港交易所主板	中关村科技园区	民营企业	否
15	300825.SZ	阿尔特	深交所创业板	中关村科技园区	民营企业	是

续表

序号	证券代码	证券名称	证券板块	所属国家高新区	组织形式	是否高企
16	300846.SZ	首都在线	深交所创业板	中关村科技园区	民营企业	是
17	300851.SZ	交大思诺	深交所创业板	中关村科技园区	民营企业	是
18	300858.SZ	科拓生物	深交所创业板	中关村科技园区	民营企业	是
19	300860.SZ	锋尚文化	深交所创业板	中关村科技园区	民营企业	否
20	300887.SZ	谱尼测试	深交所创业板	中关村科技园区	民营企业	是
21	300895.SZ	铜牛信息	深交所创业板	中关村科技园区	地方国有企业	是
22	300896.SZ	爱美客	深交所创业板	中关村科技园区	民营企业	是
23	601816.SH	京沪高铁	上交所主板	中关村科技园区	中央国有企业	否
24	603087.SH	甘李药业	上交所主板	中关村科技园区	民营企业	是
25	603392.SH	万泰生物	上交所主板	中关村科技园区	民营企业	是
26	605178.SH	时空科技	上交所主板	中关村科技园区	民营企业	是
27	688004.SH	博汇科技	上交所科创板	中关村科技园区	民营企业	是
28	688050.SH	爱博医疗	上交所科创板	中关村科技园区	民营企业	否
29	688051.SH	佳华科技	上交所科创板	中关村科技园区	民营企业	是
30	688056.SH	莱伯泰科	上交所科创板	中关村科技园区	民营企业	是
31	688080.SH	映翰通	上交所科创板	中关村科技园区	民营企业	是
32	688169.SH	石头科技	上交所科创板	中关村科技园区	民营企业	是
33	688181.SH	八亿时空	上交所科创板	中关村科技园区	民营企业	是
34	688200.SH	华峰测控	上交所科创板	中关村科技园区	民营企业	是
35	688229.SH	博睿数据	上交所科创板	中关村科技园区	民营企业	是
36	688256.SH	寒武纪-U	上交所科创板	中关村科技园区	民营企业	是
37	688277.SH	天智航-U	上交所科创板	中关村科技园区	民营企业	是
38	688338.SH	赛科希德	上交所科创板	中关村科技园区	民营企业	是
39	688339.SH	亿华通-U	上交所科创板	中关村科技园区	民营企业	是
40	688356.SH	键凯科技	上交所科创板	中关村科技园区	外资企业	是
41	688466.SH	金科环境	上交所科创板	中关村科技园区	民营企业	是
42	688500.SH	慧辰股份	上交所科创板	中关村科技园区	民营企业	是
43	688520.SH	神州细胞-U	上交所科创板	中关村科技园区	民营企业	否
44	688561.SH	奇安信-U	上交所科创板	中关村科技园区	民营企业	否

附录2
2020年国家高新区新增的235家上市公司名单

续表

序号	证券代码	证券名称	证券板块	所属国家高新区	组织形式	是否高企
45	688568.SH	中科星图	上交所科创板	中关村科技园区	中央国有企业	否
46	688569.SH	铁科轨道	上交所科创板	中关村科技园区	中央国有企业	是
47	688658.SH	悦康药业	上交所科创板	中关村科技园区	民营企业	是
48	689009.SH	九号公司-WD	上交所科创板	中关村科技园区	民营企业	否
49	BEKE.N	贝壳	纽约证券交易所	中关村科技园区	其他企业	否
50	BLCT.O	蓝城兄弟	美国纳斯达克市场	中关村科技园区	其他企业	否
51	CCAC.N	中信资本收购	纽约证券交易所	中关村科技园区	其他企业	否
52	CD.O	秦淮数据	美国纳斯达克市场	中关村科技园区	其他企业	否
53	CLEU.O	华夏博雅	美国纳斯达克市场	中关村科技园区	其他企业	否
54	DNK.N	蛋壳公寓	纽约证券交易所	中关村科技园区	其他企业	是
55	GTH.O	泛生子	美国纳斯达克市场	中关村科技园区	其他企业	否
56	IH.N	洪恩教育	纽约证券交易所	中关村科技园区	其他企业	否
57	KC.O	金山云	美国纳斯达克市场	中关村科技园区	其他企业	否
58	LI.O	理想汽车	美国纳斯达克市场	中关村科技园区	其他企业	否
59	QH.O	趣活	美国纳斯达克市场	中关村科技园区	其他企业	否
60	WIMI.O	微美全息	美国纳斯达克市场	中关村科技园区	其他企业	否
61	YQ.O	一起教育科技	美国纳斯达克市场	中关村科技园区	其他企业	否
62	300845.SZ	捷安高科	深交所创业板	郑州高新区	民营企业	是
63	688566.SH	吉贝尔	上交所科创板	镇江高新区	民营企业	是
64	300866.SZ	安克创新	深交所创业板	长沙高新区	民营企业	是
65	688100.SH	威胜信息	上交所科创板	长沙高新区	外资企业	是
66	688289.SH	圣湘生物	上交所科创板	长沙高新区	民营企业	否
67	003029.SZ	吉大正元	深交所主板	长春高新区	民营企业	是
68	688378.SH	奥来德	上交所科创板	长春高新区	民营企业	是
69	688598.SH	金博股份	上交所科创板	益阳高新区	民营企业	是
70	605388.SH	均瑶健康	上交所主板	宜昌高新区	民营企业	否
71	300861.SZ	美畅股份	深交所创业板	杨凌高新区	民营企业	否
72	300885.SZ	海昌新材	深交所创业板	扬州高新区	民营企业	是
73	688488.SH	艾迪药业	上交所科创板	扬州高新区	民营企业	是

序号	证券代码	证券名称	证券板块	所属国家高新区	组织形式	是否高企
74	603551.SH	奥普家居	上交所主板	萧山临江高新区	外资企业	是
75	603931.SH	格林达	上交所主板	萧山临江高新区	民营企业	是
76	605358.SH	立昂微	上交所主板	萧山临江高新区	民营企业	是
77	688571.SH	杭华股份	上交所科创板	萧山临江高新区	地方国有企业	是
78	003009.SZ	中天火箭	深交所主板	西安高新区	中央国有企业	是
79	300831.SZ	派瑞股份	深交所创业板	西安高新区	地方国有企业	是
80	605168.SH	三人行	上交所主板	西安高新区	民营企业	是
81	688550.SH	瑞联新材	上交所科创板	西安高新区	民营企业	是
82	688386.SH	泛亚微透	上交所科创板	武进高新区	民营企业	是
83	688081.SH	兴图新科	上交所科创板	武汉东湖高新区	民营企业	是
84	688156.SH	路德环境	上交所科创板	武汉东湖高新区	民营企业	是
85	688526.SH	科前生物	上交所科创板	武汉东湖高新区	民营企业	是
86	002997.SZ	瑞鹄模具	深交所主板	芜湖高新区	民营企业	是
87	688165.SH	埃夫特-U	上交所科创板	芜湖高新区	地方国有企业	是
88	605111.SH	新洁能	上交所主板	无锡高新区	民营企业	是
89	688069.SH	德林海	上交所科创板	无锡高新区	民营企业	是
90	688508.SH	芯朋微	上交所科创板	无锡高新区	民营企业	是
91	688510.SH	航亚科技	上交所科创板	无锡高新区	民营企业	是
92	688516.SH	奥特维	上交所科创板	无锡高新区	民营企业	是
93	300838.SZ	浙江力诺	深交所创业板	温州高新区	民营企业	是
94	605066.SH	天正电气	上交所主板	温州高新区	民营企业	是
95	605088.SH	冠盛股份	上交所主板	温州高新区	民营企业	否
96	605100.SH	华丰股份	上交所主板	潍坊高新区	民营企业	是
97	300862.SZ	蓝盾光电	深交所创业板	铜陵狮子山高新区	民营企业	是
98	300823.SZ	建科机械	深交所创业板	天津滨海高新区	民营企业	否
99	300828.SZ	锐新科技	深交所创业板	天津滨海高新区	民营企业	是
100	300875.SZ	捷强装备	深交所创业板	天津滨海高新区	民营企业	是
101	603155.SH	新亚强	上交所主板	宿迁高新区	民营企业	是
102	605376.SH	博迁新材	上交所主板	宿迁高新区	民营企业	是

附录2
2020年国家高新区新增的235家上市公司名单

续表

序号	证券代码	证券名称	证券板块	所属国家高新区	组织形式	是否高企
103	09698.HK	万国数据-SW	香港交易所主板	苏州工业园	民营企业	否
104	09939.HK	开拓药业-B	香港交易所主板	苏州工业园	公众企业	否
105	09996.HK	沛嘉医疗-B	香港交易所主板	苏州工业园	公众企业	否
106	688013.SH	天臣医疗	上交所科创板	苏州工业园	民营企业	否
107	688286.SH	敏芯股份	上交所科创板	苏州工业园	民营企业	是
108	688536.SH	思瑞浦	上交所科创板	苏州工业园	公众企业	否
109	688588.SH	凌志软件	上交所科创板	苏州工业园	民营企业	是
110	002976.SZ	瑞玛工业	深交所主板	苏州高新区	民营企业	是
111	688390.SH	固德威	上交所科创板	苏州高新区	民营企业	是
112	002979.SZ	雷赛智能	深交所主板	深圳高新区	民营企业	是
113	002980.SZ	华盛昌	深交所主板	深圳高新区	民营企业	是
114	002990.SZ	盛视科技	深交所主板	深圳高新区	民营企业	是
115	09989.HK	海普瑞	香港交易所主板	深圳高新区	民营企业	是
116	300824.SZ	北鼎股份	深交所创业板	深圳高新区	民营企业	是
117	300832.SZ	新产业	深交所创业板	深圳高新区	民营企业	是
118	300857.SZ	协创数据	深交所创业板	深圳高新区	民营企业	否
119	300870.SZ	欧陆通	深交所创业板	深圳高新区	民营企业	是
120	300909.SZ	汇创达	深交所创业板	深圳高新区	民营企业	否
121	300917.SZ	特发服务	深交所创业板	深圳高新区	地方国有企业	否
122	300921.SZ	南凌科技	深交所创业板	深圳高新区	民营企业	是
123	300925.SZ	法本信息	深交所创业板	深圳高新区	民营企业	是
124	688208.SH	道通科技	上交所科创板	深圳高新区	民营企业	是
125	688312.SH	燕麦科技	上交所科创板	深圳高新区	民营企业	否
126	688318.SH	财富趋势	上交所科创板	深圳高新区	民营企业	是
127	688418.SH	震有科技	上交所科创板	深圳高新区	民营企业	是
128	688518.SH	联赢激光	上交所科创板	深圳高新区	民营企业	否
129	688589.SH	力合微	上交所科创板	深圳高新区	公众企业	否
130	688595.SH	芯海科技	上交所科创板	深圳高新区	民营企业	否
131	688618.SH	三旺通信	上交所科创板	深圳高新区	民营企业	否

续表

序号	证券代码	证券名称	证券板块	所属国家高新区	组织形式	是否高企
132	688699.SH	明微电子	上交所科创板	深圳高新区	民营企业	是
133	688788.SH	科思科技	上交所科创板	深圳高新区	民营企业	是
134	300849.SZ	锦盛新材	深交所创业板	绍兴高新区	民营企业	是
135	01952.HK	云顶新耀-B	香港交易所主板	上海张江高新区	外资企业	否
136	02126.HK	药明巨诺-B	香港交易所主板	上海张江高新区	公众企业	否
137	02142.HK	和铂医药-B	香港交易所主板	上海张江高新区	公众企业	否
138	06078.HK	海吉亚医疗	香港交易所主板	上海张江高新区	公众企业	否
139	06998.HK	嘉和生物-B	香港交易所主板	上海张江高新区	公众企业	否
140	09688.HK	再鼎医药-SB	香港交易所主板	上海张江高新区	公众企业	否
141	09991.HK	宝尊电商-SW	香港交易所主板	上海张江高新区	民营企业	否
142	300899.SZ	上海凯鑫	深交所创业板	上海张江高新区	民营企业	是
143	300999.SZ	金龙鱼	深交所创业板	上海张江高新区	公众企业	否
144	601702.SH	华峰铝业	上交所主板	上海张江高新区	民营企业	是
145	603565.SH	中谷物流	上交所主板	上海张江高新区	民营企业	否
146	603682.SH	锦和商业	上交所主板	上海张江高新区	民营企业	否
147	605050.SH	福然德	上交所主板	上海张江高新区	民营企业	否
148	605128.SH	上海沿浦	上交所主板	上海张江高新区	民营企业	是
149	605186.SH	健麾信息	上交所主板	上海张江高新区	民营企业	否
150	688063.SH	派能科技	上交所科创板	上海张江高新区	公众企业	否
151	688065.SH	凯赛生物	上交所科创板	上海张江高新区	外资企业	是
152	688085.SH	三友医疗	上交所科创板	上海张江高新区	民营企业	是
153	688129.SH	东来技术	上交所科创板	上海张江高新区	民营企业	否
154	688133.SH	泰坦科技	上交所科创板	上海张江高新区	民营企业	是
155	688155.SH	先惠技术	上交所科创板	上海张江高新区	民营企业	是
156	688158.SH	优刻得-W	上交所科创板	上海张江高新区	民营企业	是
157	688160.SH	步科股份	上交所科创板	上海张江高新区	民营企业	是
158	688179.SH	阿拉丁	上交所科创板	上海张江高新区	民营企业	是
159	688180.SH	君实生物-U	上交所科创板	上海张江高新区	民营企业	是
160	688301.SH	奕瑞科技	上交所科创板	上海张江高新区	民营企业	是

附录2
2020年国家高新区新增的235家上市公司名单

续表

序号	证券代码	证券名称	证券板块	所属国家高新区	组织形式	是否高企
161	688330.SH	宏力达	上交所科创板	上海张江高新区	民营企业	是
162	688335.SH	复洁环保	上交所科创板	上海张江高新区	民营企业	否
163	688336.SH	三生国健	上交所科创板	上海张江高新区	外资企业	否
164	688505.SH	复旦张江	上交所科创板	上海张江高新区	公众企业	是
165	688521.SH	芯原股份-U	上交所科创板	上海张江高新区	公众企业	否
166	688578.SH	艾力斯-U	上交所科创板	上海张江高新区	民营企业	否
167	688590.SH	新致软件	上交所科创板	上海张江高新区	民营企业	是
168	688608.SH	恒玄科技	上交所科创板	上海张江高新区	民营企业	否
169	688981.SH	中芯国际	上交所科创板	上海张江高新区	公众企业	是
170	API.O	声网	美国纳斯达克市场	上海张江高新区	其他企业	否
171	IMAB.O	天境生物	美国纳斯达克市场	上海张江高新区	其他企业	是
172	LU.N	陆金所	纽约证券交易所	上海张江高新区	其他企业	否
173	603408.SH	建霖家居	上交所主板	厦门火炬高新区	外资企业	是
174	300884.SZ	狄耐克	深交所创业板	厦门火炬高新区	民营企业	是
175	01645.HK	海纳智能	香港交易所主板	泉州高新区	民营企业	否
176	605007.SH	五洲特纸	上交所主板	衢州高新区	民营企业	否
177	002988.SZ	豪美新材	深交所主板	清远高新区	民营企业	否
178	003012.SZ	东鹏控股	深交所主板	清远高新区	民营企业	否
179	688556.SH	高测股份	上交所科创板	青岛高新区	民营企业	是
180	003025.SZ	思进智能	深交所主板	宁波高新区	民营企业	是
181	300879.SZ	大叶股份	深交所创业板	宁波高新区	民营企业	是
182	603949.SH	雪龙集团	上交所主板	宁波高新区	民营企业	是
183	605255.SH	天普股份	上交所主板	宁波高新区	民营企业	否
184	688215.SH	瑞晟智能	上交所科创板	宁波高新区	民营企业	是
185	300826.SZ	测绘股份	深交所创业板	南京高新区	民营企业	是
186	300856.SZ	科思股份	深交所创业板	南京高新区	民营企业	否
187	300864.SZ	南大环境	深交所创业板	南京高新区	其他企业	否
188	688178.SH	万德斯	上交所科创板	南京高新区	民营企业	是
189	688221.SH	前沿生物-U	上交所科创板	南京高新区	外资企业	否

序号	证券代码	证券名称	证券板块	所属国家高新区	组织形式	是否高企
190	688377.SH	迪威尔	上交所科创板	南京高新区	民营企业	是
191	688580.SH	伟思医疗	上交所科创板	南京高新区	民营企业	是
192	300906.SZ	日月明	深交所创业板	南昌高新区	民营企业	是
193	300850.SZ	新强联	深交所创业板	洛阳高新区	民营企业	是
194	300836.SZ	佰奥智能	深交所创业板	昆山高新区	民营企业	是
195	688266.SH	泽璟制药-U	上交所科创板	昆山高新区	民营企业	否
196	688408.SH	中信博	上交所科创板	昆山高新区	民营企业	是
197	688233.SH	神工股份	上交所科创板	锦州高新区	公众企业	是
198	01597.HK	纳泉能源科技	香港交易所主板	江阴高新区	外资企业	否
199	605068.SH	明新旭腾	上交所主板	嘉兴秀洲高新区	民营企业	是
200	688127.SH	蓝特光学	上交所科创板	嘉兴秀洲高新区	民营企业	是
201	300830.SZ	金现代	深交所创业板	济南高新区	民营企业	是
202	688309.SH	恒誉环保	上交所科创板	济南高新区	民营企业	是
203	688557.SH	兰剑智能	上交所科创板	济南高新区	民营企业	是
204	688579.SH	山大地纬	上交所科创板	济南高新区	其他企业	是
205	300913.SZ	兆龙互连	深交所创业板	湖州莫干山高新区	民营企业	是
206	003020.SZ	立方制药	深交所主板	合肥高新区	民营企业	是
207	688027.SH	国盾量子	上交所科创板	合肥高新区	中央国有企业	是
208	688219.SH	会通股份	上交所科创板	合肥高新区	民营企业	是
209	688551.SH	科威尔	上交所科创板	合肥高新区	民营企业	是
210	688600.SH	皖仪科技	上交所科创板	合肥高新区	民营企业	是
211	303347.HK	泰格医药	香港交易所主板	杭州高新区	民营企业	是
212	300813.SZ	泰林生物	深交所创业板	杭州高新区	民营企业	是
213	300897.SZ	山科智能	深交所创业板	杭州高新区	民营企业	是
214	605158.SH	华达新材	上交所主板	杭州高新区	民营企业	是
215	605166.SH	聚合顺	上交所主板	杭州高新区	民营企业	是
216	688365.SH	光云科技	上交所科创板	杭州高新区	民营企业	是
217	688777.SH	中控技术	上交所科创板	杭州高新区	民营企业	是
218	605199.SH	葫芦娃	上交所主板	海口高新区	民营企业	是

附录2
2020年国家高新区新增的235家上市公司名单

续表

序号	证券代码	证券名称	证券板块	所属国家高新区	组织形式	是否高企
219	003010.SZ	若羽臣	深交所主板	广州高新区	民营企业	否
220	003013.SZ	地铁设计	深交所主板	广州高新区	地方国有企业	是
221	688026.SH	洁特生物	上交所科创板	广州高新区	民营企业	否
222	688090.SH	瑞松科技	上交所科创板	广州高新区	民营企业	是
223	688177.SH	百奥泰-U	上交所科创板	广州高新区	民营企业	否
224	688393.SH	安必平	上交所科创板	广州高新区	民营企业	是
225	603893.SH	瑞芯微	上交所主板	福州高新区	民营企业	是
226	688095.SH	福昕软件	上交所科创板	福州高新区	民营企业	是
227	002977.SZ	天箭科技	深交所主板	成都高新区	民营企业	是
228	688222.SH	成都先导	上交所科创板	成都高新区	外资企业	是
229	688513.SH	苑东生物	上交所科创板	成都高新区	民营企业	是
230	605058.SH	澳弘电子	上交所主板	常州高新区	民营企业	否
231	688599.SH	天合光能	上交所科创板	常州高新区	民营企业	是
232	603439.SH	贵州三力	上交所主板	安顺高新区	民营企业	是
233	300821.SZ	东岳硅材	深交所创业板	淄博高新区	民营企业	是
234	003006.SZ	百亚股份	深交所主板	重庆高新区	民营企业	否
235	601827.SH	三峰环境	上交所主板	重庆高新区	地方国有企业	否

续表

附录3

国家高新区主板100强企业

排名	证券代码	证券名称	上市年份	组织形式	高新区	是否高企	所属国民经济行业
1	000651.SZ	格力电器	1996	公众企业	珠海高新区	是	制造业－电气机械和器材制造业
2	000725.SZ	京东方A	2001	地方国有企业	中关村科技园区	是	制造业－计算机、通信和其他电子设备制造业
3	000338.SZ	潍柴动力	2007	地方国有企业	潍坊高新区	是	制造业－汽车制造业
4	002415.SZ	海康威视	2010	中央国有企业	杭州高新区	是	制造业－计算机、通信和其他电子设备制造业
5	000063.SZ	中兴通讯	1997	公众企业	深圳高新区	是	制造业－计算机、通信和其他电子设备制造业
6	601877.SH	正泰电器	2010	民营企业	温州高新区	是	制造业－电气机械和器材制造业

附录3 国家高新区主板100强企业

续表

排名	证券代码	证券名称	上市年份	组织形式	高新区	是否高企	所属国民经济行业
7	000100.SZ	TCL科技	2004	公众企业	惠州仲恺高新区	否	制造业－计算机、通信和其他电子设备制造业
8	000157.SZ	中联重科	2000	公众企业	长沙高新区	是	制造业－专用设备制造业
9	600276.SH	恒瑞医药	2000	民营企业	连云港高新区	是	制造业－医药制造业
10	600887.SH	伊利股份	1996	公众企业	呼和浩特金山高新区	否	制造业－食品制造业
11	601633.SH	长城汽车	2011	民营企业	保定高新区	是	制造业－汽车制造业
12	002236.SZ	大华股份	2008	民营企业	杭州高新区	是	制造业－计算机、通信和其他电子设备制造业
13	002230.SZ	科大讯飞	2008	中央国有企业	合肥高新区	是	信息传输、软件和信息技术服务业
14	600089.SH	特变电工	1997	民营企业	昌吉高新区	是	制造业－电气机械和器材制造业
15	600388.SH	龙净环保	2000	民营企业	龙岩高新区	是	制造业－专用设备制造业
16	601390.SH	中国中铁	2007	中央国有企业	中关村科技园区	否	建筑业－土木工程建筑业
17	601727.SH	上海电气	2008	地方国有企业	上海张江高新区	否	制造业－通用设备制造业
18	600406.SH	国电南瑞	2003	中央国有企业	南京高新区	是	信息传输、软件和信息技术服务业－软件和信息技术服务业
19	600104.SH	上汽集团	1997	地方国有企业	上海张江高新区	是	制造业－汽车制造业
20	000977.SZ	浪潮信息	2000	地方国有企业	济南高新区	是	制造业－计算机、通信和其他电子设备制造业
21	600060.SH	海信视像	1997	公众企业	青岛高新区	是	制造业－计算机、通信和其他电子设备制造业
22	601607.SH	上海医药	1994	地方国有企业	上海张江高新区	否	批发和零售业－零售业
23	600808.SH	马钢股份	1994	中央国有企业	马鞍山慈湖高新区	否	制造业－黑色金属冶炼和压延加工业
24	002241.SZ	歌尔股份	2008	民营企业	潍坊高新区	是	制造业－计算机、通信和其他电子设备制造业
25	000581.SZ	威孚高科	1998	地方国有企业	无锡高新区	是	制造业－汽车制造业

续表

排名	证券代码	证券名称	上市年份	组织形式	高新区	是否高企	所属国民经济行业
26	002410.SZ	广联达	2010	民营企业	中关村科技园区	是	信息传输、软件和信息技术服务业-软件和信息技术服务业
27	002841.SZ	视源股份	2017	民营企业	广州高新区	是	制造业-计算机、通信和其他电子设备制造业
28	600295.SH	鄂尔多斯	2001	民营企业	鄂尔多斯高新区	是	制造业-黑色金属冶炼和压延加工业
29	603501.SH	韦尔股份	2017	民营企业	上海张江高新区	是	制造业-计算机、通信和其他电子设备制造业
30	600498.SH	烽火通信	2001	中央国有企业	武汉东湖高新区	是	制造业-计算机、通信和其他电子设备制造业
31	000538.SZ	云南白药	1993	公众企业	昆明高新区	是	制造业-医药制造业
32	600271.SH	航天信息	2003	中央国有企业	中关村科技园区	是	制造业-计算机、通信和其他电子设备制造业
33	600867.SH	通化东宝	1994	民营企业	通化医药高新区	是	制造业-医药制造业
34	003816.SZ	中国广核	2019	中央国有企业	深圳高新区	否	电力、热力、燃气及水生产和供应业-电力、热力生产和供应业
35	600068.SH	葛洲坝	1997	中央国有企业	武汉东湖高新区	否	建筑业-土木工程建筑业
36	600587.SH	新华医疗	2002	地方国有企业	淄博高新区	是	制造业-专用设备制造业
37	600458.SH	时代新材	2002	中央国有企业	株洲高新区	是	制造业-橡胶和塑料制品业
38	600143.SH	金发科技	2004	民营企业	广州高新区	是	制造业-橡胶和塑料制品业
39	601231.SH	环旭电子	2012	外资企业	上海张江高新区	是	制造业-计算机、通信和其他电子设备制造业
40	000528.SZ	柳工	1993	地方国有企业	柳州高新区	是	制造业-专用设备制造业
41	600761.SH	安徽合力	1996	地方国有企业	合肥高新区	是	制造业-专用设备制造业
42	601186.SH	中国铁建	2008	中央国有企业	中关村科技园区	否	建筑业-土木工程建筑业
43	002179.SZ	中航光电	2007	中央国有企业	洛阳高新区	是	制造业-计算机、通信和其他电子设备制造业
44	000999.SZ	华润三九	2000	中央国有企业	深圳高新区	是	制造业-医药制造业

附录3
国家高新区主板100强企业

续表

排名	证券代码	证券名称	上市年份	组织形式	高新区	是否高企	所属国民经济行业
45	002008.SZ	大族激光	2004	民营企业	深圳高新区	是	制造业-专用设备制造业
46	600282.SH	南钢股份	2000	民营企业	南京高新区	是	制造业-黑色金属冶炼和压延加工业
47	603019.SH	中科曙光	2014	中央国有企业	天津滨海高新区	是	制造业-计算机、通信和其他电子设备制造业
48	600031.SH	三一重工	2003	民营企业	中关村科技园区	否	制造业-专用设备制造业
49	600312.SH	平高电气	2001	中央国有企业	平顶山高新区	是	制造业-电气机械和器材制造业
50	600588.SH	用友网络	2001	民营企业	中关村科技园区	是	信息传输、软件和信息技术服务业-软件和信息技术服务业
51	601699.SH	潞安环能	2006	地方国有企业	长治高新区	是	采矿业-煤炭开采和洗选业
52	002064.SZ	华峰化学	2006	民营企业	温州高新区	否	制造业-化学纤维制造业
53	600570.SH	恒生电子	2003	民营企业	杭州高新区	否	信息传输、软件和信息技术服务业-软件和信息技术服务业
54	601567.SH	三星医疗	2011	民营企业	宁波高新区	是	制造业-仪器仪表制造业
55	603018.SH	华设集团	2014	公众企业	南京高新区	否	科学研究和技术服务业-专业技术服务业
56	603893.SH	瑞芯微	2020	民营企业	福州高新区	是	制造业-计算机、通信和其他电子设备制造业
57	600567.SH	山鹰国际	2001	民营企业	马鞍山慈湖高新区	是	制造业-造纸和纸制品业
58	002603.SZ	以岭药业	2011	民营企业	石家庄高新区	是	制造业-医药制造业
59	601608.SH	中信重工	2012	中央国有企业	洛阳高新区	是	制造业-专用设备制造业
60	603816.SH	顾家家居	2016	民营企业	萧山临江高新区	是	制造业-家具制造业
61	600022.SH	山东钢铁	2004	地方国有企业	济南高新区	否	制造业-黑色金属冶炼和压延加工业
62	601800.SH	中国交建	2012	中央国有企业	中关村科技园区	否	建筑业-土木工程建筑业
63	600196.SH	复星医药	1998	民营企业	上海张江高新区	否	制造业-医药制造业

续表

排名	证券代码	证券名称	上市年份	组织形式	高新区	是否高企	所属国民经济行业
64	600582.SH	天地科技	2002	中央国有企业	中关村科技园区	是	制造业－专用设备制造业
65	601615.SH	明阳智能	2019	民营企业	中山火炬高新区	是	制造业－通用设备制造业
66	603100.SH	川仪股份	2014	地方国有企业	重庆高新区	否	制造业－仪器仪表制造业
67	002180.SZ	纳思达	2007	民营企业	珠海高新区	是	制造业－计算机、通信和其他电子设备制造业
68	002465.SZ	海格通信	2010	地方国有企业	广州高新区	是	制造业－计算机、通信和其他电子设备制造业
69	002376.SZ	新北洋	2010	地方国有企业	威海火炬高新区	是	制造业－计算机、通信和其他电子设备制造业
70	600535.SH	天士力	2002	民营企业	天津滨海高新区	是	制造业－医药制造业
71	601515.SH	东风股份	2012	外资企业	汕头高新区	否	制造业－印刷和记录媒介复制业
72	000938.SZ	紫光股份	1999	中央国有企业	中关村科技园区	是	制造业－计算机、通信和其他电子设备制造业
73	002080.SZ	中材科技	2006	中央国有企业	南京高新区	是	制造业－非金属矿物制品业
74	002925.SZ	盈趣科技	2018	外资企业	厦门火炬高新区	是	制造业－计算机、通信和其他电子设备制造业
75	003012.SZ	东鹏控股	2020	民营企业	清远高新区	否	制造业－非金属矿物制品业
76	600718.SH	东软集团	1996	公众企业	沈阳高新区	是	信息传输、软件和信息技术服务业－软件和信息技术服务业
77	600183.SH	生益科技	1998	公众企业	东莞松山湖高新区	是	制造业－计算机、通信和其他电子设备制造业
78	601808.SH	中海油服	2007	中央国有企业	天津滨海高新区	是	采矿业－开采专业及辅助性活动
79	000811.SZ	冰轮环境	1998	地方国有企业	烟台高新区	是	制造业－通用设备制造业
80	603458.SH	勘设股份	2017	公众企业	贵阳高新区	是	科学研究和技术服务业－专业技术服务业
81	002081.SZ	金螳螂	2006	民营企业	苏州工业园	是	建筑业－建筑装饰、装修和其他建筑业
82	002035.SZ	华帝股份	2004	民营企业	中山高新区	是	制造业－电气机械和器材制造业

附录3
国家高新区主板100强企业

续表

排名	证券代码	证券名称	上市年份	组织形式	高新区	是否高企	所属国民经济行业
83	600299.SH	安迪苏	2000	中央国有企业	中关村科技园区	否	制造业－医药制造业
84	002043.SZ	兔宝宝	2005	民营企业	莫干山高新区	是	制造业－木材加工和木、竹、藤、棕、草制品业
85	000786.SZ	北新建材	1997	中央国有企业	中关村科技园区	是	制造业－非金属矿物制品业
86	601869.SH	长飞光纤	2018	公众企业	武汉东湖高新区	是	制造业－计算机、通信和其他电子设备制造业
87	002920.SZ	德赛西威	2017	地方国有企业	惠州仲恺高新区	是	制造业－汽车制造业
88	603363.SH	傲农生物	2017	民营企业	漳州高新区	否	制造业－农副食品加工业
89	002100.SZ	天康生物	2006	地方国有企业	乌鲁木齐高新区	是	制造业－农副食品加工业
90	601126.SH	四方股份	2010	民营企业	中关村科技园区	是	制造业－电气机械和器材制造业
91	600422.SH	昆药集团	2000	民营企业	昆明高新区	是	制造业－医药制造业
92	603421.SH	鼎信通讯	2016	民营企业	青岛高新区	是	信息传输、软件和信息技术服务业－软件和信息技术服务业
93	603660.SH	苏州科达	2016	民营企业	苏州高新区	是	制造业－计算机、通信和其他电子设备制造业
94	002422.SZ	科伦药业	2010	民营企业	成都高新区	是	制造业－医药制造业
95	603590.SH	康辰药业	2018	民营企业	中关村科技园区	是	制造业－医药制造业
96	600079.SH	人福医药	1997	民营企业	武汉东湖高新区	否	制造业－医药制造业
97	002385.SZ	大北农	2010	民营企业	中关村科技园区	是	制造业－农副食品加工业
98	601369.SH	陕鼓动力	2010	地方国有企业	西安高新区	是	制造业－电气机械和器材制造业
99	600839.SH	四川长虹	1994	地方国有企业	绵阳高新区	否	制造业－计算机、通信和其他电子设备制造业
100	600516.SH	方大炭素	2002	民营企业	兰州高新区	是	制造业－非金属矿物制品业

附录 4

国家高新区创业板 100 强企业

排名	证券代码	证券名称	上市年份	组织形式	高新区	是否高企	所属国民经济行业
1	300274.SZ	阳光电源	2011	民营企业	合肥高新区	是	制造业－电气机械和器材制造业
2	300433.SZ	蓝思科技	2015	民营企业	长沙高新区	是	制造业－计算机、通信和其他电子设备制造业
3	300866.SZ	安克创新	2020	民营企业	长沙高新区	是	制造业－计算机、通信和其他电子设备制造业
4	300349.SZ	金卡智能	2012	民营企业	温州高新区	是	信息传输、软件和信息技术服务业－软件和信息技术服务业
5	300567.SZ	精测电子	2016	民营企业	武汉东湖高新区	是	制造业－仪器仪表制造业
6	300284.SZ	苏交科	2012	民营企业	南京高新区	是	科学研究和技术服务业－专业技术服务业

附录4 国家高新区创业板100强企业

续表

排名	证券代码	证券名称	上市年份	组织形式	高新区	是否高企	所属国民经济行业
7	300379.SZ	东方通	2014	民营企业	中关村科技园区	是	信息传输、软件和信息技术服务业－软件和信息技术服务业
8	300298.SZ	三诺生物	2012	民营企业	长沙高新区	是	制造业－专用设备制造业
9	300223.SZ	北京君正	2011	民营企业	中关村科技园区	是	制造业－计算机、通信和其他电子设备制造业
10	300118.SZ	东方日升	2010	民营企业	宁波高新区	是	制造业－电气机械和器材制造业
11	300406.SZ	九强生物	2014	公众企业	中关村科技园区	是	制造业－医药制造业
12	300760.SZ	迈瑞医疗	2018	外资企业	深圳高新区	是	制造业－专用设备制造业
13	300440.SZ	运达科技	2015	民营企业	成都高新区	是	信息传输、软件和信息技术服务业－软件和信息技术服务业
14	300188.SZ	美亚柏科	2011	中央国有企业	厦门火炬高新区	是	信息传输、软件和信息技术服务业－软件和信息技术服务业
15	300473.SZ	德尔股份	2015	民营企业	阜新高新区	是	制造业－通用设备制造业
16	300450.SZ	先导智能	2015	民营企业	无锡高新区	是	制造业－专用设备制造业
17	300458.SZ	全志科技	2015	公众企业	珠海高新区	是	制造业－计算机、通信和其他电子设备制造业
18	300146.SZ	汤臣倍健	2010	民营企业	珠海高新区	是	制造业－食品制造业
19	300628.SZ	亿联网络	2017	民营企业	厦门火炬高新区	是	制造业－计算机、通信和其他电子设备制造业
20	300682.SZ	朗新科技	2017	民营企业	无锡高新区	是	信息传输、软件和信息技术服务业－软件和信息技术服务业
21	300003.SZ	乐普医疗	2009	民营企业	中关村科技园区	否	制造业－专用设备制造业
22	300416.SZ	苏试试验	2015	民营企业	苏州工业园	是	科学研究和技术服务业－专业技术服务业
23	300014.SZ	亿纬锂能	2009	民营企业	惠州仲恺高新区	是	制造业－电气机械和器材制造业
24	300768.SZ	迪普科技	2019	民营企业	杭州高新区	是	信息传输、软件和信息技术服务业－软件和信息技术服务业
25	300763.SZ	锦浪科技	2019	民营企业	宁波高新区	是	制造业－电气机械和器材制造业
26	300012.SZ	华测检测	2009	民营企业	深圳高新区	是	科学研究和技术服务业－专业技术服务业

国家高新区上市公司创新能力评价报告 2021

续表

排名	证券代码	证券名称	上市年份	组织形式	高新区	是否高企	所属国民经济行业
27	300124.SZ	汇川技术	2010	民营企业	深圳高新区	是	制造业－电气机械和器材制造业
28	300110.SZ	华仁药业	2010	地方国有企业	青岛高新区	是	制造业－医药制造业
29	300503.SZ	昊志机电	2016	民营企业	广州高新区	是	制造业－通用设备制造业
30	300024.SZ	机器人	2009	中央国有企业	沈阳高新区	是	制造业－通用设备制造业
31	300373.SZ	扬杰科技	2014	民营企业	扬州高新区	是	制造业－计算机、通信和其他电子设备制造业
32	300203.SZ	聚光科技	2011	民营企业	杭州高新区	否	制造业－仪器仪表制造业
33	300019.SZ	硅宝科技	2009	公众企业	成都高新区	是	制造业－化学原料和化学制品制造业
34	300732.SZ	设研院	2017	民营企业	郑州高新区	是	科学研究和技术服务业－专业技术服务业
35	300396.SZ	迪瑞医疗	2014	中央国有企业	长春高新区	是	制造业－专用设备制造业
36	300296.SZ	利亚德	2012	民营企业	中关村科技园区	是	制造业－计算机、通信和其他电子设备制造业
37	300482.SZ	万孚生物	2015	民营企业	广州高新区	是	制造业－医药制造业
38	300552.SZ	万集科技	2016	民营企业	中关村科技园区	是	信息传输、软件和信息技术服务业－软件和信息技术服务业
39	300759.SZ	康龙化成	2019	民营企业	中关村科技园区	否	科学研究和技术服务业－研究和试验发展
40	300439.SZ	美康生物	2015	民营企业	宁波高新区	是	制造业－医药制造业
41	300773.SZ	拉卡拉	2019	公众企业	中关村科技园区	是	信息传输、软件和信息技术服务业－互联网和相关服务
42	300525.SZ	博思软件	2016	民营企业	福州高新区	是	信息传输、软件和信息技术服务业－软件和信息技术服务业
43	300007.SZ	汉威科技	2009	民营企业	郑州高新区	是	制造业－仪器仪表制造业
44	300369.SZ	绿盟科技	2014	公众企业	中关村科技园区	是	信息传输、软件和信息技术服务业－软件和信息技术服务业
45	300627.SZ	华测导航	2017	民营企业	上海张江高新区	是	制造业－计算机、通信和其他电子设备制造业
46	300015.SZ	爱尔眼科	2009	民营企业	长沙高新区	是	卫生和社会工作－卫生

附录4
国家高新区创业板100强企业

续表

排名	证券代码	证券名称	上市年份	组织形式	高新区	是否高企	所属国民经济行业
47	300087.SZ	荃银高科	2010	中央国有企业	合肥高新区	是	农、林、牧、渔－农业
48	300165.SZ	天瑞仪器	2011	民营企业	昆山高新区	是	制造业－仪器仪表制造业
49	300357.SZ	我武生物	2014	民营企业	湖州莫干山高新区	是	制造业－医药制造业
50	300206.SZ	理邦仪器	2011	公众企业	深圳高新区	是	制造业－专用设备制造业
51	300324.SZ	旋极信息	2012	民营企业	中关村科技园区	是	信息传输、软件和信息技术服务业－软件和信息技术服务业
52	300418.SZ	昆仑万维	2015	民营企业	中关村科技园区	是	信息传输、软件和信息技术服务业－互联网和相关服务
53	300001.SZ	特锐德	2009	民营企业	青岛高新区	是	制造业－电气机械和器材制造业
54	300659.SZ	中孚信息	2017	民营企业	济南高新区	是	信息传输、软件和信息技术服务业－软件和信息技术服务业
55	300529.SZ	健帆生物	2016	民营企业	珠海高新区	否	制造业－专用设备制造业
56	300036.SZ	超图软件	2009	民营企业	中关村科技园区	是	信息传输、软件和信息技术服务业－软件和信息技术服务业
57	300474.SZ	景嘉微	2016	民营企业	长沙高新区	是	制造业－计算机、通信和其他电子设备制造业
58	300531.SZ	优博讯	2016	外资企业	深圳高新区	是	制造业－计算机、通信和其他电子设备制造业
59	300185.SZ	通裕重工	2011	地方国有企业	德州高新区	是	制造业－通用设备制造业
60	300638.SZ	广和通	2017	民营企业	深圳高新区	是	制造业－计算机、通信和其他电子设备制造业
61	300864.SZ	南大环境	2020	其他企业	南京高新区	是	水利、环境和公共设施管理业－生态保护和环境治理业
62	300666.SZ	江丰电子	2017	民营企业	宁波高新区	否	制造业－计算机、通信和其他电子设备制造业
63	300608.SZ	思特奇	2017	民营企业	中关村科技园区	是	信息传输、软件和信息技术服务业－软件和信息技术服务业
64	300248.SZ	新开普	2011	民营企业	郑州高新区	是	信息传输、软件和信息技术服务业－软件和信息技术服务业
65	300422.SZ	博世科	2015	民营企业	南宁高新区	是	水利、环境和公共设施管理业－生态保护和环境治理业
66	300604.SZ	长川科技	2017	民营企业	杭州高新区	是	制造业－专用设备制造业

续表

排名	证券代码	证券名称	上市年份	组织形式	高新区	是否高企	所属国民经济行业
67	300347.SZ	泰格医药	2012	民营企业	杭州高新区	否	科学研究和技术服务业－研究和试验发展
68	300633.SZ	开立医疗	2017	民营企业	深圳高新区	是	制造业－专用设备制造业
69	300516.SZ	久之洋	2016	中央国有企业	武汉东湖高新区	否	制造业－计算机、通信和其他电子设备制造业
70	300246.SZ	宝莱特	2011	民营企业	珠海高新区	是	制造业－专用设备制造业
71	300026.SZ	红日药业	2009	地方国有企业	天津滨海高新区	是	制造业－医药制造业
72	300747.SZ	锐科激光	2018	中央国有企业	武汉东湖高新区	是	制造业－计算机、通信和其他电子设备制造业
73	300387.SZ	富邦股份	2014	民营企业	孝感高新区	是	制造业－化学原料和化学制品制造业
74	300326.SZ	凯利泰	2012	公众企业	上海张江高新区	是	制造业－专用设备制造业
75	300371.SZ	汇中股份	2014	民营企业	唐山高新区	是	制造业－仪器仪表制造业
76	300294.SZ	博雅生物	2012	公众企业	抚州高新区	是	制造业－医药制造业
77	300729.SZ	乐歌股份	2017	民营企业	宁波高新区	是	制造业－家具制造业
78	300386.SZ	飞天诚信	2014	民营企业	中关村科技园区	是	信息传输、软件和信息技术服务业－软件和信息技术服务业
79	300523.SZ	辰安科技	2016	中央国有企业	中关村科技园区	是	信息传输、软件和信息技术服务业－软件和信息技术服务业
80	300699.SZ	光威复材	2017	民营企业	威海火炬高新区	是	制造业－化学纤维制造业
81	300463.SZ	迈克生物	2015	民营企业	成都高新区	是	制造业－医药制造业
82	300464.SZ	星徽股份	2015	民营企业	佛山高新区	是	批发和零售业－零售业
83	300825.SZ	阿尔特	2020	民营企业	中关村科技园区	是	科学研究和技术服务业－专业技术服务业
84	300661.SZ	圣邦股份	2017	民营企业	中关村科技园区	否	制造业－计算机、通信和其他电子设备制造业
85	300737.SZ	科顺股份	2018	民营企业	佛山高新区	是	制造业－非金属矿物制品业
86	300685.SZ	艾德生物	2017	外资企业	厦门火炬高新区	是	制造业－医药制造业

续表

排名	证券代码	证券名称	上市年份	组织形式	高新区	是否高企	所属国民经济行业
87	300031.SZ	宝通科技	2009	民营企业	无锡高新区	是	信息传输、软件和信息技术服务业－互联网和相关服务
88	300187.SZ	永清环保	2011	民营企业	长沙高新区	是	水利、环境和公共设施管理业－生态保护和环境治理业
89	300657.SZ	弘信电子	2017	民营企业	厦门火炬高新区	是	制造业－计算机、通信和其他电子设备制造业
90	300515.SZ	三德科技	2016	民营企业	长沙高新区	是	制造业－仪器仪表制造业
91	300259.SZ	新天科技	2011	民营企业	郑州高新区	是	制造业－仪器仪表制造业
92	300613.SZ	富瀚微	2017	民营企业	上海张江高新区	是	信息传输、软件和信息技术服务业－软件和信息技术服务业
93	300190.SZ	维尔利	2011	民营企业	常州高新区	否	水利、环境和公共设施管理业－生态保护和环境治理业
94	300861.SZ	美畅股份	2020	民营企业	杨凌高新区	否	制造业－非金属矿物制品业
95	300213.SZ	佳讯飞鸿	2011	民营企业	中关村科技园区	是	制造业－计算机、通信和其他电子设备制造业
96	300415.SZ	伊之密	2015	民营企业	佛山高新区	是	制造业－专用设备制造业
97	300832.SZ	新产业	2020	民营企业	深圳高新区	是	制造业－医药制造业
98	300077.SZ	国民技术	2010	公众企业	深圳高新区	是	制造业－计算机、通信和其他电子设备制造业
99	300168.SZ	万达信息	2011	公众企业	上海张江高新区	是	信息传输、软件和信息技术服务业－软件和信息技术服务业
100	300496.SZ	中科创达	2015	民营企业	中关村科技园区	是	信息传输、软件和信息技术服务业－软件和信息技术服务业

附录5

国家高新区科创板 100 强企业

排名	证券代码	证券名称	上市年份	组织形式	高新区	是否高企	所属国民经济行业
1	688111.SH	金山办公	2019	民营企业	中关村科技园区	是	信息传输、软件和信息技术服务业－软件和信息技术服务业
2	688008.SH	澜起科技	2019	公众企业	上海张江高新区	是	制造业－计算机、通信和其他电子设备制造业
3	688561.SH	奇安信-U	2020	民营企业	中关村科技园区	否	信息传输、软件和信息技术服务业－软件和信息技术服务业
4	688007.SH	光峰科技	2019	民营企业	深圳高新区	否	制造业－计算机、通信和其他电子设备制造业
5	688001.SH	华兴源创	2019	民营企业	苏州工业园	是	制造业－专用设备制造业

附录5
国家高新区科创板100强企业

排名	证券代码	证券名称	上市年份	组织形式	高新区	是否高企	所属国民经济行业
6	688139.SH	海尔生物	2019	集体企业	青岛高新区	是	制造业－专用设备制造业
7	688399.SH	硕世生物	2019	民营企业	泰州医药高新区	是	制造业－医药制造业
8	688289.SH	圣湘生物	2020	民营企业	长沙高新区	否	制造业－医药制造业
9	688036.SH	传音控股	2019	民营企业	深圳高新区	否	制造业－计算机、通信和其他电子设备制造业
10	688222.SH	成都先导	2020	外资企业	成都高新区	是	科学研究和技术服务业－研究和试验发展
11	688599.SH	天合光能	2020	民营企业	常州高新区	是	制造业－电气机械和器材制造业
12	688368.SH	晶丰明源	2019	民营企业	上海张江高新区	是	信息传输、软件和信息技术服务业－软件和信息技术服务业
13	688777.SH	中控技术	2020	民营企业	杭州高新区	是	信息传输、软件和信息技术服务业－软件和信息技术服务业
14	688088.SH	虹软科技	2019	外资企业	杭州高新区	是	信息传输、软件和信息技术服务业－软件和信息技术服务业
15	688256.SH	寒武纪－U	2020	民营企业	中关村科技园区	是	信息传输、软件和信息技术服务业－软件和信息技术服务业
16	688023.SH	安恒信息	2019	民营企业	杭州高新区	是	信息传输、软件和信息技术服务业－软件和信息技术服务业
17	688568.SH	中科星图	2020	中央国有企业	中关村科技园区	否	信息传输、软件和信息技术服务业－软件和信息技术服务业
18	688039.SH	当虹科技	2019	民营企业	杭州高新区	是	信息传输、软件和信息技术服务业－软件和信息技术服务业
19	688100.SH	威胜信息	2020	外资企业	长沙高新区	是	制造业－计算机、通信和其他电子设备制造业
20	688015.SH	交控科技	2019	公众企业	中关村科技园区	是	制造业－铁路、船舶、航空航天和其他运输设备制造业
21	688208.SH	道通科技	2020	民营企业	深圳高新区	是	制造业－计算机、通信和其他电子设备制造业
22	688363.SH	华熙生物	2019	民营企业	济南高新区	是	制造业－医药制造业
23	688012.SH	中微公司	2019	公众企业	上海张江高新区	否	制造业－专用设备制造业
24	688202.SH	美迪西	2019	民营企业	上海张江高新区	是	科学研究和技术服务业－研究和试验发展

续表

排名	证券代码	证券名称	上市年份	组织形式	高新区	是否高企	所属国民经济行业
25	688266.SH	泽璟制药-U	2020	民营企业	昆山高新区	否	制造业-医药制造业
26	688030.SH	山石网科	2019	公众企业	苏州高新区	是	信息传输、软件和信息技术服务业-软件和信息技术服务业
27	688003.SH	天准科技	2019	民营企业	苏州高新区	是	制造业-专用设备制造业
28	688018.SH	乐鑫科技	2019	外资企业	上海张江高新区	否	信息传输、软件和信息技术服务业-软件和信息技术服务业
29	688378.SH	奥来德	2020	民营企业	长春高新区	是	制造业-专用设备制造业
30	688029.SH	南微医学	2019	公众企业	南京高新区	是	制造业-专用设备制造业
31	688526.SH	科前生物	2020	民营企业	武汉东湖高新区	是	制造业-医药制造业
32	688169.SH	石头科技	2020	民营企业	中关村科技园区	是	制造业-电气机械和器材制造业
33	688099.SH	晶晨股份	2019	外资企业	上海张江高新区	否	信息传输、软件和信息技术服务业-软件和信息技术服务业
34	688536.SH	思瑞浦	2020	公众企业	苏州工业园	否	制造业-专用设备制造业
35	688037.SH	芯源微	2019	公众企业	沈阳高新区	是	制造业-专用设备制造业
36	688595.SH	芯海科技	2020	民营企业	深圳高新区	否	制造业-计算机、通信和其他电子设备制造业
37	688188.SH	柏楚电子	2019	民营企业	上海紫竹高新区	是	信息传输、软件和信息技术服务业-软件和信息技术服务业
38	688389.SH	普门科技	2019	民营企业	深圳高新区	否	制造业-专用设备制造业
39	688358.SH	祥生医疗	2019	民营企业	无锡高新区	是	制造业-专用设备制造业
40	688180.SH	君实生物-U	2020	民营企业	上海张江高新区	是	制造业-医药制造业
41	688521.SH	芯原股份-U	2020	公众企业	上海张江高新区	否	信息传输、软件和信息技术服务业-软件和信息技术服务业
42	688095.SH	福昕软件	2020	民营企业	福州高新区	是	信息传输、软件和信息技术服务业-软件和信息技术服务业
43	688286.SH	敏芯股份	2020	民营企业	苏州工业园	是	制造业-计算机、通信和其他电子设备制造业

附录5
国家高新区科创板100强企业

续表

排名	证券代码	证券名称	上市年份	组织形式	高新区	是否高企	所属国民经济行业
44	688513.SH	苑东生物	2020	民营企业	成都高新区	是	制造业－医药制造业
45	688608.SH	恒玄科技	2020	民营企业	上海张江高新区	否	制造业－计算机、通信和其他电子设备制造业
46	688301.SH	奕瑞科技	2020	民营企业	上海张江高新区	是	制造业－专用设备制造业
47	688066.SH	航天宏图	2019	民营企业	中关村科技园区	是	信息传输、软件和信息技术服务业－软件和信息技术服务业
48	688027.SH	国盾量子	2020	中央国有企业	合肥高新区	是	制造业－计算机、通信和其他电子设备制造业
49	688516.SH	奥特维	2020	民营企业	无锡高新区	是	制造业－专用设备制造业
50	688277.SH	天智航-U	2020	民营企业	中关村科技园区	是	制造业－电气机械和器材制造业
51	688390.SH	固德威	2020	民营企业	苏州高新区	是	制造业－计算机、通信和其他电子设备制造业
52	688025.SH	杰普特	2019	民营企业	深圳高新区	否	信息传输、软件和信息技术服务业－互联网和相关服务
53	688158.SH	优刻得-W	2020	民营企业	上海张江高新区	是	制造业－专用设备制造业
54	688580.SH	伟思医疗	2020	民营企业	南京高新区	是	制造业－计算机、通信和其他电子设备制造业
55	688013.SH	天臣医疗	2020	民营企业	苏州工业园	否	制造业－计算机、通信和其他电子设备制造业
56	688123.SH	聚辰股份	2019	民营企业	上海张江高新区	否	制造业－铁路、船舶、航空航天和其他运输设备制造业
57	688009.SH	中国通号	2019	中央国有企业	苏州工业园	否	制造业－专用设备制造业
58	688556.SH	高测股份	2020	民营企业	青岛高新区	是	制造业－专用设备制造业
59	688166.SH	博瑞医药	2019	民营企业	苏州工业园	否	制造业－医药制造业
60	688177.SH	百奥泰-U	2020	民营企业	广州高新区	否	制造业－医药制造业
61	688321.SH	微芯生物	2019	外资企业	深圳高新区	否	制造业－医药制造业
62	688200.SH	华峰测控	2020	民营企业	中关村科技园区	是	制造业－专用设备制造业

续表

排名	证券代码	证券名称	上市年份	组织形式	高新区	是否高企	所属国民经济行业
63	688369.SH	致远互联	2019	民营企业	中关村科技园区	是	信息传输、软件和信息技术服务业－软件和信息技术服务业
64	688418.SH	震有科技	2020	民营企业	深圳高新区	是	制造业－计算机、通信和其他电子设备制造业
65	688165.SH	埃夫特-U	2020	地方国有企业	芜湖高新区	是	制造业－通用设备制造业
66	688336.SH	三生国健	2020	外资企业	上海张江高新区	否	制造业－医药制造业
67	688299.SH	长阳科技	2019	民营企业	宁波高新区	是	制造业－橡胶和塑料制品业
68	688098.SH	申联生物	2019	民营企业	上海紫竹高新区	否	制造业－医药制造业
69	688788.SH	科思科技	2020	民营企业	深圳高新区	是	制造业－计算机、通信和其他电子设备制造业
70	688181.SH	八亿时空	2020	民营企业	中关村科技园区	是	制造业－计算机、通信和其他电子设备制造业
71	688011.SH	新光光电	2019	民营企业	哈尔滨高新区	是	制造业－计算机、通信和其他电子设备制造业
72	688168.SH	安博通	2019	民营企业	中关村科技园区	是	信息传输、软件和信息技术服务业－软件和信息技术服务业
73	688500.SH	慧辰股份	2020	民营企业	中关村科技园区	是	信息传输、软件和信息技术服务业－软件和信息技术服务业
74	688019.SH	安集科技	2019	民营企业	上海张江高新区	是	制造业－计算机、通信和其他电子设备制造业
75	688505.SH	复旦张江	2020	公众企业	上海张江高新区	是	制造业－医药制造业
76	688033.SH	天宜上佳	2019	公众企业	中关村科技园区	是	制造业－铁路、船舶、航空航天和其他运输设备制造业
77	688330.SH	宏力达	2020	民营企业	上海张江高新区	是	制造业－电气机械和器材制造业
78	688579.SH	山大地纬	2020	其他企业	济南高新区	是	信息传输、软件和信息技术服务业－软件和信息技术服务业
79	688408.SH	中信博	2020	民营企业	昆山高新区	是	制造业－电气机械和器材制造业
80	688085.SH	三友医疗	2020	民营企业	上海张江高新区	是	制造业－专用设备制造业
81	688658.SH	悦康药业	2020	民营企业	中关村科技园区	是	制造业－医药制造业

附录5
国家高新区科创板100强企业

续表

排名	证券代码	证券名称	上市年份	组织形式	高新区	是否高企	所属国民经济行业
82	688508.SH	芯朋微	2020	民营企业	无锡高新区	是	信息传输、软件和信息技术服务业－软件和信息技术服务业
83	688068.SH	热景生物	2019	民营企业	中关村科技园区	是	制造业－医药制造业
84	688089.SH	嘉必优	2019	民营企业	武汉东湖高新区	否	制造业－食品制造业
85	688058.SH	宝兰德	2019	民营企业	中关村科技园区	是	信息传输、软件和信息技术服务业－软件和信息技术服务业
86	688050.SH	爱博医疗	2020	民营企业	中关村科技园区	否	制造业－专用设备制造业
87	688078.SH	龙软科技	2019	民营企业	中关村科技园区	是	信息传输、软件和信息技术服务业－软件和信息技术服务业
88	688016.SH	心脉医疗	2019	公众企业	上海张江高新区	否	制造业－专用设备制造业
89	688056.SH	莱伯泰科	2020	民营企业	中关村科技园区	是	制造业－仪器仪表制造业
90	688022.SH	瀚川智能	2019	民营企业	苏州工业园	是	制造业－专用设备制造业
91	688333.SH	铂力特	2019	民营企业	西安高新区	是	制造业－通用设备制造业
92	688080.SH	映翰通	2020	民营企业	中关村科技园区	是	制造业－计算机、通信和其他电子设备制造业
93	688339.SH	亿华通-U	2020	民营企业	中关村科技园区	是	制造业－电气机械和器材制造业
94	688598.SH	金博股份	2020	民营企业	益阳高新区	是	制造业－非金属矿物制品业
95	688557.SH	兰剑智能	2020	民营企业	济南高新区	是	制造业－通用设备制造业
96	688551.SH	科威尔	2020	民营企业	合肥高新区	是	制造业－专用设备制造业
97	688118.SH	普元信息	2019	民营企业	上海张江高新区	是	信息传输、软件和信息技术服务业－软件和信息技术服务业
98	688081.SH	兴图新科	2020	民营企业	武汉东湖高新区	是	制造业－计算机、通信和其他电子设备制造业
99	688550.SH	瑞联新材	2020	民营企业	西安高新区	是	制造业－化学原料和化学制品制造业
100	688063.SH	派能科技	2020	公众企业	上海张江高新区	否	制造业－电气机械和器材制造业

附录 6

2020 年 142 家国家高新区上市公司创新能力及分项指标表现

国家高新区	总排名	创新投入能力 得分及排名		创新产出能力 得分及排名		创新保障能力 得分及排名	
中关村科技园区	1	20.80	6	43.71	1	20.68	1
上海张江高新区	2	20.29	10	40.84	3	19.75	3
深圳高新区	3	19.88	13	40.40	4	20.04	2
珠海高新区	4	18.31	26	41.21	2	18.81	4
杭州高新区	5	21.62	3	37.83	12	18.67	5
长沙高新区	6	18.89	22	40.13	5	18.29	8
广州高新区	7	19.29	16	37.98	10	18.63	6
潍坊高新区	8	19.19	19	38.79	8	17.33	16
武汉东湖高新区	9	19.42	14	37.26	14	18.23	9
南京高新区	10	17.29	34	38.86	6	18.54	7
青岛高新区	11	18.88	23	37.62	13	17.13	22
合肥高新区	12	19.25	17	36.23	19	18.03	10
惠州仲恺高新区	13	19.23	18	37.85	11	16.42	36
天津滨海高新区	14	19.37	15	36.23	18	17.55	14
苏州工业园	15	18.56	25	36.88	17	17.24	18

附录6
2020年142家国家高新区上市公司创新能力及分项指标表现

续表

国家高新区	总排名	创新投入能力得分及排名		创新产出能力得分及排名		创新保障能力得分及排名	
宁波高新区	16	16.59	48	38.17	9	17.86	11
温州高新区	17	16.77	45	38.86	7	16.88	24
成都高新区	18	19.18	20	35.61	23	17.64	12
佛山高新区	19	16.70	46	37.01	16	17.18	20
连云港高新区	20	22.92	1	31.60	57	16.07	45
济南高新区	21	17.91	27	35.02	28	17.61	13
福州高新区	22	20.35	9	33.09	46	16.81	28
无锡高新区	23	17.20	38	35.62	21	17.26	17
厦门火炬高新区	24	17.03	40	35.61	22	17.40	15
淄博高新区	25	17.56	30	35.60	24	16.75	30
武进高新区	26	16.29	55	37.14	15	15.73	54
保定高新区	27	17.61	28	34.21	36	16.86	25
马鞍山慈湖高新区	28	17.27	35	35.45	25	15.82	48
昆明高新区	29	17.14	39	34.40	32	16.89	23
西安高新区	30	17.30	33	34.08	37	16.81	27
中山高新区	31	17.25	36	33.80	40	17.14	21
贵阳高新区	32	16.49	49	35.25	27	16.40	39
苏州高新区	33	17.01	43	34.23	35	16.85	26
洛阳高新区	34	17.44	32	33.13	45	17.18	19
呼和浩特金山高新区	35	17.61	29	33.40	42	16.44	34
常州高新区	36	15.76	62	34.47	30	16.78	29
芜湖高新区	37	15.77	61	34.57	29	16.32	42
石家庄高新区	38	17.01	41	33.32	44	16.28	43
威海火炬高新区	39	16.69	47	33.53	41	16.35	41
昌吉高新区	40	20.92	5	30.32	72	15.22	64
株洲高新区	41	17.22	37	33.05	48	16.06	46
汕头高新区	42	16.32	54	34.27	33	15.73	53
乌鲁木齐高新区	43	21.09	4	31.01	66	14.12	96

续表

国家高新区	总排名	创新投入能力得分及排名		创新产出能力得分及排名		创新保障能力得分及排名	
绍兴高新区	44	15.73	63	34.26	34	15.81	50
萧山临江高新区	45	14.64	84	34.43	31	16.61	31
绵阳高新区	46	16.91	44	33.01	49	15.69	55
长春高新区	47	20.38	8	28.97	80	16.16	44
郑州高新区	48	18.96	21	30.02	74	16.42	37
南昌高新区	49	14.87	79	34.07	38	16.43	35
龙岩高新区	50	14.17	98	35.85	20	14.99	71
漳州高新区	51	14.36	93	35.34	26	15.17	67
通化医药高新区	52	21.92	2	28.71	84	13.69	103
江门高新区	53	15.90	60	32.44	52	15.78	51
沈阳高新区	54	20.78	7	26.43	116	16.41	38
昆山高新区	55	15.41	67	32.34	53	15.62	56
江阴高新区	56	14.10	99	33.06	47	16.06	47
湖州莫干山高新区	57	16.48	50	31.23	62	15.18	66
宜昌高新区	58	13.66	108	33.92	39	15.18	65
兰州高新区	59	14.70	83	32.97	50	14.96	72
鄂尔多斯高新区	60	15.45	66	33.34	43	13.82	98
嘉兴秀洲高新区	61	15.73	64	30.90	67	15.82	49
济宁高新区	62	18.62	24	28.23	92	15.59	57
桂林高新区	63	16.26	57	31.35	61	14.73	77
重庆高新区	64	15.40	68	30.44	70	16.45	33
哈尔滨高新区	65	16.41	51	30.48	69	15.29	61
南宁高新区	66	15.30	71	31.41	59	15.34	60
长春净月高新区	67	20.02	12	27.31	106	14.62	80
东莞松山湖高新区	68	13.38	117	32.20	54	16.37	40
宝鸡高新区	69	15.07	75	31.60	56	15.12	69
柳州高新区	70	16.39	52	29.95	75	15.38	59
扬州高新区	71	15.25	72	31.12	63	15.27	62

附录6
2020年142家国家高新区上市公司创新能力及分项指标表现

续表

国家高新区	总排名	创新投入能力得分及排名		创新产出能力得分及排名		创新保障能力得分及排名	
泰州高新区	72	20.06	11	28.92	82	12.61	121
襄阳高新区	73	16.26	56	29.49	78	15.74	52
荆门高新区	74	15.06	76	31.38	60	14.96	73
平顶山高新区	75	17.01	42	29.58	77	14.64	79
益阳高新区	76	14.74	80	30.81	68	15.09	70
蚌埠高新区	77	15.09	73	30.27	73	15.16	68
新余高新区	78	13.01	121	32.51	51	14.91	74
咸阳高新区	79	15.95	59	29.59	76	14.53	82
太原高新区	80	16.23	58	28.23	91	15.59	58
清远高新区	81	14.36	94	30.43	71	14.75	76
长治高新区	82	14.57	86	31.55	58	13.20	109
烟台高新区	83	13.65	109	32.04	55	13.50	106
包头稀土高新区	84	13.77	105	28.56	87	16.61	32
阜新高新区	85	17.52	31	27.63	100	13.21	108
上海紫竹高新区	86	15.40	69	27.68	98	14.54	81
常熟高新区	87	14.44	90	28.29	89	14.80	75
自贡高新区	88	13.80	103	29.34	79	14.14	94
衢州高新区	89	14.37	92	28.43	88	14.42	85
德州高新区	90	15.01	77	28.02	95	14.19	92
玉溪高新区	91	14.90	78	28.57	86	13.69	102
安阳高新区	92	14.71	82	28.14	93	14.29	90
宿迁高新区	93	13.97	101	28.83	83	14.17	93
南通高新区	94	14.42	91	27.87	96	14.52	83
鞍山高新区	95	14.73	81	27.25	108	14.70	78
大连高新区	96	11.18	133	31.05	65	14.37	87
新乡高新区	97	14.32	95	28.94	81	13.18	110
镇江高新区	98	15.46	65	27.26	107	13.67	104
景德镇高新区	99	13.57	112	28.64	85	14.14	95

续表

国家高新区	总排名	创新投入能力得分及排名		创新产出能力得分及排名		创新保障能力得分及排名	
海口高新区	100	13.54	113	28.24	90	14.21	91
荣昌高新区	101	16.36	53	26.25	118	12.98	116
徐州高新区	102	13.75	106	27.66	99	14.07	97
肇庆高新区	103	14.24	97	26.70	113	14.49	84
铜陵狮子山高新区	104	14.31	96	27.17	109	13.73	100
抚州高新区	105	15.08	74	26.31	117	13.56	105
唐山高新区	106	15.38	70	27.53	104	11.96	129
乐山高新区	107	13.41	116	27.04	110	14.37	88
泉州高新区	108	13.79	104	28.03	94	12.97	117
辽阳高新区	109	14.55	88	26.12	119	13.72	101
安顺高新区	110	13.00	122	26.79	112	14.32	89
莱芜高新区	111	13.63	110	27.60	102	12.77	119
吉林高新区	112	12.97	123	27.73	97	13.28	107
杨凌高新区	113	14.61	85	27.58	103	11.51	136
湛江高新区	114	13.44	114	26.46	115	13.74	99
营口高新区	115	14.55	87	25.33	122	13.06	114
承德高新区	116	13.09	119	27.47	105	12.34	123
孝感高新区	117	13.20	118	26.64	114	13.05	115
鹰潭高新区	118	12.48	125	27.61	101	12.30	125
宜春丰城高新区	119	13.97	102	25.30	123	13.08	113
湘潭高新区	120	12.59	124	25.25	124	14.39	86
南阳高新区	121	14.51	89	23.80	129	11.92	130
白银高新区	122	11.57	129	23.22	133	15.24	63
锦州高新区	123	13.62	111	25.11	125	10.96	139
燕郊高新区	124	10.73	135	26.99	111	11.59	134
黄冈高新区	125	13.04	120	23.96	127	12.07	128
淮南高新区	126	4.76	142	31.12	64	13.10	112
潜江高新区	127	11.48	130	25.59	120	11.70	131

附录6
2020年142家国家高新区上市公司创新能力及分项指标表现

续表

国家高新区	总排名	创新投入能力得分及排名		创新产出能力得分及排名		创新保障能力得分及排名	
随州高新区	128	10.87	134	25.40	121	12.32	124
泰安高新区	129	14.07	100	23.53	131	10.98	138
北海高新区	130	12.08	126	23.88	128	12.45	122
咸宁高新区	131	11.45	131	23.38	132	12.09	127
大庆高新区	132	10.60	136	24.28	126	11.69	132
泸州高新区	133	10.44	138	22.51	135	13.11	111
璧山高新区	134	11.21	132	21.40	137	12.95	118
宁夏石嘴山高新区	135	9.26	140	23.68	130	12.16	126
茂名高新区	136	11.78	127	20.93	139	11.69	133
黄石大冶湖高新区	137	13.43	115	20.08	140	10.61	140
郴州高新区	138	13.74	107	17.40	142	12.63	120
三明高新区	139	10.54	137	22.94	134	10.16	141
衡阳高新区	140	10.02	139	21.14	138	11.56	135
青海高新区	141	11.65	128	17.97	141	11.12	137
银川高新区	142	9.22	141	21.69	136	9.04	142

后 记

2020年7月17日，国务院印发《关于促进国家高新技术产业开发区高质量发展的若干意见》（国发〔2020〕7号），为进一步促进国家高新区高质量发展，发挥好示范引领和辐射带动作用，文件明确提出支持国家高新区内高成长企业利用科创板等多层次资本市场挂牌上市，支持符合条件的国家高新区开发建设主体上市融资。为了准确把握国家高新区内上市公司的创新发展趋势，科学诊断其发展中存在的共性问题，找出高新区上市公司发展的优势、短板，合理测度其对国家高新区和全国的创新贡献度，合理判断国家高新区上市公司创新发展的未来方向，本报告特编制一套合理的、有针对性的国家高新区上市公司创新能力评价体系，以期为政府战略决策提供依据，引导国家高新区的高质量发展。

本报告用了近一年时间完成。在前一版《国家高新区上市公司创新能力评价报告2020》的基础上，中国高新区研究中心于2021年2月再次启动了《国家高新区上市公司创新能力评价报告2021》的编制工作。一是根据国家高新区新版考核评价指标的要求，历时3个多月重新修订了本报告指标体系的21个指标，期间经历了来自科技部、工业和信息化部、中科院等机构的多位资深行业专家反复论证。二是在2021年6—9月同科技部火炬中心合作，经过一系列的筛选和电话查证、地址比对等方法核实，最终确定2020年国家高新区内1956家上市企业的名单，并通过深沪证券交易所、大为专利数据库、东方财富数据库、万德数据库等平台初步完成了基础数据的搜集工作。三是面向全国高新区，于10月启动编写组成员招募工作，获得了来自长沙、中山、郑州、石家庄等国家高新区相关人员的大力支持，同步推进报告编写工作，于12月初完成初稿。四是在12月先后召开两次专家论证会，最终于2022年1月底完成本报告的终稿。在此，笔者要对科技部、工业和信息化部、中科院的各位专家和长沙、中山、郑州、石家庄等国家高新区的相关参与人员致以诚挚的感谢！

由于时间仓促，书中难免有疏漏和不妥之处，欢迎并期盼各界专家、学者踊跃提出宝贵意见和建议，共同发挥各自的力量，致力于推进国家高新区上市公司创新能力的研究，让《国家高新区上市公司创新能力评价报告2021》一书的编制更加专业，助推国家高新区上市公司全面实现高质量创新发展。

张冲亚
2022年1月